21世纪师范院校计算机实用技术规划教材

微课设计与制作实用教程

乔玲玲　纪宏伟　主　编
陈志娟　缪　亮　副主编

清华大学出版社
北　京

内容简介

这是一本介绍使用 Camtasia Studio 进行微课视频制作的教材，全方位介绍 Camtasia Studio 微课视频制作的流程，包括微课程的有关知识，微课视频制作的一般技巧，使用 Camtasia Studio 录像机进行视频和音频录制的方法以及使用 Camtasia Studio 编辑器对微课视频进行常规编辑处理、为微课视频添加各种必备元素、在微课视频中使用各种特效和制作交互作品的方法和技巧。

本书内容丰富，图文并茂，内容由浅入深，全面介绍微课视频的制作原理以及使用 Camtasia Studio 进行微课视频制作的各种技术要点。对于广大教师来说，这是学习微课视频制作的一本极有价值的参考书。

本书适合大学、中学和小学以及各类职业学校教师使用，同时也可以作为各级师范院校的相关教材。

图书在版编目(CIP)数据

微课设计与制作实用教程/乔玲玲，纪宏伟主编. —北京：清华大学出版社，2016（2021.8 重印）
21 世纪师范院校计算机实用技术规划教材
ISBN 978-7-302-43688-1

Ⅰ. ①微… Ⅱ. ①乔… ②纪… Ⅲ. ①多媒体课件—设计—教材 ②多媒体课件—制作—教材 Ⅳ. ①G434

中国版本图书馆 CIP 数据核字(2016)第 084868 号

责任编辑：魏江江　李　晔
封面设计：杨　兮
责任校对：白　蕾
责任印制：丛怀宇

出版发行：清华大学出版社
　　网　　址：http://www.tup.com.cn，http://www.wqbook.com
　　地　　址：北京清华大学学研大厦 A 座　　**邮　　编**：100084
　　社 总 机：010-62770175　　**邮　　购**：010-83470235
　　投稿与读者服务：010-62776969，c-service@tup.tsinghua.edu.cn
　　质量反馈：010-62772015，zhiliang@tup.tsinghua.edu.cn
　　课件下载：http://www.tup.com.cn，010-83470236
印 装 者：三河市龙大印装有限公司
经　　销：全国新华书店
开　　本：185mm×260mm　　**印　　张**：19　　**字　　数**：457 千字
版　　次：2016 年 8 月第 1 版　　**印　　次**：2021 年 8 月第 6 次印刷
印　　数：5301～6300
定　　价：39.00 元

产品编号：068639-02

序　言

社会提倡终生教育，一线的教育工作者有着强烈的接受继续教育的要求，许多学校也为教师的长远发展制定了继续教育的计划，以人为本、活到老学到老的思想更加深入人心。

随着知识经济和信息社会的到来，对教师进行计算机培训已提到国家的议事日程上来了，让每位教师具有应用信息技术能力，已是刻不容缓的一件大事，将影响到国家的发展和人才的培养。目前，很多人已经意识到，是否具有信息技术能力将影响到一个人在信息社会的生存，不具备基本的信息技术知识将成为常说的新"功能性文盲"。作为教师，如果是"功能性文盲"，有可能出现如下的尴尬局面：面对计算机手足无措；不会使用计算机备课、上课；不会使用多媒体手段进行教学；不会编制和应用课件；不会上网获取信息、更新知识、与同行交流；无法与掌握现代技术的学生很好地交流；无法开展网络教学；等等。作为培养人才的教师，如果是一个现代的"功能性文盲"，如何适应现代化的要求？如何能培养出有现代意识和能力的下一代？

一本好书就是一所学校，对于教师更是如此。信息技术已经成为现代人必备的基本素质之一，好的教材可以帮助教师迅速而又熟练地掌握信息技术，从最初的 Windows 操作系统到 Office 办公系统软件，还有各种课件制作软件的相关教材在教学中也发挥着巨大的作用。

作为师范院校计算机实用技术教材，本套丛书主要的读者对象是师范院校的在校师生、教育工作者以及中小学教师，是初、中级读者的首选。涉及的软件主要有课件制作软件(Flash、Authorware、PowerPoint、几何画板等)、办公系列软件、多媒体技术、网络技术、计算机应用基础和图形图像处理技术等。考虑到一线教师的实际情况，我们尽可能地使用软件最新的中文版本，便于读者上手。

本丛书的作者大多是一线优秀教师，经验丰富、有一定的知识积累。他们在平时对于各种软件的使用中都有自己的心得体会，能够结合教学实际，整理出一线老师最想掌握的知识。本丛书的编写绝不是教条的"用户手册"，而是与教学实践紧紧相扣，根据计算机教材时效性强的特点，以"实例＋知识点"的结构建构内容，采用"任务驱动教学法"让读者边做边学，并配以相应的教学资源，生动直观，能够让读者在短时间内迅速掌握所学知识。本丛书除了正文用简洁明快、图文并茂的形式讲解图书内容外，还使用"说明、提示、技巧、试一试"等特殊段落，为读者指点迷津。通过浅显易懂的文字介绍深入浅出的道理、好学实用的知识，以图文并茂的编排，来引导教师们自己动手，在学习中获得乐趣，获得知识，获得成就感。

在使用本套丛书时，我们强调动手实践，手脑并重。光看书而不动手，是绝对学不会的。化难为易的金钥匙就是上机实践。好书还要有好的学习方法，二者缺一不可。我们相信读者学完本套丛书后，在日常生活和教学工作中会有如虎添翼的感觉，在计算机的帮助下你的学习和工作效率会有极大的提高，这也是我们所期待的。祝你成功！

吴文虎

前　言

近年来，以互联网技术为代表的信息技术得到了迅猛的发展，社会进入了互联网＋的时代。在教育领域，信息技术已经逐渐走出了附属和辅助的地位，走到了教育改革的前台，推动着教育改革大步前行。

2011年，萨尔曼·可汗和比尔·盖茨在TED做了《用视频再造教育》的精彩演讲，引发了全球教育者对"翻转课堂"这种教育模式的关注。"翻转课堂"这种教育模式的迅速兴起，也引起了我国教育工作者的关注，并在我国逐渐得到了认可，越来越多的老师开始尝试这种带有颠覆性的教学方式。

"翻转课堂"教学模式的切入点就是微课视频。学生获取知识的主要途径是教师制作的微课视频，而不是传统的教师课堂讲解。这对教师提出了新的要求，教师在制作微课视频时，不仅仅要钻研教材、考虑教学细节、思考呈现效果以及活动安排和评价等在传统教学过程中必须要考虑的问题，还需要具有制作微课视频的技术能力，以便将自己的教学安排通过一定的技术手段在短短的不到10分钟的视频中展示给学生，让学生能够高效地获得需要的知识。

微课视频的制作方式有多种，对于普通教师来说，最简便的方法就是使用个人计算机的录屏软件来制作微课视频。当前录屏软件很多，但功能比较强大且适合微课视频制作的软件并不多，这其中的佼佼者就是Camtasia Studio了。

Camtasia Studio适合于微课视频的制作主要体现在其录屏功能的强大和视频编辑能力的完善，其能够以各种方式录制屏幕操作和声音，同时自带的视频编辑器能够直接对录制的声音和视频进行编辑处理，以简单的操作获得很多原本需要使用专业非线性编辑软件才能获得的效果。

本书详细介绍微课程的有关知识、微课视频制作的一般技巧、使用Camtasia Studio录像机进行视频和音频录制的方法以及使用Camtasia Studio编辑器对微课视频进行视频编辑处理的方法。

主要内容

全书共包括7章，各章内容分布如下。

第1章　介绍微课程的有关理论知识，包括"翻转课堂"教学模式有关知识、微课程的概念、特点和类型以及如何设计微课程。

第2章　介绍微课视频制作的有关知识，包括微课视频制作的场景方式、微课视频制作的关键要点以及基于个人计算机的微视频制作的方法和技巧。

第3章　介绍使用Camtasia Studio录制微课视频的方法，包括录屏前应该做的准备工作、如何进行录屏操作以及录屏过程中添加标记和进行"板书"的方法。

第4章　介绍使用Camtasia Studio编辑器对微课视频进行常规编辑操作的方法，包括视频的常规操作技巧、音频的操作方法以及Camtasia Studio编辑器中项目的操作要点。

第5章　介绍使用Camtasia Studio编辑器向微课视频中添加各种教学素材的方法，包括在微课视频中添加标注、添加旁白和摄像头视频以及为视频添加字幕的方法。

第6章　介绍使用Camtasia Studio编辑器为微课视频添加各种特效的方法，包括为微

课视频添加转场效果、添加“缩放”效果、添加鼠标动画效果以及添加对象动画效果。

第7章　介绍使用Camtasia Studio编辑器制作交互项目和项目输出的知识，包括在微课视频中实现跳转的方法、制作测试题的方法以及根据不同的需要输出项目的方法。

本书特点

(1) 目标明确。本书目标是帮助广大教师使用Camtasia Studio来进行微课视频的制作，因此全书专注于Camtasia Studio这个软件的各种应用和技巧，重点突出软件在微课视频的设计和制作中所起的作用。

(2) 有“理”有“据”。这里，“理”指的是微课制作的理论，“据”指的是微课视频制作的理论依据。微课视频的制作不同于普通视频的制作，它离不开教学理论的支撑，离开教学理论的微课制作就如同“无源之水，无本之木”。本书做到了将教学理论与制作技术的充分结合，融理论于技术讲解之中。

(3) 注重实用。如何正确地认识微课视频；如何让微课视频发挥正确的作用；快速高效的微课视频的制作方法有哪些；如何将自己的教学流程转换为课件的形式表现出来。在教师制作微课视频中还有很多类似的问题，本书尝试将教学内容、微课视频实现和软件功能结合在一起，让大家从微课视频制作的角度来看待Camtasia Studio，解决教师的实际问题，让Camtasia Studio成为大家完成微课制作的有效武器。

(4) 图文并茂。全书配有大量的图例，操作步骤的讲解均结合图例来进行，降低了阅读门槛。读者能够直观地了解操作过程和每一步操作的效果，无论是熟悉Camtasia Studio的老手还是不熟悉操作的新手，都能够很好地阅读并理解。

本书作者

参加本书编写的作者是多年从事教学工作的资深教师和从事微课开发的专业技术人员，具有丰富的教学经验和课件制作经验。他们的微课作品曾多次荣获国家级、省级奖励，其中缪亮老师还多次担任全国多媒体课件大赛裁判长。

本书主编为乔玲玲(编写第2章～第4章)、纪宏伟(编写第1章、第7章)，副主编为陈志娟(编写第5章)、缪亮(负责编写第6章)。

郭刚、张爱文、陈凯、胡伟华、李敏、张海、丁文珂、董亚卓、姜彬彬、孙毅芳等也参与了创作和编写工作，在此表示感谢。另外，感谢商丘学院、南通师范高等专科学校、开封文化艺术职业学院对本书创作给予的支持和帮助。

作为身居一线的教师，笔者能够深深体会到教师在面对微课视频制作过程中的疑惑和困难，因为这些都是笔者在教学过程中曾经面对的问题。在不断探索和教学实践中，笔者对于微课视频的制作有了一些自己的经验和感受，萌生了将其拿出来与广大教师分享的想法，从而完成了本书。希望这本书能够带给大家一些新的理念、新的认识和新的技术，为教育领域的同仁们在教育改革的大潮中的不断探索提供一些微薄的帮助。由于编写时间有限，加之作者水平有限，疏漏和不足之处在所难免，恳请广大读者批评指正。

相关资源

立体出版计划，为读者建构全方位的学习环境！最先进的建构主义学习理论告诉我们，建构一个真正意义上的学习环境是学习成功的关键。学习环境中有真情实境、有协商和对话、有共享资源的支持，才能使读者高效率地学习，并且学有所成。因此，为了帮助读者建构真正意义上的学习环境，作者以图书为基础，为读者专门设置了一个图书服务网站。

该网站提供相关图书资讯，以及相关资料下载和读者俱乐部。在这里读者可以得到更多、更新的共享资源；还可以结交志同道合的朋友，相互交流、共同进步。

资源网站网址：http://www.cai8.net。

微信公众号：itstudy。

编者

2016年4月

目　　录

第 1 章　初识微课 …… 1

1.1　课堂教学的新模式——翻转课堂 …… 1

1.1.1　关于翻转课堂的故事 …… 1

1.1.2　翻转课堂的内涵与价值 …… 3

1.1.3　翻转课堂教学模式的操作流程 …… 4

1.2　什么是微课 …… 5

1.2.1　微课的概念 …… 6

1.2.2　微课的构成特点 …… 6

1.2.3　微课的类型 …… 6

1.3　微课该如何设计 …… 7

1.3.1　我们为什么用微课 …… 7

1.3.2　微课设计中需要注意的问题 …… 8

1.3.3　微课设计开发流程 …… 9

1.4　本章习题 …… 9

1.5　上机练习 …… 10

练习 1　通过网络了解翻转课堂教学模式 …… 10

练习 2　通过网络了解微课的有关知识 …… 10

第 2 章　微视频制作基础 …… 11

2.1　微课视频制作的常见方式 …… 11

2.1.1　传统摄录方式 …… 11

2.1.2　录屏方式 …… 13

2.2　微课视频制作的关键 …… 17

2.2.1　微课视频制作的要点 …… 17

2.2.2　什么样的微课视频是好的微课视频 …… 19

2.3　基于个人计算机的微课视频制作 …… 20

2.3.1　微课视频中的文字 …… 20

2.3.2　微课视频中的图片 …… 27

2.3.3　微课视频中的声音 …… 30

2.3.4　微课视频中的“视频” …… 35

2.3.5　使用 PowerPoint 制作微课视频 …… 44

2.4　本章习题 …… 50

2.5　上机练习 …… 51

练习 1　上网查找与氧气的制法有关的教学素材 …… 51

练习 2　利用 PowerPoint 2013 制作一个微课视频 …… 51

第 3 章 微课制作从“录”开始 …… 52

3.1 为录屏做好准备 …… 52
3.1.1 录屏前的常规设置 …… 52
3.1.2 设定录制区域 …… 63
3.1.3 为录音做准备 …… 67
3.2 录屏实际上很简单 …… 70
3.2.1 控制屏幕的录制 …… 70
3.2.2 录屏时的注意事项 …… 71
3.2.3 录制 PowerPoint 课件 …… 72
3.2.4 录完了怎么办 …… 78
3.3 录屏时还可以做的两件事 …… 80
3.3.1 录屏时直接添加系统戳记和标题文字 …… 80
3.3.2 录制微课也能板书 …… 85
3.4 本章习题 …… 86
3.5 上机练习 …… 87
练习 1 使用 Camtasia Studio 插件录制 PowerPoint 课件 …… 87
练习 2 利用 Camtasia Studio 获取视频网站上的视频素材 …… 88

第 4 章 微课视频编辑初步 …… 89

4.1 视频的常规操作 …… 89
4.1.1 在视频预览窗口中进行的操作 …… 89
4.1.2 对象的容器——轨道 …… 94
4.1.3 时间轴上进行的操作 …… 98
4.2 音频的操作 …… 107
4.2.1 放置于轨道中的声音 …… 107
4.2.2 对音量进行调节 …… 110
4.2.3 两种常用音效的实现 …… 113
4.2.4 去除讨厌的噪音 …… 116
4.3 对于项目你必须知道的操作 …… 119
4.3.1 项目的打开和保存 …… 119
4.3.2 素材的导入导出 …… 124
4.3.3 关于库 …… 129
4.4 本章习题 …… 135
4.5 上机练习 …… 136
练习 1 录制一段微课视频并在 Camtasia Studio 编辑器中对其进行编辑 …… 136
练习 2 利用模板为微课视频添加片头 …… 136

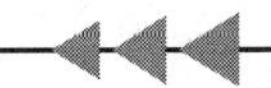

第 5 章 在微课视频中添加内容 …… 137

5.1 在微课中添加标注 …… 137

5.1.1 在微课视频中添加文字 …… 137

5.1.2 在微课视频中添加图形 …… 145

5.1.3 特殊但很有用的标注方式 …… 150

5.2 在微课中添加旁白和摄像头视频 …… 156

5.2.1 在微课中添加旁白 …… 156

5.2.2 微课中的画中画效果 …… 159

5.3 在微课中添加字幕 …… 162

5.3.1 在视频中添加字幕 …… 162

5.3.2 让字幕与视频同步 …… 168

5.3.3 字幕还可以这样用 …… 171

5.4 本章习题 …… 175

5.5 上机练习 …… 176

练习 1 使用 Camtasia Studio 编辑器的图形标注制作图 5.25 那种样式的按键标注 …… 176

练习 2 制作诗歌诵读微课 …… 176

第 6 章 让特效为你的微课增色 …… 177

6.1 让视频片段间的转换更自然 …… 177

6.1.1 向微课视频中添加转场效果 …… 177

6.1.2 对转场效果进行设置 …… 180

6.2 将观众的视点引过来 …… 182

6.2.1 在微课视频中添加“缩放”效果 …… 182

6.2.2 对“缩放”效果进行设置 …… 187

6.3 让鼠标指针靓起来 …… 190

6.3.1 为鼠标动作添加特效 …… 190

6.3.2 为光标添加动画效果 …… 196

6.4 视频中的对象动画 …… 199

6.4.1 视频中的形状变换效果 …… 199

6.4.2 视频中的视觉效果 …… 212

6.5 本章习题 …… 218

6.6 上机练习 …… 219

练习 1 使用两种方式制作为视频常见的切换添加淡入淡出转场效果 …… 219

练习 2 制作文字弹跳进入的动画效果 …… 219

第 7 章 微课中的互动和输出 …… 221

7.1 微课的互动——Camtasia Studio 也能实现跳转 …… 221

7.1.1 将对象设置为热点 …… 221
7.1.2 实现热点的跳转功能 …… 223
7.1.3 在热点中添加文字 …… 225
7.2 Camtasia Studio 中的测试题 …… 227
7.2.1 制作单选题 …… 227
7.2.2 制作填空题 …… 235
7.2.3 制作问答题 …… 240
7.2.4 制作判断题 …… 242
7.3 微课项目的输出 …… 244
7.3.1 将项目导出为 MP4 格式文件 …… 245
7.3.2 按需生成需要的文件 …… 261
7.3.3 项目输出时 4 个需要注意的问题 …… 269
7.4 本章习题 …… 286
7.5 上机练习 …… 286
练习 1 录制一段视频并尝试将其输出为不同格式的视频文件 …… 286
练习 2 制作网络测试卷 …… 286

附录 A 习题参考答案 …… 287

第1章 初识微课

近年来数字技术和互联网技术突飞猛进，正在迅速影响和改变着人们的生活和学习方式。在学习方面，仅从书本获取知识已经不能满足人们的需要，以便携式平板电脑和智能手机为代表的信息化设备已经成为了人们生活和学习中不可或缺的部分。科技的进步也必然带来教学模式的发展和进步，翻转课堂教学模式和微课程这些教学新概念也逐步出现在广大教师的视野中，它们带来了教学方式和学习方式的变革。

本章主要内容：

- 课堂教学的新模式——翻转课堂
- 什么是微课
- 微课该如何设计

1.1 课堂教学的新模式——翻转课堂

我国教育模式(特别是基础教育模式)的发展，到目前为止大致经历了3个阶段，它们是重知识、以教师为主体的单一模式阶段，以学生为主体的探索中的多模式阶段，互联网环境下的以学生为本的教学模式蓬勃发展阶段。在互联网环境下的以学生为本的教学模式下，整合应用数字技术和翻转课堂教学模式是当前逐渐得到重视的一种全新的教学模式。

1.1.1 关于翻转课堂的故事

在基础教育界，翻转课堂起源于美国科罗拉多州落基山林地公园高中两位化学老师(如图1.1所示)的尝试。作为该高中化学教师的乔纳森·波尔曼(Jon Bergmann)和亚伦·萨姆斯(Aaron Sams)在教学中经常受到一个实际问题的困扰，那就是他们的一些学生由于学校离家太远而需要花费过多的时间乘车上学，同时一些学生由于生病等各种原因而无法按时前来上课。这样就导致学生错过正常的教学活动，从而跟不上教学进度的情况。为了解决此类问题，他们在2007年前后开始使用屏幕录制软件录制PowerPoint演示文稿和教师实时讲解的视频，将这些视频上传到网络以供学生下载观看，从而帮助那些缺课的学生补课。

更具有创造性的是，这两位老师并未将这种学习方式仅仅用在对缺课学生的补习上，他们逐渐尝试让学生在家看视频听讲解为基础，节省出课堂上的时间用来让学生完成作业或实验，教师在课堂上对完成作业或实验

图 1.1 翻转课堂起源于美国的两位化学教师的尝试

有困难的学生提供帮助。乔纳森·波尔曼和亚伦·萨姆斯在其著作 *Flip Your Classroom Reach Every Student in Every Class Every Day* 中分享了他们的心得,这种教学模式被媒体热烈报导,从而为大家所知晓并引起了社会各界特别是教育界的广泛关注,越来越多的教师投入到翻转课堂这种全新教学模式的探索和应用之中。2011 年,这种教学方式被加拿大《环球邮报》评为 2011 年影响课堂教学的重大技术变革。

翻转课堂这种教学模式虽然在 2007 年就出现了,但其影响力最终扩展到全美乃至全球却是在三年以后,使这种教学模式影响力快速扩大的则是"可汗学院"的出现和快速发展。"可汗学院"是 2004 年由孟加拉裔美国人萨尔曼·可汗(Salman Khan)创立,其创建之初的目的是为了给亲戚家的小孩学习数学进行辅导。出于这种目的,萨尔曼·可汗录制了数学方面的教学视频并将其放到了网站上。这些视频除了给亲戚家的小孩提供远程学习辅导外,还可以供其他人士免费观看和学习。除了视频之外,他还对视频的内容进行了补充,主要是增加了互动学习的软件,以方便学习者在学习后进行练习。

到 2007 年,萨尔曼·可汗创立了一个非营利网站,该网站利用教学视频讲解各个学科中的教学内容,讲解网上观众提出的各种问题,并提供在线练习、自我评估和学习进度自动跟踪等工具。2009 年,萨尔曼·可汗辞去其原有的工作,全身心地投入到网站的维护和运营中,同时将网站正式命名为"可汗学院"。2010 年秋,"可汗学院"受到了比尔·盖茨的关注,获得了"比尔和梅林达·盖茨基金会"以及谷歌公司的资金资助,从而使"可汗学院"不仅在教学视频质量和支持工具上有了进一步的提升,更重要的是扩大了其影响力。"可汗学院"官网首页如图 1.2 所示。截至 2015 年,"可汗学院"的在线视频超过 6500 个,粉丝超过 221 万,累计播放超过 5.27 亿次,在全球各个角落,都有"可汗学院"的受益者。如今,在美国数学教育界,萨尔曼·可汗犹如宗教界的摩西一般受人崇拜,他的超级粉丝比尔·盖茨说:"可汗是将科技应用于教育的先锋,他开启了一场革命。"如图 1.3 所示。

随着"可汗学院"的出现,基础教育的教学方式也发生了改变。学生可以晚上在家观看"可汗学院"的数学教学视频,第二天回到教室做作业,遇到问题时则向老师和同学请教。这种方式解决了翻转课堂推广的最大的障碍,就是教师无法制作大量适合的视频的问题,从而降低了教师进入翻转课堂的门槛,推动了翻转课堂这种教学模式的普及,使这种教学模式走出了北美地区,进入了全球教育界的视野。可以这样说,萨尔曼·可汗凭借简单的教具和普通软件,颠覆了美国乃至全球的在线教育,发起了一场教育模式的革命。

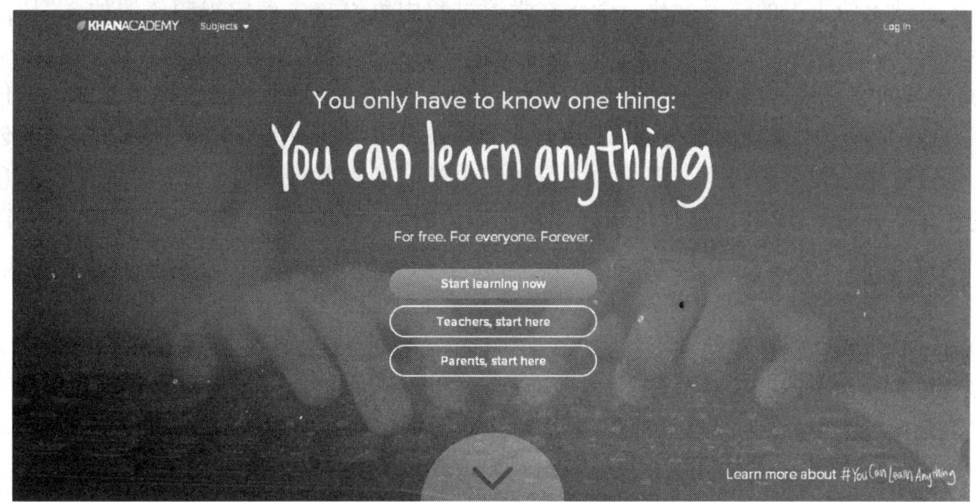

图 1.2　"可汗学院"官网首页

图 1.3　萨尔曼·可汗与比尔·盖茨

1.1.2　翻转课堂的内涵与价值

翻转课堂教学模式是一种混合式的学习方式，学生通常在家里通过视频课程在线学习新知识，而课外作业被带到了课堂。课堂里老师提供的是对学生的个性化指导和师生互动，而不是传统的授课。这是一种与传统的"老师白天在教室上课、学生晚上回家做作业"的方式正好相反的课堂模式，因此被称之为"翻转课堂"(the Flipped Classroom)，国内也有学者将其称为"颠倒课堂"。

翻转课堂是将学生学习的决定权从教师的手中转交给了学生，教师不再像传统授课那样在课堂的时间内讲授知识，知识的学习需要学生在课前通过观看视频、听播客和阅读电子书等方式来自主完成。课堂中的宝贵时间，学生用来在教师的支持下聚焦于疑难问题的解决，通过主动的基于项目的学习，共同研究解决知识的内化和应用中所面临的问题。

翻转课堂教学模式是一种颠覆性的教学模式，其强调学生主体性回归的机制创设，彰显

了学生是学习的主人的学习文化。学生在学习过程中可以自主确定视频资源的学习时间、节奏和频率,这样可以保证所有学生的学习机会。这种教学模式增加了师生互动和生生互动的时间,能够有效地促进问题的解决。在这种教学模式中,教师的角色不再是知识的传递员,而是转变为学生发展的促进者,课堂也从个别外向型学生的秀场转变为所有学生的创造场。翻转课堂的教学模式强调课前的学习和课中学习的整体性设计,是学习理论与信息技术发展与整合的产物,有效地促进了碎片化时间的利用。翻转课堂需要视频课程,视频课程具有微型化和便民化的特点,同时要求课程评价反馈要及时。

与传统的教学方式相比,翻转课堂教学模式有它独有的价值。学生在学习时,希望老师在场的时候是自己做不出作业、老师能够提供回答和帮助的时候,翻转课堂很好地回应了学生的这种要求。在翻转课堂模型下,学生是自己学习的主人,掌握着学习的节奏和步调。在当前信息化环境中,翻转课堂这种教学模式的价值体现在充分适应了学生学习的特点,可以帮助学业负担本来就很重的学生充分利用时间,使学生可以根据自己需要灵活地进行选择性学习。翻转课堂的价值还体现在其能够改变传统教学模式下好学生得到最大的关注,其余学生被动听好学生和教师对话的局面,让基础薄弱学生也能得到照顾,同时教师也能从重复性的教学活动中解放出来,打破了教师对课堂的主宰地位,使得学生能够自主掌握学习进程。

翻转课堂教学模式整合了面对面教学与在线学习的共同优势,及时释疑,增加了师生的互动,改变了课堂的管理,课堂上不存在对课上不专心听讲学生的管理问题,喜欢闹堂学生也失去了观众,这使许多传统课堂教学模式中的管理问题消失了。这种模式使课堂变得透明开放,社会和家长能够通过轻点鼠标更加方便地了解学习教育的内容,方便学生与家长的共同学习,促进学生与家长的交流,促进学校教育与家庭教育的协同合作。另外,翻转课堂打破了学生同步学校的桎梏,能够有效地帮助所有学生最终实现学习目标。特别是对于缺少合格教师的农村边远地区的学习,翻转课堂教学能够起到一定的替代作用。

在中国,翻转课堂这种教学模式实际上古已有之,平常强调得很多的课前预习和自主学习,课中教师答疑解惑的这种教学模式已经具有了翻转课堂的基本的特征。当前对翻转课堂教学的强调,在于当前乃至未来的翻转课堂将充分地利用数字和网络技术来进行,立足于培育适应未来数字化环境的人才,借助数字技术,教师将有关视频放置于网络上,形成系统的教学网络资源。学生可以在课前根据自己已有的基础进行选择步骤和选择内容的学习。当教学资源达到一定量,能够形成网络云环境时,翻转课堂教学就更能有利于学生学习的主体探究性与学生的个性化发展。

1.1.3 翻转课堂教学模式的操作流程

不同的教学模式都具有其独特的操作流程,操作流程指的是在时间上展开的逻辑步骤以及每个步骤中教师与学生的主要行为活动,它是教学模式的外在表现形式,内部蕴含着与其模式相对应的教学设计和教学策略。

翻转课堂这种新兴的教学模式,颠覆了传统的教学过程,深深地打上了信息技术烙印。它将知识的传递放在了课外,学生借助于云环境等信息技术手段获取老师制作的微视频以及学习任务,自主完成知识的建构。课堂则成为他们探讨问题、师生之间深入交流和小组协作探究、获得个性化指导和完成知识内化的场所。与传统的课堂教学相比,翻转课堂有着颠覆性的变化和典型特征。

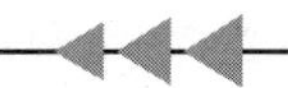

根据建构主义理论,“学习是建构内在的心理表征的过程,学习者并不是把知识的外部搬到记忆中,而是以已有的经验为基础,通过与外界的交互作用来构建新的理解。”教师是教学过程的组织者、指导者和意义构建的帮助者,学生则是知识意义主动构建者,教材所提供的知识则是学生知识意义构建的对象,媒体是用来创设请教、进行协作学习和会话交流,也就是学生主动学习和协作探索的工具。因此,翻转课堂教学流程设计,应该遵循关注学生发展、以学生为主体、关注学生的个体差异和强调课堂互动交流的有效性等基本原则。

翻转课堂这种教学模式的操作流程根据学科特点和教学任务会有所不同,典型的翻转课堂的教学操作流程,如图 1.4 所示。

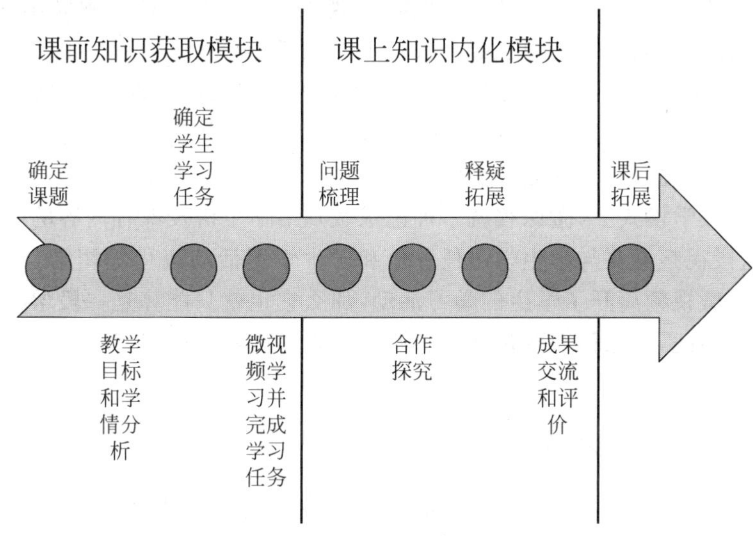

图 1.4　翻转课堂教学操作流程

在翻转课堂教学模式下,学生最主要的获取新知识的渠道是课下的自主学习。在教学过程中教师要首先对自主学习的环境进行设置,使其支持学生课下的学习过程。在课前知识获取模块,教师要根据教学内容和教学目标明确学生学习任务,设计制作微视频并提前发布微视频,让学生明确学习任务(如给学生发放学习任务单)。学生利用课余时间观看视频,学习和掌握基础知识并完成相关学习内容。

在翻转课堂中,对学生学习最有益的改变体现在课堂内的活动中。微视频能够以知识点为单位进行制作,学生课前的学习是一种碎片化的学习,课堂教学的作用则是将这些知识碎片系统化,让学生做到融会贯通。翻转课堂将知识的传递移到了课前,课堂教学实际上是知识内化的过程。教师在课堂上充分了解学生课前学习产生的疑问,确定问题,开展合作探究活动,利用情境、协作和交流等学习环境要素发挥学生的主动性、积极性和创造性,帮助学生在这些具体的环境中应用学习到的知识,从而实现知识的内化。

1.2　什么是微课

随着时代的发展,教学系统中的各个构成元素也在发生着变化。微课或者是微课程是近年来随着翻转课堂教学模式的出现而迅速得到教育界关注的热点话题,它是信息化技术

普及的产物，体现了人类科技迅猛发展所引起的教育媒体的变化。微课的出现，体现了时代变迁所带来的教学系统的新变化。

1.2.1 微课的概念

在常规的学校课堂教学中，课是一种普遍实施的以班级集体教学位组织方式和基本单位的教学模式。课具有时间的限制，是一种有组织的教学过程单位，其作用是为了达到一种完整的教学目的。

与传统的“课”的概念相对应，微课是在近几年才出现的一个全新的概念。微课其外在的表现形式是一段视频，但不能将其仅仅理解为教学用的视频。微课视频不是过去教学中使用的积件，那种积件只是一种用于配合教师上课的教学资源。在新型的翻转课堂教学模式中，微课视频是学生进行自主学习的一个不可或缺的重要组成部分。因此，对于微课，现在普遍的认识是：微课程指的是时间较短(以 10 分钟以内为宜)，有明确的教学目标，内容短小精炼，用于集中说明一个问题的小课程。

在翻转课堂教学模式下，微课程就一种记录教师给学生讲授课程内容的一段 10 分钟以内的微视频，这段视频需要与学生学习任务单和学生学习活动流程等相结合才能形成完整的微课程。如果微视频离开了学生的学习活动，那么它也就只能算是一段学习材料，无法达到课程的要求。因此，微课程需要包括教师制作的教学内容微视频、学生的学习任务单和学生学习活动安排。

1.2.2 微课的构成特点

相对于传统的课，微课的特征是明显的，它是由多种资源有机构成的，以微视频为主要载体和呈现方式，基于网络运行，因此能够不受时间和空间的限制，同时能够支持多种学习方式。

微课是伴随着 Web 2.0 时代的到来而出现的，它是一种全新的资源类型和课程表现形式。微课具有主题突出、内容高度聚焦、资源类型多种多样和应用场景真实的特点。同时，也具有交互性强和使用方便的特点。在教学中，微课短小精悍、应用面广，同时具有半结构化和动态生成的特点。

微课的核心资源是微型教学视频片段，即微视频。同时，微课还应该包括与所教学知识点或教学环节相配套的教学设计、教学素材课件、相关的练习测试、学习反馈和师生评论和学习反思等辅助性的学习内容，如图 1.5 所示。

图 1.5 微课的构成

1.2.3 微课的类型

在教学实践中，微课根据不同的标准能够分为不同的类型。如按照教学方式来划分，微课可以分为讲授类、演示类、练习类、实验类、自主学习类、探究学习类和合作学习类等。一般说来，一个微课只对应于一种微课类型，但有时也可以同时属于两种甚至是两种以上的微课类型，教师根据学科和教学目的来合理地选择应用和完善微课类型。

微课也可以根据知识的传递方式来进行划分，此时微课可以分为讲授型微课、解题型微课、答疑型微课、实验性微课和活动型微课。

- 讲授型微课：学科知识点和重难点的讲授为主，与传统的课堂课型相类似，具有多种形式的授课方式，同时不局限于课堂讲授。
- 解题型微课：要是针对某类典型的例题来进行讲解和分析，其重点在于解题思路的分析和过程的展示，常见于理科类学科知识的传授。
- 答疑型微课：要是针对学生在学习中可能存在具有代表性的疑难问题，对其进行归纳、总结和分析解答，解决普遍存在的问题，给学生答疑解惑。
- 实验型微课：其主要表现形式是展示，这种课型在理科类学科教学中使用较多。主要是针对典型的实验展示设计、操作和实验结果，具有较强的直观性。
- 活动型微课：这类微课主要用于反映在某个具体知识学习过程中的活动，反映学习中的思考、探究和讨论等场景和过程。

微视频是微课中的核心内容，微课也可以按照微视频的录制方式来进行分类。

- 录屏类微课：这类微课是通过录屏软件（如 Camtasia Studio）来录制教师使用 PowerPoint、Word、图形绘制软件或手写输入软件等方式呈现在计算机屏幕上的演示内容和讲解过程，同时录制讲解语言和旁白等。
- 软件合成微课：通过微课脚本设计，运用软件（如 Flash、PowerPoint、Premire 和绘声绘影等）将图像、动画、声音和视频等媒体素材合成为视频后输出为微课视频。
- 混合式微课：在微课制作中，使用上面介绍的多种方式来进行制作、编辑和合成微课，以最终活动需要微课视频的方式。

另外，微课也可以根据面向的对象和功能来进行分类，这类微课一般分为下面这几类。

- 用于职业发展的微课：这类微课针对各类职场人士，帮助职场人士提高专业水平、解决工作中遇到的问题和困惑并提高职场技能。
- 面向社会大众的学习型微课：此类微课的内容不再仅仅局限于某个学科或课堂基础知识的教学。其涵盖了社会、经济、生活、文化和科技等各个领域。通过各种方式面向社会开放资源，实现教育帮扶并构建了公共服务体系，使教育资源能够从根本上服务于社会。
- 用于学生自主学习的微课：这类微课面向在校学生，帮助学生进行自主性学习。这类微课是当前微课的主流，也是微课的最基本功能。

1.3　微课该如何设计

微课程的核心是微课视频，但微课程不是课堂教学实录的视频切片，更不是网络上那些以小时计的传统精品课程实录，也不是辅助教师讲课的多媒体课件。微课程有其自身固有的特点和要求，下面将对微课制作的设计原则进行介绍。

1.3.1　我们为什么用微课

翻转课堂和微课程并不是一种新的教育教学理论，其主要是通过教学形式的变化和教育流程的改变来顺应现代教育发展的趋势，这种发展趋势是基于互联网技术的高速发展的。一直以来，教师都是掌握和控制着知识的知识权威，学生获取知识的渠道相对狭窄。随着近

年来计算机和互联网的普及，学生获取知识的渠道得到了极大的扩展，微课程这种学习方式的出现也就是很自然的事情了。

利用以微视频为核心的微课程，学生可以自控式地安排学习，获得个性化的学习体验。学生根据自身学习基础、学习习惯和爱好以及对知识掌握程度的不同来控制和安排自己的学习节奏，可以暂停、倒退和反复观看视频和练习，学习他们理解有偏差的问题以达到掌握知识的目的。同时，通过微课程的自主学习，学生可以批判性地学习新知识，将其融入认知结构中并迁移到新的情境中，真正实现深度学习。对于设计合理、教学目标明确、要求清晰的微课程，学生学习上的进步能够获得高频率的回馈和评价，学生对知识的掌握也就是顺理成章的事情了。

微课实际上是一种教学手段，其能够创设更多的机会让学生积极投身到主动学习中去，通过自主学习来有效地提高学习的效率，获得更好的学习效果。另外，使用微课对于教师来说也是颇有益处的。微课顺应了时代发展的潮流，是一种教学方式的创新。微课为创新教学模式提供了基础，是一种提高课程教学质量的有效途径。同时微课基于网络的特点也能够为教师提供更多的与同行交流的机会，促进教师教学水平的提高和个人素养的增强。

1.3.2 微课设计中需要注意的问题

微课是否优秀，能否达到既定的教学目的，设计是一个关键的步骤。在常规教学领域，微课的设计应该遵注意下面的问题。

- 微课的设计首先要充分考虑微课面向的对象。在设计微课时，应该注意微课是为谁服务的，微课适合于哪种类型的学生学习。在设计微课时要明确需要达到的是什么样的学习目标，要充分做好学情分析，了解学生适合于什么样的学习方式，适合于什么时间学习。
- 微课的设计要体现出教学中的任务驱动、问题导向和反馈互动的原则。微课程的设计与传统课程教学的设计一样，同样要考虑课程的引入，引入要具有趣味性，能够吸引学生的注意，引起学生的兴趣。同时，在设计微课时，从引入到讲解应该做到逐步推进且层次分明，能够让学生高效地获取关键知识。
- 微课的设计要紧扣一个“微”字。一节微课只要讲解一个知识点，要充分体现微课短小精悍的特点，同时考虑微课的完整性，充分利用微课件和微练习等配套教学资源的作用。
- 微课的设计要体现微学习环节的互动方式和学习方式的设计。微课是当前“云环境”下的一种新的教学方式，教学设计应该充分利用信息技术的优势，通过各种互动方式让学生能够积极地以主体身份参与学习，能够及时地对学习状况进行反馈。
- 微课设计要注意知识的连贯性和整体性。在对微课进行设计时，不仅要突出当前知识点的掌握，更要注意基于一个专题或整个单元知识、方法和技能。因为只有系统化的学习才能使学生有效地掌握知识和技能，因此微课的设计制作要充分考虑知识体系，保证微课制作的专题性和完整性。
- 微课设计要保证知识的“清”。微课程的时间不会很长，那么在设计微课程时要保证微课学习目标的达成，不能因为要节约时间而跳过必要的教学步骤。
- 微课设计时需要学习任务单。微课程要保证让学生清楚需要他们掌握的知识是什

么、技能有哪些、该做些什么。因此,可以采用学习任务单的方式来对学生的学习进行指导,告诉他们看完微课视频后应该讨论什么、练习什么、学习资源和拓展知识链接从何处获取以及学习效果如何评价等内容。

1.3.3 微课设计开发流程

微课程的开发一般有两种方式:一种方式是对已有的微课进行加工改造,这种方式可以最大限度地发挥各类已有教学资源的价值,在短时间内形成规模并提高微课开发效率;另一种方式就是设计开发全新的微课程。

微课程的设计开发是一个完整的过程,其中既包括微课程的设计和开发,也包含了微课程的应用过程,是它们的有机结合。一个完整微课的设计开发流程,如图 1.6 所示。

图 1.6　微课设计开发的一般流程

- 确定主题:确定微课教学或学习的主题,明确微课教学的知识点。
- 分析学情:分析学生的学习状况,如学生的学习能力、学生的特点、学生的前置知识和学生能够使用的时间的多少等。对需要讲授的知识点进行分析,如分析知识点在教材中的地位、知识点前后知识之间的关联以及知识点的讲授范围和深度等。另外还包括像传统课堂那样分析这节微课的教学重点、教学难点以及学生的易错点等。
- 设计微课:对整个微课进行设计,包括设计微课的内容结构、知识的传递方式以及微视频的视觉效果等。完成微教案的设计、微练习的设计以及微课中用到的课件的设计。
- 准备素材:获取微课需要的授课素材,这里的素材应该包括授课的知识素材,如微课中知识引入的内容、课后的练习以及探讨的问题等。素材还包括制作微课视频和课件所需要的素材,如文案、图片和视频等。
- 制作微课:制作微视频,包括视频的录制、视频的后期处理加工等。
- 实施微课:微课上传到微课平台,形成微课资源后将其应用到教学中。微课的实施是一个完整的教学过程,包括学生学习、学习效果的反馈以及对微课教学效果的评价和授课老师的反思等。

1.4 本章习题

一、填空题

1. 翻转课堂的教学模式强调________和________,是学习理论与信息技术发展与整合的产物,有效地促进了________。

2. 微课程指的是________,有________,内容短小精练,用于________的小课程。

3. 微课具有________、________、________和________的特点。

二、选择题

1. 微课的核心资源是________。

A. 图片　　B. 文字　　C. 音乐　　D. 教学视频

2. 用于反映在某个具体知识学习过程中的活动，反映学习中的思考、探究和讨论等场景的微课是________。

A. 讲授型微课　　B. 活动型微课　　C. 实验型微课　　D. 答疑型微课

3. 上传制作完成的微课属于微课开发流程中的哪一个步骤？________

A. 确定主题　　B. 分析学情　　C. 准备素材　　D. 实施微课

1.5 上机练习

练习1　通过网络了解翻转课堂教学模式

练习2　通过网络了解微课的有关知识

第2章 微视频制作基础

微课程的关键核心是微视频，微视频是切入教学的关键所在。微课程设计开发的重要步骤就是微视频的制作，微视频质量的高低直接决定了微课程教学效果的优劣。本章将从操作层面来介绍微视频制作的有关知识。

本章主要内容：

- 微课视频制作的常见方式
- 微课视频制作的关键
- 基于个人计算机的微课视频制作

2.1 微课视频制作的常见方式

微课视频制作的方式很多，最常见的无非是传统的室内拍摄方式和屏幕录制两种方式。这两种方式应用于不同场合，有着各自不同制作方法，教师根据教学的要求、视频的内容和需要获得效果来进行选择。下面主要介绍使用传统的摄录方式和录屏方式来制作微课视频的有关知识。

2.1.1 传统摄录方式

微课视频是一种短小精悍的视频，它不是眩目视觉的盛宴，而是一种低成本影视作品，可以使用传统的摄录方式来进行摄录。针对不同的教学环境和授课内容，微课的摄录也有不同的应对策略。

传统的摄录方式应用于微课的制作，常用于录制那些需要将与课堂教学场景类同的讲授、实验和展示结合在一起的课型。在这类微课视频中往往需要结合教师的口头语言和肢体语言来展示教师的个人魅力并传递知识，教学内容与授课教师之间需要出现场景切换，需要展示师生或生生之间的互动，因此采用直接摄录教师在教室中的授课过程，如图 2.1 所示。这种类型的微课可以展现课堂授课过程，能够得到真实的现场感，让学生获得与课堂教学类似的体验。

这种类型的微课视频在制作时，教师针对微课的主题进行详细的教学设计形成教学方案。针对教学方案利用黑板或电子白板来展开教学过程，使用摄像机将整个过程摄录下来获得微课视频。

这种模式的微课视频对现场摄录要求也相对较高，硬件除了传统的黑板和粉笔之外，教室还需要电子白板等辅助教学设施，如图 2.2 所示。在拍摄视频时，除了录制摄录用摄像机的准备之外，为了获得较好的视频效果，

图 2.1 授课环境为教室

还需要考虑摄像机的放置、教室场景的布光和声音的录制等诸多问题。同时,对于教师的镜头感、课堂掌控能力以及形象、语言和肢体动作的表现力等都有较高的要求,对于拍摄者的拍摄技能也是一个考验。因此这种拍摄方式往往需要一个团队,较为专业的制作班底和合适的摄录环境,有时可能还需要在专业的摄录室中进行录制。这里的制作团队一般由学科组、主讲教师和电教教师这些人员构成,学科组成员共同进行微课的教学设计,主讲老师进行授课,电教老师负责视频的录制和后期处理。

图 2.2 摄像机和电子白板

实际上,在制作实验操作和习题讲解内容等类型的微课时,教师完全可以自主拍摄完成。如,使用家用摄像机和白板,在一个相对安静、光照条件较好的环境中,教师可以进行自主拍摄,如图 2.3 所示。随着科技的发展,现在很多智能设备,如智能手机和平板电脑,都具有摄像功能,而且拍摄效果很不错。对于一些重在突出过程展示而对拍摄效果要求不高的微课视频,完全可以使用诸如手机这样的智能设备来进行录像。如,在数学微课需要展示某个题目的解答过程,教师可以在一张纸上书写解答过程,使用手机将其录制下来,然后再配上讲解,同样能够达到很好的效果,如图 2.4 所示。

图 2.3　自主拍摄

图 2.4　用手机录制纸上的解题过程

2.1.2　录屏方式

对于广大的普通教师来说，制作微课视频的行之有效的方法就是使用屏幕录制方式来进行。这种方式具有技术门槛低和制作成本低的优势，教师只要能够熟练使用计算机并拥有简单的硬件就可以完成微课视频的制作。

1. 录屏软件＋PPT 模式

通过屏幕录制来制作微课视频的一种常用的方式是录屏软件＋PowerPoint 组合。其中，录屏软件用于录制屏幕内容和语音讲解，常用的软件如 Camtasia Studio、YouCam 或 Free Screen Recorder 等。PowerPoint 在这里用于展示微课的内容，之所以选择 PowerPoint，是因为 PowerPoint 是当前最为常用的课件制作软件，其操作简便、功能强大而且相关素材资源丰富。这种方式需要的硬件比较简单，只需要计算机、耳麦（自带话筒）或独立的话筒就可以了，如图 2.5 所示。

图 2.5　屏幕录制时需要的硬件设备

采用这种微课视频制作方式时，授课者首先针对所选定的教学主题搜集教学材料和媒体素材，制作需要的 PPT 课件。在计算机屏幕上打开视频录制软件和制作完成的 PPT 课件，授课者调整好话筒位置和音量，在屏幕上调整好录屏软件的录屏区域和 PPT 课件的演示区域。做好上述准备后，授课者即可以开始微课视频的录制。授课者一边演示教学内容，一边讲解，配合软件的标记工具或其他媒体软件或素材完成授课。最后对录制完成的微课视频做必要的处理和美化。

2. “可汗学院”模式

“可汗学院”模式本质上与上面介绍的录屏软件＋PowerPoint 模式没有区别，都是使用录屏软件来录制屏幕上的画面。它与录屏软件＋PowerPoint 模式的唯一区别在于授课内容的载体是电子白板软件，屏幕上展示的内容更多依赖于教师的手写。

在这种微课录制模式中，授课者使用手写板在电子白板软件模拟出来的黑板上进行板书，教学内容、板书和讲解互相配合，十分适合于数理化类微课特别是习题讲解类微课的制作。因为这类微课视频需要展示教师的思维方式和解决问题的思路，通过直接书写解决问题的过程能够直观、完整而有效地呈现思维的轨迹。图 2.6 为“可汗学院”网站上的微课视频截图。

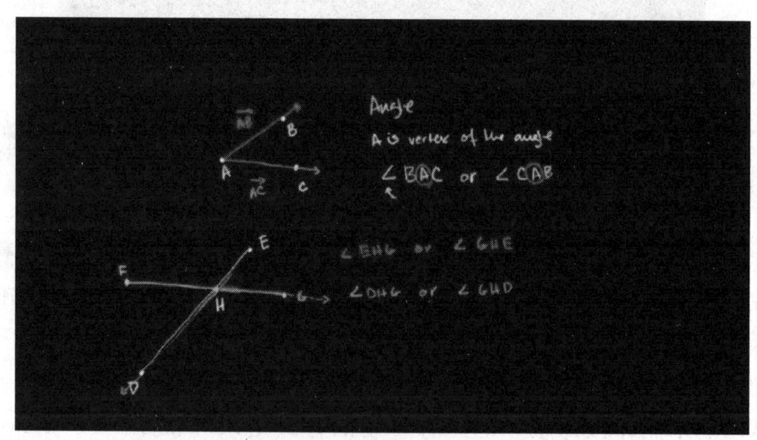

图 2.6　“可汗学院”网站上的微课视频

“可汗学院”模式微课的制作在硬件上除了计算机、耳麦和话筒外，还需要用于手写输入的手写板，如图 2.7 所示。与鼠标相比，手写板进行书写更加流畅，并能够保证整洁和准确。

“可汗学院”模式微课在软件上的使用上除了需要录屏软件之外，还需要电子白板软件用于在屏幕上模拟书写用的黑板，屏幕上黑板的颜色可以是白色也可以是传统的黑色。计

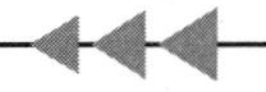

图 2.7　手写板

算机上可以使用的电子白板类软件比较多，比较著名的如 Open-Sankoré，其功能强大且没有绑定硬件，如图 2.8 所示。

图 2.8　Open-Sankoré 软件

实际上，如果没有专业的白板软件，还有两种替代方案。第一种方案是使用 Windows 系统自带的画图软件，打开该软件后使用软件提供的绘图工具在画布上涂画，也可以达到手写的目的，如图 2.9 所示。

第二种方案就是使用 PowerPoint。在演示文稿放映时右击，选择级联菜单中的“屏幕”命令，在下级菜单中选择“黑屏”或“白屏”命令设置屏幕的颜色，如图 2.10 所示。如，这里选择“黑屏”命令，则整个屏幕变成黑色，就像一块黑板那样。再次右击，选择级联菜单中的“指针选项”命令，在打开的列表中选择“笔”选项设置指针，在“墨迹颜色”列表中选择相应的选项设置笔迹的颜色，如图 2.11 所示。完成设置后就可以将屏幕当作一块黑板来进行手写了，如图 2.12 所示。

“可汗学院”模式制作微课视频，首先针对微课主题进行详细的教学设计，形成教案。准备好硬件设施，如安装手写板和麦克风等硬件设备，在屏幕上模拟出黑板，然后使用手写板在屏幕上对教学内容进行书写演示。通过录屏软件录制教学过程和讲解，完成后对视频进行必要的编辑美化。

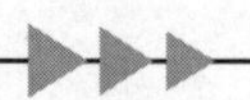

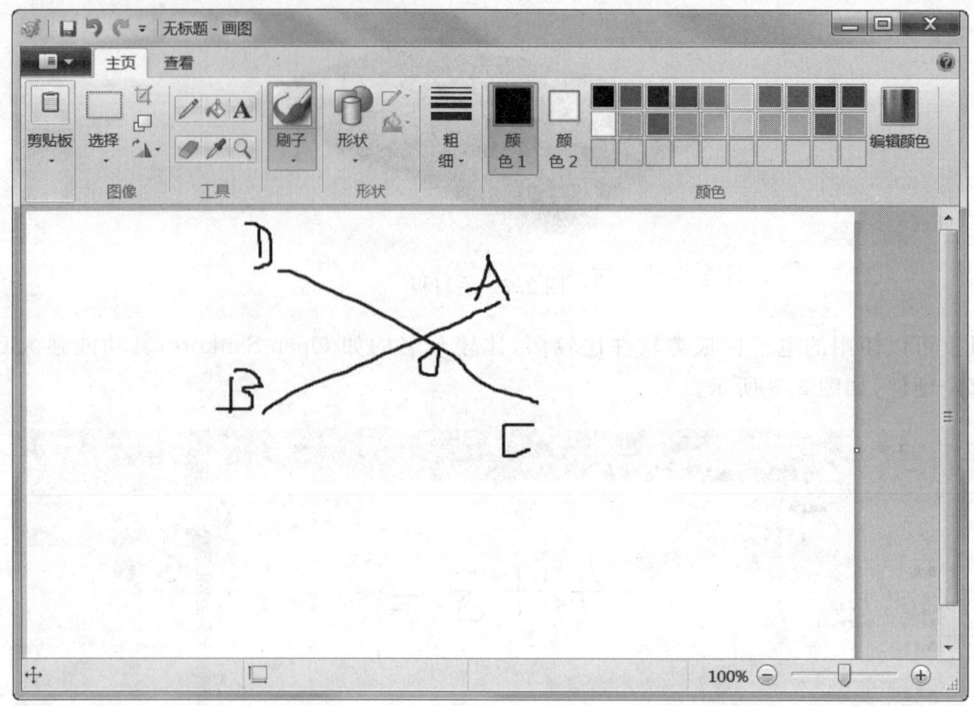

图 2.9 Windows 自带的画图软件

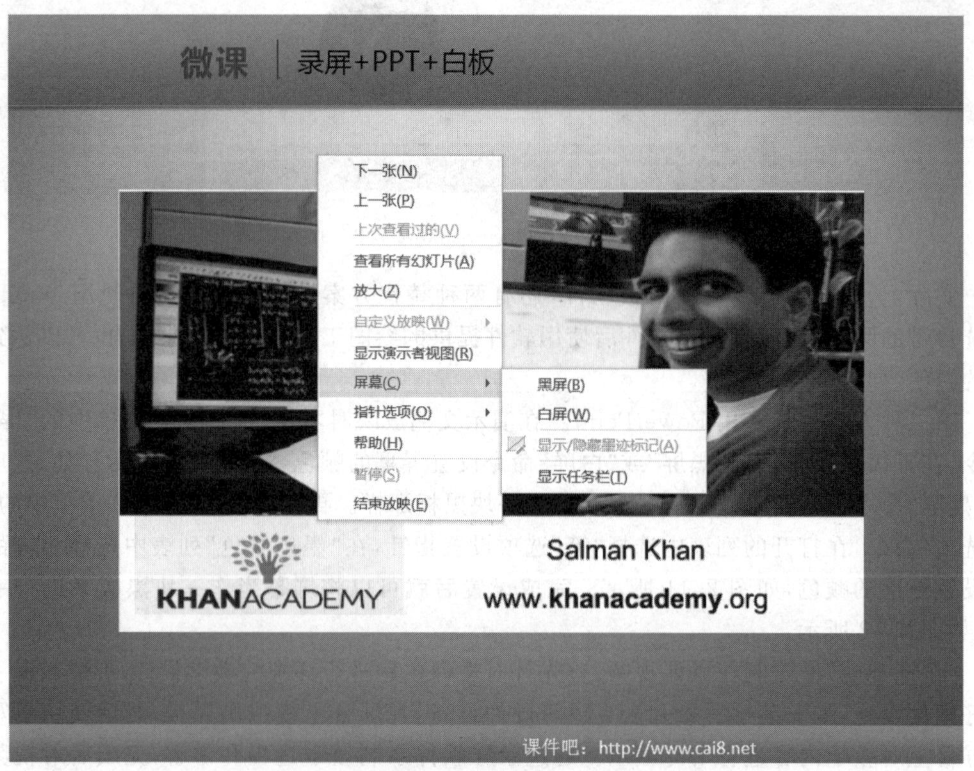

图 2.10 选择“黑屏”或“白屏”命令

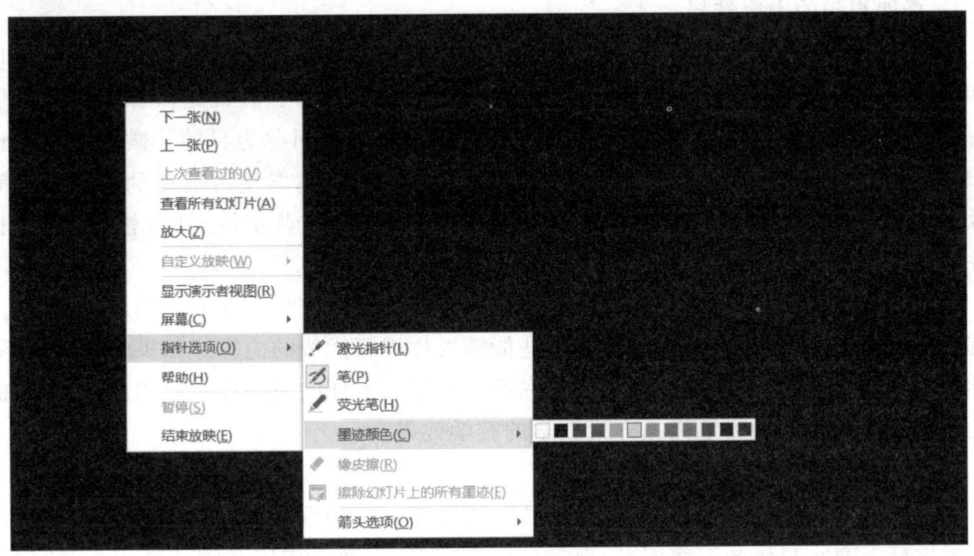

图 2.11　设置指针

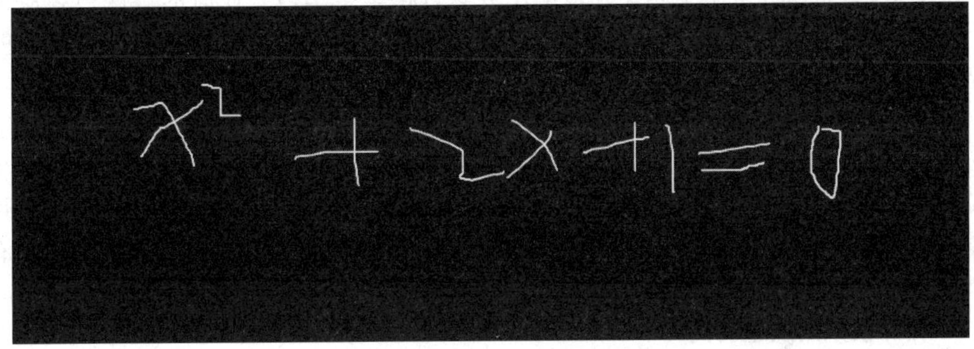

图 2.12　在屏幕上手写

2.2　微课视频制作的关键

微课视频的制作主要包括 3 个重要的步骤，即微课视频的选择和规划、微课视频的录制以及微课视频的编辑美化。高质量的微视频为学生的学习提供了必要的资源，能够更好地帮助学生掌握知识。作为教师，在制作用于学习的微课视频时，应该注意以下的一些问题。

2.2.1　微课视频制作的要点

微视频是信息技术和网络发展到互联网＋时代的必然产物，虽然技术的发展使微视频的门槛降低到了只要使用一部智能手机就能实现，但开发一段微课视频仍然需要花费大量的时间，掌握必要的设计要点。

1. 微课视频的内容选择

微课视频的制作不仅仅是一个技术问题，其在制作的整个过程中需要教师进行大量的前期准备工作，其中视频内容的选择是制作中关键的一个环节。在确定微课视频应该展示或讲解哪些内容时，应该以讲解教学中的重难点知识和疑难问题为目的。微课视频的选题一般应该选择重要的概念、重要的规律性的知识、重要的实验、学生可能遇到的典型的问题以及常用的思想方法。微课视频确定选题的原则是基础性、典型性、针对性、系统性和交互性。

微课视频作为一种媒体方式，有其优势也有一些固有的劣势。在制作微课视频时，内容的选择要适合使用多媒体特性，要选择那些能够发挥视频优势的内容。如果内容选择不当，教学过程平淡无味，学生将会失去学习的兴趣和欲望。这样的微课即使制作出来了，可能效果还达不到使用传统的粉笔黑板方式教学的教学效果。

2. 微课视频的教学设计

微课视频的时间较短，因此更加需要教师进行精心的教学设计。微课视频的教学设计必须紧密联系教学目标和教学内容，教学目标必须单一，教学内容必须清晰明了，使学生能够用于聚焦的学习体验。对于课时较长的重点内容，在制作微课视频时，可以将其划分为若干个小主题，制作成若干个相关片段的小专题以供学生学习。此时的微课视频应该使学生明确重难点特别是知识之间的联系，促成学生自主学习能力的提高和逻辑思维能力的提高。

在进行微课视频的设计时，要对知识点进行细化。一方面，在同一个等级上对不同教学内容细化，另一方面要对同一个教学内容在后续的等级中细化，这样才能够让学生由浅入深地掌握某个知识点。在设计微课视频时，应该建立合理的知识结构，必须要做到由易到难和循序渐进，充分考虑学生的原有的知识水平，合理安排知识架构，确保学生能够有效地学习。

3. 微课视频的质量要高

这里的质量，指的是微课视频的内容质量。微课视频的内容设计是一门艺术，作为教学用的微课视频，只有高质量才能吸引学生的目光，激发学生学习的热情，形成一种学习上的良性循环。微课视频的制作并不是按照传统的教学经验由教师根据教材要求逐个讲解知识点，而是根据课程标准和教学内容，确定和分解教学目标，理清知识点之间的关系，利用数字技术对知识点进行最优的呈现。

对于教师来说，制作高质量的微课视频，技术并不是最大问题，关键是观念的转变。微视频的应用对老师实际上提出了更高的要求，教师既是视频的制作者也是知识的传授者。同传统的教学方式相比，教师将不再是“以我为中心”而是“以学生为中心”，是学生自主学习的指导者和推动者。

4. 微课视频必须短小精悍

微课视频的一个优势就在于能够让学生充分地利用时间，以碎片化的学习方式来完整知识的学习和积累。中小学微课视频长度最长不宜超过10分钟，5～8分钟最为适宜。事实证明，这样的微课既能让教师把一个知识点讲清讲透，学生也能花较少时间学到最关键的内容而且不会感到疲劳和分散注意力。心理学相关研究也证明，一般人的注意力集中的有效时间大约在10分钟左右，微课视频不超过10分钟的长度规定是符合学生的视频驻留规

律和学生的学习认知特点的。

对于不同的学习对象，也要考虑微课程的视频时长对学习效果的影响。一般来说，小学生活泼好动、注意力难以集中、保持时间不长，微课程设计制作时要形式新颖、尽量短小。对针对初高中生和大学生的微课程，由于内容较难则可适当延长，但一般也不宜超过 10 分钟。

微课视频要求短小，那么在内容上就必须要精。一个微课视频只需要讲清一到两个知识点或一道典型的例题就可以了。对知识的讲解不能照本宣科，教师更应该展示的是对知识的理解，起到“解惑”的作用。教师语言要清晰简洁并兼顾风趣幽默，尽可能少地使用古板和枯燥的书面语，以保证讲解通俗易懂，让学生既有学习的兴趣，同时不至于增加学生认知的负担。

2.2.2 什么样的微课视频是好的微课视频

作为教学用的微课视频，其兼具教育和技术两个方面的特质。对于微课视频的评价，除了要符合规定的技术指标之外，还要与教育教学的安排相结合。当前对于微课视频的评价标准不尽相同，但归纳起来均无外乎从下面的 4 点来进行考量。

1. 技术性

- 微课视频时长不超过 10 分钟，视频图像清晰稳定，保证播放流畅。
- 视频画面构图合理，声音清楚，对于主要的教学环节配以必要的字幕提示。
- 视频中动画设计直观形象，能够为教学内容服务且与作品的风格保持一致。
- 视频中场景的切换速度要适中，需要给观看的学生留有短暂的思考时间，切换种类的数量要适中，切换效果之间的反差要小。
- 微课视频要考虑兼容性的问题，要能够在不同的运行平台上播放顺畅，要便于网上发布。

2. 艺术性

- 微课视频要有视觉美感，版式设计要好，整体风格清新大方具有美感。画面要求精致美观，色彩和图文搭配协调。
- 微课视频中的图片要求风格统一，与画面协调清晰，能够起到说明和修饰的作用。
- 微课视频中的音乐要求无杂音，曲风或节奏与图文动画协调一致，要配合良好。
- 微课视频中文字的字体合理，文字大小适中，要符合视觉心理特点。

3. 教学性

- 选题价值：视频选取教学环节中的某一个知识点、专题或实验活动等，针对教学中常见的、典型的、有代表性的问题或内容来进行设计。选题小而精，具备独立性、完整性、示范性和代表性，能够有效地解决教与学过程中的重点和难点问题。
- 设计：围绕教学主题来进行设计，突出重点且注重教学实效，教学目的明确，教学思路清晰，注重学生的全面发展。
- 内容：内容严谨而充实，无科学性和政策性的错误，能够理论联系实际，紧扣教学目标。
- 组织和编排：符合学生的认知规律，过程主线清晰、重点突出、逻辑性强，讲解明了易懂，注重学生的主体性并将教与学活动有机结合。

- 方法和手段：策略选择正确，能够调动学生学习的积极性和创造性思维。能够根据内容的需要来灵活应用教学方法，信息技术手段运用合理。
- 效果：微课视频能够完成设定的教学目标，有效解决教学中的实际问题。

4. 创新性

- 教师对微课视频的功能理解透彻，形式新颖。
- 能够创造性地运用信息技术手段突破重难点。

另外，对于微课视频，在对其进行评价时，对视频的内容有如下的具体评价要求：

- 结构完整。视频的结构要完整，内容新颖且逻辑清晰。
- 内容要具体。视频针对一个问题以小见大，内容必须具体且具有实用价值，不能抽象而空泛，应该突出具体问题的解决策略和方法。
- 内容具有引导性。内容要能够引导学生思考，内容的剖析要深刻且层层深入。
- 内容具有反思性。内容的分析要深刻，能够与学生产生情感上的共鸣，引起对某个问题的反思。
- 语言简洁。语言是视频中的一个重要内容，语言表述规范和简洁，关键词突出明了。

2.3 基于个人计算机的微课视频制作

微课视频是基于教学设计思想，使用多媒体技术就一个知识点进行针对性讲解并模拟一对一教学情境的一段视频。视频讲解的知识点既可以是教材解读、题型精讲和考点归纳，也可以是方法传授和知识技能等方面内容的展示。微视频一般会包含文字、图片、视频和音效等元素，下面介绍录屏软件＋PPT 这种基于个人计算机的微视频中各个元素的使用技巧。

2.3.1 微课视频中的文字

文字是教学内容的重要表达方式，是微课视频中一种常见的信息呈现方法，是赋予课程内涵的重要元素。在微课视频中，文字可以作为微课标题，用来对概念、定义和特征进行描述。文字的最大优势在于表达明确，能够有效地起到引导和解释的作用。在视频中文字也存在不足，不能像图片和图形一样具有很强的形象感，无法让人看到就产生具体的形象。

1. 文字的多少

微课视频离不了文字，但并不是文字越多越好。对于微课视频来说，过多的文字不仅仅会影响到视频画面的美观，还会影响到学生对信息接受的效果。在视频中使用大量的文字，造成页面文字密密麻麻主次不分，将直接造成文字阅读的困难和信息不突出的问题，如图 2.13 所示。

在微课视频中，显示文字字数不宜过多，以提点要点为目标，以能够让学生在较短的时间内看完画面上的文字为宜。画面中文字的字数，应该根据不同学段来确定。不同的学段可以以下面的字数作为参考：对于小学低年级的微课视频，画面中文字以不超过 20 字为宜；对于小学中年级的微课视频，文字以不超过 25 字为宜；对于小学高年级的微课视频，文字以不超过 30 字为宜；对于初中年级和高中年级的微课视频，文字以不超过 35

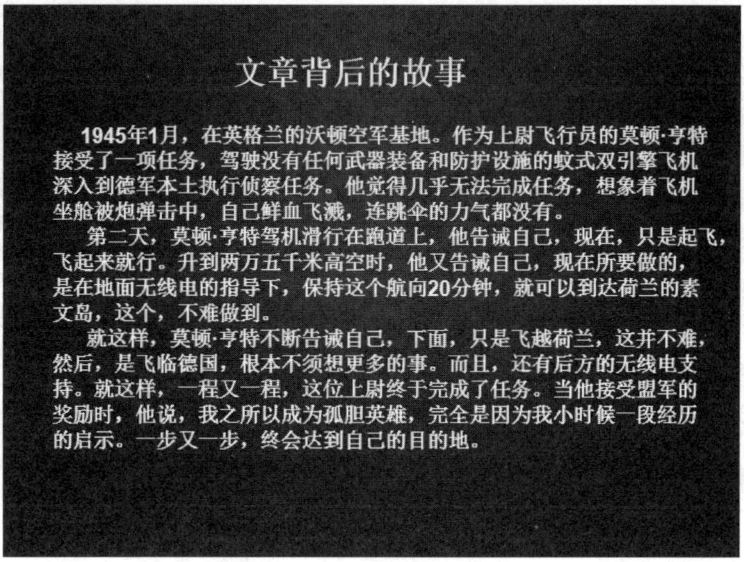

文章背后的故事

1945年1月，在英格兰的沃顿空军基地。作为上尉飞行员的莫顿·亨特接受了一项任务，驾驶没有任何武器装备和防护设施的蚊式双引擎飞机深入到德军本土执行侦察任务。他觉得几乎无法完成任务，想象着飞机坐舱被炮弹击中，自己鲜血飞溅，连跳伞的力气都没有。

第二天，莫顿·亨特驾机滑行在跑道上，他告诫自己，现在，只是起飞，飞起来就行。升到两万五千米高空时，他又告诫自己，现在所要做的，是在地面无线电的指导下，保持这个航向20分钟，就可以到达荷兰的素文岛，这个，不难做到。

就这样，莫顿·亨特不断告诫自己，下面，只是飞越荷兰，这并不难，然后，是飞临德国，根本不须想更多的事。而且，还有后方的无线电支持。就这样，一程又一程，这位上尉终于完成了任务。当他接受盟军的奖励时，他说，我之所以成为孤胆英雄，完全是因为我小时候一段经历的启示。一步又一步，终会达到自己的目的地。

图 2.13　画面中出现过多的文字

字为宜。

在制作微课时，应该做到精简内容，提炼关键信息。也就是说，将描述和解释说明的部分剔除掉，只保留关键性的信息，以保证关键内容被学生注意到。至于内容的解释和描述，教师可以在视频中通过语言来解释以引导学生对内容的理解。在归纳内容要点时，一个页面中的要点最好不要超过 5 个，如图 2.14 所示。

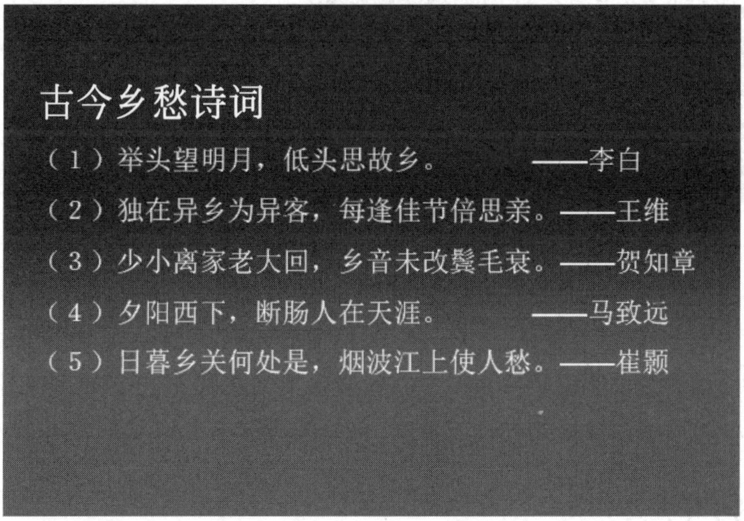

古今乡愁诗词

（1）举头望明月，低头思故乡。　——李白

（2）独在异乡为异客，每逢佳节倍思亲。——王维

（3）少小离家老大回，乡音未改鬓毛衰。——贺知章

（4）夕阳西下，断肠人在天涯。　——马致远

（5）日暮乡关何处是，烟波江上使人愁。——崔颢

图 2.14　要点不要超过 5 个

微课视频中如果确实需要展示大量的文字，这些文字不应该放置在一个画面中，应该让文字分批显示。如果在制作微课时使用 PowerPoint 课件，可以将文字放置在不同的幻灯片中，如图 2.15 所示。也可以在幻灯片中让文字以动画方式分批显示，如图 2.16 所示。

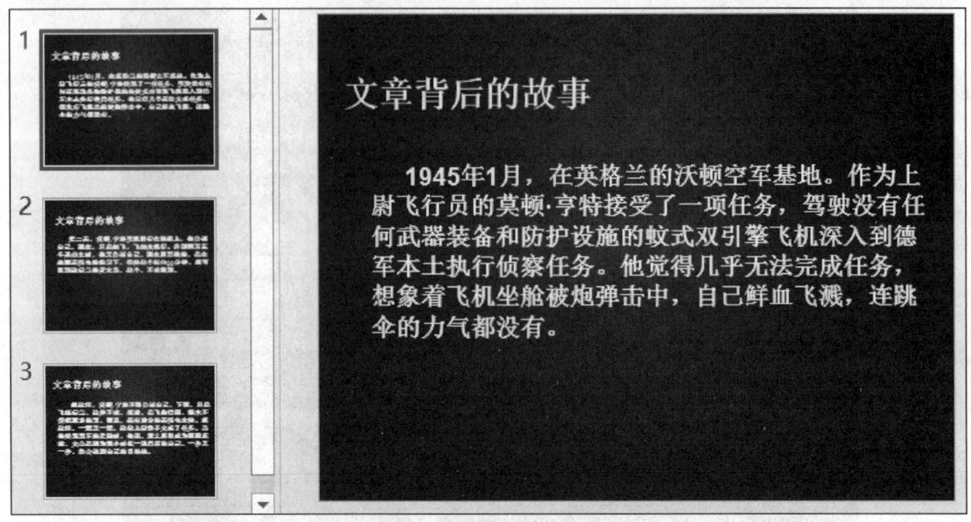

图 2.15 将文字放置到不同的幻灯片中

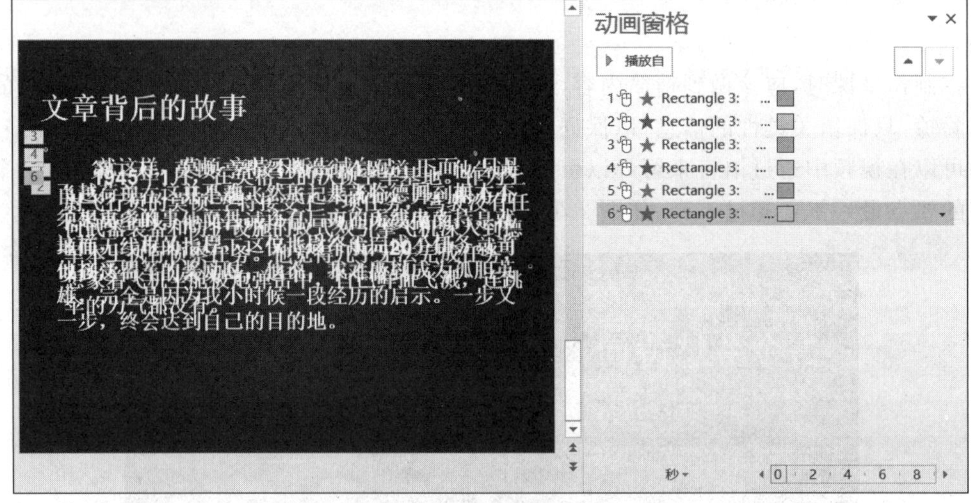

图 2.16 运用动画来实现文字分批显示

如果文字是在视频录制完成后添加，也可以采用分屏的方式来进行显示。如在使用 Camtasia Studio 录屏后，运用 Camtasia Studio 编辑器对视频进行编辑。文字按段落或要点创建不同的文字标注，将这些标注文字依次放置到轨道上使它们分开显示，如图 2.17 所示。

2. 文字的字体和大小

对于文字而言，影响文字外观的第一要素是字体。一般情况下，特殊的微课视频需要应用特殊的文字字体，如，针对低年级儿童的微课视频文字可以使用适合儿童特征的字体。一些美术或书法类微课视频中需要展示文字的字形，可以使用一些书法字体，如图 2.18 所示。

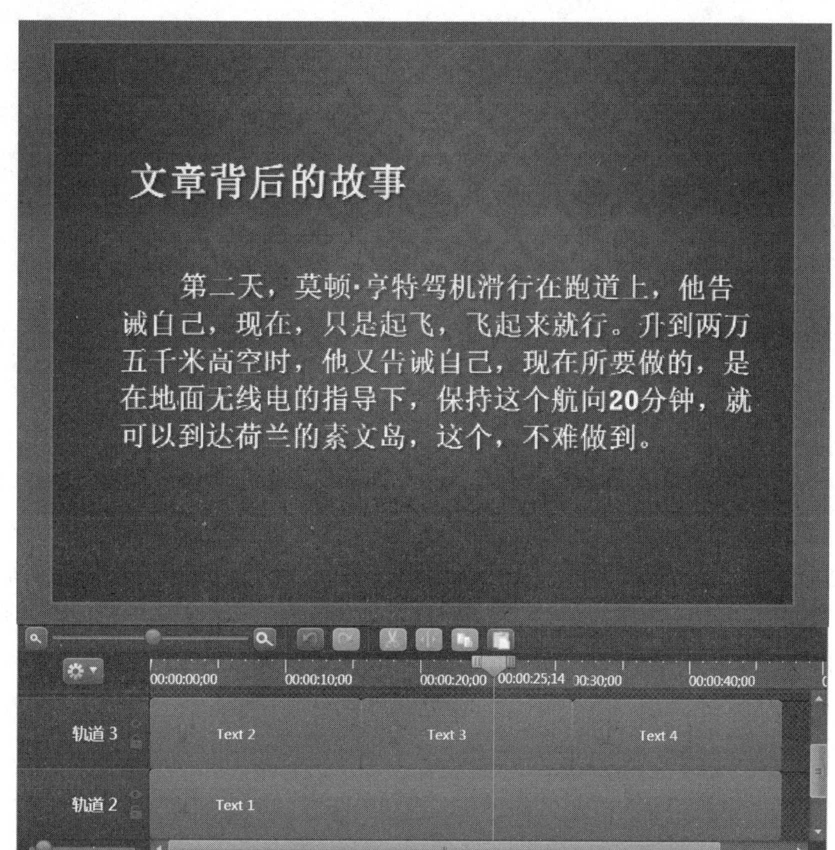

图 2.17　让文字在画面中分段显示

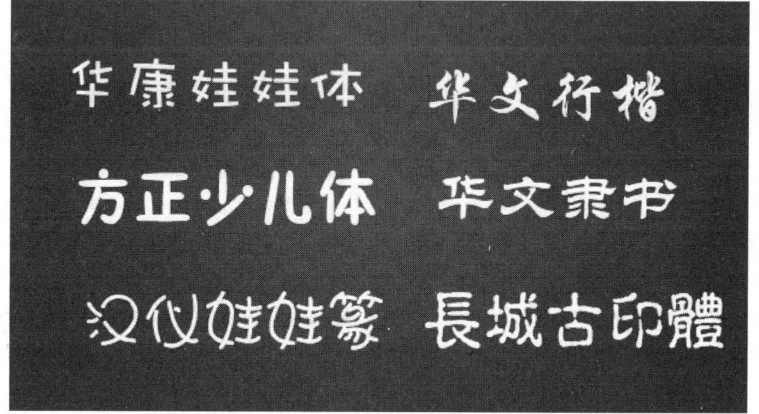

图 2.18　一些符合儿童特征的字体和常见的书法字体

一般情况下，没有特殊要求时，在微课视频中可以考虑使用的字体包括微软雅黑、黑体、宋体和楷体等，如图 2.19 所示。画面中字体的使用不要过多，最多不要超过三种。注意字体的搭配，如，标题文字使用微软雅黑字体而正文文字使用宋体，也可以采用标题文字使用黑体而正文使用楷体的搭配方案。

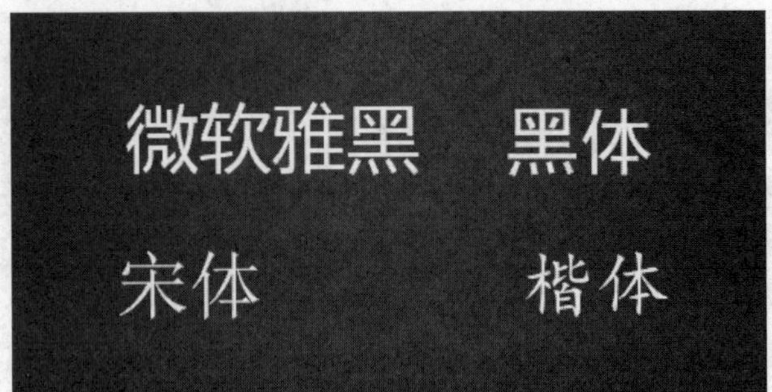

图 2.19 微课视频中常用的字体

在微课视频中，文字不宜过大，过大的文字占据过大的面积，既影响信息传递的量，也影响画面的协调性。视频中文字也不能过小，过小的文字将使学生阅读困难。一般来说，文字大小确定的原则是文字能够保证正常的信息传递，让学生能够无困难地接受。文字的大小要考虑标题与内容的区分，一般来说视频中标题文字的大小为 44 磅左右，一级文字的文本大小为 32 磅左右，二级文本的大小为 28 磅左右，如图 2.20 所示。这里要注意的是，在一个场景中文字大小反差不宜过大，一般应该控制在±20 磅以内。

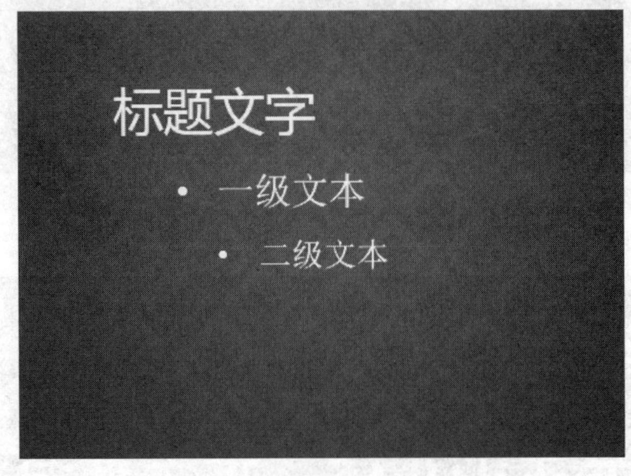

图 2.20 微课视频中文字的大小

3. 文字的颜色

在视频中，文字颜色对文字内容的显示效果影响是很大的。文字颜色的确定应该充分考虑视频背景的颜色，一般来说，背景颜色应该与文字颜色形成对比，这样才能保证文字内容的显示效果。如，在视频中可以使用白底黑字或黑底白字。为了醒目，文字的颜色也可以使用红色或黄色，但这两种颜色不宜作为画面的主色调使用。在视频中，可视度清晰的十种色彩搭配方案如图 2.21 所示，读者可以根据实际情况来选择。

这里要注意的是，视频中文字的颜色不要过多过滥，否则不仅不会增强视觉效果，还会适得其反，让画面显得花哨，反而影响学生的观看。一般说来，文字的颜色与视频整体颜色风格保持协调，画面中文字和背景的颜色不要超过 3 种。

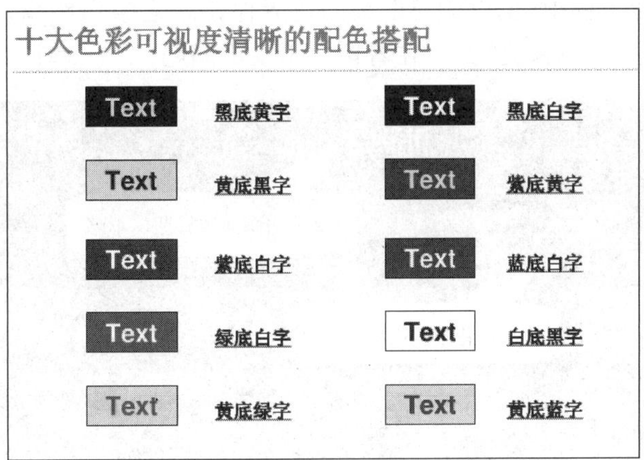

图2.21　可视度清晰的色彩搭配

4. 文字的排版

微课视频中使用文字，应该避免造成画面排版混乱情况出现，多常见的问题是使用多种不同字体、颜色过多过滥和不恰当的文字排版方式。因此要解决这种问题的思路实际上也很简单，那就是尽可能统一字体、使用统一的颜色、应用恰当的文字版式。

文字排版的最基本要求是对齐，文字对齐能够保证文字的排列有序，包括文字与文字对齐和文字与画面中其他元素之间的对齐。对齐不一定是完全要左对齐或右对齐，也可以按照一定的线条方向进行对齐。在罗列文字要点时，可以在对齐的文字前面添加序号或项目符号。同时，可以考虑使用线条划分出区域获得将内容分栏的效果，文字在栏中对齐排列，文字看上去会更有条理。如图2.22所示的视频画面中，使用线条将画面分割为两栏，文字采用与线条对齐的方式。

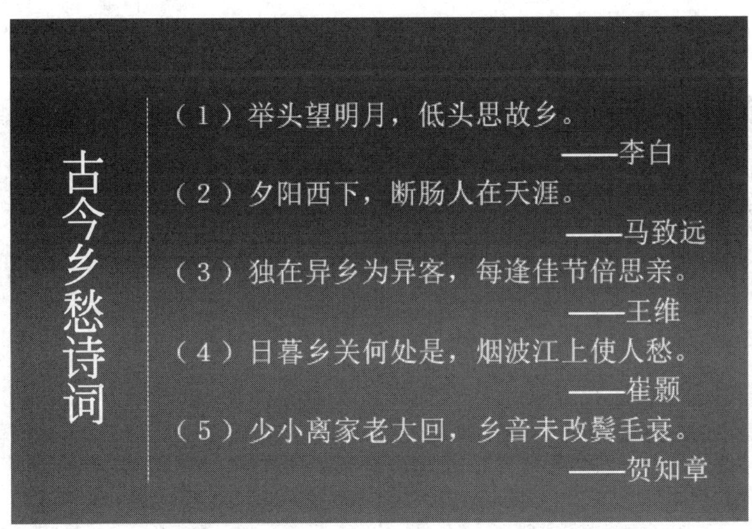

图2.22　文字的对齐

另外，在安排文字时，应该注意留白的问题。这里的留白包括两个方面的内容：一是画面的留白，即文字在视频画面中应该与边界保持一定的间距，不要放置到画面的边界处；二

是文字如果放置在背景框中，也应该与框架的边界保持一定空白距离。如图 2.23 所示，标题“听泉”和文本框中文字“探究”都存在着留白不足的问题。

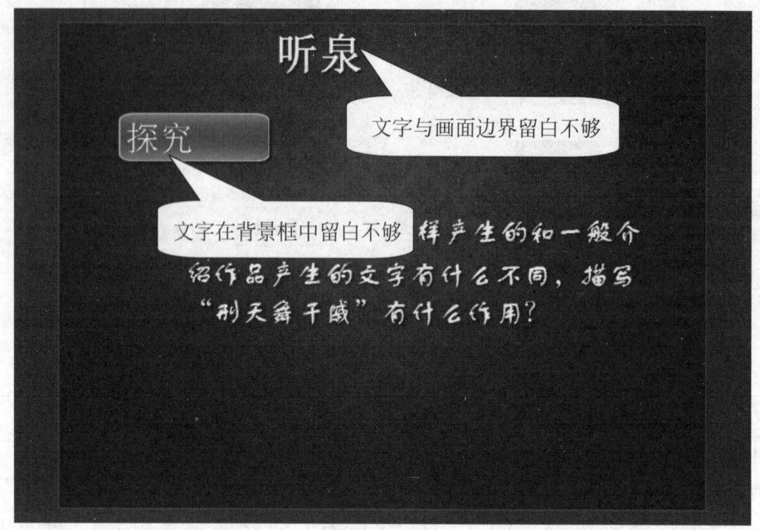

图 2.23 文字留白不足的问题

在视频画面中，保留足够的行距是很重要的，否则文字堆积在一起是很难看清楚的。一般情况下，在使用 PowerPoint 制作微课课件时，可以将文字的行距设置为 1.5 倍至 2 倍行距，如图 2.24 所示。另外，如果将文字分了段，一定要记住段落间距要大于行间距。

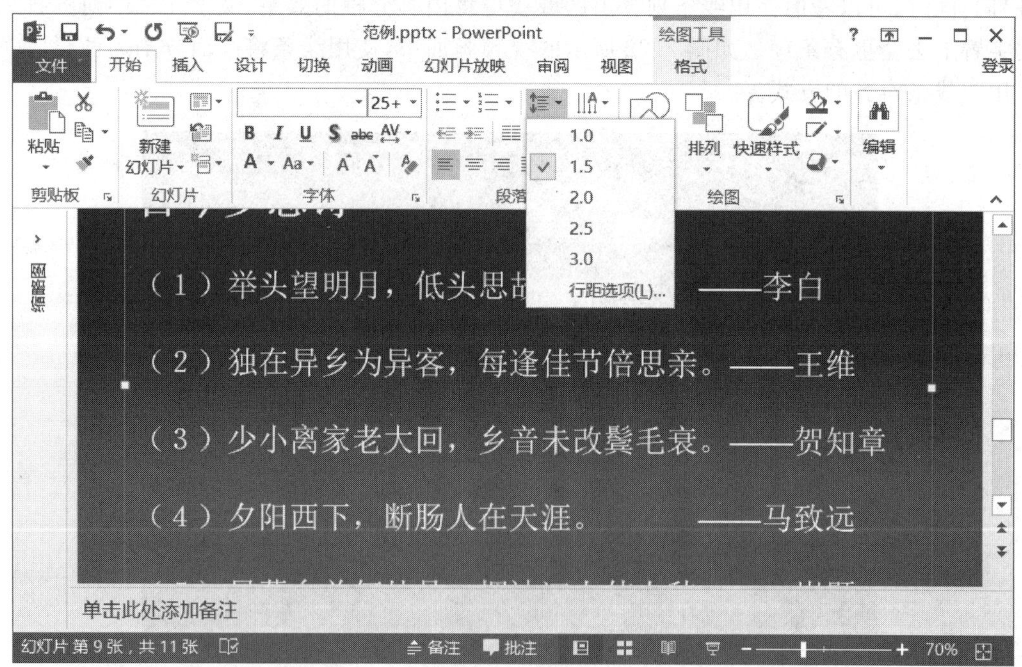

图 2.24 在 PowerPoint 中设置文字行距

2.3.2　微课视频中的图片

图片是传递信息的一种重要方式,同时也是美化视频画面的一个重要元素。微课视频重在视觉演示,图片是其中不可或缺的组成部分。在视频中,图片的特点是具有高度的暗示性和象征性,能够快捷地传递信息和感情。好的图片能够快速抓住学生的注意力,让学生产生强烈的感受。

1. 如何获取图片

图片的获取有很多方式,如可以利用数码相机或智能手机直接拍摄。也可以使用截图软件来截取计算机屏幕的图像。计算机上的截图工具比较多,推荐使用 SnagIt。该软件当前最新版本为 SnagIt 12,该软件的界面如图 2.25 所示。

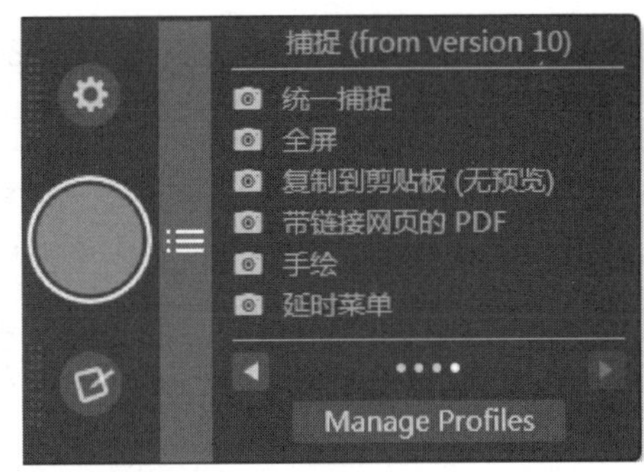

图 2.25　SnagIt 12 的软件界面

SnagIt 是一个功能强大的截屏软件,可以捕获 Windows 屏幕和 DOS 屏幕,能够截取各种视频的播放画面和游戏画面,能够截取菜单、程序窗口和屏幕上的各种规则或不规则的区域内的内容。另外,SnagIt 还可以捕获文本、滚动窗口中的内容和带链接内容的 PDF 等内容。SnagIt 提供了对常用图像文件格式的支持,截取的图片可以保存为 BMP、PCX、TIF、PNG 或 JPEG 等多种文件格式,同时也可以将截取的内容置入系统剪贴板或直接导入 PowerPoint 中。SnagIt 自带了一个编辑器,该编辑器能够对图片进行编辑,如添加标注、对截图进行裁剪和添加特效等,如图 2.26 所示。

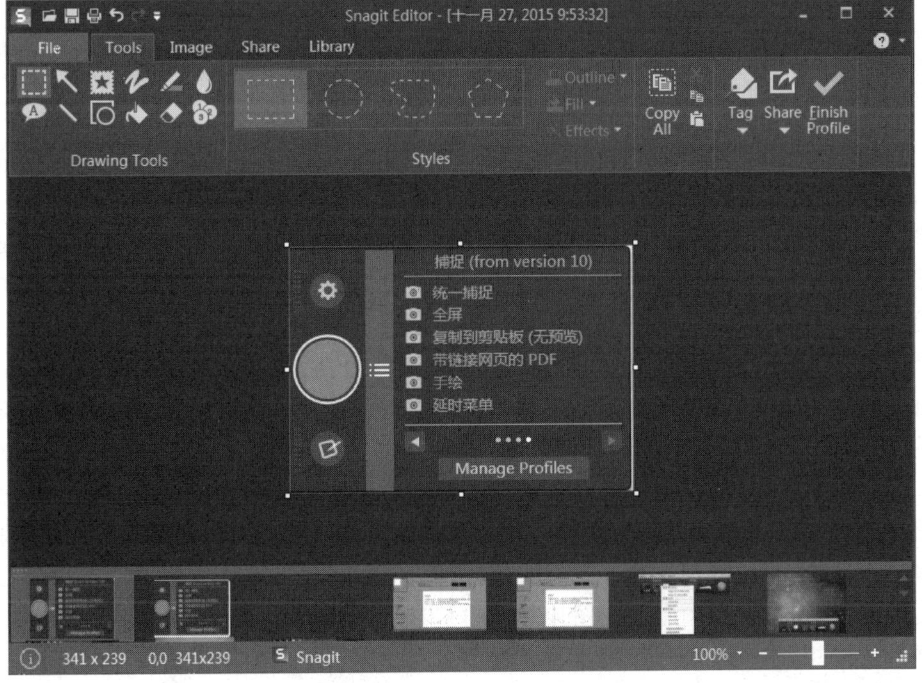

图 2.26　SnagIt 自带的图像编辑器

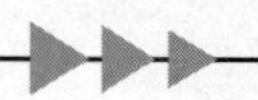

随着互联网的发展，网络上蕴含着丰富的资源，也包括图片资源。要想从网络获得资源，除了可以到一些专业的图片网站去寻找之外，一种常见的方法就是使用百度的图片搜索引擎。使用浏览器打开百度的首页，将鼠标指针放置到“更多产品”选项上，在打开的列表中选择“图片”选项，如图 2.27 所示。此时即可打开百度图片搜索页面，在页面中的文本框中输入搜索关键字，如图 2.28 所示。单击“百度一下”按钮即可获得搜索结果，如图 2.29 所示。在页面中单击需要使用的图片选项，将能够在新页面中打开该图片。这里建议使用“另存为”命令将图片保存到计算机后再使用，不要使用复制粘贴的方法从网页将图片直接添加到视频中。

图 2.27 选择“图片”选项

2. 图片使用中需要注意的问题

图片是视频中除文字以外的一种最为常见的元素，在使用图片时首先应该注意避免出现变形失真的情况。在使用图片时，为了照顾版面会将图片放大，有时甚至会放大多倍，有时又会将图片拉长或拉宽，这些操作都会极大地改变图片的外观，造成图片模糊和失真，让图片看上去不舒服、不真实，影响视频的效果，如图 2.30 所示。

在视频中，可以使用的图片种类很多，可以是拍摄的照片，也可以是绘制的图形，有的以线条为主，有的以色块填充。但不论图片的风格如何，在一个微课视频中，应该保持图片的风格一致，不论是图片的类型还是修饰的方式都应该保持一致，同时图片也应该和整个视频的风格统一。在图 2.31 所示的视频画面中，两张图片均使用了黑白图像而且使用了相同的边框和阴影效果，它们外观风格一致，并且与画面主题相符。

另外要注意，微课视频中使用图片的目的是激发学生的学习兴趣，方便学生理解知识，因此图片的使用要适度，图片的数量不宜过多。在使用图片作为视频的背景时，图片不要过于花哨，更不要使用与微课主题无关的图片。

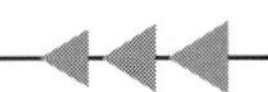

图 2.28 输入搜索关键字

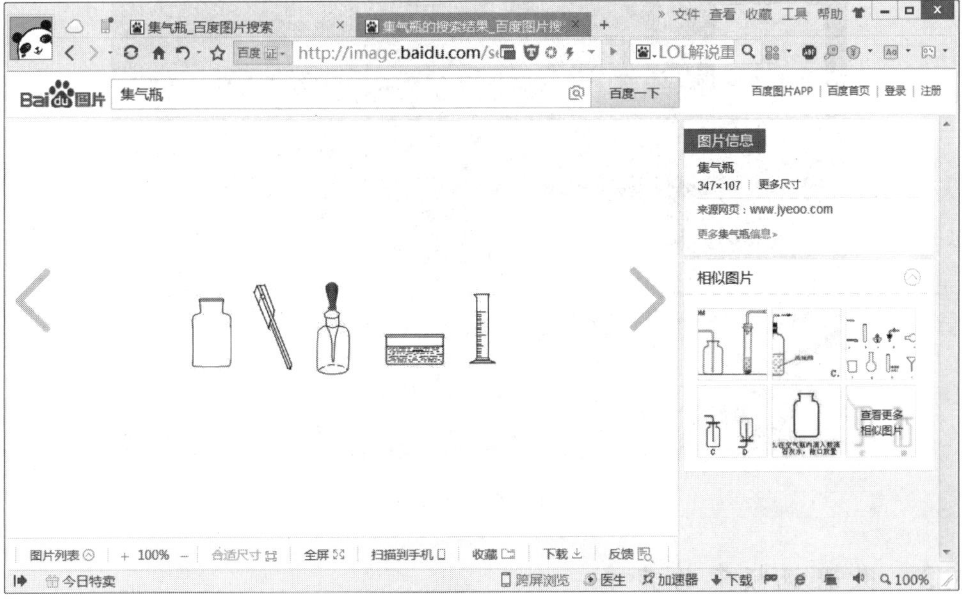

图 2.29 获得搜索结果

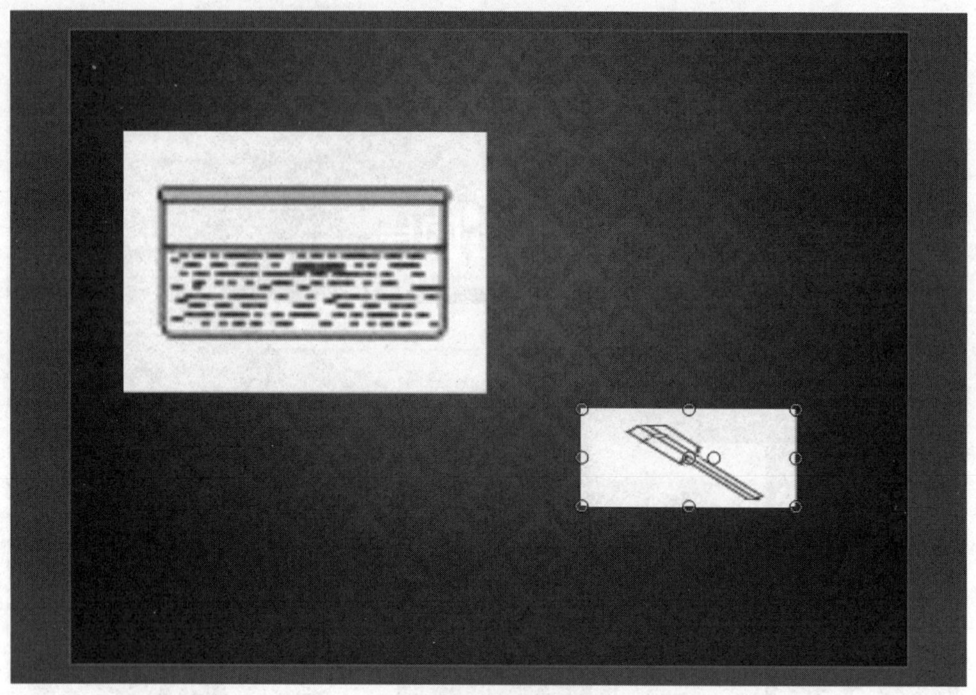

图 2.30 图像的变形失真

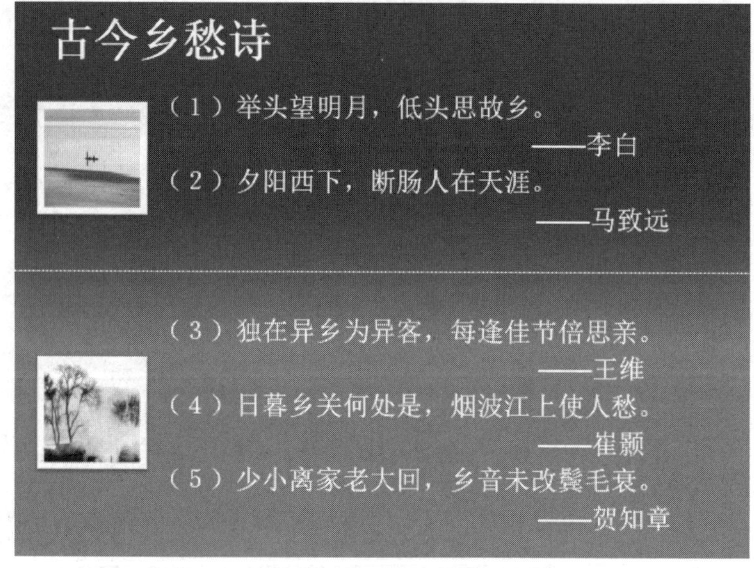

图 2.31 图片风格要统一

2.3.3 微课视频中的声音

声音是视频中的一个重要的组成要素，与文字和图片相比，声音更能够影响学生的学习情绪。无论是使用声音来营造学习氛围，还是利用声音来传递信息和表达情感，微课视频中的声音都应该得到重视。

在微课视频中，最为常见的声音是授课者的语音解说，其作用是利用声音来为学生提供学习内容，让学生获得听觉上的信息。同时，对于音乐类或语言类的微课中，声音就起到一种标准化的示范作用，如英语微课视频中老师的朗读语音。

在微课视频中，音乐的使用不是必需的，如讲解类微课视频就不需要音乐，使用音乐反而干扰了学生的学习。使用音乐可以起到渲染情境、为学生创设真实场景的作用以及渲染气氛的作用。如，在视频的有趣之处使用轻盈欢快的音乐，感人的故事使用节奏舒缓的音乐，引发思考的内容使用清新优雅的音乐。在微课视频中，虽然插入音乐能使视频更加完美，但音乐的使用要适度，要合乎教学情境。在视频中音乐可以选择一首曲目循环播放，也可以选择 2 或 3 首曲目按顺序播放直至视频结束。但要注意，插入的音乐音量不能过大，也不可以使用嘈杂的摇滚，在一段视频中也不要使用多个曲目。

获取声音素材的方式一般有两种。一种方式是通过网络获取。音乐文件比较好收集，可以使用百度音乐搜索引擎来进行搜索，如图 2.32 所示。

第二种方式就是自己录制。使用电脑录音，可用的软件很多。如果对录音要求不高，可以使用 Windows 自带的录音机程序，其操作简单，既可以使用麦克风录制语音，也可以录制系统声音，如图 2.33 所示。录音也可以使用一些第三方的录制软件，如 Goldwave 和 Adobe Audition 等。实际上，很多录屏软件也就有录音功能，如本书介绍的 Camtasia Studio，其自带的录像机具有我们需要的声音录制功能，如图 2.34 所示。

对于教师来说，制作课件使用得最多的就是 PowerPoint，实际上 PowerPoint 同样具有录音功能，但是 PowerPoint 录制的声音是直接插入到幻灯片中用于幻灯片放映时播放，录音是无法直接导出的。从 PowerPoint 2007 开始 PowerPoint 使用了全新的 pptx 文件格式，这种文件格式实际上是借助 zip 压缩技术对文档进行保存的 OpenXML。利用这一特点，用户也可以直接使用 PowerPoint 来录制需要的声音并获取声音文件。这样，对于普通教师来说，无须使用其他录音软件，直接使用熟悉的 PowerPoint 就可以录音了。这里以 PowerPoint 2013 为例来介绍具体的操作方法，该方法对于 PowerPoint 2007 和 PowerPoint 2010 同样适用。

(1) 启动 PowerPoint 创建一个空白文档，这里不需要对文档进行任何操作。打开“插入”选项卡，在“媒体”组中单击“音频”按钮，在打开的列表中选择“录制声音”选项，如图 2.35 所示。此时将打开“录制声音”对话框，在对话框的“名称”文本框中输入录音名称，单击对话框中“录音”按钮 ● 开始录音，如图 2.36 所示。完成录音后单击对话框中的“停止”按钮 ■ 停止录音。单击“确定”按钮关闭对话框，录制的声音将插入到当前的幻灯片中。

(2) 将演示文稿保存到指定的位置，文档的保存类型为 pptx，如图 2.37 所示。打开 Windows 的资源管理器找到保存的 pptx 文件，将其扩展名更改为 zip。此时，Windows 会给出“重命名”提示对话框，直接单击对话框中的“是”按钮确认更改，如图 2.38 所示。

(3) 由于当前主流的 Windows 系统都已经提供了对 zip 压缩文件的支持，因此这里无须使用第三方的解压缩程序，直接使用 Windows 自带的资源管理器就可以打开这个 zip 文件。在这个 zip 包中打开 ppt 文件夹下的 media 文件夹，该文件夹中包含了录制的声音文件，该文件是 wma 格式的音频文件，如图 2.39 所示。将这个文件从 zip 包中复制到指定的文件夹中，就可以获得需要的录音文件了。

图 2.32　使用百度搜索引擎搜索

图 2.33　Windows 自带的录音机

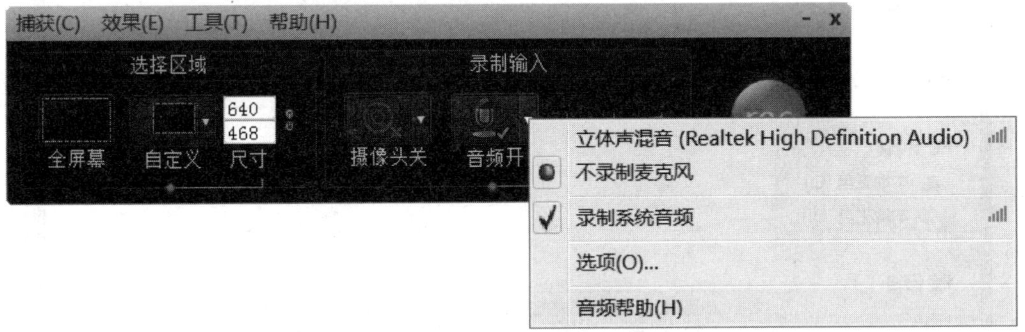

图 2.34　Camtasia Studio 录像机带有声音录制功能

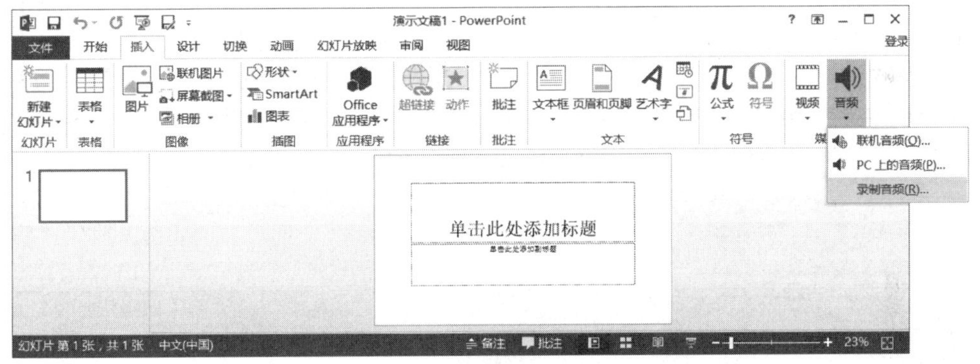

图 2.35　选择"录制音频"选项

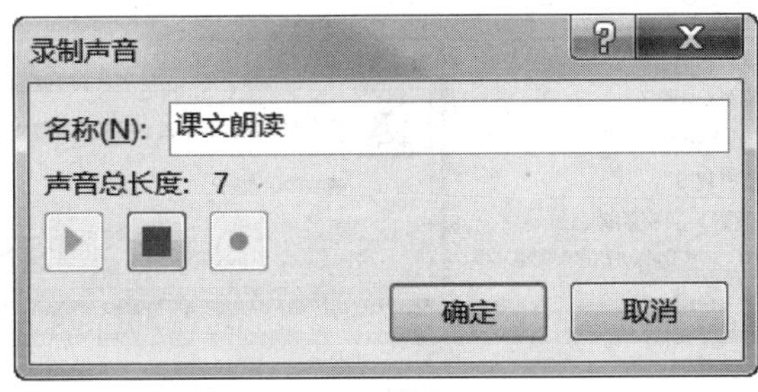

图 2.36　"录制声音"对话框

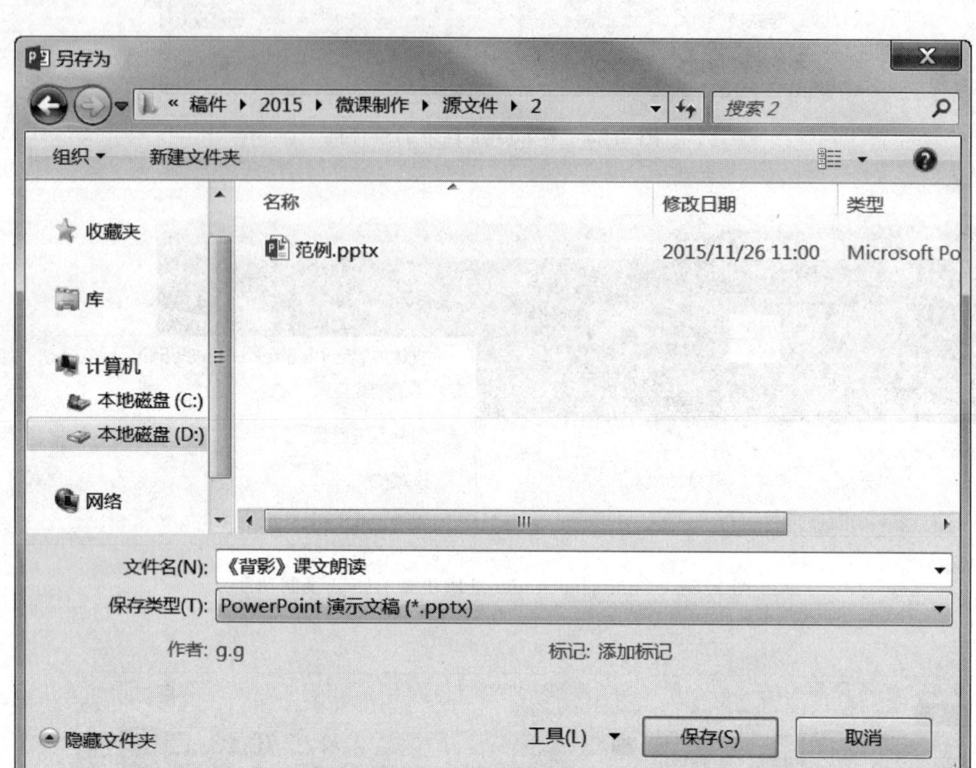

图 2.37　保存演示文稿

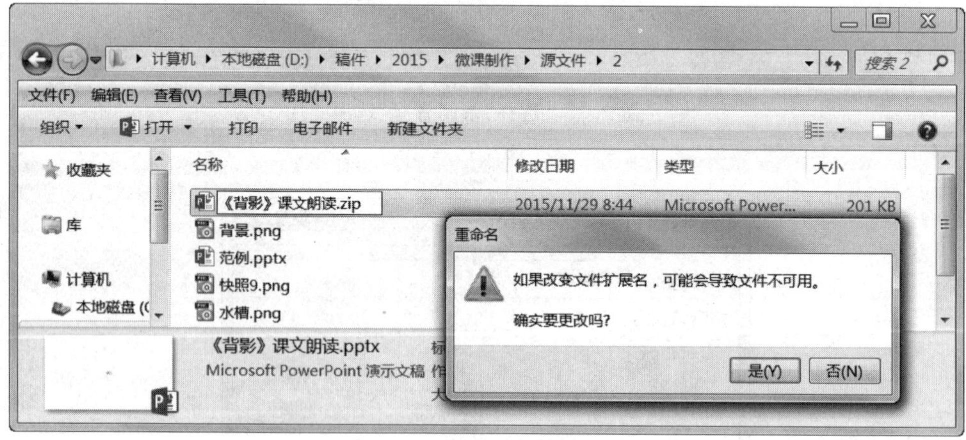

图 2.38　更改演示文稿的扩展名

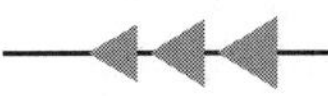

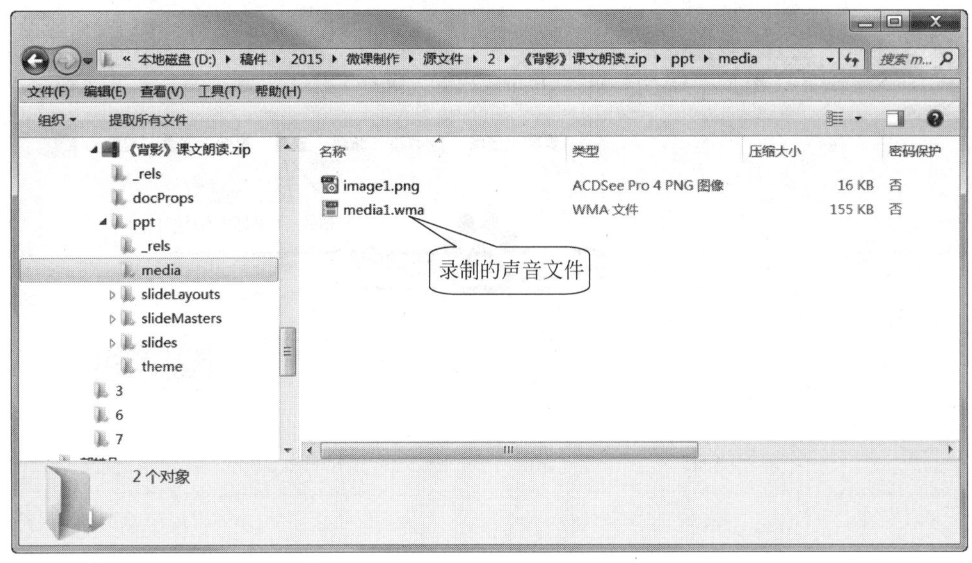

图 2.39　zip 包中包含了录制的声音文件

2.3.4　微课视频中的"视频"

在教学中，视频具有直观、形象和生动的特质，能够直接如实地传达事物及其所处环境的特征。微课视频的制作以根据授课的需要自己录制为主，但也不排除在微课视频中使用某些视频素材的可能。

1. 获取视频素材

视频素材的获取可以使用摄像机或收集等摄录设备来录制，随着互联网的发展，视频网站也已经兴起，网络上的各种教学视频素材越来越多，用户可用百度之类的搜索引擎来搜索需要的视频素材，如图 2.40 所示。

虽然现在提供视频服务的网站很多，但大多数网站视频只能在线观看，并没有提供下载的服务。最实用、最有效的方法就是使用屏幕录制软件直接录制。方法是，首先使用百度搜索到需要使用的教学素材视频并在浏览器中打开它，使用屏幕录制软件录制视频画面。如使用 Camtasia Studio 录制网页中播放的视频，如图 2.41 所示。

2. 转换视频格式

视频文件的格式众多，常见的视频文件格式包括 RMVB、MP4、FLV、AVI 和 WMV 等。将视频素材应用于微课视频中，有时需要对视频素材的格式进行转换，使其能够得到你制作微课视频的视频编辑软件的支持，如后面将要介绍的 Camtasia Studio 编辑器就不支持 RMVB 和 RM 格式的视频文件。

转换视频文件格式可以采用两种方法。第一种方法是使用录屏软件（如 Camtasia Studio）录制视频，然后将录制的视频导出为需要的视频文件的格式即可实现视频格式的转换。

第二种方法是使用专用的视频格式转换工具，这类软件很多，可以从网络搜索获得，比较简单实用的，如 Total Video Converter 和格式工厂等。其中，Total Video Converter 能够读取和播放各种视频和音频文件并且将它们转换为流行的媒体文件格式，软件内置了一个

图 2.40 搜索视频素材

强大的转换引擎，能够快速进行文件格式转换。软件能够支持当前主流的视频和音频格式并且具有常用的编辑功能，如图 2.42 所示。

实际上，当前一些主流的媒体播放器（如暴风影音和 QQ 影音等）都具有视频转码功能，能够方便地转换视频格式。下面以 QQ 影音为例来介绍转换视频格式的具体操作方法。

(1) 启动 QQ 影音并打开需要转换格式的视频，单击播放窗口中的“影音工具箱”按钮，在打开的列表中选择“转码”选项，如图 2.43 所示。

图 2.41　使用 Camtasia Studio 录制网页中播放的视频

图 2.42　Total Video Converter 软件界面

图 2.43　选择“转码”选项

（2）此时将打开“音视频转码”对话框，在该对话框中单击“添加文件”按钮打开“打开”对话框，在该对话框中可以指定多个需要同时转码的音视频文件。在“输出设置”栏中设置转码的目标格式并设置转码后文件“保存到”的目标文件夹，如图 2.44 所示。单击“参数设

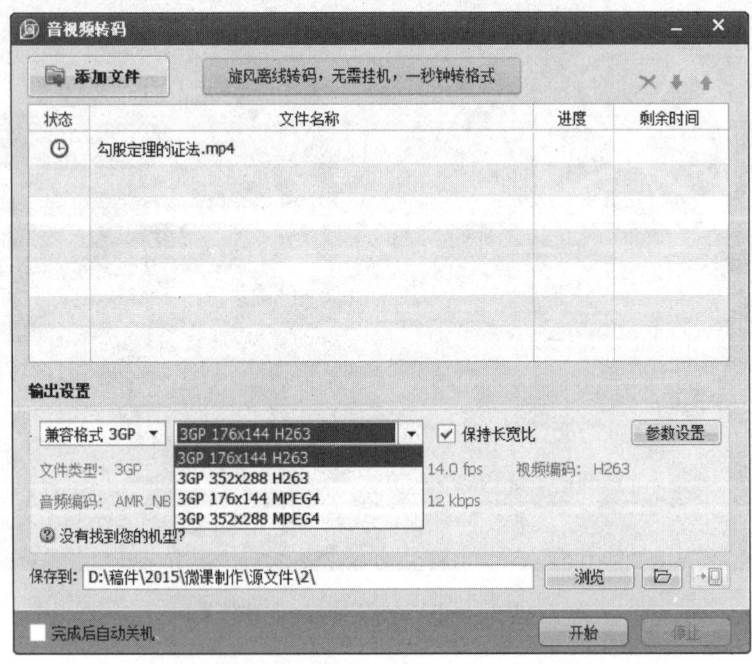

图 2.44　“音视频转码”对话框

置”按钮打开“参数设置”对话框，使用对话框可以对视频格式进行详细的设置，如图 2.45 所示。

图 2.45　“参数设置”对话框

(3) 完成设置后单击“音视频转码”对话框中的“开始”按钮开始转码操作，此时在对话框中将显示视频文件格式转换的进度和剩余时间，如图 2.46 所示。格式转换后的文件保存在指定的文件夹中。

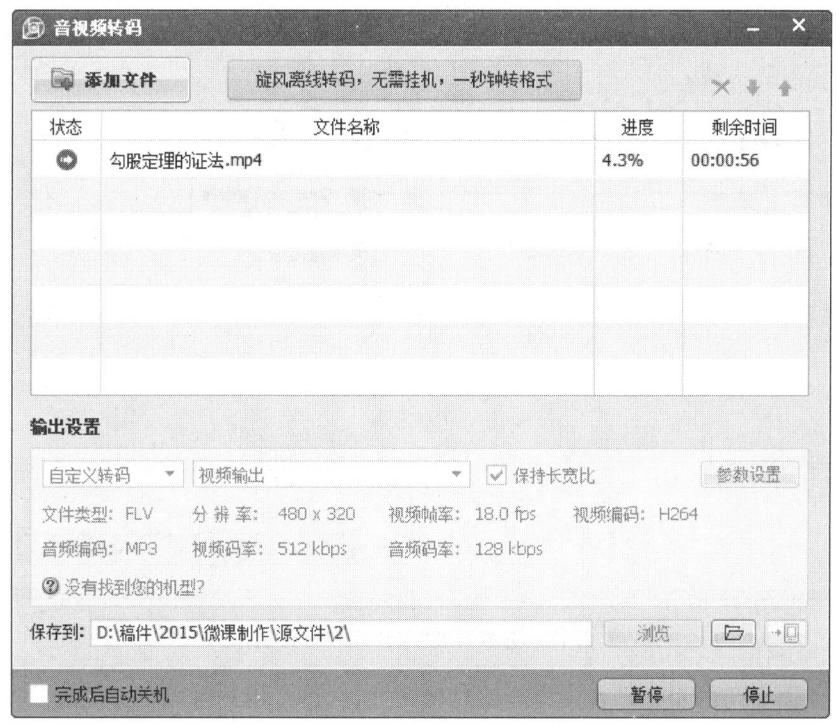

图 2.46　开始格式转换

3. 视频的简单编辑

主流的视频编辑软件(如 Adobe Premire)因为专业性强且功能强大，一般都比较复

杂，需要经过不断的学习实践才能掌握。但是对于视频素材的编辑操作，一般都只涉及常用的操作，如视频片段的裁剪和合并等操作，这些操作相对简单，很多软件都能胜任。

"Windows影音制作"是Microsoft公司出品的一款简单的数字视频编辑工具。该软件在转场、特效及字幕等方面提供了基本的支持。它预置了多种视频效果、视频过渡效果和数片头或片尾动画模板，用户可以方便地选择使用。用户通过一些简单的拖放操作即可完成从捕获视频、编辑制作、添加特效直到最后输出成影片这一系列的视频操作过程，整个电影制作可以轻松完成，特别适合于视频编辑的入门者使用。

微软为Windows 7开发了一个Windows软件包，该软件包包含了Microsoft SkyDrive、Messenger以及图片库和音影制作等实用工具，从微软官方网站可以下载这个软件包并安装，选择安装其中的"图片库和影音制作"，如图2.47所示。此时即可安装Windows的照片库和影音制作这两个工具。在完成安装后，打开"Windows影音制作"这个程序，打开视频文件，即可对视频文件进行编辑处理，如图2.48所示。

图2.47 选择安装"照片库和影音制作"

另外，前面介绍的QQ影音同样能够对视频进行裁剪，用户可以很方便地从视频中截取需要的视频片段。在QQ影音的"视频工具箱"中选择"截取"选项，如图2.49所示。此时在视频播放窗口下方将出现截取工具栏，拖动工具栏上的2个滑块调整截取视频片段的位置。完成设置后单击"保存"按钮，如图2.50所示。此时将打开"视频/音频保存"对话框，使用该对话框可以设置视频片段保存的格式、文件名和保存的位置，如图2.51所示。

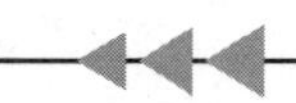

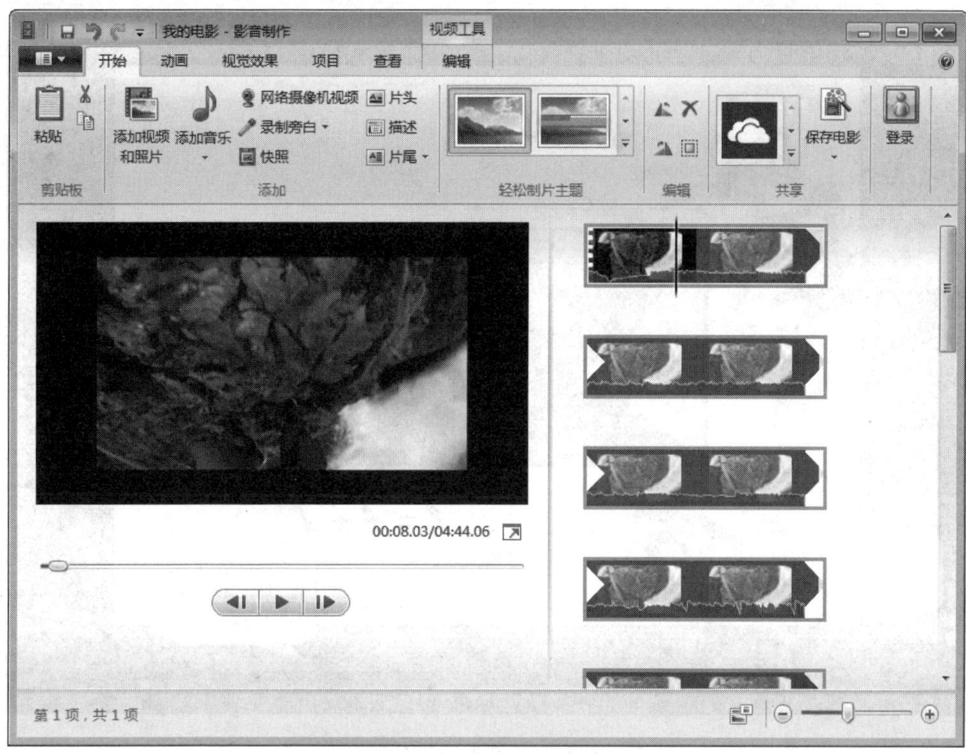

图 2.48　Windows 影音制作主界面

图 2.49　选择“截取”选项

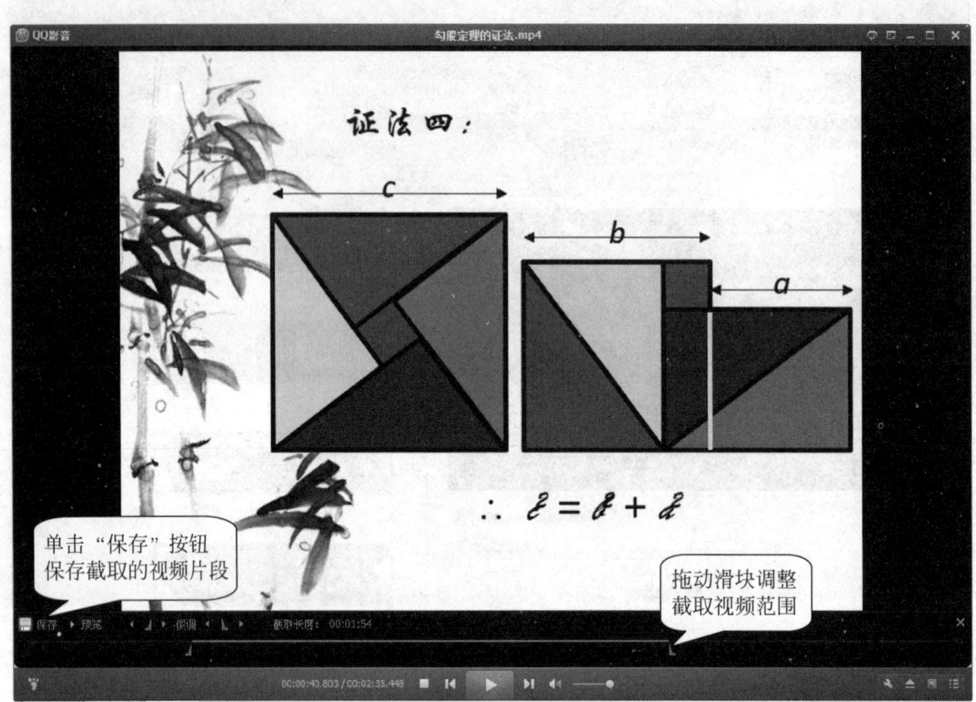

图 2.50　截取视频片段

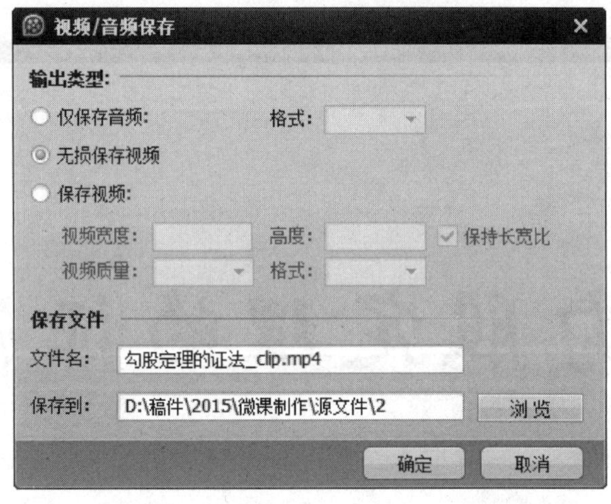

图 2.51　"视频/音频保存"对话框

QQ 影音的"影音工具箱"中还提供了将多个视频合并为一个视频的工具,如图 2.52 所示。在打开的"音视频合并"对话框中单击"添加文件"按钮打开"打开"对话框,在该对话框中选择需要合并的视频文件,如图 2.53 所示。单击"确定"按钮将要合并的视频文件添加到"音视频合并"对话框的列表中,在"输出设置"栏中单击"自定义参数"按钮,打开"参数设置"对话框设置合并输出文件的格式和各项参数,如图 2.54 所示。完成参数设置后,指定输出文件的文件名和保存的位置后单击"开始"按钮即可实现视频的合并。

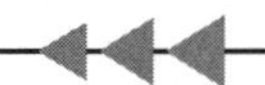

图 2.52　选择“合并”选项

图 2.53　选择需要合并的文件

在使用录屏软件录制微课时，录制视频往往需要编辑处理，一款带有视频编辑功能的录屏软件就显得特别重要。当前在制作微课视频时，同时具有录屏和编辑功能且功能比较强大的软件，就是后面将要介绍的 Camtasia Studio，其能够方便地实现录屏，同时还能对视频进行编辑。Camtasia Studio 视频编辑器的功能是强大的，不仅能够实现视频和音频的裁剪和合并等常规操作，还能在视频中添加文字、图形、图片以及各种特殊的视频效果，其操作简单但功能直逼专业的视频编辑软件。

图 2.54　设置输出文件参数

2.3.5 使用 PowerPoint 制作微课视频

在制作课件时，教师可以利用 PowerPoint 充分地整合图片、图形、视频和 Flash 动画等教学资源，利用 PowerPoint 的旁白功能录制微课视频中必不可少的教师讲解，使用 PowerPoint 动画功能来模拟各种实验现象。在 PowerPoint 中完成课件的制作后，教师播放课件，利用录屏软件录制播放的内容，从而获得微课视频。

从 PowerPoint 2010 开始，PowerPoint 可以直接将演示文稿输出为 MP4 和 WMV 格式的视频文件，这样使得 PowerPoint 也可以用来制作微课视频。下面以 PowerPoint 2013 为例来介绍具体的制作方法。

(1) 启动 PowerPoint 2013，完成课件的制作。在 PowerPoint 程序窗口中单击"文件"标签，打开"文件"窗口，在左侧列表中选择"导出"选项。此时在窗口中间的"导出"列表中选择"创建视频"选项，在右侧出现的"创建视频"栏中对视频创建进行设置。这里首先设置视频输出的大小，如图 2.55 所示。

(2) PowerPoint 课件在放映时，可以通过鼠标单击来控制幻灯片切换，但是在视频中就不行了。因此在将演示文稿输出为视频时，必须设置每张幻灯片在视频中显示的时长。这里，在"放映每张幻灯片的秒数"微调框中输入时间值进行设置，如图 2.56 所示。

(3) 完成设置后单击"创建视频"按钮，打开"另存为"对话框，使用该对话框指定视频保存的文件夹、文件名和视频文件格式，如图 2.57 所示。完成设置后单击"保存"按钮即可将演示文稿输出为视频文件。

上面介绍的制作微课视频的方法有其局限性，由于"放映每张幻灯片的秒数"微调框中输入了每张幻灯片放映的时间，在视频中每张幻灯片都将按照这个设置的时长来放映。这种方式对于每张幻灯片内容需要展示的时间都相同的视频是可以的，但是对于微课视频来说，很多时候不同场景中展示内容需要显示的时长是不同的。画面中文字内容多，需要展示

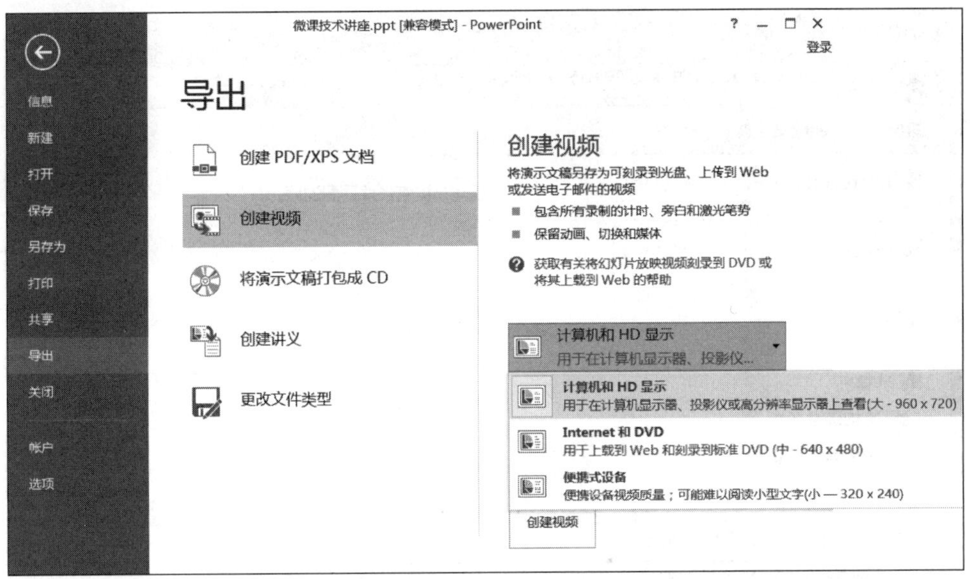

图 2.55 创建视频

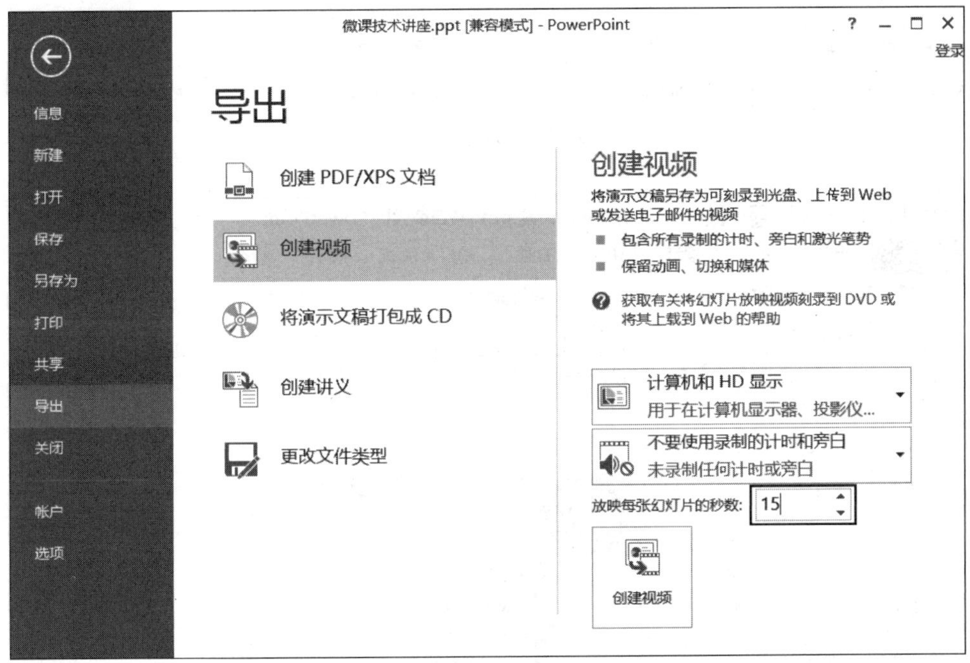

图 2.56 设置每张幻灯片放映的秒数

的时长就会长一些；若画面仅仅是一个过渡，则该画面停留的时间就不宜过长。要解决这个问题，就需要在将课件输出前按照视频放映的需要为文档设计好排练计时，以安排好每张幻灯片在视频中的停留时间。

(1) 在完成课件制作后，打开“幻灯片放映”选项卡，在“设置”组中单击“排练计时”按钮，如图 2.58 所示。

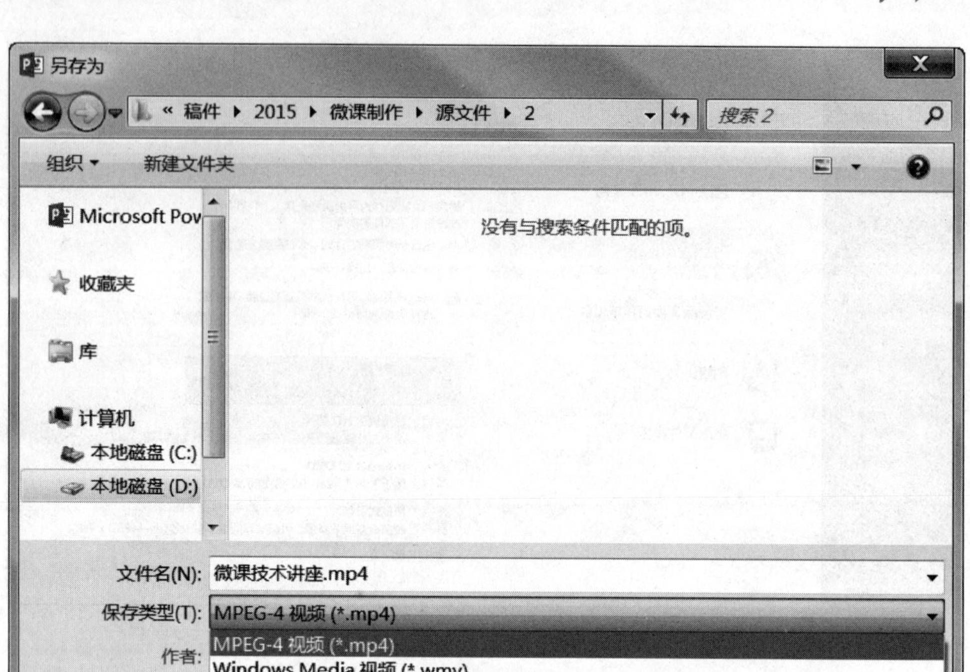

图 2.57 “另存为”对话框

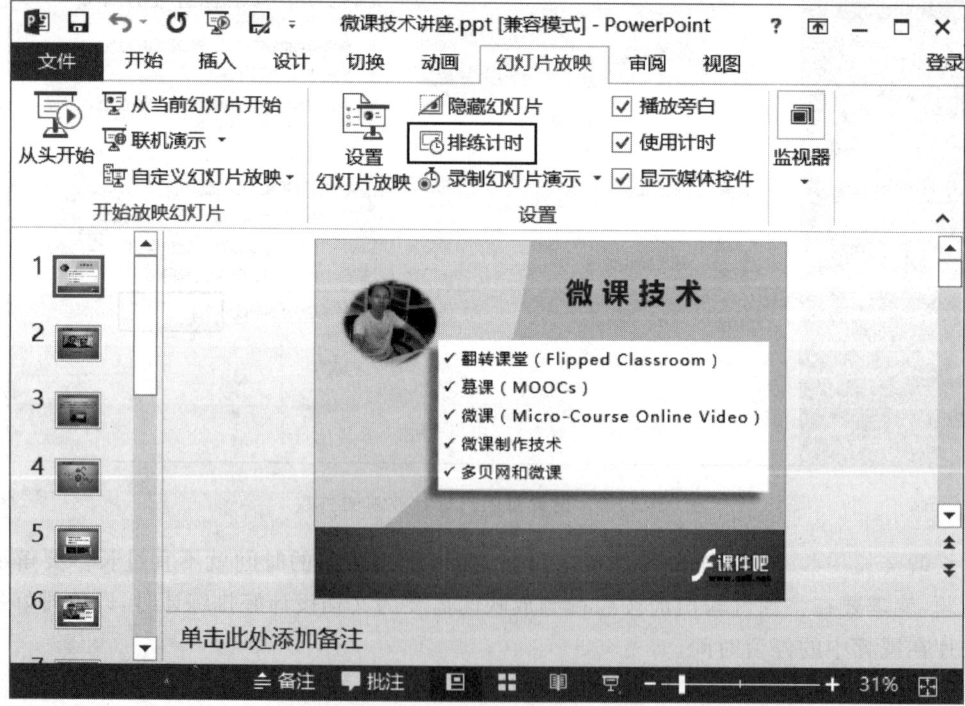

图 2.58 单击“排练计时”按钮

(2) 此时将进入幻灯片放映视图，在视图中将出现一个“录制”工具栏，该工具栏中显示演示文稿放映的总时间和当前幻灯片的放映时间，如图 2.59 所示。按照每张幻灯片放映时长的要求，手动切换幻灯片。

图 2.59　幻灯片放映时出现“录制”工具栏

(3) 完成整个演示文稿的放映后，PowerPoint 给出提示对话框，单击对话框中“是”保存放映计时，如图 2.60 所示。打开“视图”选项卡在“演示文稿视图”组中单击“幻灯片浏览”按钮进入幻灯片浏览视图，此时就可以看到每张幻灯片的播放时长了，如图 2.61 所示。

(4) 很多时候，在进行了一次排列计时后，需要对某些幻灯片的播放时长进行修改。此时可以选择需要进行时长修改的幻灯片，打开“切换”选项卡，在“计时”组的“设置自动换片时间”微调框中输入数值更改幻灯片的播放时间，如图 2.62 所示。

(5) 完成设置后打开“文件”窗口，在对创建的视频进行设置时，选择“使用录制的计时和旁白”选项，如图 2.63 所示。这样，演示文稿输出为视频后将按照排列计时来播放每一张幻灯片。

在制作微课视频时，需要教师的讲解和教师的板书。使用 PowerPoint 2013 制作微课视频时，可以直接录制旁白和授课老师的板书。具体的操作方法如下：

(1) 打开“幻灯片放映”选项卡，在“设置”组中单击“录制幻灯片演示”按钮上的箭头按钮，在打开的列表中选择“从头开始录制”选项，如图 2.64 所示。

(2) 此时将打开“录制幻灯片演示”对话框，在对话框中勾选需要录制的内容。这里应该选中“旁白和激光笔”复选框以录制旁白和激光笔在屏幕上做的勾画，如图 2.65 所示。单击“开始录制”按钮，PowerPoint 将进入幻灯片放映视图，语音旁白和屏幕上的勾画都将被记录下来。

图 2.60　PowerPoint 给出提示对话框

图 2.61　查看幻灯片的播放时长

图 2.62 设置单张幻灯片的播放时长

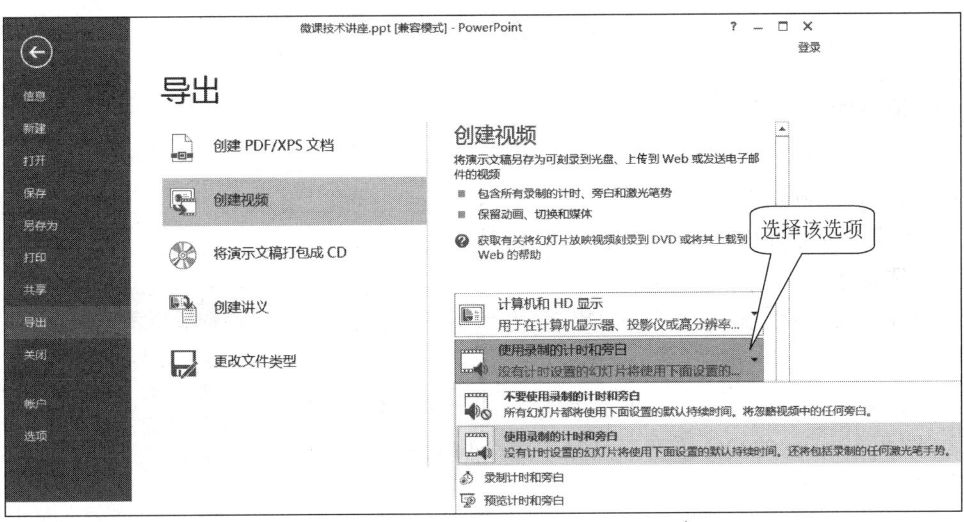

图 2.63 选择“使用录制的计时和旁白”选项

图 2.64　选择"从头开始录制"选项

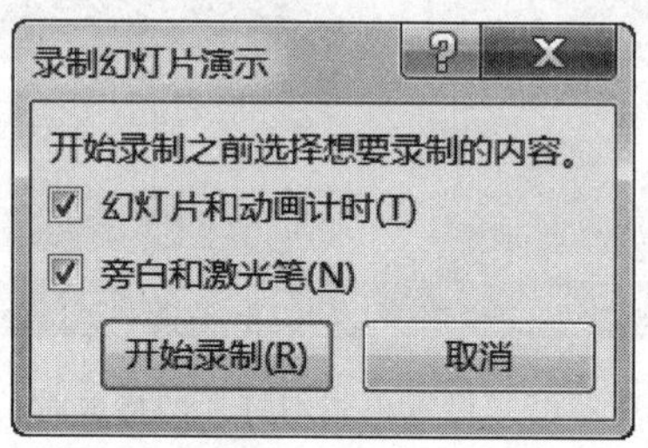

图 2.65　"录制幻灯片演示"对话框

2.4　本章习题

一、填空题

1. 微课视频制作的方式很多，最常见的是________和________这两种方式。

2. 微课视频确定选题的原则是________、________、________、________和________。

3. 微课视频的评价包括 4 个方面，它们是________、________、________和________。

二、选择题

1. pptx 文件格式是以下面哪种技术进行压缩的？________

A. zip　　B. rar　　C. 7z　　D. MPEG

2. 图 2.66 所示的 QQ 语音工具箱中哪个功能能够实现视频格式的更改？________

3. PowerPoint 2013 演示文稿能够输出为下面哪种视频文件格式？________

A. *.avi　B. *.flv　C. *.mp4　D. *.rmvb

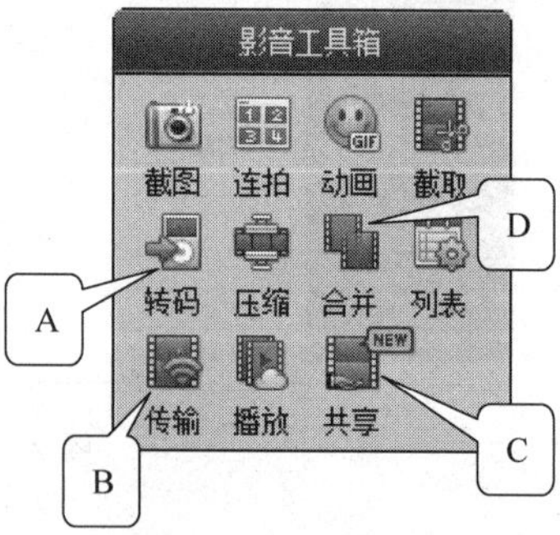

图 2.66　QQ 影音工具箱

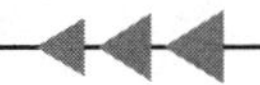

2.5 上机练习

练习 1　上网查找与氧气的制法有关的教学素材

主要操作步骤提示：

利用百度搜索引擎查找有关的文字、图片和视频，并将它们保存到本地计算机。

练习 2　利用 PowerPoint 2013 制作一个微课视频

主要操作步骤提示：

(1) 利用 PowerPoint 2013 制作课件。

(2) 使用 PowerPoint 2013 录制旁白并设计放映时间。

(3) 将演示文稿输出为视频文件。

第3章 微课制作从"录"开始

微课本质上是一段视频，对于广大普通教师来说，利用计算机来录制视频是一个实用且成本最低的方法。可以用于录制视频的软件很多，Camtasia Studio无疑是这些软件中最适合于微课录制的一款软件，其不仅仅具有视频录制功能，还具有强大的编辑功能。本章首先介绍使用Camtasia Studio录屏的操作技巧。

本章主要内容：

- 为录屏做好准备
- 录屏实际上很简单
- 录屏时还可以做的两件事

3.1 为录屏做好准备

Camtasia Studio是一款功能强大的屏幕录制软件，其可无损地捕获计算机屏幕上的任何视频、图像和动作等。为了更好地完成录屏操作，在录制视频前需要对录制区域、录入设备和添加的效果等进行设置。下面介绍具体的设置方法。

3.1.1 录屏前的常规设置

在使用Camtasia Studio进行屏幕录制时，为了顺利地进行录屏操作，保证屏幕录制的高效性，需要根据操作的需要，对录屏进行设置。

1. 让录制工具栏显示提示

(1) 启动Camtasia Studio，选择"文件"|"新建项目"命令新建一个空白项目。在程序窗口中单击"录制屏幕"按钮，如图3.1所示。此时启动Camtasia Studio录像机，打开录制工具栏，如图3.2所示。

(2) 在录制工具栏中选择"工具"|"选项"命令打开"工具选项"对话框，使用该对话框可以对屏幕录制操作进行设置。这里，打开"常规"选项卡，使用该选项卡可以对录制工具栏、捕获方式以及捕获视频保存方式进行设置。如，这里选中"显示工具提示"复选框，如图3.3所示。将鼠标指针放置到录制工具栏的工具按钮上时将会显示功能提示，如图3.4所示。

2. 设置录制视频的保存方式

(1) 在"工具选项"对话框的"常规"选项卡中，"保存"设置栏用于设置录制视频的保存方式。打开"录制为"下拉列表框，选择".avi"选项，录制的

图 3.1 单击"录制屏幕"按钮

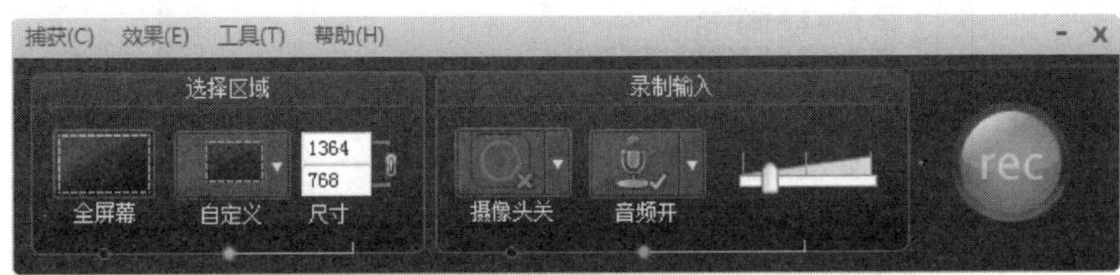

图 3.2 录制工具栏

图 3.3 选中"显示工具提示"复选框

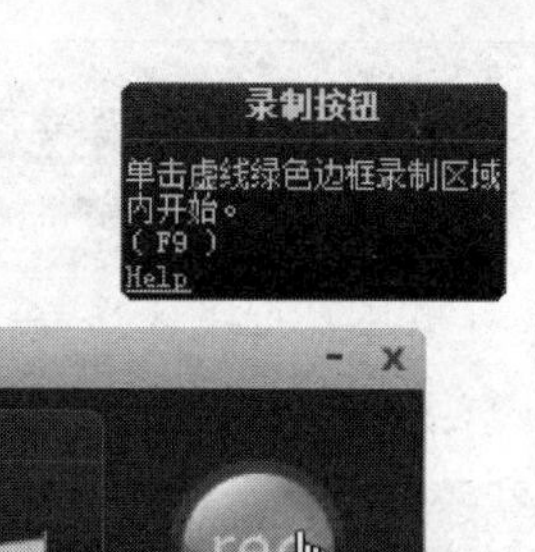

图 3.4 显示功能提示

视频将保存为 *.avi 格式。这里,默认的选项为“.trec”,该格式的录屏文件只能使用 Camtasia Studio 打开,如图 3.5 所示。

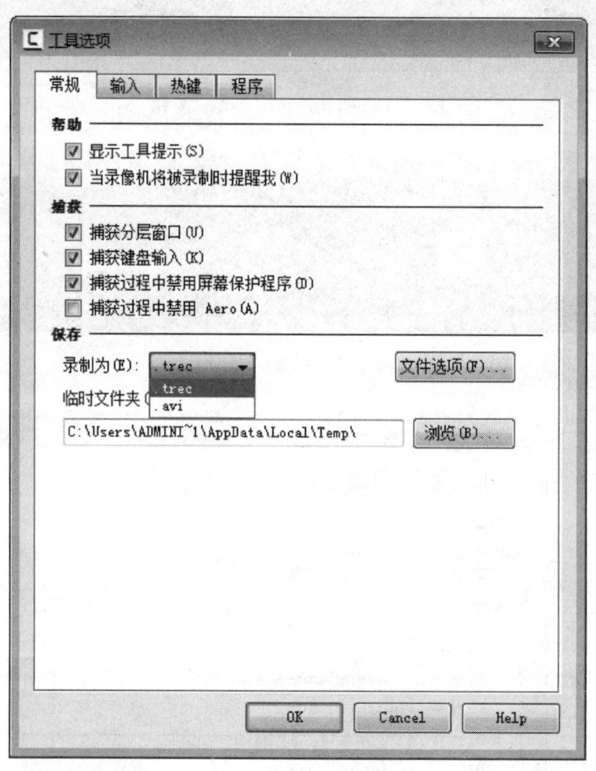

图 3.5 选择文件格式

(2) 单击“文件选项”按钮将打开“文件选项”对话框,使用该对话框可以对输出文件的文件名进行设置,同时还可以指定输出文件保存的文件夹。例如,选择“自动文件名”选项,在“前缀”文本框中输入文件名的前缀。单击“输出文件夹”列表右侧的“浏览文件夹”按钮打开“浏览文件夹”对话框,在对话框中选择用于保存录屏文件的文件夹,如图 3.6 所示。完成设置后分别单击 OK 按钮和“确定”按钮关闭这两个对话框。

专家点拨:这里,如果选择“询问文件名”选项,则在每次保存录制的视频时,程序将打开 Camtasia Recoder 对话框要求输入文件名,如图 3.7 所示。如果选择“固定文件名”选项,

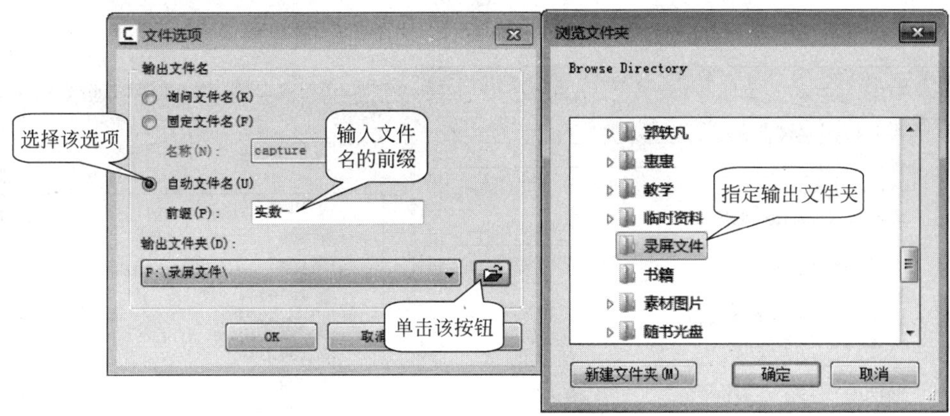

图 3.6　设置输出文件名和文件保存文件夹

其下的“名称”文本框可用，在该文本框中可以输入需要使用的文件名。此时，在保存录制的视频时，视频文件都将使用该文件名。这里要注意的是，由于保存视频的文件名是固定的，第二次保存视频时会出现文档名冲突，Camtasia Studio 给出提示对话框，如图 3.8 所示。此时单击 OK 按钮，Camtasia Studio 将打开 Camtasia Recoder 对话框，用户可以更改文件名和文件保存的文件夹。

图 3.7　Camtasia Recorder 对话框

(3) 在进行屏幕录制时，Camtasia 会生成录屏临时文件，用户可以根据需要来指定这个临时文件保存的位置。在“常规”选项卡中单击“浏览”按钮打开“浏览文件夹”对话框，在该对话框中选择用于保存临时文件的文件夹后

图 3.8　提示对话框

单击“确定”按钮可以指定临时文件保存的位置,如图 3.9 所示。

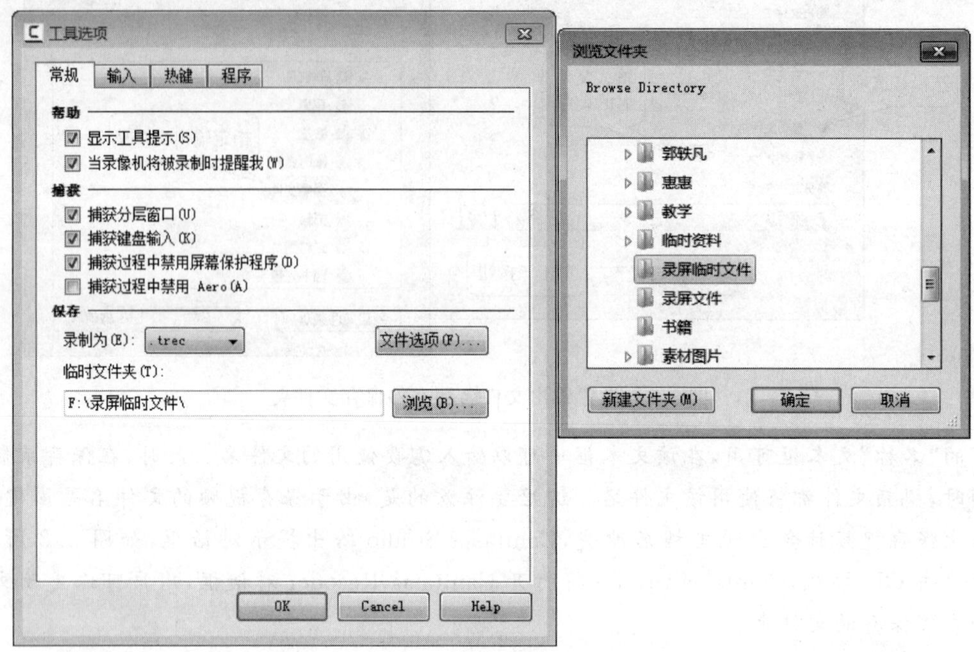

图 3.9　设置临时文件夹

(4) 经过上述设置后,在完成屏幕录制并保存录制的视频后,录制的视频将以设定的文件格式保存在指定的文件夹中。文件名将按照视频录制的先后顺序自动使用“前缀－”＋数字的形式,如图 3.10 所示。同时,在指定的文件夹中生成临时文件,如图 3.11 所示。这些临时文件在关闭当前项目后会被自动删除。

图 3.10　文件按设置的文件名和格式保存在指定的文件夹

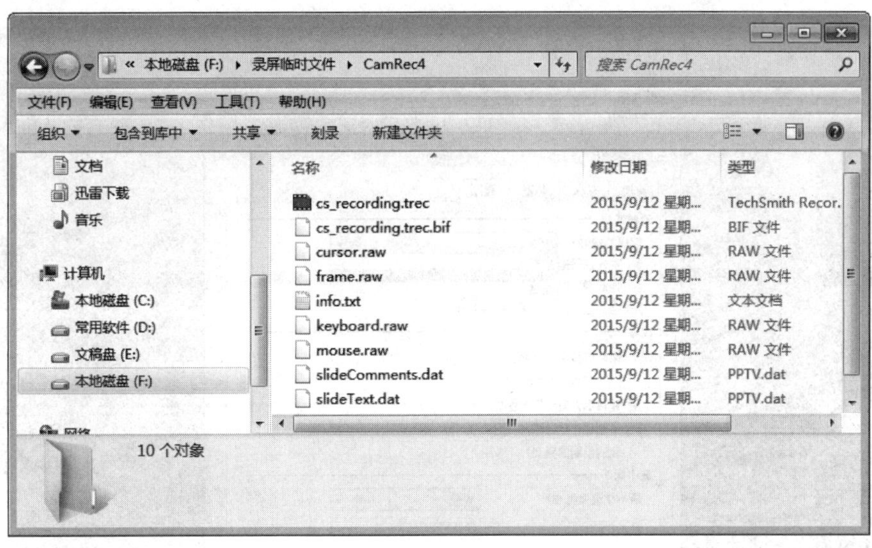

图 3.11　在指定的文件夹中生成临时文件

3. 设置让录屏更方便

(1) 在进行屏幕录制时，为了使操作动作能够正常录制下来，不至于出现操作“越界”的情况，用户需要随时了解录屏范围。在“工具选项”对话框中打开“程序”选项卡，在“区域外观”列表中选择相应的选项可以设置在录屏时用于标示录制区域的矩形框的样式。如，这里选择“边角”选项，录屏时将只标示矩形框的边角，如图 3.12 所示。如果选择列表中的“矩形”选项，录屏时将以矩形框的形式标示整个录屏区域，如图 3.13 所示。

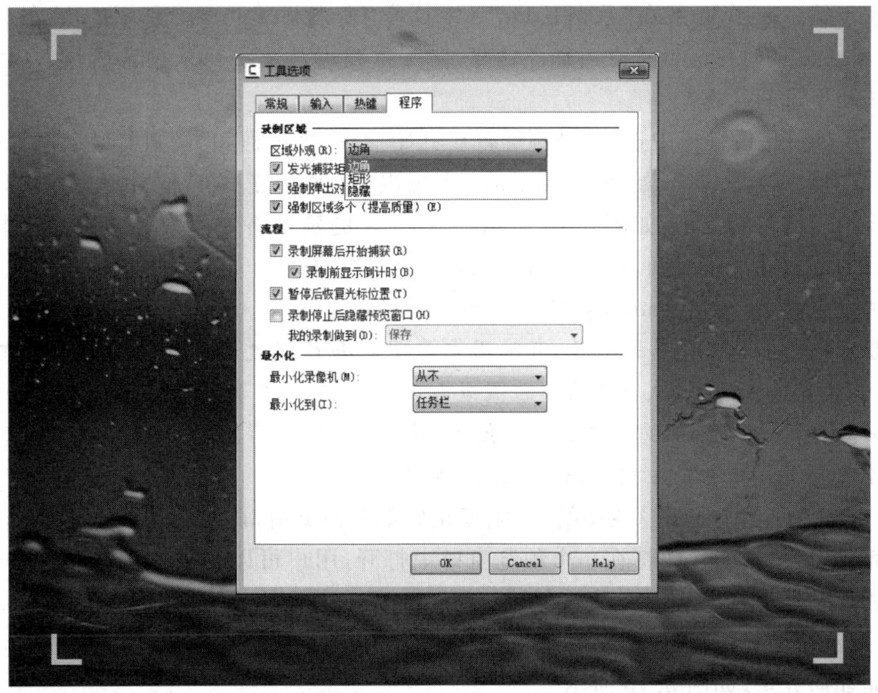

图 3.12　录屏时只标示区域录屏边角

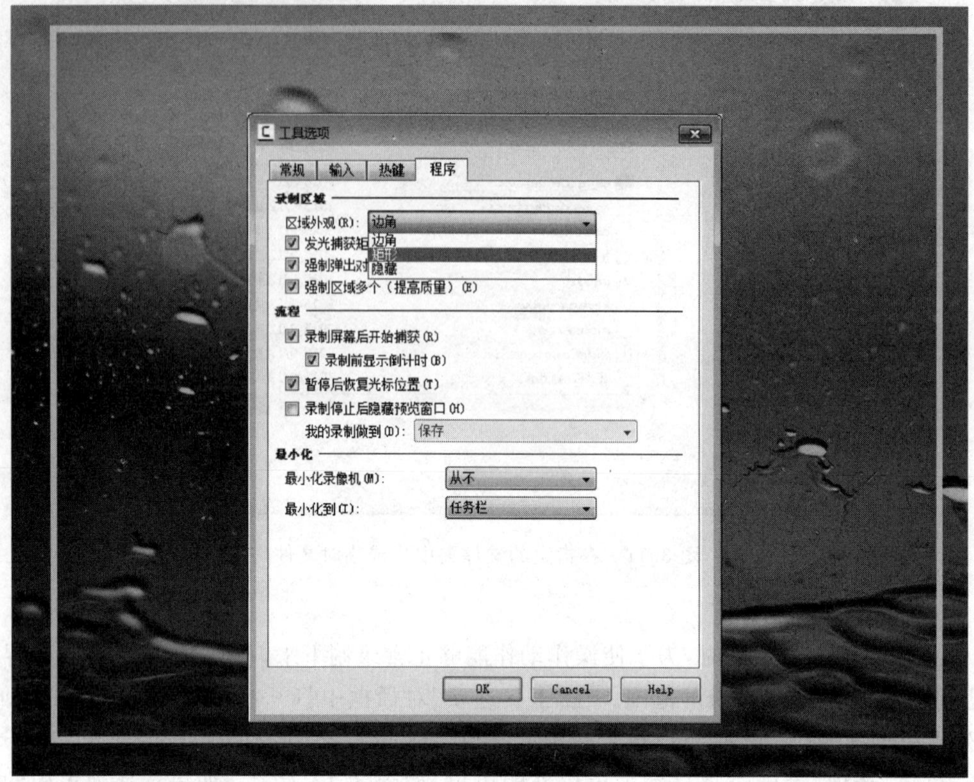

图 3.13　标示整个录屏区域

专家点拨：这里，如果在“录制区域”栏中选择“发光捕获矩形”复选框，则在屏幕录制时，标示捕获区域的矩形框将会闪烁。这样，既可以强调屏幕上的录制区域，也可以提示用户当前正处于录制状态。

(2) 在“流程”设置栏中选中“录制屏幕后开始捕获”复选框和“录制前显示倒计时”复选框，如图 3.14 所示。在开始屏幕录制时，将延迟 3s 开始正式屏幕录制，此时 Camtasia Studio 将给出倒计时提示，如图 3.15 所示。这个 3s 的延迟将使用户能够在正式录制前有一个最后的酝酿和准备时间，以避免开始录制时的手忙脚乱。如果取消选中该复选框的，录屏将不再延时，Camtasia Studio 直接开始屏幕录制。

专家点拨：在进行屏幕录制时，有时用户希望能够预留更多时间来为需要录制的操作做准备，如放置鼠标的位置、调整窗口位置或酝酿朗读的情绪等，此时就需要由用户来掌控录屏开始的时机。这里，可以取消选中“录制屏幕后开始捕获”复选框，正式录制的开始将由用户通过录制工具栏来自主控制，如图 3.16 所示。

(3) 默认情况下，“流程”栏中的“录制停止后隐藏预览窗口”复选框处于未被选中状态。在录制完成后，录制的视频将在一个预览窗口中打开，用户可以对视频进行预览，同时决定对录制的视频是进行编辑还是直接输出，如图 3.17 所示。如果不希望预览录制完成的视频，可以取消对该复选框的选择。同时，在“我的录制做到”列表中选择相应的选项以决定录制的视频如何处理，如图 3.18 所示。

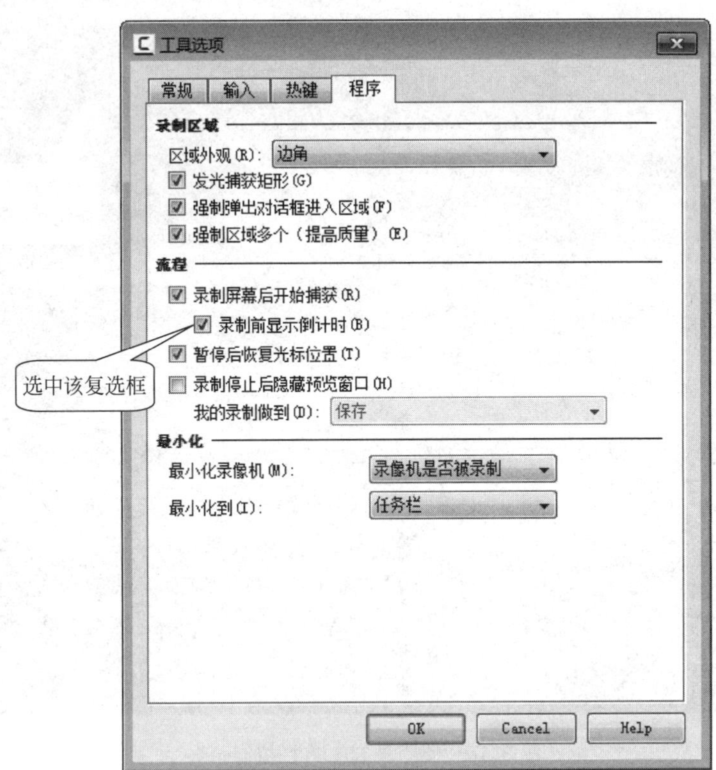

图 3.14　选中“录制前显示倒计时”复选框

图 3.15　录制前的倒计时

图 3.16 使用录制工具栏控制录屏

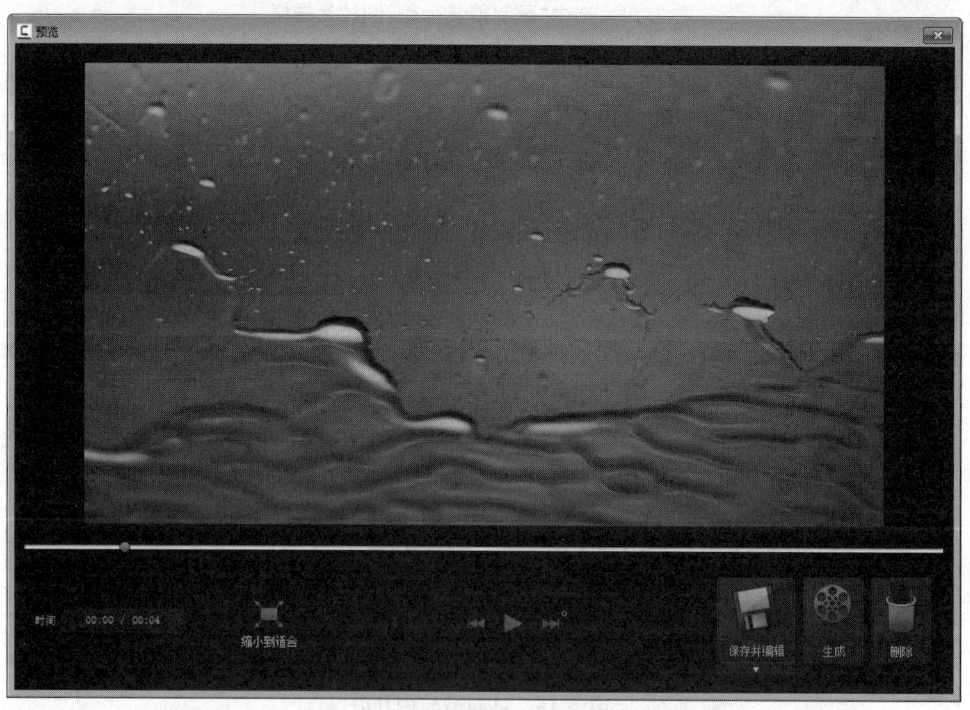

图 3.17 在“预览”窗口中预览录制的视频

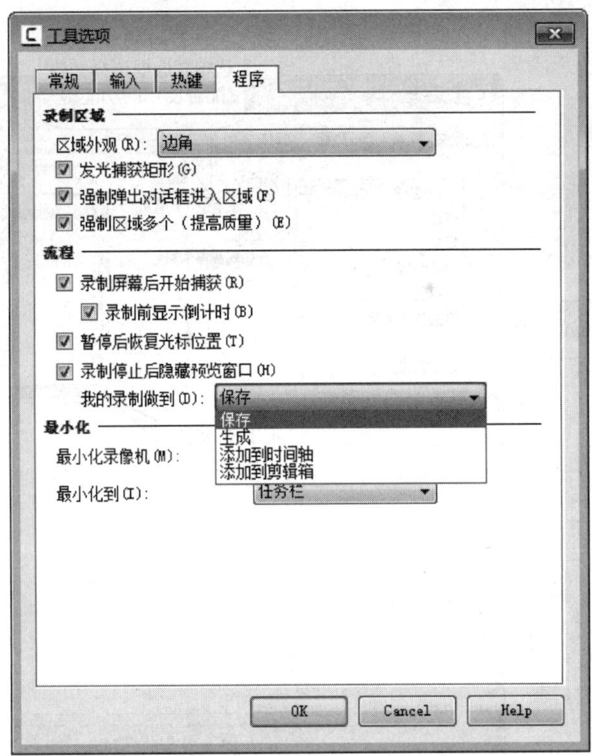

图 3.18　设置录制完成视频的处理方式

专家点拨：在“我的录制做到”下拉列表框中选择“保存”选项，录制的视频将直接保存。选择“生成”选项，录制的视频将自动生成为可播放的视频文件。选择“添加到时间轴”选项，录制的视频将添加到 Camtasia Studio 编辑器当前项目的时间轴上以供编辑处理。选择“添加到剪辑箱”选项，录制的视频将放置到 Camtasia Studio 剪辑箱中，但不会放置到当前项目的时间轴上。

(4) 为了方便录屏时的操作，可以为录屏过程中的常用操作设置热键。在“工具选项”对话框中打开“热键”选项卡，在左侧列表中选择操作选项，在右侧列表中选择需要使用的按键。如果按键需要与 Ctrl 键、Shift 键和 Alt 键配合使用，可以选中相应的复选框，如图 3.19 所示。

(5) 除了可以用热键来控制录屏操作外，还可以使用录制工具栏来对录屏进行控制。屏幕正在录制时的录制工具栏与开始录制前的工具栏不同，用户可以设置工具栏中的功能按钮。在录屏前的录制工具栏中选择“工具”|“录制工具栏”命令打开“录制工具栏”对话框，在对话框中选中相应的复选框设置录制工具栏中显示的功能按钮。这里选中该对话框中所有的选项，如图 3.20 所示。在屏幕录制时，录制工具栏将显示选择的功能按钮，如图 3.21 所示。

专家点拨：在录屏时，如果不希望录制工具栏显示，可以在“工具选项”对话框的“程序”选项卡的“最小化录像机”下拉列表框中选择“始终”选项，如图 3.22 所示。若选择另外两个选项，则可以使录制工具栏在录屏时显示。

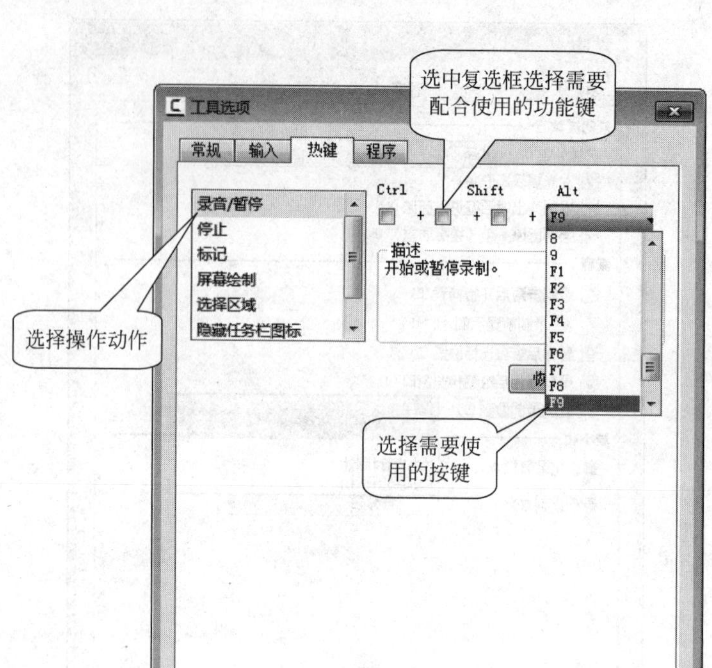

图 3.19　设置热键

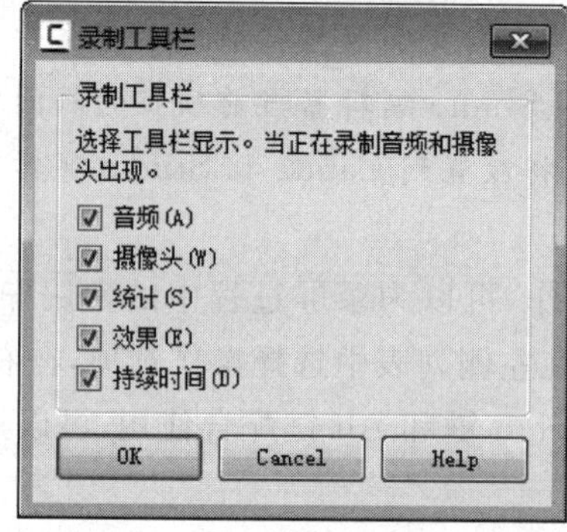

图 3.20　“录制工具栏”对话框

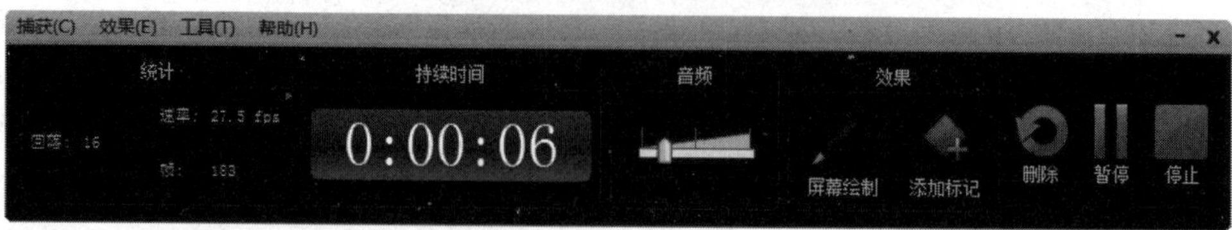

图 3.21　录制屏幕时的录制工具栏

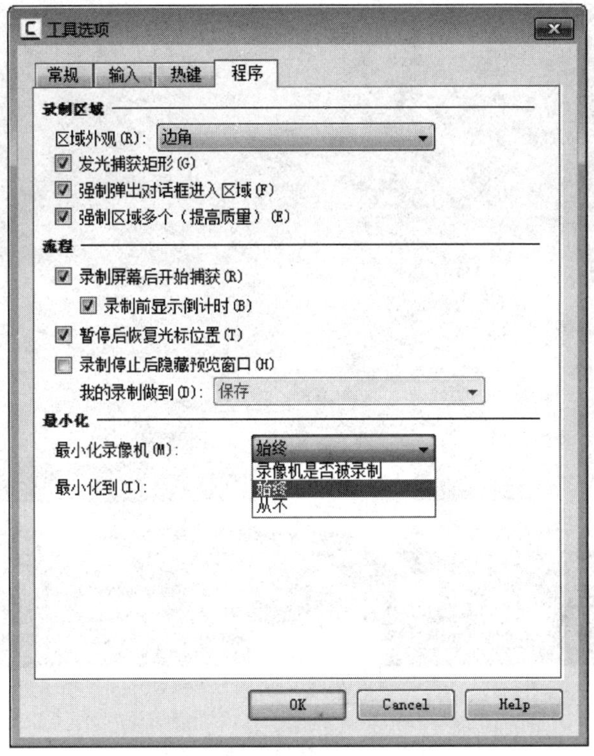

图 3.22　“工具选项”对话框

3.1.2　设定录制区域

Camtasia Studio 能够录制在屏幕上某个区域中的图像和动作，进行屏幕录制前，需要首先设定屏幕的录制区域。录制区域就像摄像机的镜头一样，只有录制区域内的动作才能被录制下来。设定录屏区域需要设置录屏区域的大小和位置，下面介绍对录屏区域进行设置的常用方法。

1. 精确设置录屏区域

(1) 启动 Camtasia Studio 打开录制工具栏，用户可以在该工具栏的“选择区域”中根据需要对录屏区域进行设置。这里，在“尺寸”文本框中输入数值即可以精确设置录屏区域的大小。单击“尺寸”文本框旁的“锁定”按钮将能够锁定录屏区域的高宽比，此时只需要在一个文本框中输入数值，程序将自动根据现有的高宽比调整录屏区域的大小，如图 3.23 所示。

(2) 在录制工具栏中单击“全屏幕”按钮，录屏区域将设置为当前显示器的全屏区域。单击“自定义”按钮上的下三角按钮，在打开的列表中选择相应的选项，可以将录屏区域设置为预设的大小，如图 3.24 所示。

2. 手动设置录屏区域

(1) 在录制工具栏中单击“自定义”按钮上的下三角按钮，在打开的列表中选择“选择区域录制”选项。在屏幕上按住鼠标左键移动鼠标将绘制录屏区域，屏幕左上角将显示鼠标移动位置的放大图以方便录屏区域的绘制，如图 3.25 所示。

图 3.23　设置录屏区域大小

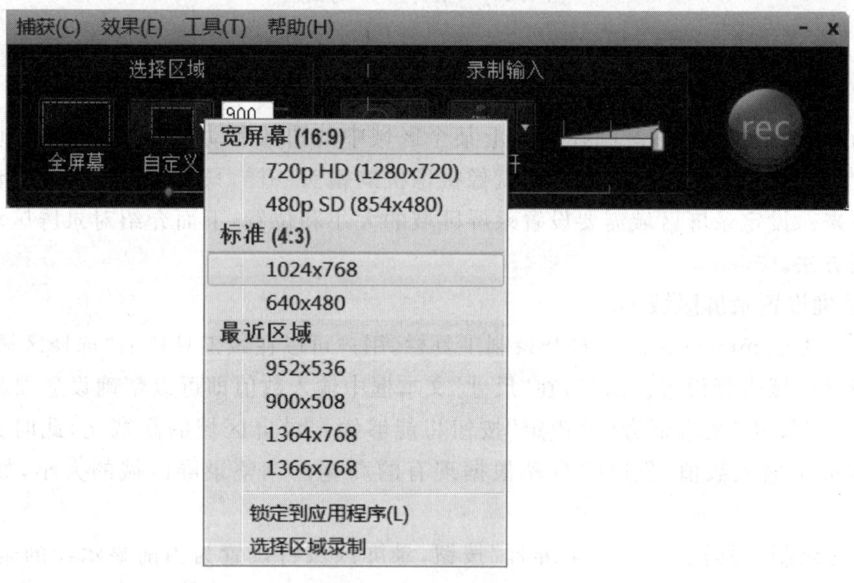

图 3.24　使用预设区域

(2) Camtasia Studio 以带有控制柄的虚线框来标示录屏区域，拖动边框上的控制柄可以设置录屏区域的大小。拖动虚线框内部的箭头按钮可以拖动整个虚线框改变其位置，如图 3.26 所示。

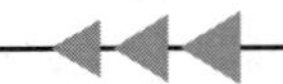

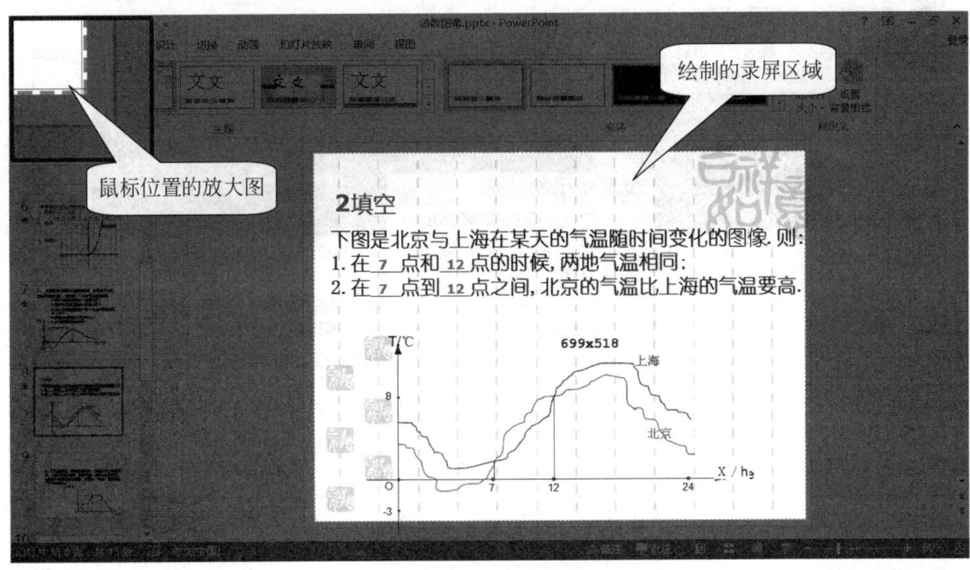

图 3.25 绘制录屏区域

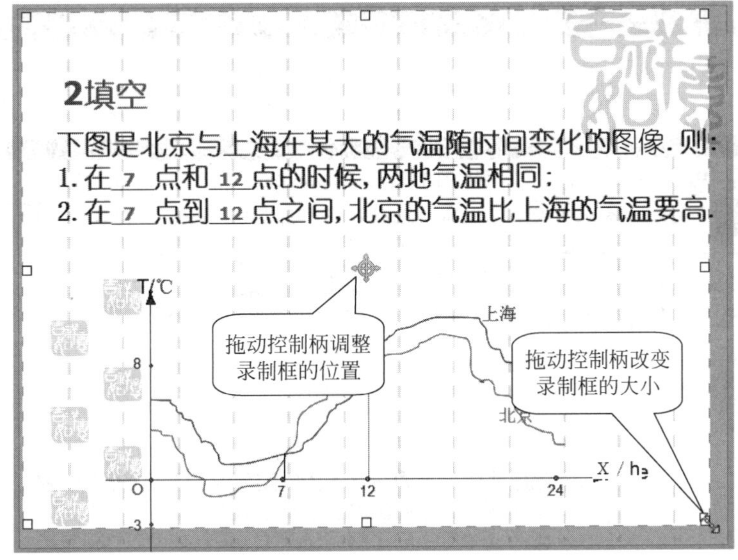

图 3.26 调整录屏区域的大小和位置

3. 锁定应用程序窗口

(1) 激活应用程序窗口，在录制工具栏中设置录屏区域大下。单击“自定义”按钮上的下三角按钮，在打开的列表中选择“锁定到应用程序”选项。应用程序窗口将自动缩放为设定的录屏区域大小，录制框自动套住应用程序窗口，如图 3.27 所示。

(2) 锁定到应用程序后，调整录制框的大小，应用程序窗口大小将自动更改为录制框的大小。调整应用程序窗口的大小和位置，录制框将会自动调整，保证程序窗口被框住。如果应用程序窗口最小化，在开始录屏时，程序窗口将自动出现在录制框中，如图 3.28 所示。

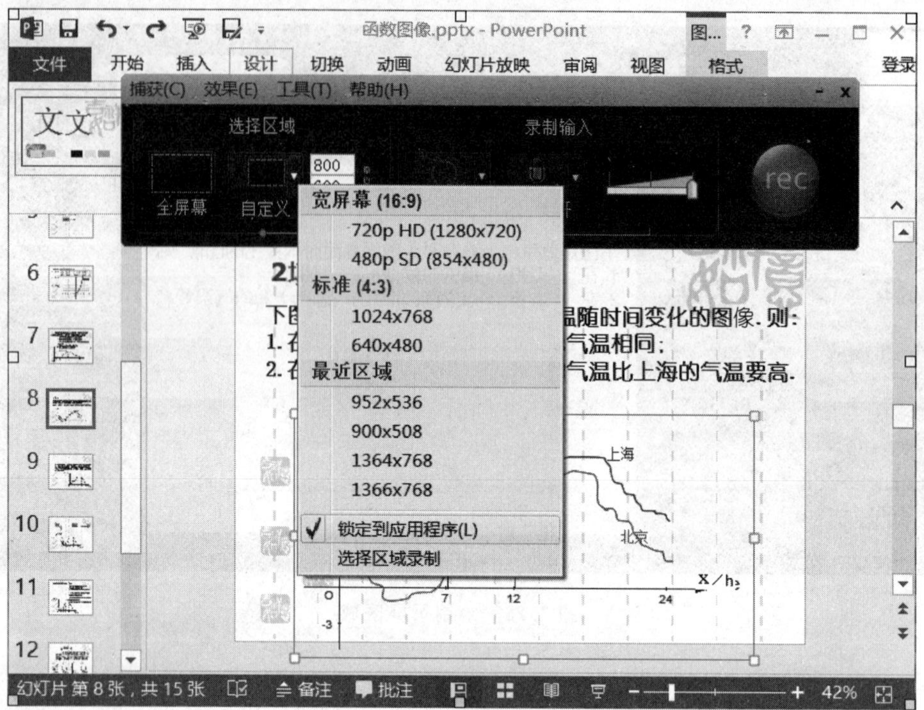

图 3.27　锁定到应用程序

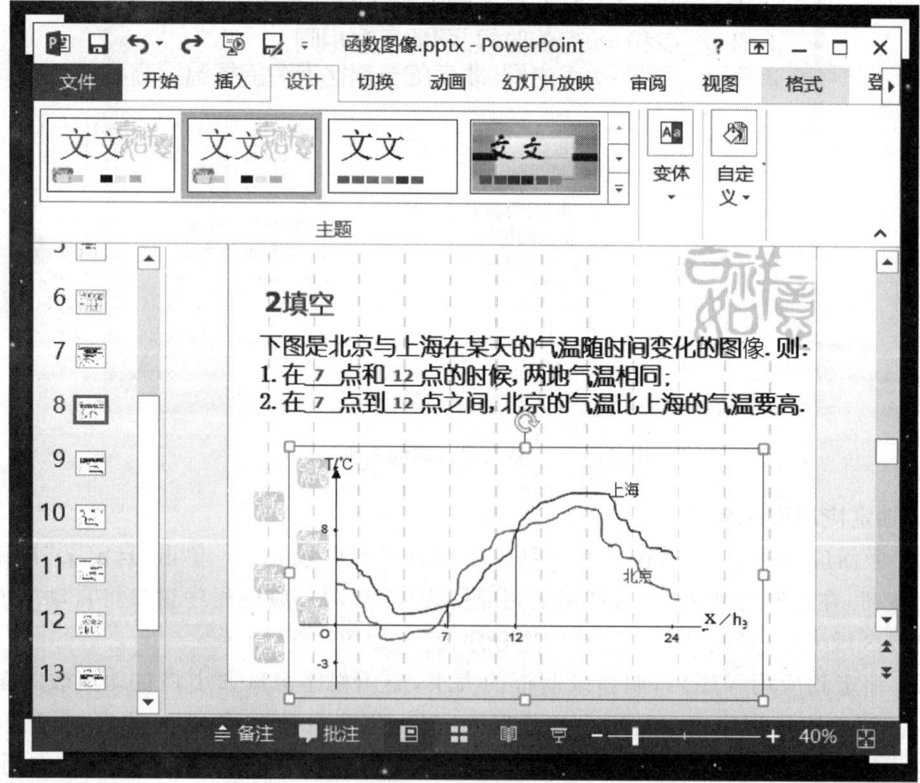

图 3.28　录制程序窗口

3.1.3 为录音做准备

声音是微课中必不可少的素材，微课中除了可以直接使用外部的声音文件之外，还可以通过录音的方式来获取声音素材。Camtasia Studio 录音一般分为两种情况：一种是录制系统声音，另一种是录制来自麦克风的外部声音，在录屏前需要进行选择设置。下面介绍具体的设置方法。

(1) 使计算机正确连接麦克风，在录制工具栏选择“工具”|“选项”命令打开“工具选项”对话框，在对话框的“输入”选项卡的“音频设备”列表中选择“立体声混音”选项，指定音频输入设备。此时，如果不选中“录制系统音频”复选框，程序将只录制麦克风的声音，如图 3.29 所示。

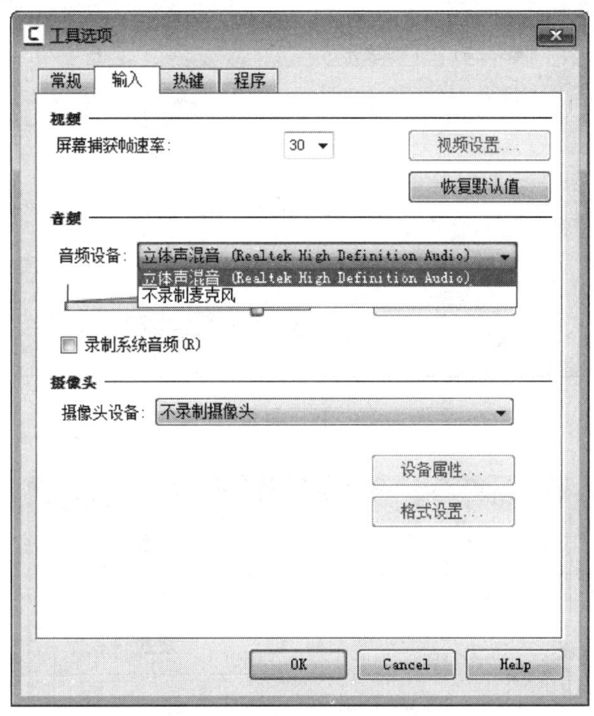

图 3.29 指定音频输入设备

(2) 在录音时，如果只录制计算机播放的系统声音，可以在“音频设备”下拉列表框中选择“不录制麦克风”选项，同时选中“录制系统音频”复选框，如图 3.30 所示。这里要注意，如果在“音频设备”列表中选择“立体声混音”选项后选中“录制系统音频”复选框，则可以同时录制计算机播放的系统声音和来自麦克风的声音。

(3) 在录音前，可以对录音音量进行调试，以获得最佳录音效果。在“工具选项”对话框中有一个录音音量滑轨，当麦克风接收到声音时，滑轨中将显示音量色谱条，该色谱条是绿色→黄色→橙色→红色的渐变色。如果是录制语音，调试时按照正常语音大小对着麦克风朗读。如果色谱条显示为绿色且其长度随声音而变化，滑块不需要移动位置，也就是不需要对录音音量进行调整。如果色谱条一直显示为较短的绿色，则可以将滑块适当左移，如图 3.31 所示。如果音量色谱条显示为黄色至橙色范围或黄色至红色范围，则应该将滑块适当右移，如图 3.32 所示。

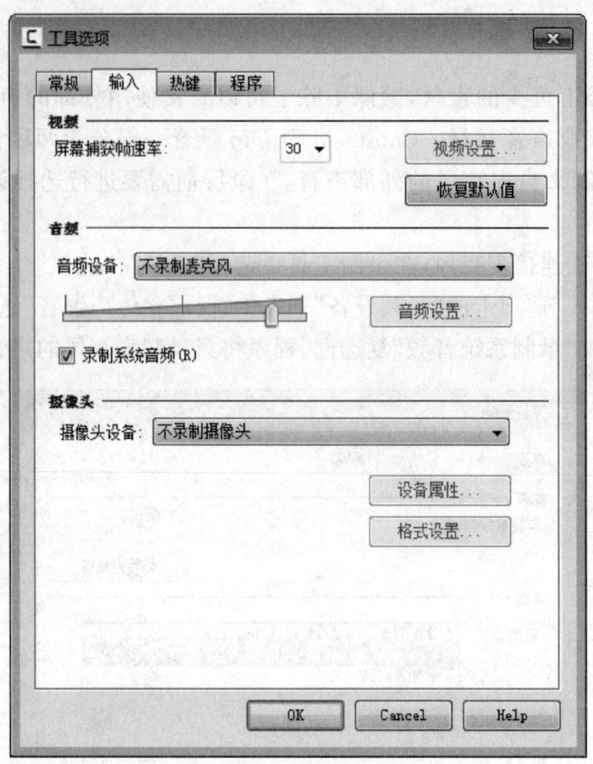

图 3.30 只录制系统声音

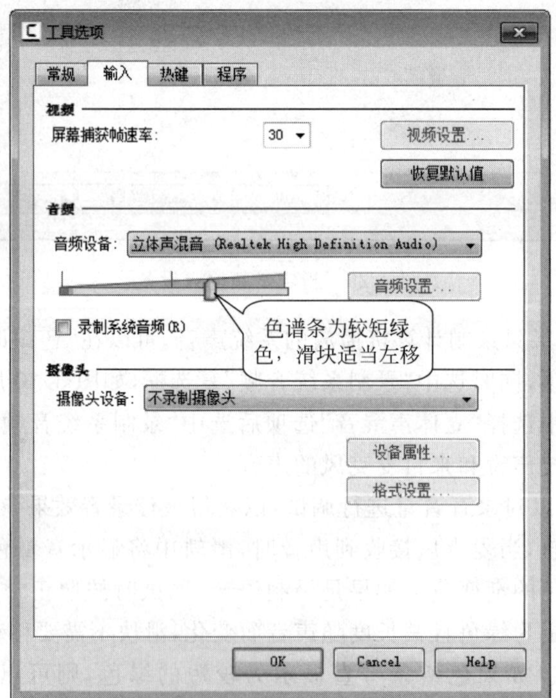

图 3.31 滑块适当左移

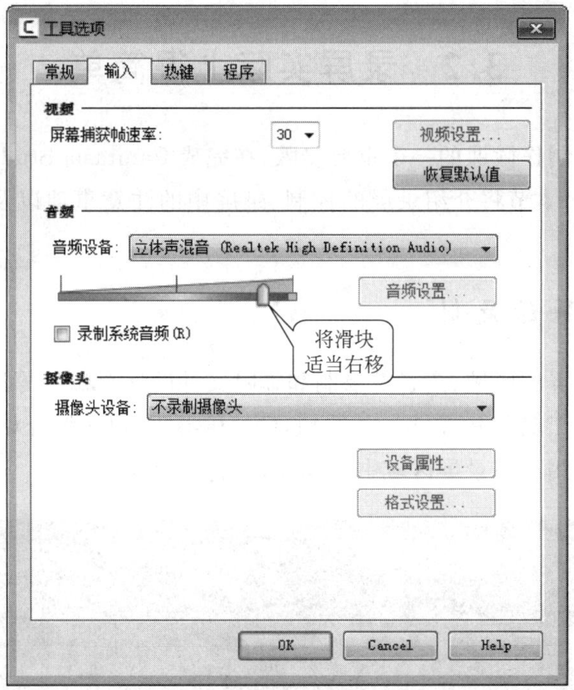

图 3.32　右移滑块

专家点拨：上面介绍的操作也可以直接在录制工具栏中进行，单击“录制输入”栏中的“音频开”按钮将允许录制声音，其右侧的滑块与“工具选项”对话框中的滑块具有相同的功能，如图 3.33 所示。在开启声音录制后，再次单击“音频开”按钮将关闭声音录制功能。单击“音频开”按钮上的下三角按钮，在打开的列表中选择相应的选项可以设置是录制麦克风声音还是系统声音，如图 3.34 所示。

图 3.33　录制工具栏

图 3.34　选择录制声音来源

3.2 录屏实际上很简单

录制屏幕内容是制作微课的一个重要步骤，在完成 Camtasia Studio 录屏操作的相关设置后，就可以录屏了。本节将介绍录屏的控制、录屏中的注意事项以及 PowerPoint 录屏的有关知识。

3.2.1 控制屏幕的录制

在根据需要对录屏的区域、声音的录制和临时文件的保存位置等进行设置后，就可以开始录屏操作。在录制工具栏中单击 rec 按钮，Camtasia Studio 将开始对选定区域录屏，如图 3.35 所示。此时，用户在录屏区域中的动作，都将被录制下来。

图 3.35 开始屏幕录制

在屏幕录制时，可以使用录制工具栏对录屏进行控制。在录制工具栏中，“持续时间”栏将显示录屏时长，用户可以通过它了解视频录制的时间。单击“停止”按钮将停止当前的屏幕录制，单击“删除”按钮将停止当前视频的录制并将录制的结果删除。在录屏时如果需要停顿一下，可以单击“暂停”按钮将暂停录屏，再次单击该按钮将重新开始录屏，如图 3.36 所示。

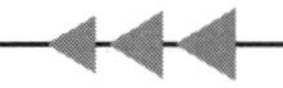

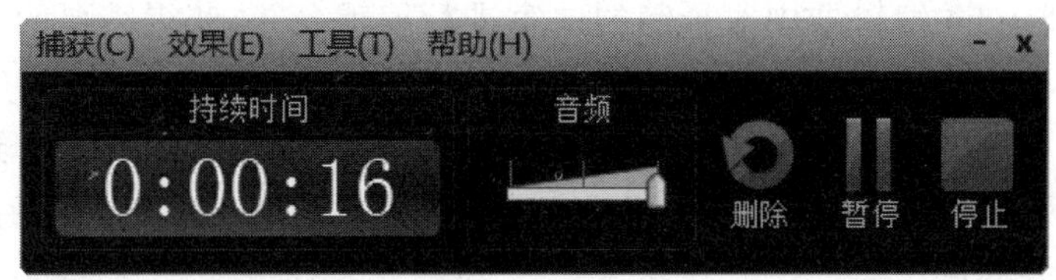

图 3.36　录屏时的录制工具栏

3.2.2　录屏时的注意事项

在制作微课视频时，录制视频质量的好坏，直接关系到微课视频的效果。在使用 Camtasia Studio 录制微课时，大家都会遇到一段简短的视频需要反复录制多次都无法满意的情况，如何提高录屏的效率是每一个微课制作者都会面对的。下面对录屏过程中需要注意的一些技巧进行介绍。

1. 录课前做好准备

除了前面介绍的根据需要进行软件设置之外，更重要的是环境和内容的准备。微课的录制，应该尽量地做到一气呵成，这样既可以保证录制视频的效果，还可以减少后期处理的工作量，提高微课录制效率。因此，在录屏时，特别是需要录制讲解语音时，必须选择一个相对安静的且不受打扰的环境。

在微课录制时，录制的内容方面需要做好充分的准备。录课前，应当对微课视频的教学目标、需要突出的重点和突破难点的手段方式做到心中有数。在课前，应该准备必要的文案，这一点是很重要的。很多时候，录课者以为自己对录制的内容已经很熟悉了，结果在正式录制时却发现由于既要操作又要解说，不可避免地出现“忘词”的情况，不得不重新录制。实际上，准备好文案就可以有效地避免出现这种情况，文案可以包括课程内容的大纲、讲解重点和表现的手段等，更重要的是应该准备好需要讲解内容的文字材料。只有这样才能真正做到有备无患，减少录课时的错误和反复，提高录课效率。

2. 录课前应该进行预录

微课的特点是短小精悍，需要录制的视频内容并不会很长，因此录制者完全有时间在正式录制前对微课进行预录。很多人在录制微课时，都会出现遗忘的情况，如忘记解说词和某个重要的步骤。在录制某些需要表现操作结果的微课时，有时会出现操作结果与预想结果不一致的情况，从而导致录屏又从头开始。这样，没有预录似乎是节约了时间，实际上反复的重录才是对时间最大的浪费。

预录应该对录制的内容进行规划，了解时间安排是否合理，对讲解的内容进行熟悉，检验需要展示的操作结果是否正确，及时发现预案中不合理的地方进行修正。很多时候，微课录制效果让人不满意，都是在于出现了说错话、用了不规范的语言和语速过快或过慢。因此，在预录时，录课者要特别注意讲解与屏幕显示内容的配合，对于什么时候该说什么做到心中有数，让讲解的起承转合自然而流畅，避免在正式录制时各种错误的发生。

3. 是一次录完还是分段录制

Camtasia Studio 不仅仅是一款录屏软件，其还具有对录制的视频进行编辑处理的能力。在录制微课时，可以将整个课程根据内容划分为若干段，对每一段的内容分别进行录

制，在 Camtasia Studio 编辑器中对录制的内容进行编辑合并，获得需要的微课。这种录制方式最大的优势就是“化厚为薄”。对于很多普通录课者，要想一气呵成地完成大段视频的录制而不出错是很难做到的，通过分段录制的方式就能够将录制的难度降到最低。对于时间较长、需要展示较为复杂的操作过程或讲解内容较多的微课，使用分段录制的方式是提高录制效率的一个好办法。

在录制微课时，分段录制的方法也存在着一些不足，如，前后两段视频的衔接问题。在前一段视频中，屏幕上鼠标指针放置在屏幕左某个位置，在结束该段视频录制并对其进行编辑处理后，进行下一段视频录制时，鼠标指针的位置会发生改变。为了保证两段视频的无缝衔接，鼠标指针必须准确放置到原来的位置，这就不是一件容易的事情。诸如此类的细节问题还有很多，稍有不慎，视频间存在着细节上的差异，就会显得不自然，影响微课的效果。

在录制微课视频时，也可以使用一次录制的方式。为了保证顺利地一次录完课程，录制前应该做好充分的准备，对课程流程、操作和讲解十分熟悉。录制时，按照预案录制，录制过程中如果出现了错误，可以暂时置之不理，之后将出错的内容重新录制即可。录制完成后，在 Camtasia Studio 编辑器中对录制的视频进行编辑，除掉出错的内容就可以了。

4. 录制时多用快捷键

在录屏操作时，经常需要对录屏进行控制，如开始、停止或暂停录制等。对于此类操作，使用录制工具栏中的按钮并不是一个好办法，因为当你将鼠标移到工具栏中单击相关按钮时，鼠标的动作有可能被录制下来。同时，一边操作，一边朗读，还要移动鼠标来进行控制，很多时候会让你有一种手忙脚乱的感觉，增大录屏出错的机会。

在录制微课时，录屏的控制操作可以使用 Camtasia Studio 的快捷键来实现。如，按 F9 键将启动屏幕录制，在屏幕录制中按下该键将暂停屏幕录制，再次按下该键可以重新启动录制，按 F10 键将能够停止当前视频的录制。

3.2.3　录制 PowerPoint 课件

PowerPoint＋Camtasia Studio 是一种简单而实用的微课制作方式，使用 Camtasia Studio 有两种方式来录制 PowerPoint 课件：一种方式是使用 Camtasia Studio 的录像机直接录制，另一种方式就是使用 Camtasia Studio 的 PowerPoint 插件录制。

1. 直接录制 PowerPoint

直接录制 PowerPoint 实际上与普通的录屏操作是一样的，在使用 PowerPoint 打开课件后，播放课件。按 Alt＋Tab 键选择录制工具栏，拖动标示录屏范围的虚线框上的控制柄，调整虚线框的大小使其框住 PowerPoint 的播放区域。单击录制工具栏中的 rec 按钮即可开始录制，如图 3.37 所示。此时，录课者只需要根据需要播放幻灯片就可以了。

这种录制方式的弊端在于录屏前需要手动设置录屏的范围，由于是手动调整录制范围，为了使录屏框与播放画面的边界完全吻合，往往需要调整多次，这无形中降低了录屏的效率。

2. 使用插件录制 PowerPoint 课件

Camtasia Studio 8 提供了一个 PowerPoint 录屏插件，使用该插件可以直接在放映 PowerPoint 幻灯片时，对画面的内容进行录制。在正常安装 Camtasia Studio 8 后，PowerPoint 功能区的“加载项”选项卡将能够看到该插件的按钮，如果没有出现该插件按

图 3.37　设置录制区域后开始录制

钮，可以在 PowerPoint 中进行设置将其加载。下面以 PowerPoint 2013 为例来介绍该插件的加载和使用的方法。

(1) 启动 PowerPoint 2013 并打开需要录制为微课的课件，单击"文件"选项卡打开"文件"窗口。在左侧列表中选择"选项"选项，如图 3.38 所示。

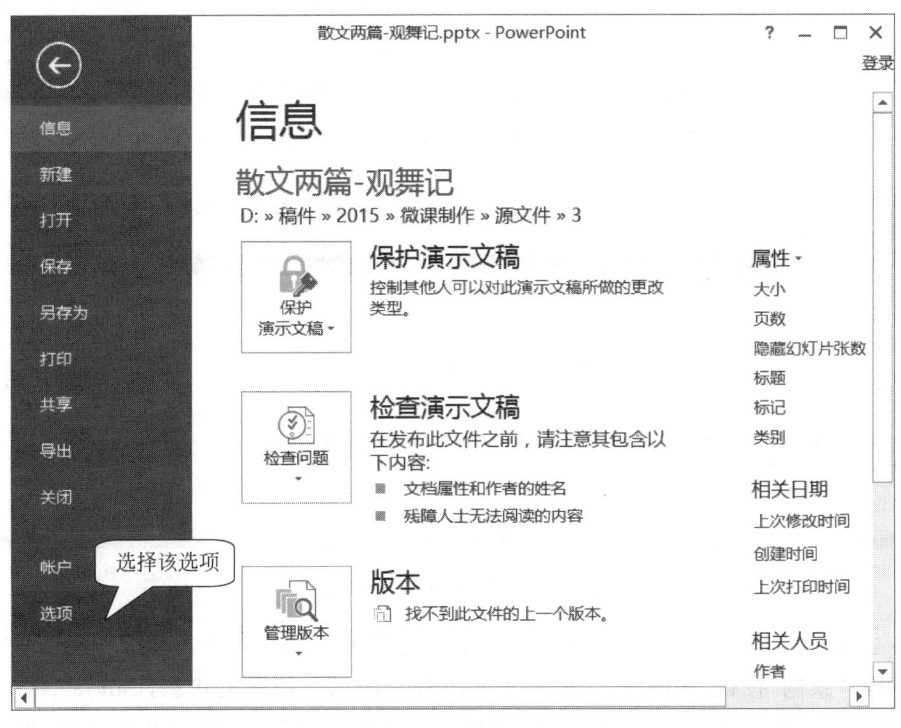

图 3.38　选择"选项"选项

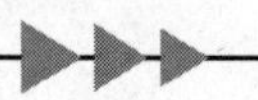

(2) 此时打开"PowerPoint 选项"对话框，在左侧列表中选择"加载项"选项，单击右侧的"转到"按钮，如图 3.39 所示。此时打开"COM 加载项"对话框，在该对话框中选择 Camtasia Add-in 选项选择该加载项，如图 3.40 所示。单击"确定"按钮关闭该对话框即可在 PowerPoint 中加载该加载项。

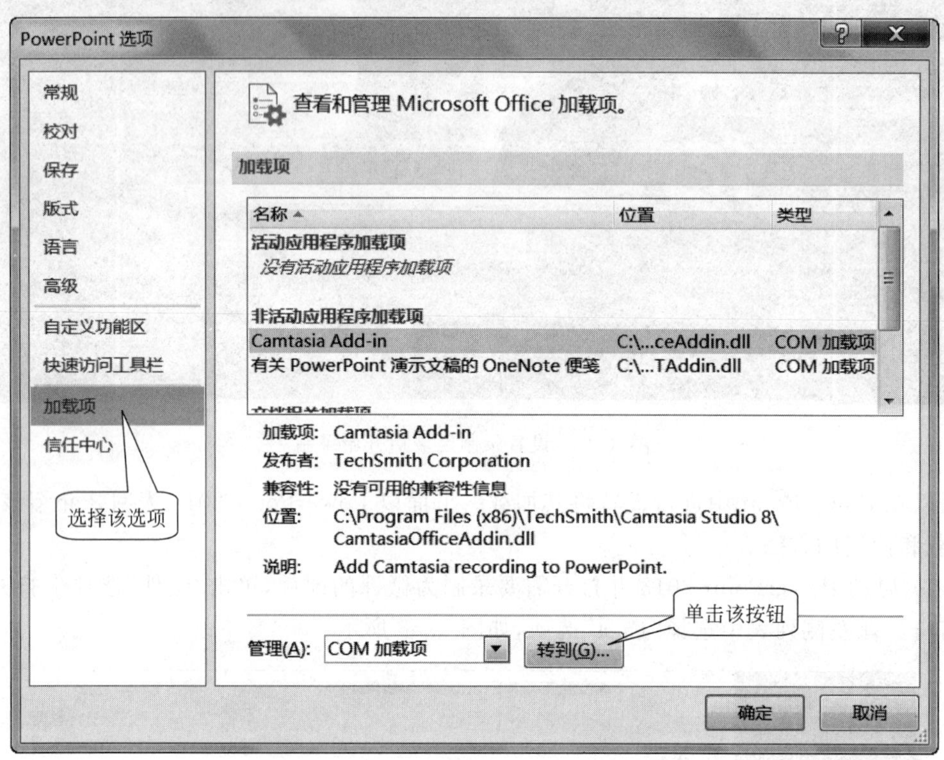

图 3.39　"PowerPoint 选项"对话框

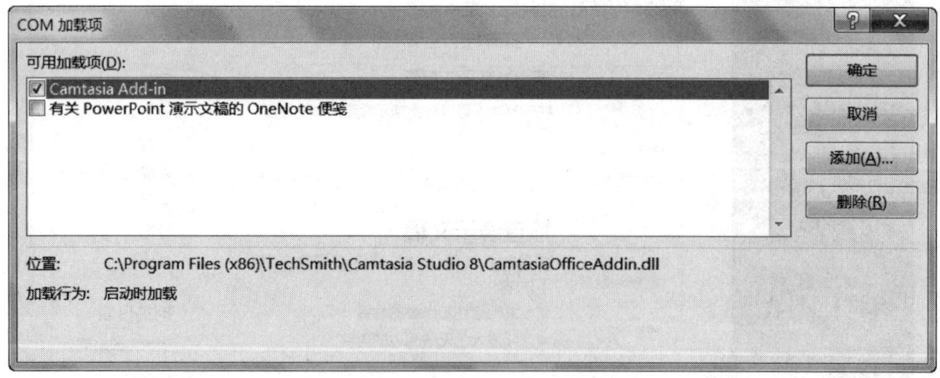

图 3.40　"COM 加载项"对话框

(3) 在 PowerPoint 2013 的功能区中添加一个名为"加载项"的选项卡，打开该选项卡，单击其中的"录制"按钮，如图 3.41 所示。此时进入演示文稿播放状态，Camtasia Studio 给出一个简易的录制工具栏，单击工具栏中的"点击开始录制"按钮即可开始录制，如图 3.42 所示。

图 3.41　单击“录制”按钮

图 3.42　单击工具栏中的“点击开始录制”按钮

(4) 开始录屏后，用户控制幻灯片的播放，完成录制后按 Esc 键或 Ctrl+Shift+F10 键退出屏幕录制和幻灯片放映。Camtasia Studio 插件给出提示，如图 3.43 所示。单击“停止录制”按钮将结束当前的屏幕录制，插件将打开“Camtasia 录像另存为”对话框，用户可以根据需要将录屏文件保存到指定位置，如图 3.44 所示。单击“保存”按钮，插件打开 Camtasia Studio for PowerPoint 对话框，用户使用该对话框选择是直接输出为视频还是打开 Camtasia Studio 编辑器进行编辑，如图 3.45 所示。

图 3.43 Camtasia Studio 插件提示对话框

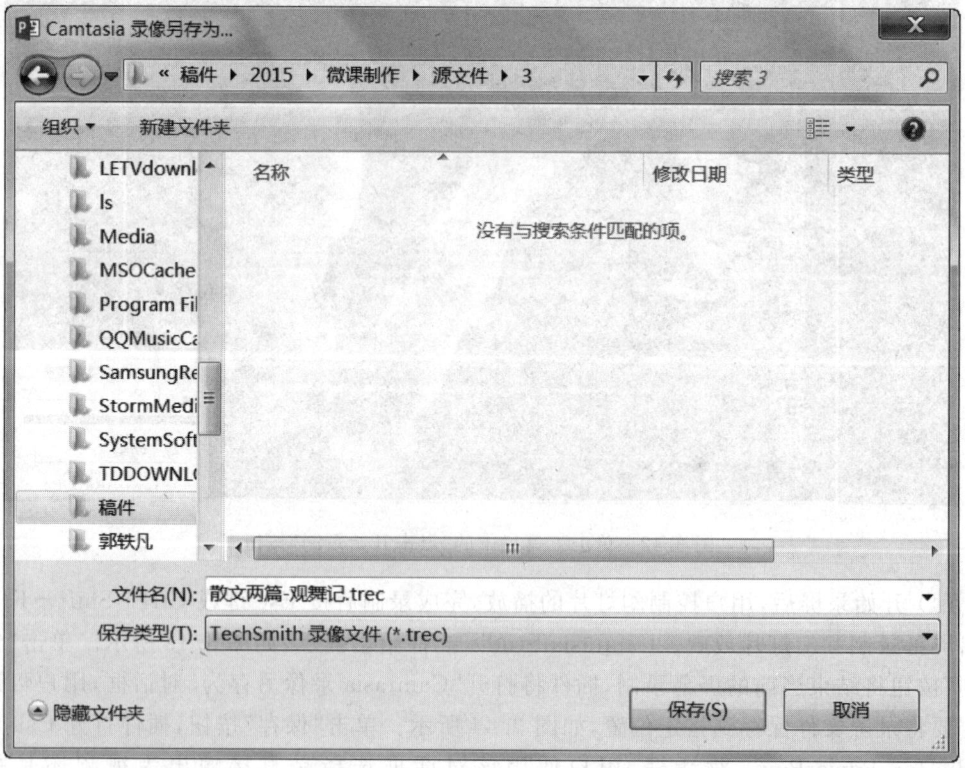

图 3.44 “Camtasia 录像另存为”对话框

图 3.45　Camtasia Studio for PowerPoint 对话框

（5）在对 PowerPoint 录制前，可以对录制进行设置。在“加载项”选项卡中单击“Camtasia Studio 录制设置”按钮，如图 3.46 所示。此时打开“Camtasia Studio 插件选项”对话框，使用该对话框可以进行相关的设置，如图 3.47 所示。

图 3.46　单击“Camtasia Studio 录制设置”按钮

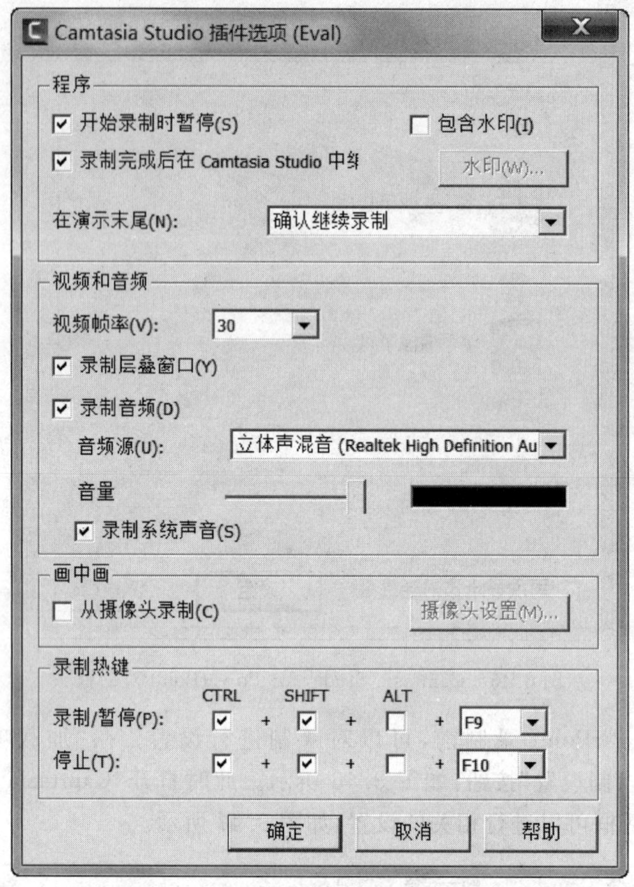

图 3.47 “Camtasia Studio 插件选项”对话框

3.2.4 录完了怎么办

在完成屏幕录制后，Camtasia Studio 录像机将生成视频，默认情况下，生成的视频显示在“预览”窗口中。在“预览”窗口将显示视频的时长，单击相应的控制按钮可以控制视频的播放，预览录制视频的效果，如图 3.48 所示。

如果需要对当前视频进行编辑处理，可以单击“保存并编辑”。此时打开 Camtasia Recorder 对话框，使用该对话框选择文件保存的文件夹并设置文件名，如图 3.49 所示。单击“保存”按钮，视频被保存同时放置到 Camtasia Studio 编辑器的时间轴上以供编辑处理。

在预览视频后，如果不需要立刻对视频进行编辑，可以单击“预览”窗口中的“生成”按钮，此时同样打开 Camtasia Recorder 对话框。在设置文件保存的文件夹和文件名后单击“保存”按钮，此时打开“生成向导”对话框，如图 3.50 所示，根据向导的提示设置输出文件格式和输出位置。完成设置后，可以将录制的视频直接输出为指定格式的视频文件。

在预览录制的视频后，如果对录制的效果不满意，可以单击“预览”对话框中的“删除”按钮，录制的视频将被删除。

图 3.48 在“预览”窗口中显示录制的视频

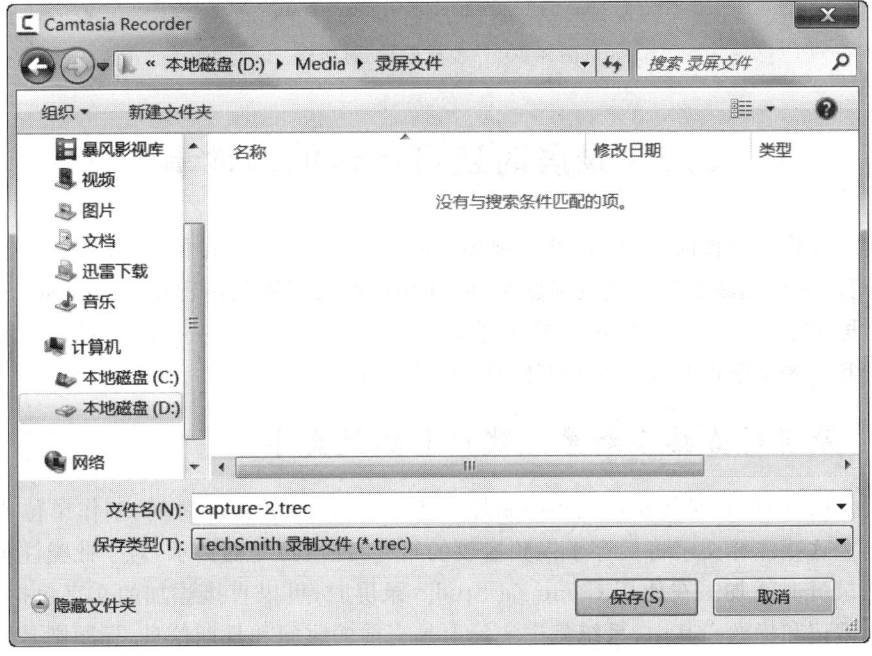

图 3.49 Camtasia Recorder 对话框

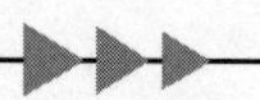

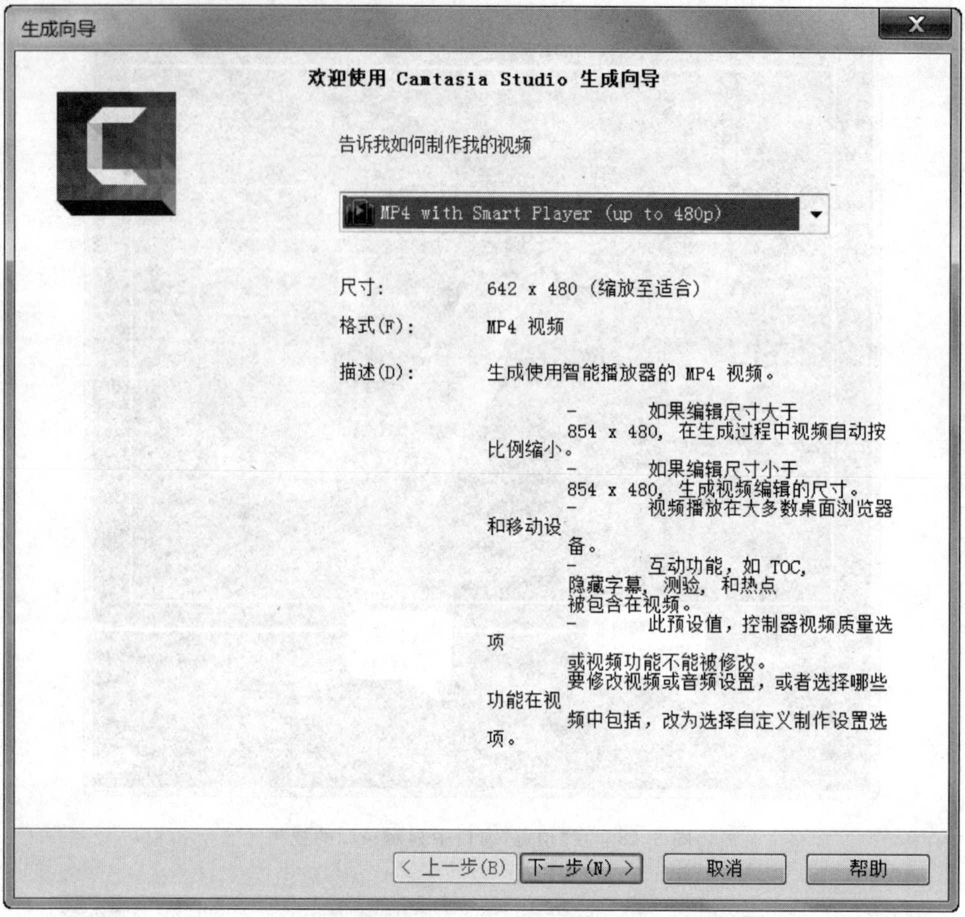

图 3.50 “生成向导”对话框

3.3 录屏时还可以做的两件事

在使用录像机录像时，用户是可以添加时间戳的。同样地，在使用 Camtasia Studio 录屏时，也可以为视频添加时间戳或标题文字。同时，在录制视频过程中，Camtasia Studio 允许用户在屏幕上绘制图形以标记或提示重要内容。本节介绍为视频添加 Camtasia Studio 系统戳记和标题文字以及录屏时绘制图形的操作方法。

3.3.1 录屏时直接添加系统戳记和标题文字

在制作微课时，有时需要在视频中添加一些注释文字，如当前时间、制作单位或制作者的信息等。这些注释文字将贯穿于视频播放的始终，提供必要的提示，对于此类注释文字可以直接在录屏时添加。在使用 Camtasia Studio 录屏时，可以直接添加的文字包括两种，分别是系统戳记和标题。其中，系统戳记实际上是当前的时间和日期信息，标题则是用户添加的说明文字，下面介绍添加这类注释文字的方法。

(1) 在录制工具栏中选择“效果”|“效果”|“选项”命令打开“效果选项”对话框，在“注释”选项卡的“系统戳记”设置栏选中相应的复选框设置时间戳包含的内容，如图 3.51 所示。

图 3.51　设置系统戳记包含的内容

(2) 在对话框中单击“时间/日期格式”按钮打开“时间/日期格式”对话框，使用该对话框设置时间或日期的格式，如图 3.52 所示。完成设置后单击 OK 按钮关闭对话框。

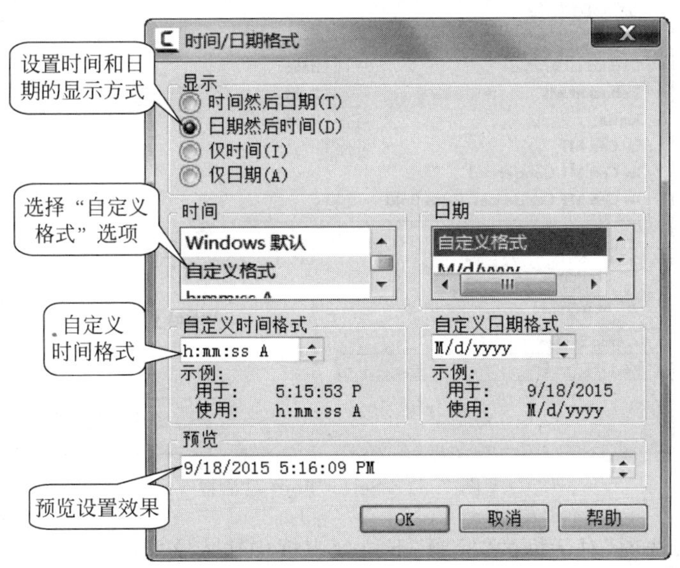

图 3.52　“时间/日期格式”对话框

(3) 在“效果选项”对话框中单击“系统标记选项”按钮，打开 System Stamp Options 对话框。使用该对话框对文字样式设置和在屏幕上的放置位置进行设置。如，这里选中 Drop shadow 单选按钮，可以为文字添加阴影效果。选中 Transparent background 复选框，文字将背景透明，如图 3.53 所示。单击 Font 按钮打开 Select Font 对话框，使用该对话框可以对文字的字体和大小等进行设置，如图 3.54 所示。单击 Text color 按钮、Back color 按钮、Shadow color 按钮或 Outline color 按钮打开 Select color 对话框，使用该对话框可以对文字的颜色、文字背景颜色、文字阴影颜色和轮廓颜色进行设置，如图 3.55 所示。

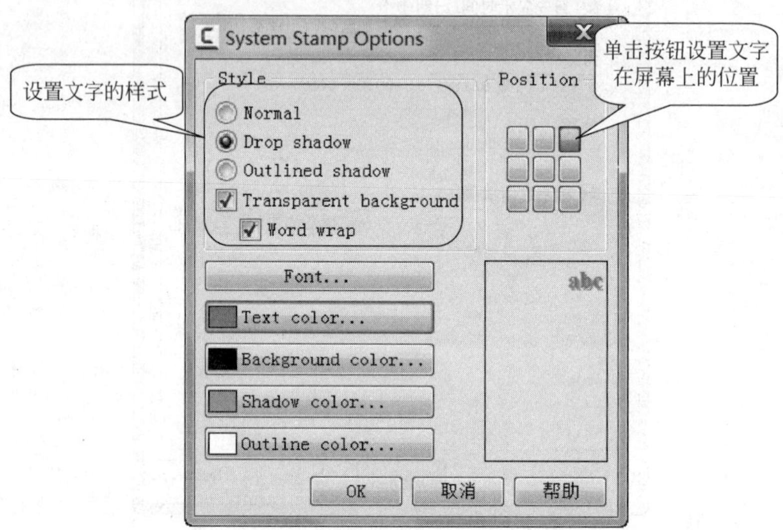

图 3.53　System Stamp Options 对话框

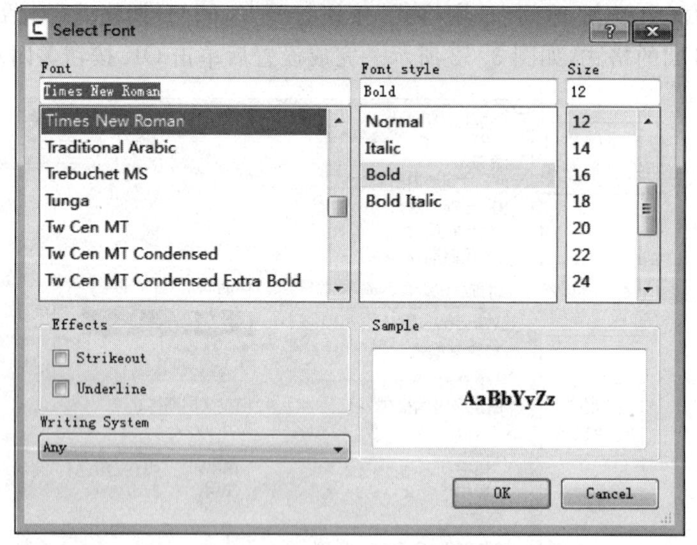

图 3.54　Select Font 对话框

(4) 在“效果选项”对话框的“标题”下拉列表框中输入文字可以设置视频中显示的标题文字，单击“标题选项”按钮打开 Caption Options 对话框，在对话框中可以对标题文字的样式和位置进行设置，如图 3.56 所示。

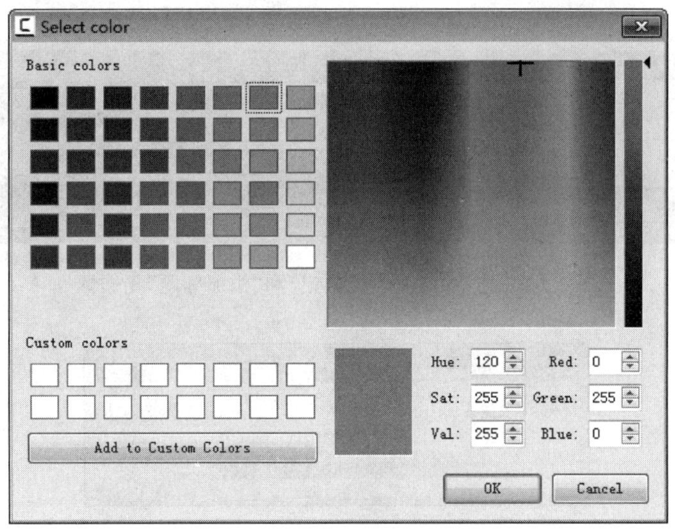

图 3.55　Select color 对话框

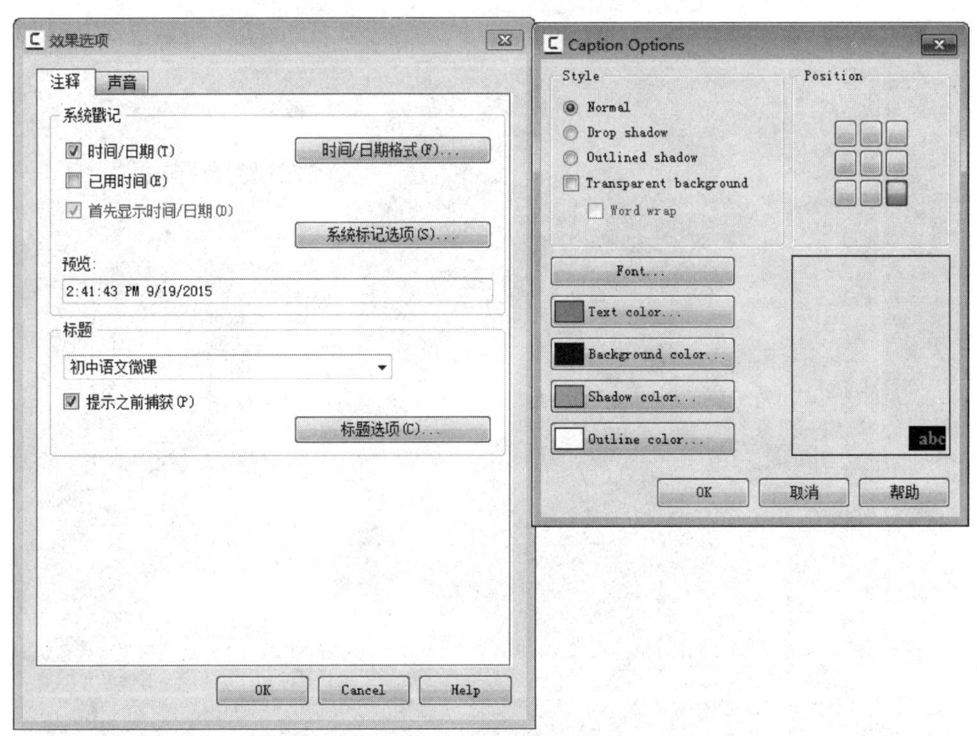

图 3.56　添加标题文字

(5) 完成设置后单击 OK 按钮关闭“效果选项”对话框，在录制工具栏中打开“效果”菜单，在“注释”的下级菜单中根据需要选中“添加系统戳记”和“添加标题”复选框，如图 3.57 所示。在录制视频时，Camtasia Studio 会打开 Enter Caption 对话框，用户可以重新在对话框中设置标题文字，否则将使用上述第(4)步中设置的标题，如图 3.58 所示。这样，在录制视频时，系统戳记和标题将根据设置添加到视频指定的位置，如图 3.59 所示。

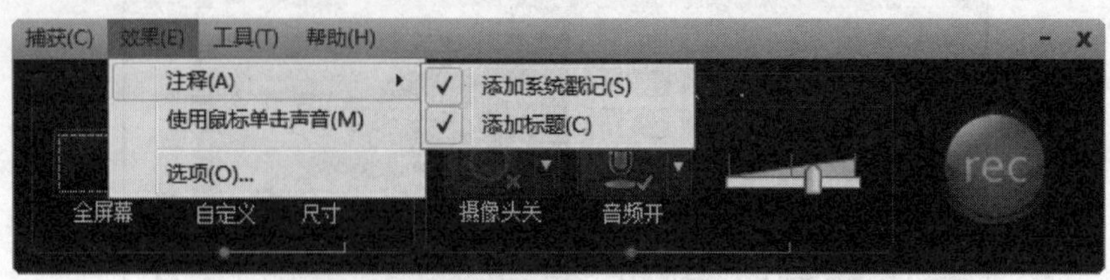

图 3.57　选中"添加系统戳记"和"添加标题"复选框

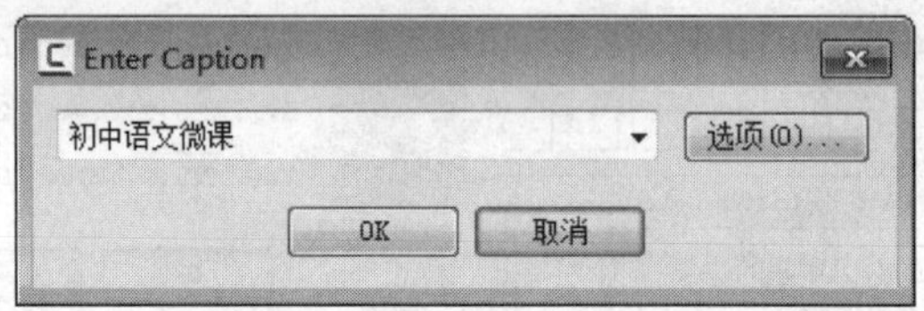

图 3.58　Enter Caption 对话框

图 3.59　在视频中添加系统戳记和标题

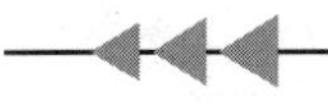

3.3.2　录制微课也能板书

熟悉 PowerPoint 的朋友们都知道，在放映 PowerPoint 幻灯片时，可以在屏幕上进行勾画以实现对重点内容的标注和强调。在录制微课时，很多录课者都希望能够像平时上课那样，一边讲解、一边在屏幕上勾画，这样既可以配合讲解突出重点内容，也可以使录出来的微课更接近于真实的课堂。实际上，在使用 Camtasia Studio 进行屏幕录制时，录课者也可以在录制时的录制区域中勾画，这些勾画的内容和动作都将被录制下来。

(1) 正式录制前设置录制工具栏中显示“效果”栏，同时使录制工具栏在录屏时可见。开始录屏操作，在屏幕工具栏的“效果”栏中单击“屏幕绘制”按钮，如图 3.60 所示。

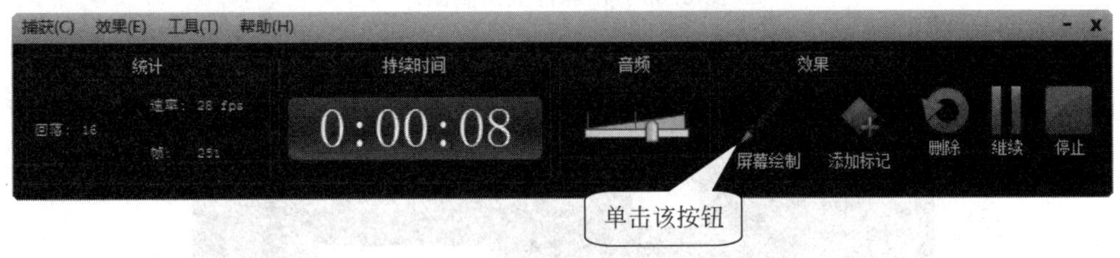

图 3.60　单击“屏幕绘制”按钮

(2) 在“屏幕绘制”按钮右侧将出现 3 个预设工具按钮，单击该按钮即可选择该工具。单击按钮上的下三角按钮，在打开的列表中选择“工具”选项。在下级列表中选择相应的选项可以选择需要的工具，如图 3.61 所示。

(3) 在选择工具后，单击按钮上的下三角按钮，在打开的列表中选择“颜色”选项，在其下级列表中选择相应的选项可以设置绘制图形的颜色，如图 3.62 所示。完成设置后，在录屏区域中鼠标指针变为✎，拖动鼠标即可完成图形的绘制，如图 3.63 所示。

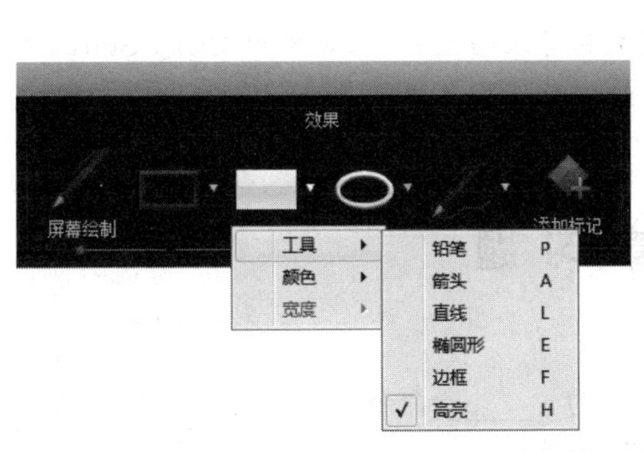

图 3.61　选择需要的工具

图 3.62　设置图形颜色

(4) 如果选择绘制具有框线的图形，除了可以像上面介绍的那样设置线条颜色外，还可以对线条的宽度进行设置，如图 3.64 所示。

专家点拨：在录制微课时，建议在正式录制前对将要使用的绘制工具的形状、颜色和线条宽度进行设置，在正式录制时单击相应的工具按钮即可直接使用该工具。这样在正式录制时就不再需要对工具进行设置，从而避免打断录屏。另外，在进行屏幕绘制时，可以使用

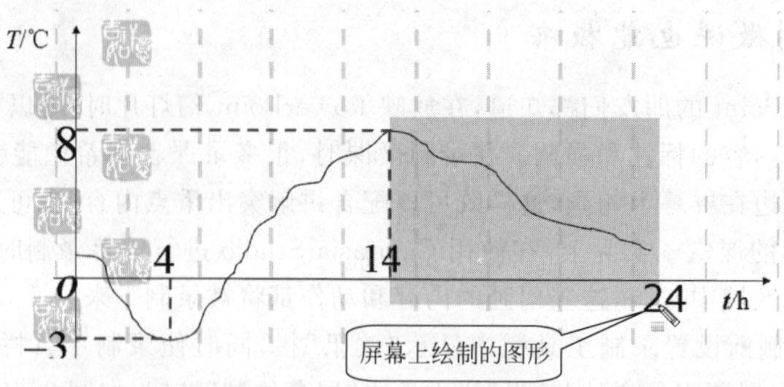

图 3.63 在屏幕上绘制图形

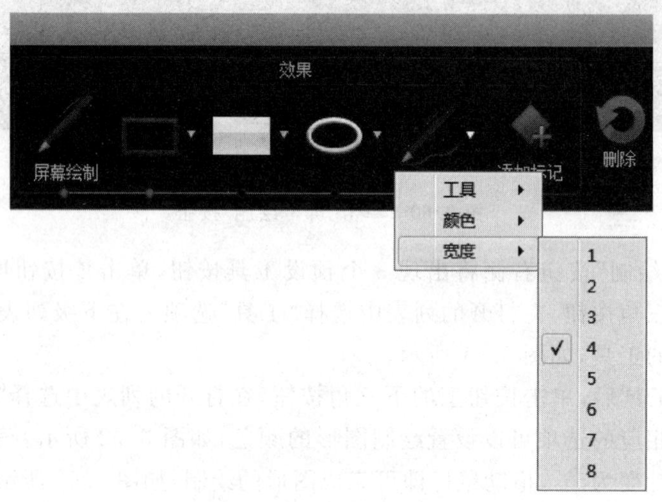

图 3.64 设置线条宽度

快捷键操作。按 Ctrl＋Shift＋D 键可打开绘图工具进入绘图状态，再次按 Ctrl＋Shift＋D 键或 Esc 键将退出屏幕绘制状态。如果对刚才绘制的图形不满意，可以按 Ctrl＋Z 键取消该操作，删除绘制的图形。

3.4 本章习题

一、填空题

1. 启动 Camtasia Studio 后，选择文件菜单下的________命令新建一个空白项目，在程序窗口中单击________按钮开启 Camtasia Studio 录像机。

2. Camtasia Studio 开始屏幕录制有两种方法：第一种方法是在录制工具栏中单击________，第二种方法是直接按________键。

3. 在默认情况，视频录制完成后，录制的视频将在________窗口中打开，如果用户需要对视频进行编辑，可以单击该窗口的________按钮将视频载入 Camtasia Studio 编辑器的时间轴。如果不需要录制的视频，可以单击________按钮将视频删除。

二、选择题

1. ________文件格式是 Camtasia Studio 录屏后默认的文件保存格式。

A. *.mp4　　B. *.mov　　C. *.flv　　D. *.trec

2. 在录屏时，暂停录制后，按下________键可以重新开始屏幕录制。

A. F10　　B. F5　　C. F9　　D. F1

3. 如图3.65所示，在“预览”窗口中播放录制的视频时，执行哪个操作能够让视频从50%处播放？________

图3.65　“预览”窗口

3.5　上机练习

练习1　使用 Camtasia Studio 插件录制 PowerPoint 课件

主要操作步骤提示：

(1) 加载 Camtasia Studio 插件，在 PowerPoint 的“加载项”选项卡中单击“录制”按钮。

（2）在幻灯片放映视图中单击"开始录制"按钮开始录制。

（3）录制完成后保存视频文件。

练习 2　利用 Camtasia Studio 获取视频网站上的视频素材

主要操作步骤提示：

（1）启动 Camtasia Studio 录像机，打开视频网站上的视频。调整录屏区域的大小，使其框住网站上的视频。

（2）开始播放视频并录制，视频播放完后停止录制。

（3）预览视频录制效果，单击"预览"窗口中的"生成"按钮将录制的视频输出为需要的视频文件。

第4章 微课视频编辑初步

在完成视频的录制后，就可以在Camtasia Studio编辑器对其进行剪辑处理了。Camtasia Studio编辑器能够对视频、声音和图像等多种素材进行编辑处理，如视频的裁剪、声音的修饰以及项目的创建和保存等。通过对视频的编辑，使录制的微课组合成一段情节，获得满意的效果，达到授课的要求。

本章主要内容：

- 视频的常规操作
- 音频的操作
- 对于项目必须知道的操作

4.1 视频的常规操作

Camtasia Studio提供了一个强大的视频编辑器，使用该编辑器能够对录制完成的微课视频进行常规的编辑操作，如，对视频进行剪辑、更改视频片段的播放顺序以及调整视频的播放等。本节介绍使用Camtasia Studio视频编辑器对微课视频进行常规处理的一些技巧。

4.1.1 在视频预览窗口中进行的操作

在使用Camtasia Studio录像机完成视频录制后，录制的视频将添加到Camtasia Studio编辑器的时间轴上，同时在编辑器的“剪辑箱”中将出现录制的视频文件的缩览图。Camtasia Studio编辑器提供了一个视频预览窗口，使用该窗口可以预览编辑处理后的视频的效果，如图4.1所示。视频预览窗口提供诸如“播放”、“向前一步”和“下一个剪辑”等按钮用于在预览视频时控制播放进度，同时预览窗口中还提供了用于对画面进行调整的工具。下面介绍这些工具的使用方法。

1. 调整视频尺寸

(1) 在视频预览窗口中单击右上角的“分离或附加预览”按钮，预览窗口中将成为独立的窗口从Camtasia Studio编辑器窗口中脱离出来。在窗口中单击“缩放至适合”按钮，在打开的列表中选择相应的选项可以调整视频在窗口中显示的大小，如图4.2所示。如，这里选择“缩放至适合”选项，视频在窗口中显示的大小将根据预览窗口的大小自动调整，这样可以保证视频在预览窗口中完全显示。

图 4.1 Camtasia Studio 编辑器

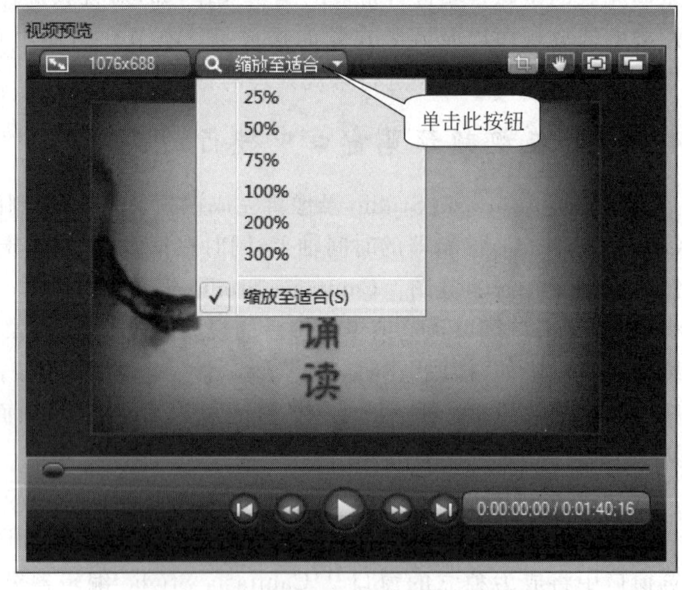

图 4.2 调整视频在窗口中的显示大小

(2) 在完成微课视频的录制后，有时需要更改视频的播放尺寸。单击预览窗口左上角的“编辑尺寸”按钮打开“编辑尺寸”对话框，如图 4.3 所示。在对话框的“尺寸”列表中选择相应的选项更改视频尺寸。如，这里选择“录制尺寸”选项，视频尺寸将是录制时录屏区域的大小。

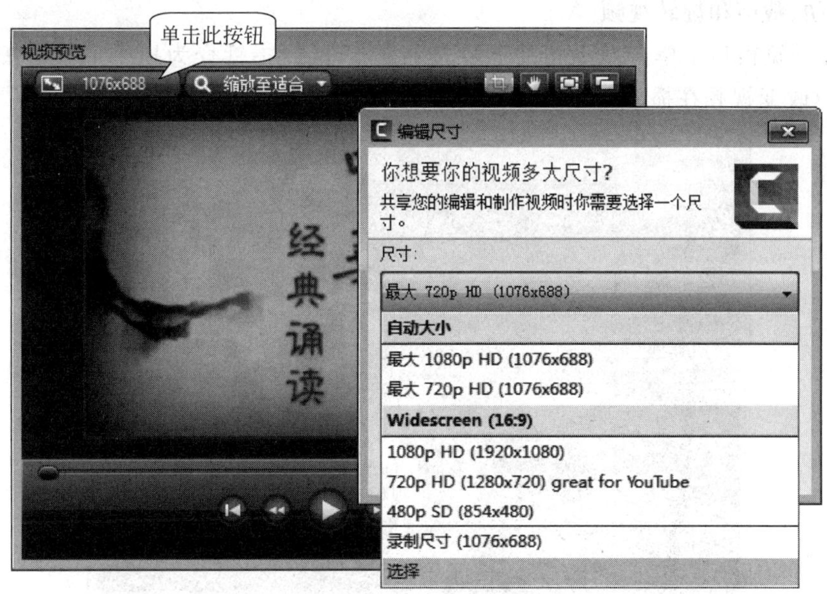

图 4.3　打开"编辑尺寸"对话框

(3) 如果"尺寸"列表中列出来的视频尺寸不能满足需要，可以在这个列表中选择"选择"选项，此时用户可以自定义视频的尺寸，如图 4.4 所示。在对话框的"宽度"和"高度"文本框中输入像素值设置视频的宽度和高度，如果选中"保持纵横比"复选框，则可以在设置"宽度"或"高度"的某个值时按照开始的纵横比自动调整另一个值。打开"背景色"列表，在列表中选择相应的选项可以设置视频的背景颜色。

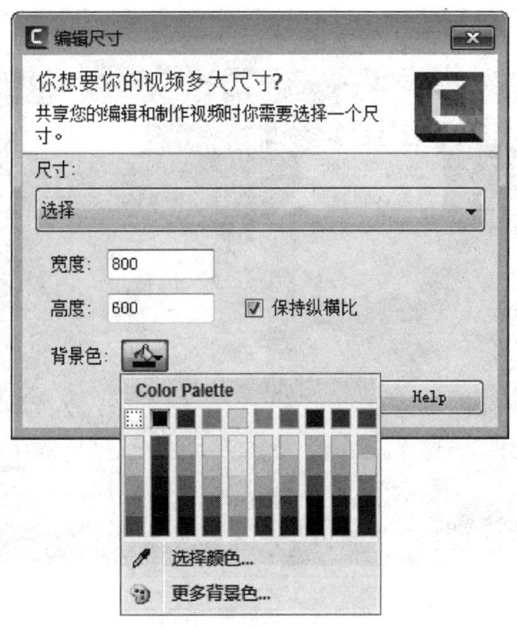

图 4.4　自定义视频的尺寸

2. 移动、裁剪和旋转视频

(1) 在预览窗口中单击左上角的抓手按钮，鼠标指针变为抓手形状。按住左键移动鼠标可以改变视频在播放窗口中的位置，如图 4.5 所示。

图 4.5　移动视频

(2) 在预览窗口中单击裁剪按钮，视频被带有控制柄的线框包围。拖动线框上控制柄可以对视频画面在水平和垂直方向上进行裁剪，如图 4.6 所示。

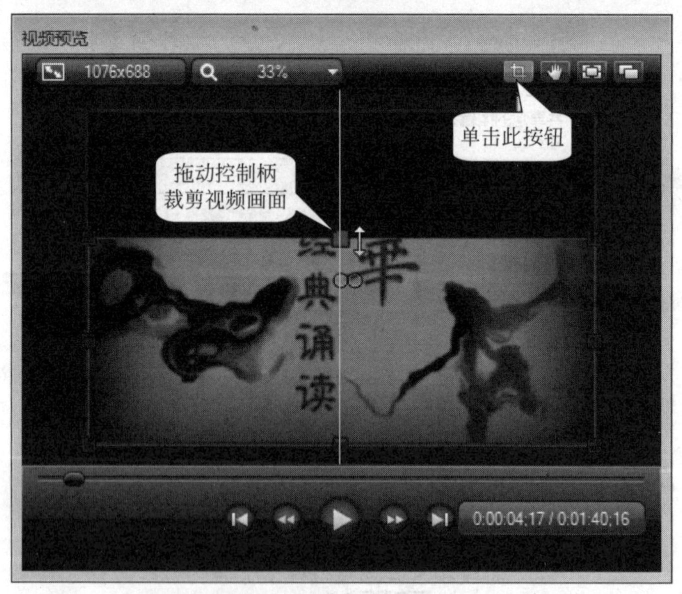

图 4.6　裁剪视频画面

(3) 在预览窗口中的视频上单击，视频画面被选择。将鼠标放置到画面中心右侧的控制柄上，按住鼠标左键移动鼠标可以旋转视频画面，如图 4.7 所示。

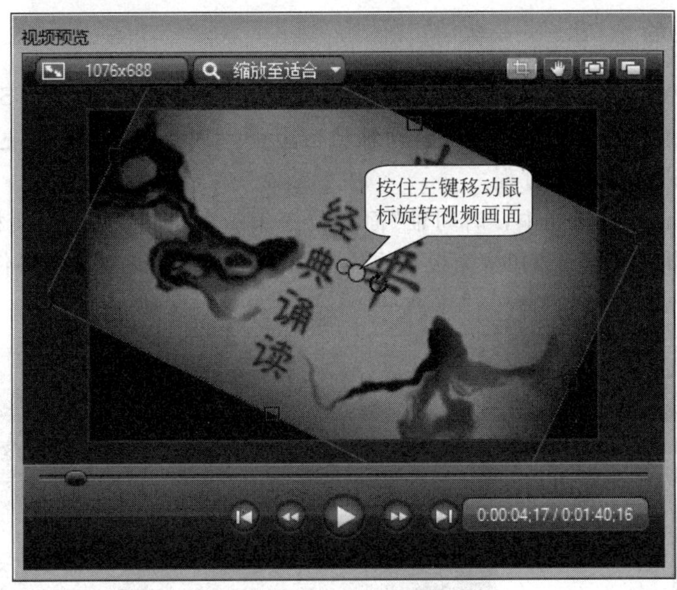

图 4.7　旋转视频画面

(4) 在预览窗口中选择视频画面后，使用鼠标拖动边框上的控制柄同样可以对视频画面进行裁剪。此时，视频画面中心会出现圆形的控制柄，使用鼠标拖动该控制柄可以移动视频。在移动视频画面时，Camtasia Studio 会根据画面的位置给出黄色参考线，帮助用户精确定位视频画面，如图 4.8 所示。

图 4.8　拖动中心的控制柄移动视频画面

专家点拨：在预览窗口中单击右上角的"切换到全屏模式"按钮，视频的预览将切换为全屏模式，按 Esc 键将退出全屏模式。将预览窗口拖放到 Camtasia Studio 编辑器窗口右侧边框上，预览窗口将停靠到编辑器窗口内的默认位置。

4.1.2 对象的容器——轨道

与传统的视频编辑软件(如 Premiere 和绘声绘影)一样,在 Camtasia Studio 中,需要进行编辑处理的视频和音频也是放置在时间轴轨道上的。视频的编辑处理过程,实际上就是对轨道上的对象进行操作的过程。

Camtasia Studio 编辑器中,“时间轴”面板位于编辑器窗口的下方,面板中的轨道用于放置各种需要编辑的对象。同时,面板上提供了用于对视频和音频进行操作的功能按钮,如图 4.9 所示。

图 4.9 Camtasia Studio 编辑器中的“时间轴”面板

Camtasia Studio 对视频进行编辑处理时,所有的视频、声音、特效和标注等内容都是放置在轨道中的,对轨道中对象进行的操作不会影响到其他轨道中的对象。轨道的顺序决定了对象的层级关系,位于上层轨道中的视频对象将会遮盖住位于下层轨道中的对象,如图 4.10 所示。

右击轨道左侧的轨道名,在打开的快捷菜单中选择“插入轨道上方”命令,能够在该轨道的上方插入一个空白轨道,如图 4.11 所示。无论在哪个轨道的轨道名上右击,选择快捷菜单中的“删除空轨道”命令,时间轴上的空白轨道都将被删除。如果需要在最上层插入一个空白轨道,可以直接单击“插入轨道”按钮,如图 4.12 所示。

图 4.10　位于上层轨道中的对象将遮盖下层轨道中的对象

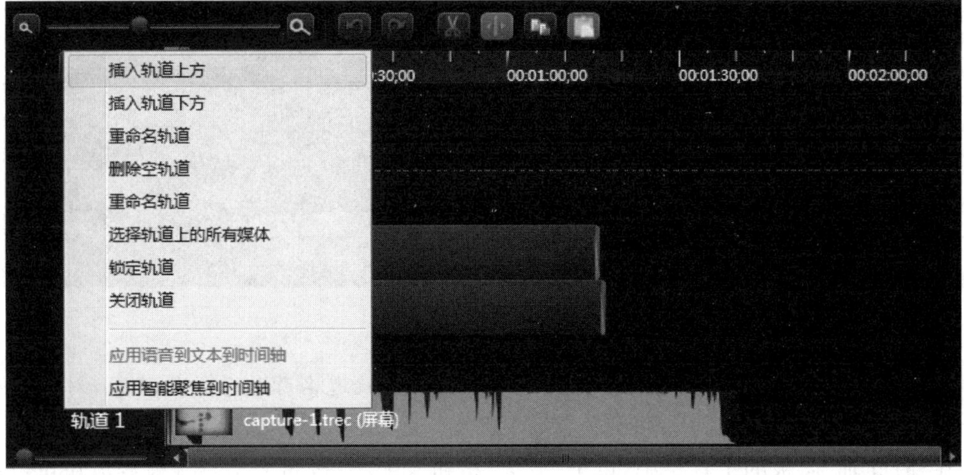

图 4.11　在上方插入轨道

图 4.12 在最上层插入空白轨道

专家点拨：在 Camtasia Studio 编辑器中，包含内容的非空轨道是无法删除的，只有删除轨道中的所有内容后，才能使用“删除空轨道”命令将轨道删除。

在对视频进行编辑处理时，不同的对象放置到不同的轨道中是一个良好的习惯。当“时间轴”面板中有多个轨道时，为了区分各个轨道中对象的内容，可以对轨道进行命名，以能够标示该轨道中对象内容的文字作为轨道的名称。右击轨道名称，选择快捷菜单中的“重命名轨道”命令，轨道名称将处于选中状态。此时可以直接输入文字更改轨道名称，如图 4.13 所示。

图 4.13 对轨道命名

专家点拨：这里，也可以通过单击轨道名称 2 次使轨道名称处于编辑状态，对轨道进行重命名操作。

在“时间轴”面板的工具栏中，单击“放大”按钮、“缩小”按钮或是直接拖放滑块可以放大或缩小时间轴，如图 4.14 所示。这里的放大或缩小操作是在扩大或缩小了时间轴上时间的显示，也就是在时间轴方向上对轨道中对象进行了缩放。这样，将更有利于轨道上时间点的定位和对象的选择。如果需要改变轨道的高度,可以拖动"调整所有轨道高度"滑块来调整,如图 4.15 所示。

图 4.14　放大或缩小时间轴

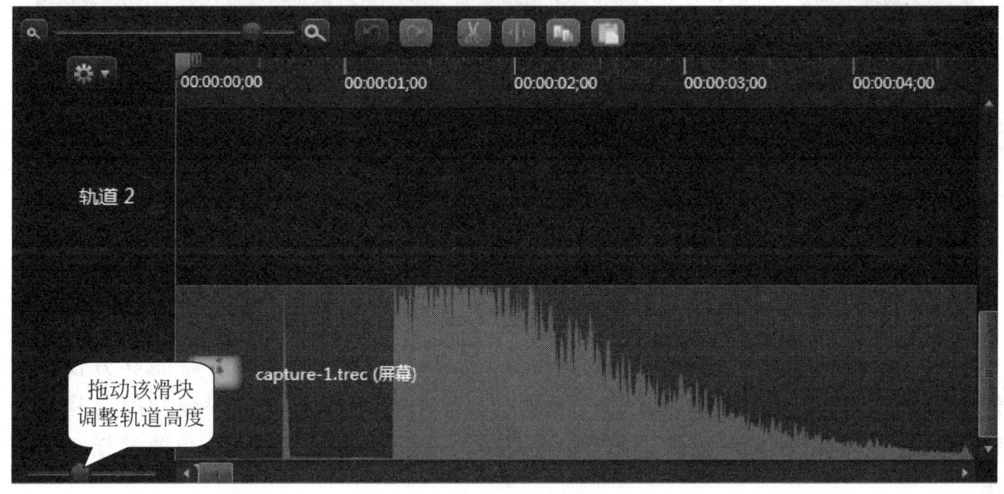

图 4.15　调整轨道的高度

在对轨道中的对象进行编辑处理时,有时为了避免其他轨道中的画面对编辑造成干扰,可以使轨道中的内容不可见。方法是单击轨道名旁的"关闭跟踪启用内容"按钮,此时在预览窗口中将不再显示该轨道中的内容,再次单击该按钮将恢复轨道中内容的显示。在进行编辑操作时,如果某个轨道中的内容不需要再进行编辑修改了,可以单击"锁定轨道"按钮将该轨道锁定。轨道处于锁定状态时,再次单击该按钮将解除轨道的锁定,如图 4.16 所示。

图 4.16 隐藏和锁定轨道

4.1.3 时间轴上进行的操作

微课视频的制作离不开对视频的操作编辑，Camtasia Studio 编辑器能够方便地实现各种编辑操作，满足微课视频制作的一般要求。下面介绍在制作微课视频时常用的一些视频操作技巧，包括视频片段的选择、复制粘贴、分离、组合、扩展帧以及调整播放速度等操作。

1. 选择视频片段

在对置于轨道上的视频进行编辑处理时，很多时候需要首先对视频或视频的某个部分进行选择。如果要选择轨道上的某个视频片段，只需单击该视频片段即可将其选中。按住 Shift 键，依次单击轨道上的视频片段，这些视频片段会同时被选择，如图 4.17 所示。

在"时间轴"面板的时间刻度上有 3 个滑块：中间的滑块为播放头，用于指示当前视频的时间点，预览窗口中将能够同时显示该滑块时间点对应的图像；左侧的绿色滑块为"选择开始"滑块；右侧红色的滑块为"选择结束"滑块。在对视频进行选择时，拖动绿色滑块指定选择区域的起始时间位置，拖动红色滑块指定选择区域的终点时间位置，两个滑块之间的视

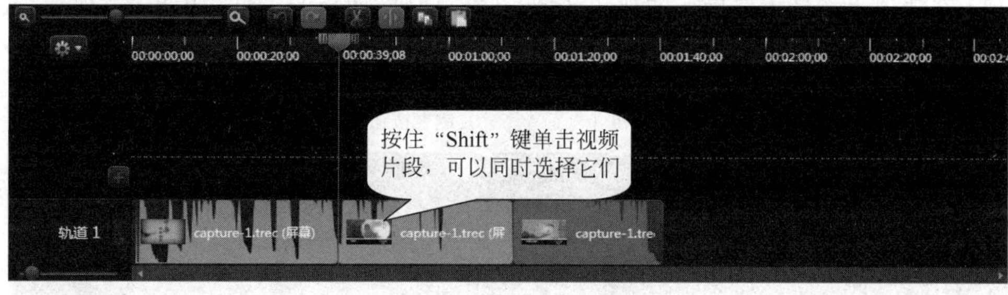

图 4.17　选择多个视频片段

频区域将被选择。在拖动这两个滑块时，Camtasia Studio 编辑器将给出选区时间提示以方便选择，如图 4.18 所示。

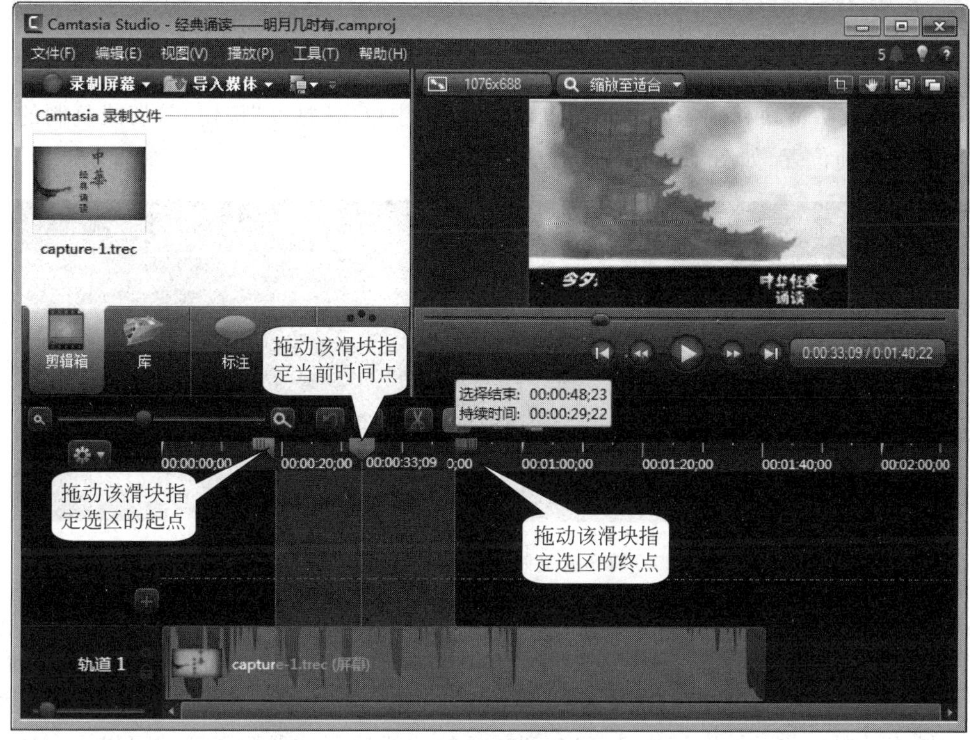

图 4.18　选择视频区域

专家点拨：在未创建视频选区时，3 个滑块是放置在一起的，拖动中间的播放头滑块时 3 个滑块将同时移动以标示当前的位置。在时间刻度上单击，标示播放头滑块将会移动到该位置。在创建了视频选区后(也就是“开始时间”和“结束时间”滑块之间存在着间隙时)，拖动播放头滑块将不会改变另外 2 个滑块的位置。双击这 3 个滑块中的任意一个，3 个滑块将并拢在一起，选区将取消。

2. 剪切、复制和粘贴

与大家熟悉的 Word 或 PowerPoint 一样，Camtasia Studio 同样可以对放置于轨道上的视频进行剪切、复制和粘贴操作。下面介绍具体的操作方法。

(1) 在轨道上选择需要操作的视频区域，在"时间轴"面板的工具栏中单击"剪切"或"复制"按钮对选择区域进行剪切或复制操作，如图 4.19 所示。

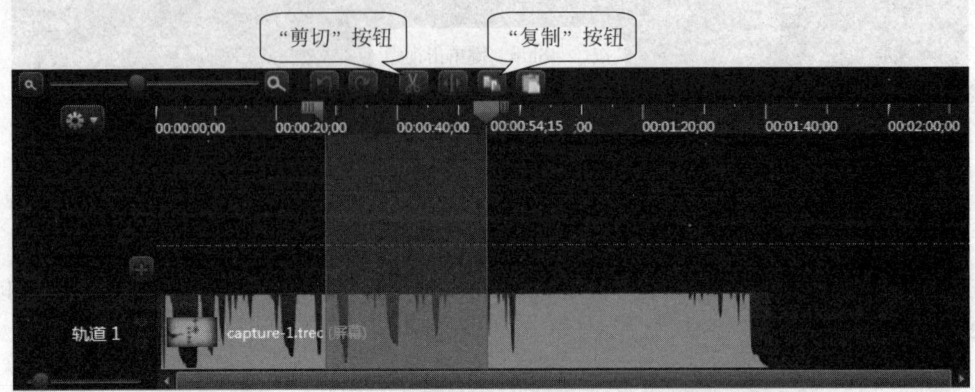

图 4.19　单击"剪切"或"复制"按钮

(2) 将播放头滑块移到需要的时间点，在工具栏中单击"粘贴"按钮，剪切或复制的内容将被粘贴到当前位置，如图 4.20 所示。

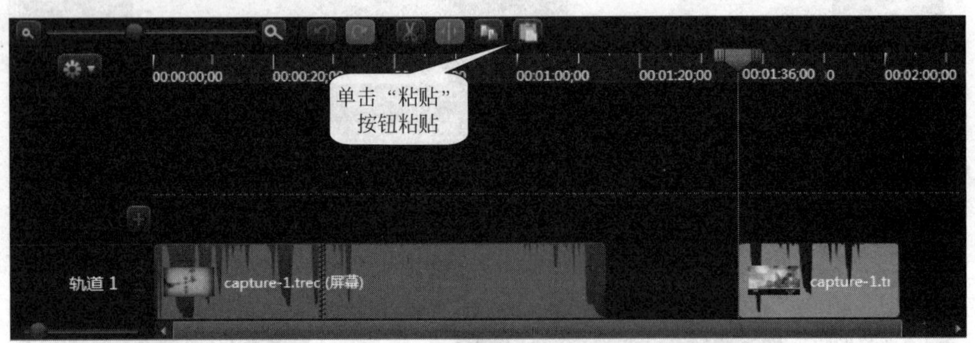

图 4.20　剪切或复制的内容被粘贴到当前位置

3. 移动和删除

视频片段在轨道上的排列顺序决定了片段的播放次序，排在前面的视频片段将先播放。有时为了改变视频的播放顺序，需要在轨道上移动视频片段。移动视频片段比较简单，按住鼠标左键拖动需要移动的视频片段，移动到需要的位置后释放鼠标左键就可以了。这种移动操作既可以在当前的轨道中移动视频片段的位置，也可以实现将该视频片段放置到另外的轨道中。

在移动视频片段时要注意，如果需要将位于轨道前端的视频片段移动到该轨道中其他视频片段的后面，必须将该视频片段拖动其他的空白轨道中，在空白轨道中将其移过已有视频片段后再放回当前轨道。在移动视频时，当两段视频的头部和尾部对齐时，时间轴上会显示一条黄色的对齐参考线。用户可以根据参考线来确定两段视频是否对齐，这样可以方便移动视频时，视频间实现无缝对接，如图 4.21 所示。

专家点拨：选择"视图"|"时间轴对齐"命令打开下级列表，在下级列表中选择相应的选项可以决定在时间轴上显示哪种类型的参考线，如图 4.22 所示。

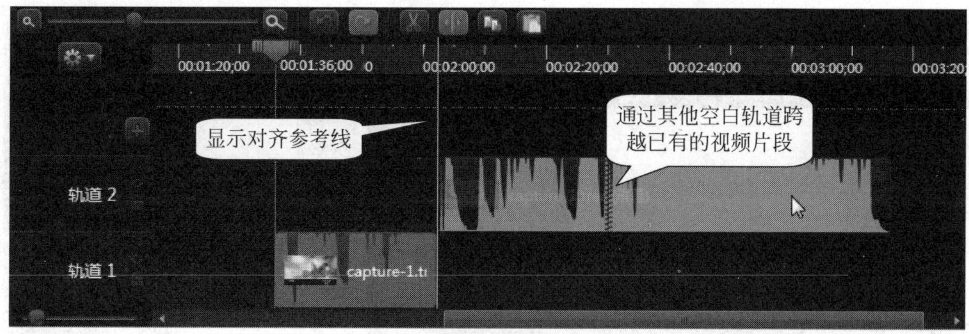

图 4.21　移动并对齐视频

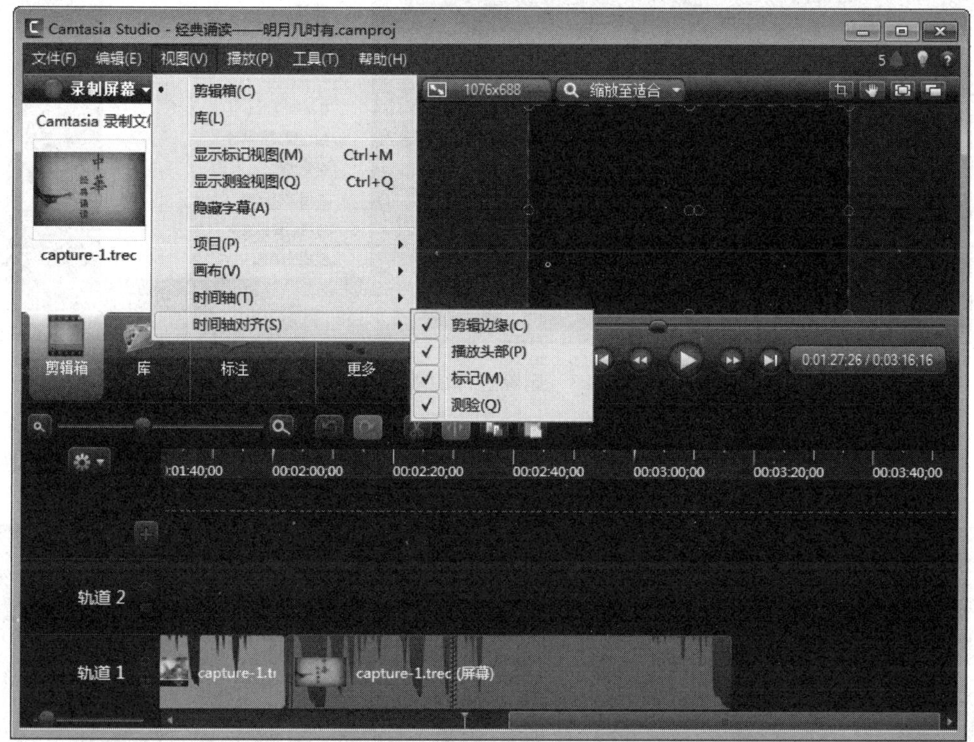

图 4.22　选择显示哪种类型的参考线

在轨道上选择视频片段后右击，在打开的快捷菜单中选择“删除”命令(或直接按 Delete 键)，选择的视频片段将被删除，如图 4.23 所示。

4. 分割和组合

在对轨道上的视频片段进行编辑时，有时需要将一个视频片段分割为两个或多个视频片段。在分割视频时，首先选择轨道上的视频，将播放头滑块移到需要分割的位置，单击工具栏中的“分割”按钮，选择的视频将在当前位置被分割为两段视频，如图 4.24 所示。

在对视频进行操作时，有时需要同时对多个视频片段进行相同的操作，一段一段地操作就比较麻烦，此时可以将这些视频片段组合为一段视频。在同时选择需要进行组合的视频片段后右击，选择快捷菜单中的“组”命令，如图 4.25 所示。

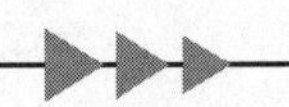

图 4.23 删除选择的视频片段

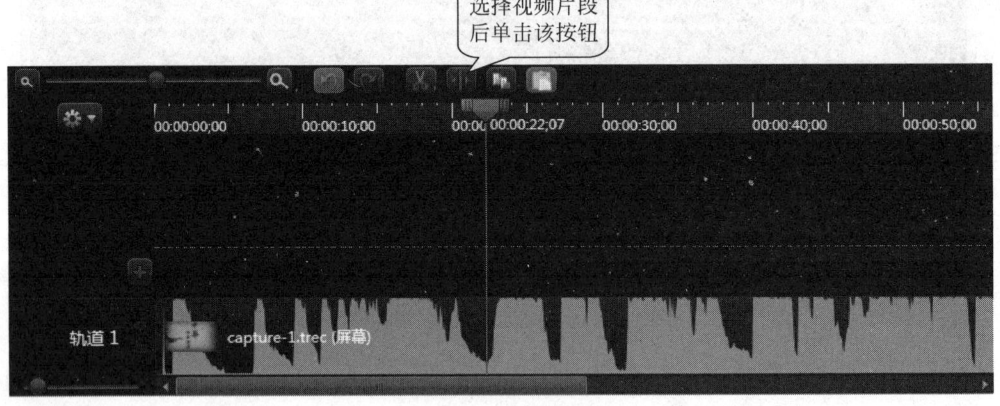

图 4.24 分割视频

将多个视频合为组合后，在组合后的对象的上方会显示组名和组中对象的个数，单击组名左侧会出现一个“打开或关闭组”按钮，如图 4.26 所示。此时将会展开该组，展开组后可以对组中的对象进行单独的操作。如，移动组中的视频片段，如图 4.27 所示。

在对微课视频进行编辑时，轨道上往往会有多个视频片段，将视频片段按照相同的主题分成组，就像文稿中划分章节和段落那样，这样可以使轨道上视频条理清晰易于操作。因此，在完成分组后，应该为组添加易于辨识的组名，方便编辑处理时的识别，使用户能够快速

图 4.25　选择快捷菜单中"组"命令

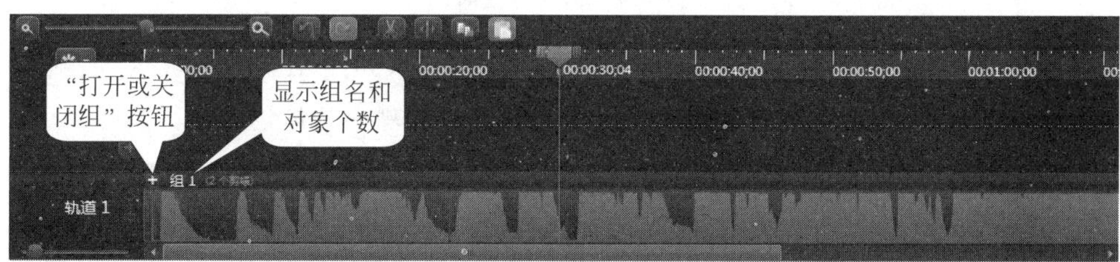

图 4.26　获得视频组

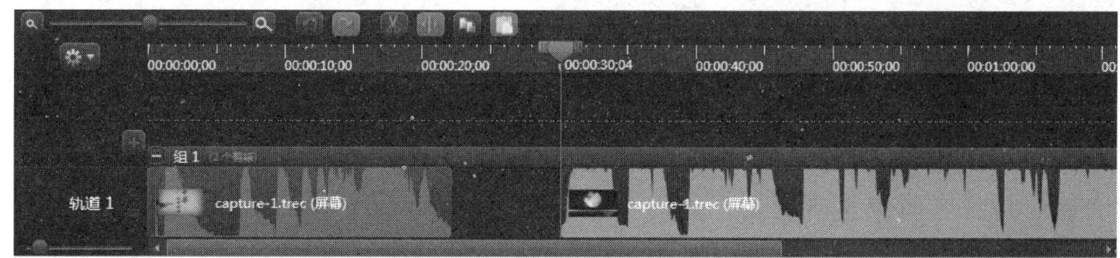

图 4.27　展开组后移动视频片段

找到需要的视频片段。单击组名两次，或者右击轨道上的组后选择快捷菜单中的"重命名组"命令，组名处于选中状态，此时可以对组重命名，如图 4.28 所示。

专家点拨：如果要取消分组，可以在轨道上右击组，选择快捷菜单中的"取消编组"命令即可。

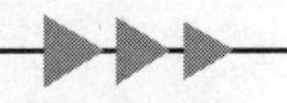

图 4.28 重命名组

5. 扩展帧和插入时间

在制作微课视频时，有时需要为某个画面添加额外的解说或注释，由于在录制视频时没有考虑到这个问题，该画面一闪而过或者是持续时间不够，就无法添加了。对于这类问题，可以在对视频进行编辑时通过扩展帧的方式来解决。

(1) 选择轨道上的视频片段后右击，选择快捷菜单中的"扩展帧"命令，在打开的面板中输入持续时间，如图 4.29 所示。

图 4.29 输入持续时间

(2) 单击"确定"按钮，在当前时间点处的帧将会扩展，如图 4.30 所示。扩展帧能够使当前时间点处的画面持续指定的时间，但在对帧扩展时音频不会被扩展。

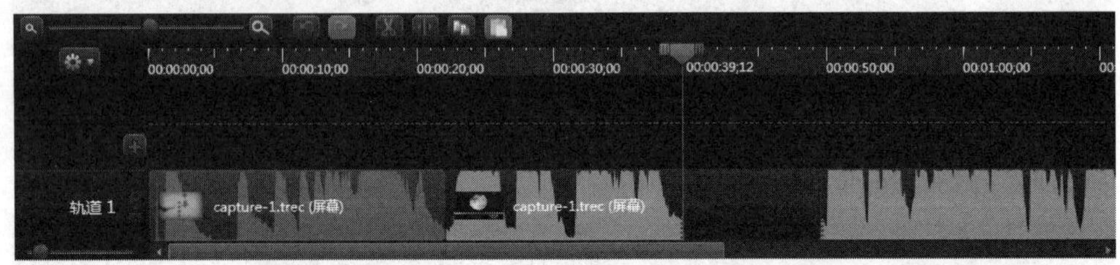

图 4.30 扩展帧

专家点拨：在完成扩展帧操作后，右击扩展的帧，选择快捷菜单中的"持续时间"命令可对扩展帧的持续时间做重新设置。

与扩展帧相类似的操作是插入时间，该操作是在轨道上增加一个空白的时间片段，在制作微课时可以在这个时间片段中插入需要的内容。下面介绍具体的操作过程。

(1) 首先选择一个选区，这个选区的长度是需要插入时间的长度，如图 4.31 所示。

(2) 右击选择的选区，选择快捷菜单中的"插入时间"命令，轨道上将会插入一个空白的时间片段，如图 4.32 所示。

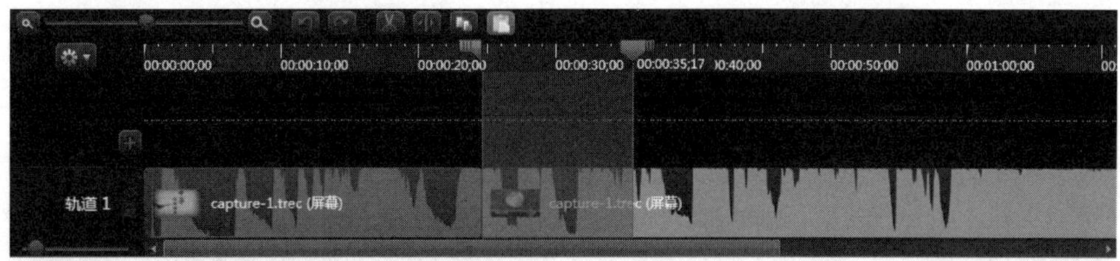

图 4.31 选择选区

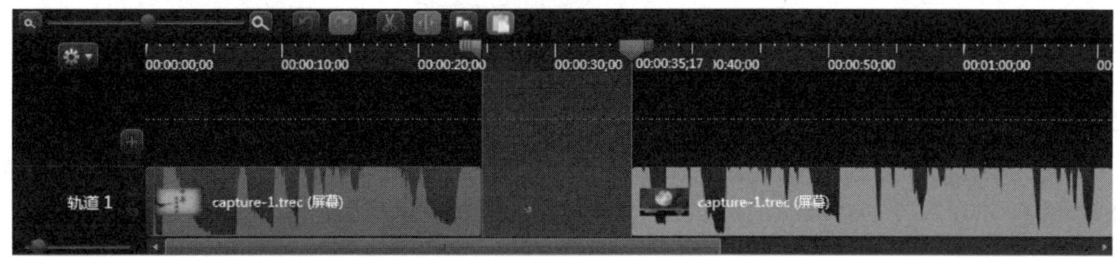

图 4.32 插入空白时间片段

6. 更改视频播放速度

在制作微课时,可以通过调整视频片段的播放速度来获得快镜头或者是慢镜头的效果。Camtasia Studio 编辑器可以对视频片段的播放速度进行调整,下面介绍具体的操作方法。

(1) 选择需要调整播放速度的视频片段,这里不能是选择的视频区域,必须是独立的视频片段。右击选择的视频片段,选择快捷菜单中的"剪辑速度"命令打开"剪辑速度"对话框。在对话框中输入相对于原始播放速度的百分比调整视频播放速度,如图 4.33 所示。

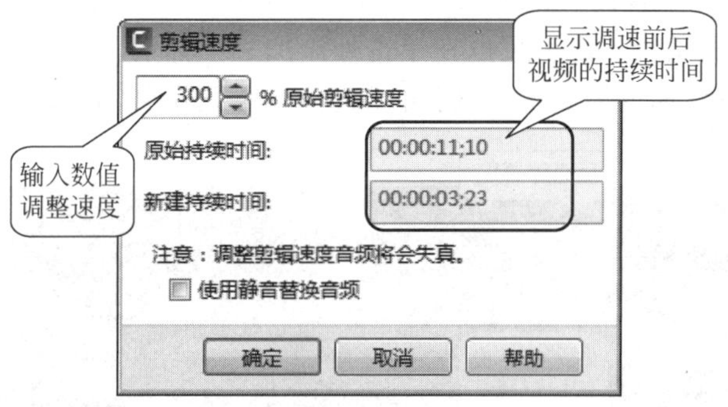

图 4.33 "剪辑速度"对话框

专家点拨:调整视频播放速度时,输入 50～400 之间的值。调整剪辑速度会使声音发生失真影响视频播放效果,为了避免这种情况发生,可以在调整播放速度时选中"使用静音替换音频"复选框,这样能使需要调整播放速度的视频片段静音。

(2) 单击"确定"按钮关闭对话框完成播放速度的调整。调整播放速度后,轨道中视频片段下方会出现动画视图剪辑速度百分比,单击视图上的箭头按钮可以关闭该视图,如图 4.34 所示。

7. 时间轴标记

在对微课视频进行编辑时,有时需要对特定的内容的起始位置进行标记,这就像看书时在书中夹的一个书签或是叠一个折痕那样。Camtasia Studio 编辑器可以在时间轴上添加

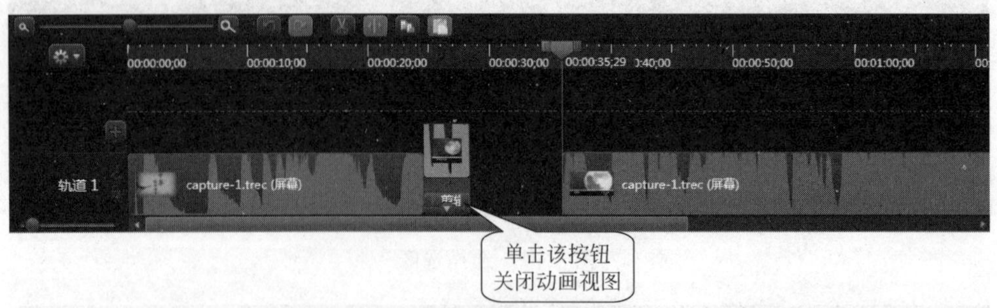

图 4.34　调整播放速度后的轨道

标记,以提示特殊的内容。下面介绍时间轴标记的使用方法。

(1) 在时间轴面板中单击“显示或隐藏视图”按钮,在菜单中选择“显示标记视图”命令,如图 4.35 所示。

图 4.35　选择“显示标记视图”命令

(2) 此时将显示标记视图并进入标记编辑状态,轨道上的视频片段上方将出现一个半透明的长条,在这个长条上单击就可以在单击处添加一个标记。添加标记后,标记视图中将显示标记点所在位置画面的缩览图,此时可以直接对标记命名,如图 4.36 所示。

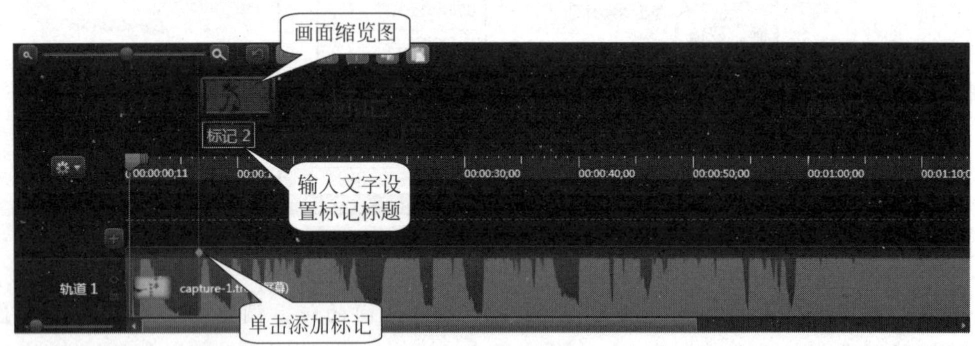

图 4.36　添加标题并命名

专家点拨:在没有打开标记视图时,选择“编辑”|“标记”|“添加时间轴”标记命令(按 Ctrl+M 键或直接按 M 键),Camtasia Studio 编辑器将自动打开标记视图并在播放头所在的位置添加标记。选择“编辑”|“标记”|“删除所有标记”命令将删除所有的标记。

(3) 在标记视图中单击标记点缩览图或是直接单击轨道上的标记点,都可以选择该标记,此时单击 Delete 键能够将标记删除。在标记视图中拖动标记点缩览图或是直接拖动轨道上的标记点可以改变标记的位置。选择标记点后,在时间刻度上方单击,可以将标记移到时间轴上，如图 4.37 所示。

图 4.37 移动标记

(4) 在创建标记后，选择“编辑”|“标记”|“在所有标记分割”命令，可以将视频从标记处分割开来，如图 4.38 所示。

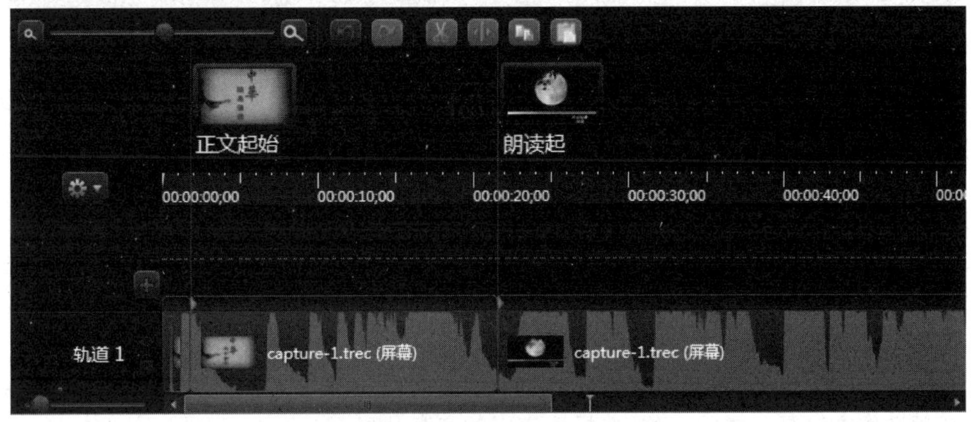

图 4.38 在标记处分割视频

4.2 音频的操作

在微课中，声音是不可或缺的元素。一般说来，微课中的声音包括教师的讲解语音和背景声音两种类型。很多时候，在对微课视频进行编辑处理时，也需要对声音进行处理。下面介绍 Camtasia Studio 编辑器中音频处理的基本技巧。

4.2.1 放置于轨道中的声音

与传统的视频编辑软件(如 Premire 和绘声绘影等)不同，Camtasia Studio 编辑器并没有提供专门的音频轨道。Camtasia Studio 中的声音，可以与视频合为一个整体位于同一个轨道中，也可以作为单独的对象放置在轨道中。如果要单独对声音进行处理，那么就需要将声音放置在单独的轨道上，这样才能保证只对声音操作而不会影响到视频。

对于录课时获得的视频或添加到项目中的视频文件素材，在默认情况下，音频和视频是集合在一起，作为一个整体放置到了轨道上。在轨道的视频片段上可以看到音频的波形，如图 4.39 所示。

图 4.39 视频片段中显示音频波形

此时，如果要对声音单独进行编辑，需要将声音与视频分离。方法是：右击轨道上的视频片段，选择快捷菜单中的“独立视频和音频”命令，此时音频将被分离出来放置到一个独立的轨道中，如图 4.40 所示。

图 4.40 独立视频和音频

与视频的编辑一样，声音的编辑同样包括声音的剪切、粘贴、移动和删除等操作，这些操作与视频操作方法是一样的。如，选择轨道中的音频片段，拖动它可以改变其在轨道中的位置，选择某段音频后按 Delete 键可以将其删除。使用“复制”和“粘贴”命令可以对选择的视频片段进行复制和粘贴操作，在选择视频片段后单击“时间轴”面板工具栏中的“分割”按钮 可以在播放头处分割音频片段，如图 4.41 所示。

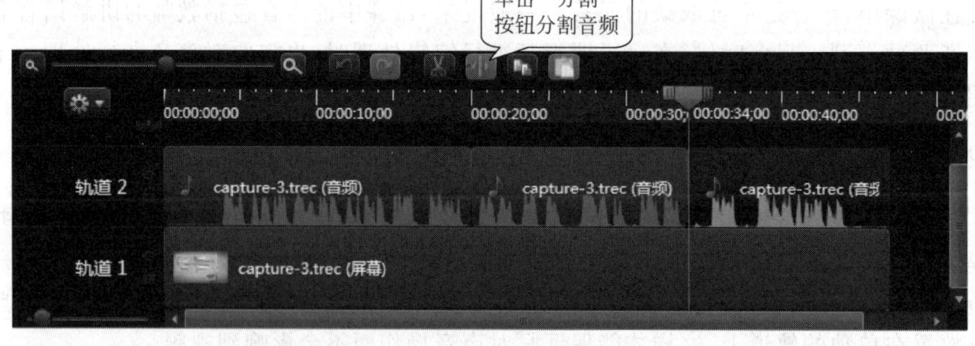

图 4.41 分割音频

将鼠标指针放置到音频片段的开始或结束位置，拖动鼠标可以改变音频片段的时长，如图 4.42 所示。通过缩小音频片段的长度，可以改变其播放时长，对音频进行掐头去尾地裁剪。

图 4.42　改变音频片段的时长

在默认情况下，轨道中音频波形显示是单向波形，如果希望显示对称的镜像波形，可以通过设置来实现。选择“工具”|“选项”命令打开“选项”对话框，在对话框的“程序”选项卡中选中“镜像形式”复选框，如图 4.43 所示。单击“确定”按钮关闭对话框，轨道上将显示镜像波形，如图 4.44 所示。

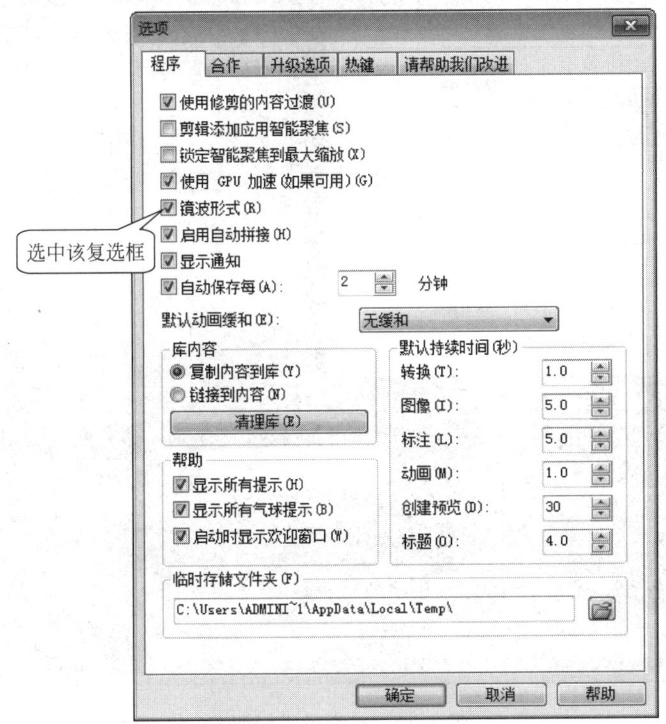

图 4.43　“选项”对话框

图 4.44　显示镜像波形

4.2.2　对音量进行调节

在录制微课时，声音的音量难免会出现不合要求的情况，如声音过大或过小。录课者可以通过在录课时注意与话筒的距离或有意识地减小或提高讲解的声音来解决这类问题，另一方面，也可以在 Camtasia Studio 编辑器中通过对音量的调整使声音达到微课的要求。

1. 使用"音频"面板调节音量

在轨道上选择包含声音的视频片段，单击"音频"标签进入音频编辑状态。在打开的"音频"面板中选中"启用音量调节"复选框，在"音量变化"下拉列表框中选择相应的选项设置音量变化的大小，如图 4.45 所示。

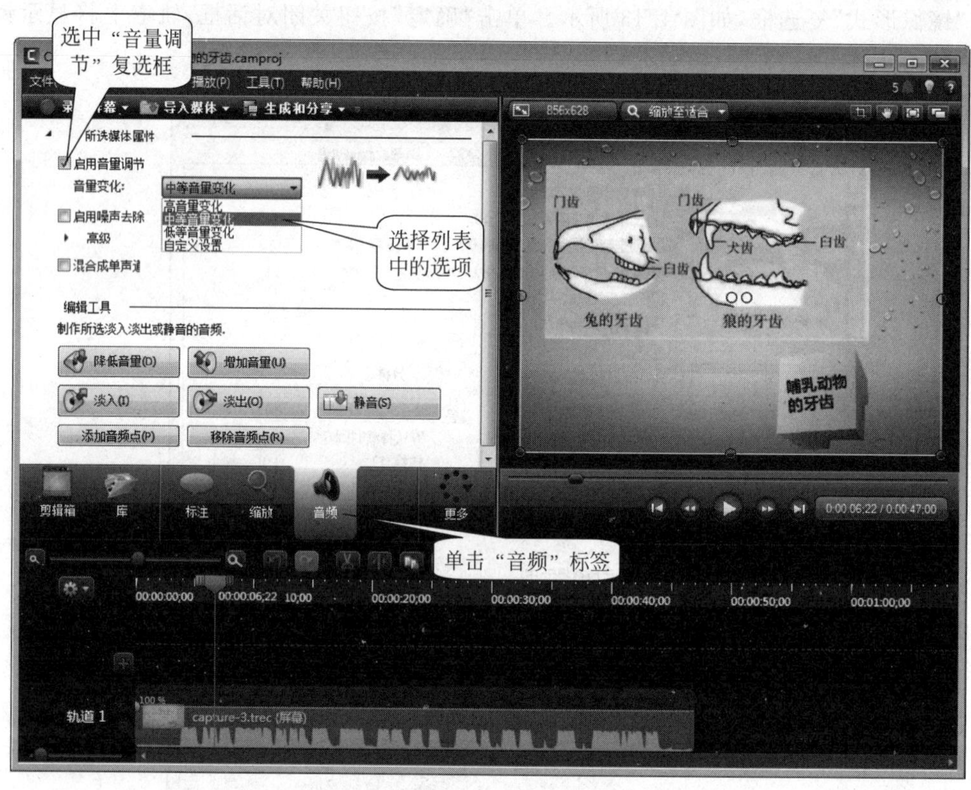

图 4.45　对音量进行调节

在"音量变化"下拉列表中选择"自定义设置"选项，"音频"面板中将出现"比率"、"阈值"和"益增"设置项。拖动相应的滑块或在其后文本框中输入数值，可以对音量进行自定义，如图 4.46 所示。

如果觉得通过自定义"比率"、"阈值"和"益增"的值调整声音音量无法达到满意的调节效果，可以在选择声音片段后，单击"音频"选项卡中的"降低音量"按钮或"增加音量"按钮来调节，如图 4.47 所示。

2. 在轨道上直接调节音量

打开"音频"选项卡进入声音调节状态，在轨道上会出现一条音频线。选择视频后，音频

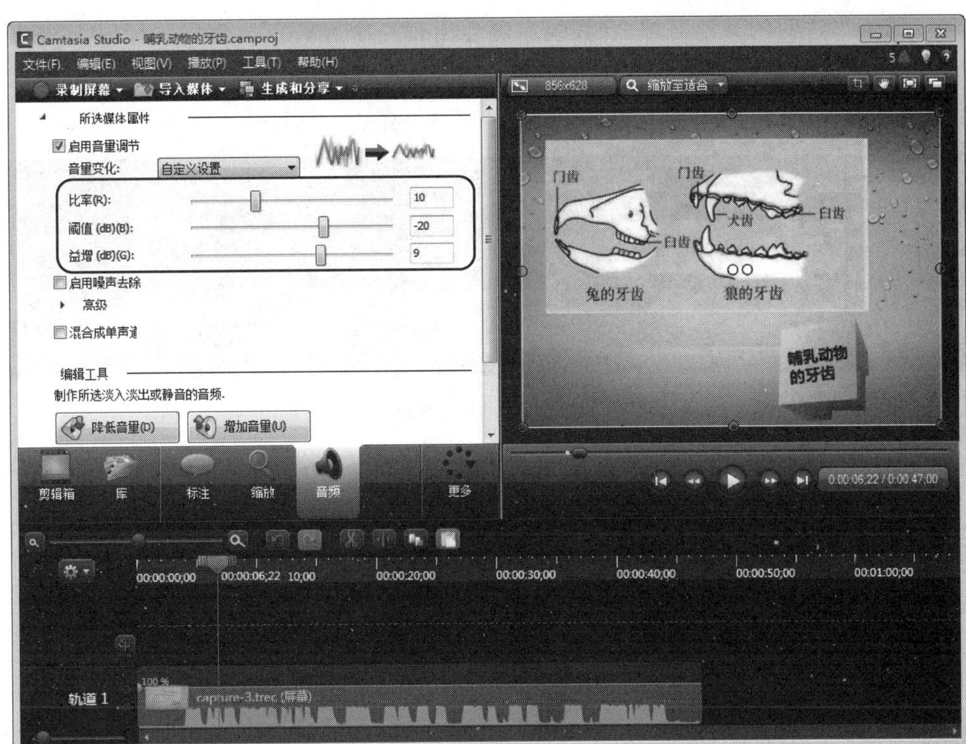

图 4.46　对音量进行自定义

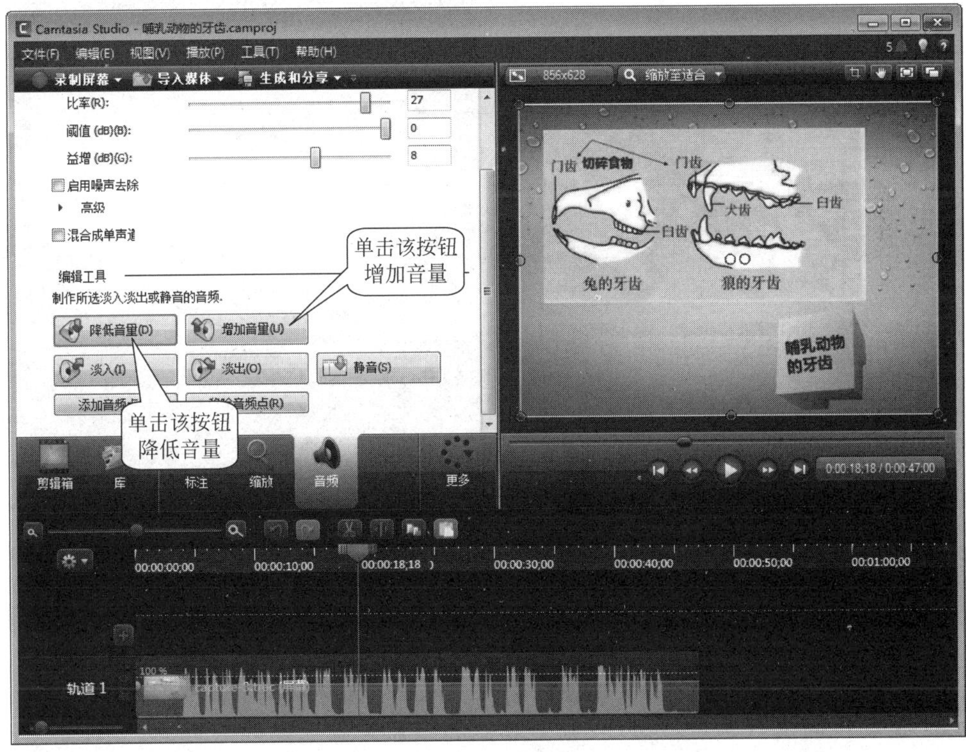

图 4.47　降低或增加音量

线下的区域为半透明的绿色区域，音频线左侧会出现一个音频点。使用鼠标向上拖动音频点将增大音量，向下拖动音频点将减小音量。在拖动该音频点时，鼠标指针旁会出现音量放大百分比，如图 4.48 所示。

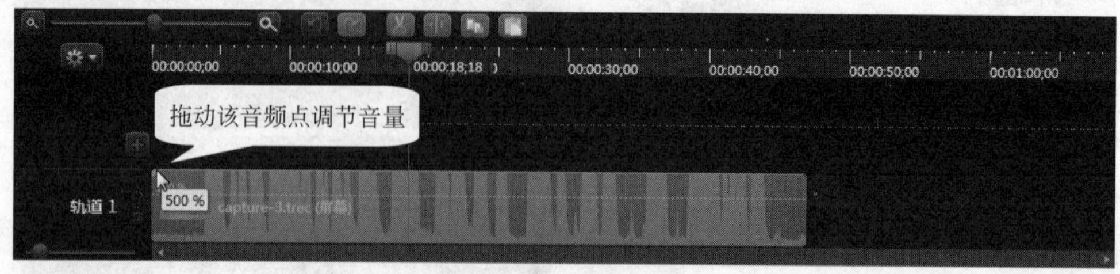

图 4.48 调节音量

在这里，由于整个视频片段只有一个音频点，因此上面介绍的操作只能调节整个视频片段的音量。如果要调节视频中某个区域的音量，可以使用下面的方法来操作。

(1) 进入音频调节状态，选择整个视频片段。将播放头放置到需要调节音量的视频片段的起始位置，在“音频”选项卡中单击“添加音频点”按钮在该处添加一个音频点。使用相同的方法在需要调节音量的视频片段的结束位置添加一个音频点。在起点和终点这两个音频点的中间添加第三个音频点，如图 4.49 所示。

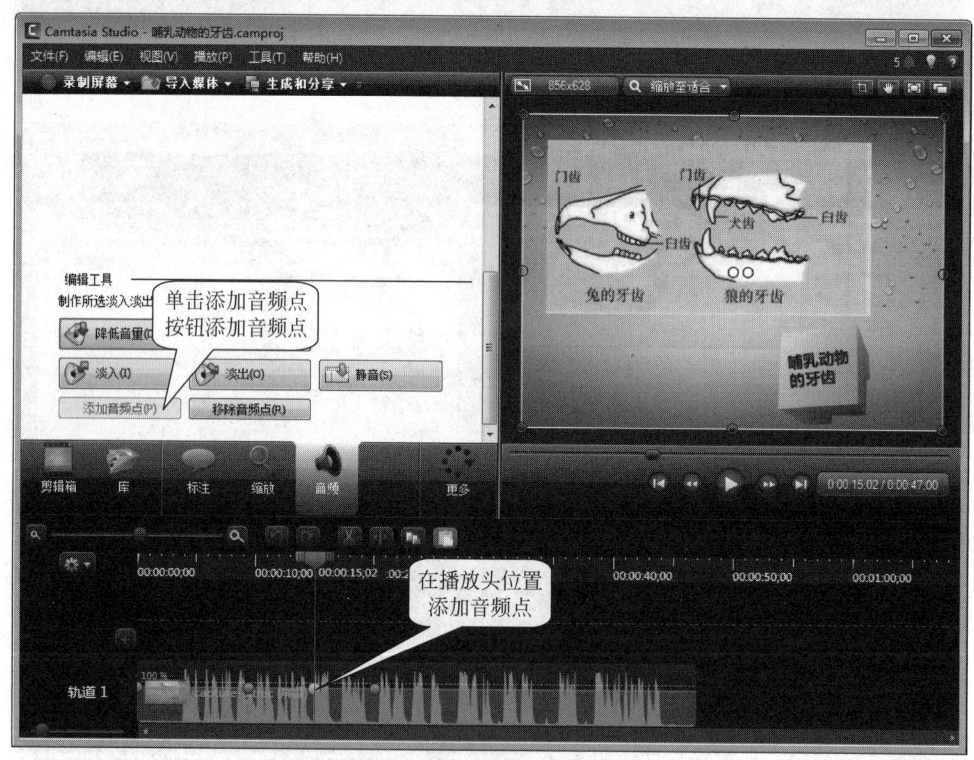

图 4.49 添加音频点

(2) 拖动中间的音频点，可以只调节起点和终点音频点之间的音量大小，如图 4.50 所示。

图 4.50　调节区域内的音量

专家点拨：如果需要调节音量的范围较大，可以多添加几个音频点以保证音量调节的精度。选择音频点后，单击“音频”面板中的“移除音频点”按钮可以将该音频点移除。在选择带有音频点的视频或音频片段后，单击“移除音频点”可同时移除所有的音频点。

4.2.3　两种常用音效的实现

静音和淡入淡出是音频编辑时的两种常见的声音效果，下面介绍在 Camtasia Studio 编辑器中实现这两种效果的操作方法。

1. 淡入淡出效果

淡入淡出效果是视频制作中一种常见的声音效果，使用 Camtasia Studio 编辑器可以很方便地实现这种效果。下面介绍为声音添加淡入和淡出效果的操作技巧。

(1) 在选择需要处理的音频片段后，打开“音频”选项卡，单击“淡入”和“淡出”按钮。选择音频片段的开头部分将添加淡入效果，在结束位置将添加淡出效果，如图 4.51 所示。

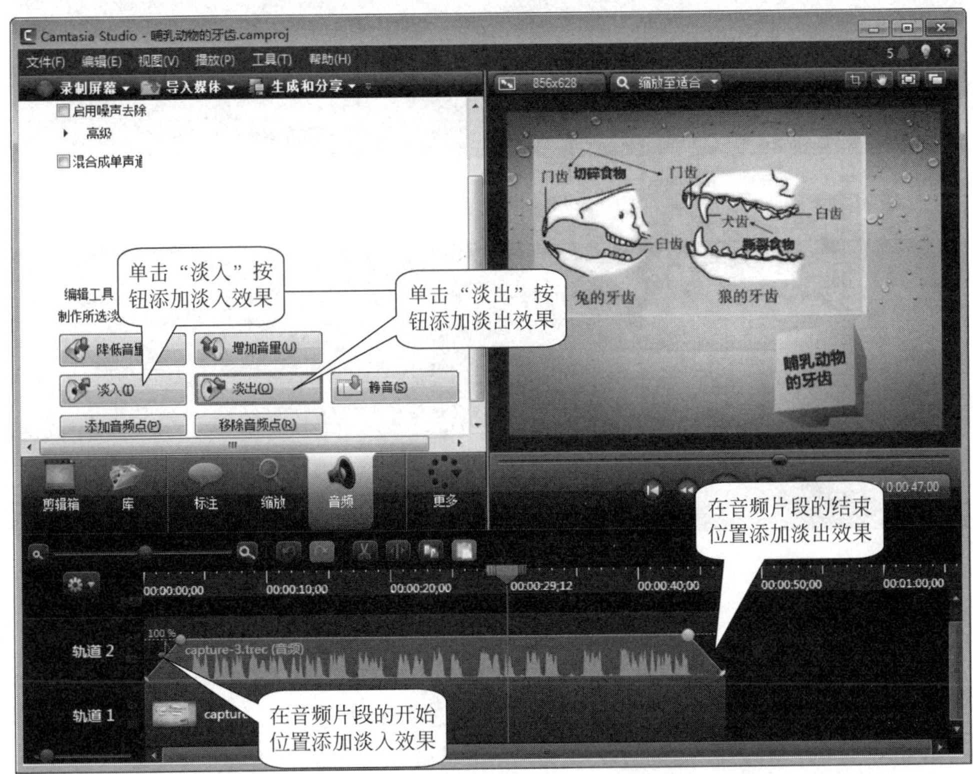

图 4.51　为声音添加淡入和淡出效果

(2) 播放视频,试听添加的淡入淡出效果。如果对效果不满意,可以对淡入淡出效果进行修改。方法是拖动轨道上的音频点调整音频线的形状,这样可以对淡入淡出效果进行编辑,如图 4.52 所示。

图 4.52 调整淡入淡出效果

从上面的描述可以看出,在声音开始的时候,音量由小逐渐变大直至正常的音量,这就形成了淡入效果,而在声音结束时由大逐渐变小直到消失就形成了淡出效果。通过在轨道上添加音频点并调整音频点以改变音频线的形状,使音频线成为梯形,就可以获得需要的淡入淡出效果。如,在下面的音频中添加 3 个音频点,如图 4.53 所示。分别将左右端点处的 2 个音频点拉低,就可以获得淡入和淡出效果,如图 4.54 所示。

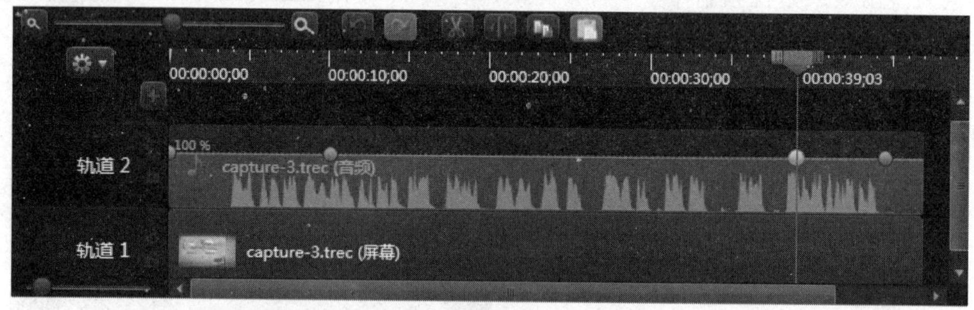

图 4.53 添加 3 个音频点

图 4.54 拉低端点处的音频点

2. 静音效果

所谓的静音,是指在视频或音频的某个时间段中没有声音。在录制微课时,静音效果是一种十分常见的效果。对于微课视频中只是展示过程而无须声音的片段,将其静音是去除可能存在的杂音的一种最快捷的方法。另外,在对微课视频进行编辑时,很多时候需要对语音解说进行修改,如果要使用新的声音来替代原有的声音,此时就必须先除去原声,除去原

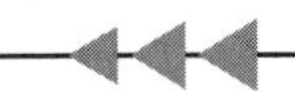

声的一个简单的方法就是静音。

在 Camtasia Studio 中实现静音效果可以采用下面的方法来获得。

(1) 选择带有声音的视频后，进入音频编辑状态，在需要静音的区域中添加 4 个音频点。这里，第一和第四个音频点放置在静音区域的开始和结束位置，另外 2 个音频点放置在需要静音的区域的内容，如图 4.55 所示。

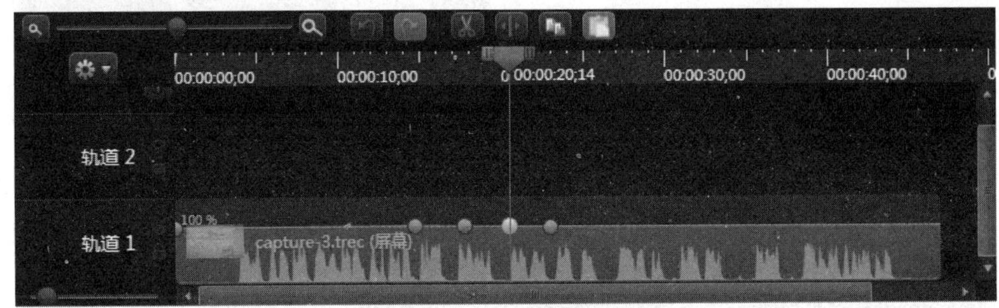

图 4.55　放置音频点

(2) 向下拖动位于静音区域内部的音频点将其拖动底部，使这 2 个音频点分别位于第一和第四个音频点的正下方。这样，在第一和第四个音频点之间就会出现一块没有音频波形的区域，这个区域将没有声音输出，从而获得静音效果，如图 4.56 所示。

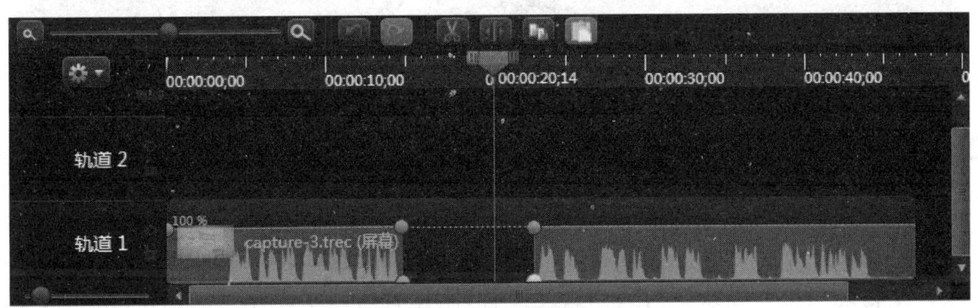

图 4.56　移动音频点获得静音效果

要创建一个静音区域，实际上还有一个更简单的方法。那就是首先在轨道中选择静音区域，如图 4.57 所示。在“音频”选项卡中单击“静音”按钮即可获得静音效果，如图 4.58 所示。

图 4.57　选择静音区域

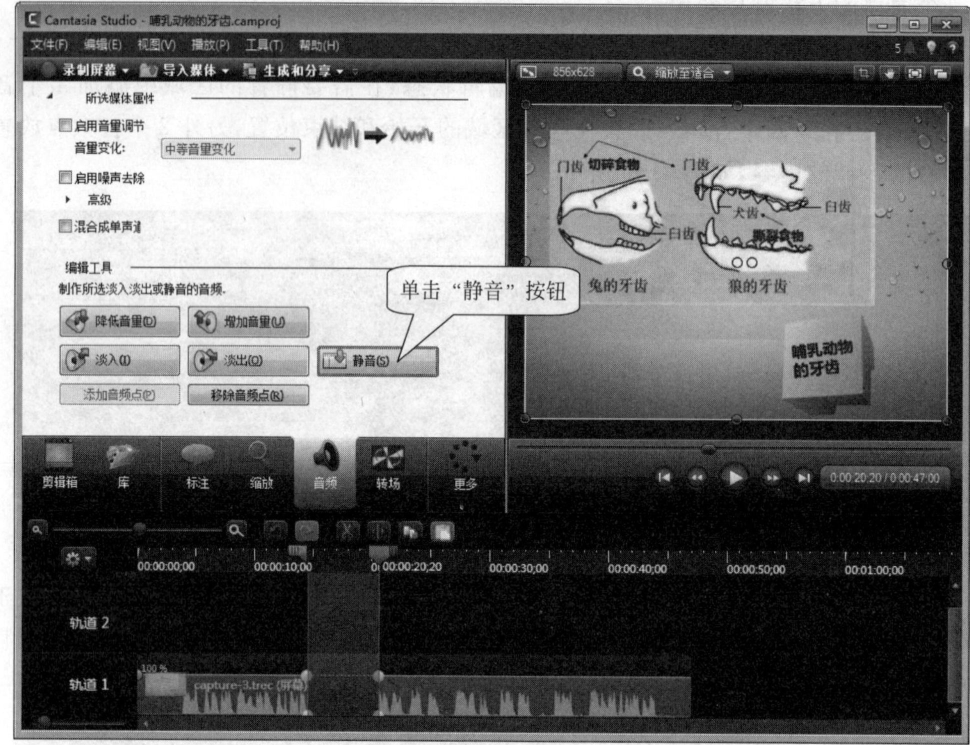

图 4.58 获得静音效果

4.2.4 去除讨厌的噪音

对于普通的微课制作者来说，能够在专业的录音室中录制微课是不太可能的。很多时候在微课录制过程中会遇到一些意料之外的声音，如，窗外汽车声、自己忍不住的咳嗽声或者是家里宠物的叫声。在录课时遇到这类声音，制作者可以稍作停顿，然后将出现这些声音时的课程重新录制。在完成录课后，在 Camtasia Studio 编辑器中将那些不需要的杂音删除即可。

在录课时，还会遇到另一类称为噪音的声音，这类声音几乎无处不在，混于正常的声音中且不易选择，使用常规的删除方法无法将它们去除。这个时候，可以使用 Camtasia Studio 编辑器的降噪功能来处理，尝试将其影响降低到最低限度。

(1) 在轨道上选择需要进行降噪处理的视频片段，打开"音频"选项卡，选中"启用噪声去除"复选框。此时音频波形将变为橘黄色，如图 4.59 所示。

(2) 单击"高级"箭头按钮展开高级设置栏，拖动"调整灵敏度"滑块(或在其后的文本框中输入数值)设置降噪灵敏度，如图 4.60 所示。这里要注意的是，灵敏度值并非设置得越高越好，每次调整后建议试听降噪效果，设置值以不降低音频的品质为宜。

(3) 单击"自动噪声修整"按钮，Camtasia Studio 编辑器将对选择视频片段中的噪声进行自动修整，如图 4.61 所示。如果自动噪声修整效果不理想，可以在视频中选择一段安静的区域，单击"选择手动噪声修整"按钮。Camtasia Studio 编辑器将以你选择的区域作为参照进行噪声修整，如图 4.62 所示。

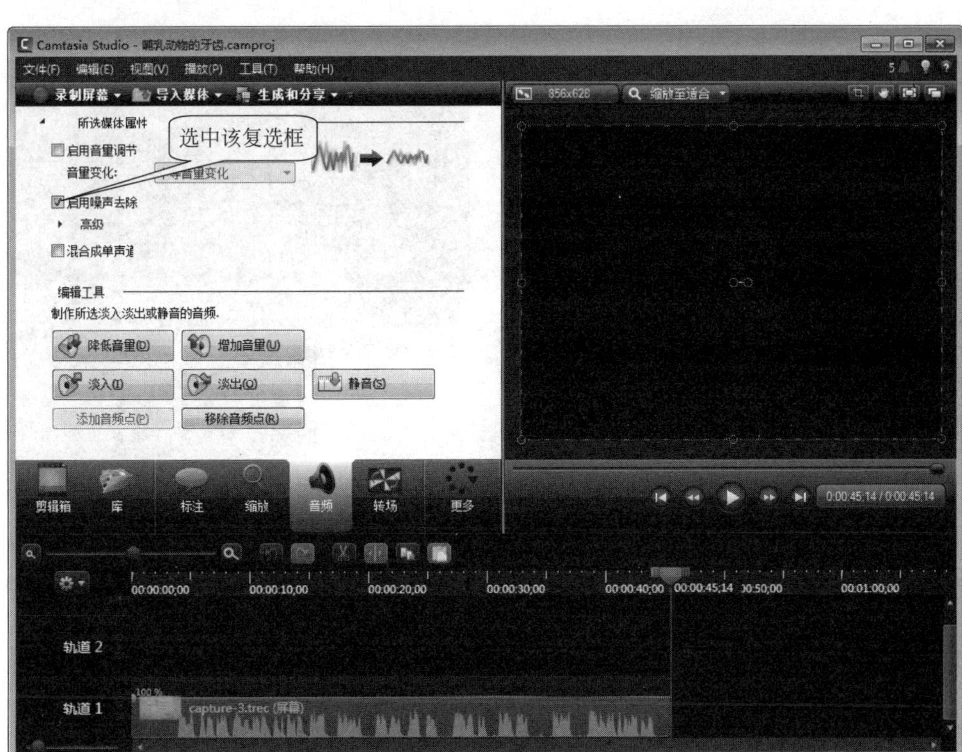

图 4.59　选中“启用噪声去除”复选框

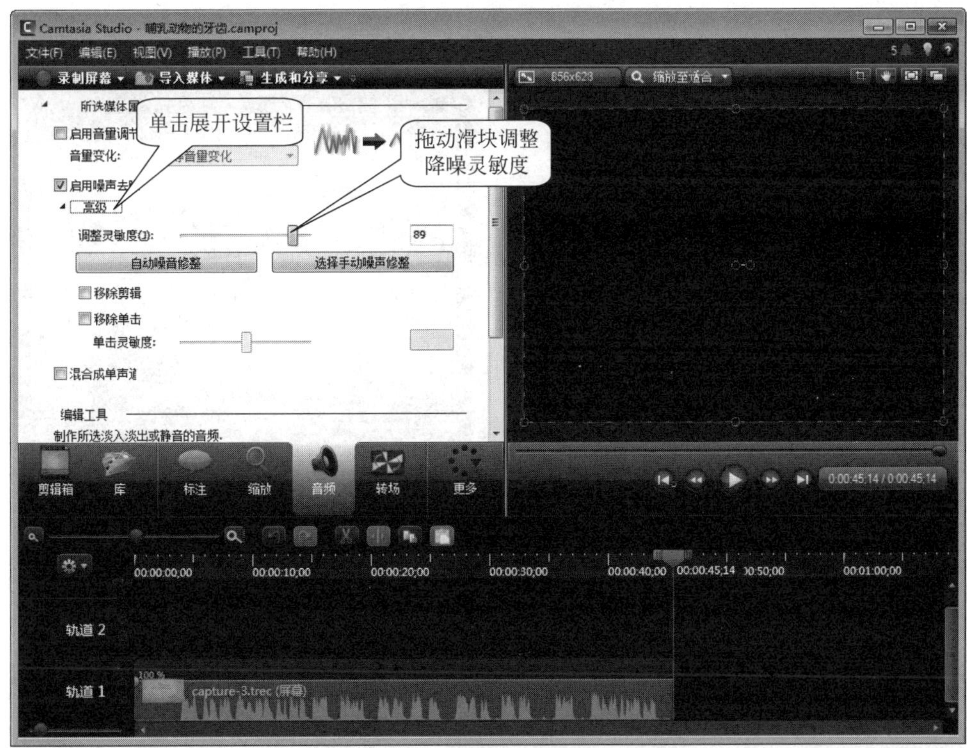

图 4.60　调整降噪灵敏度

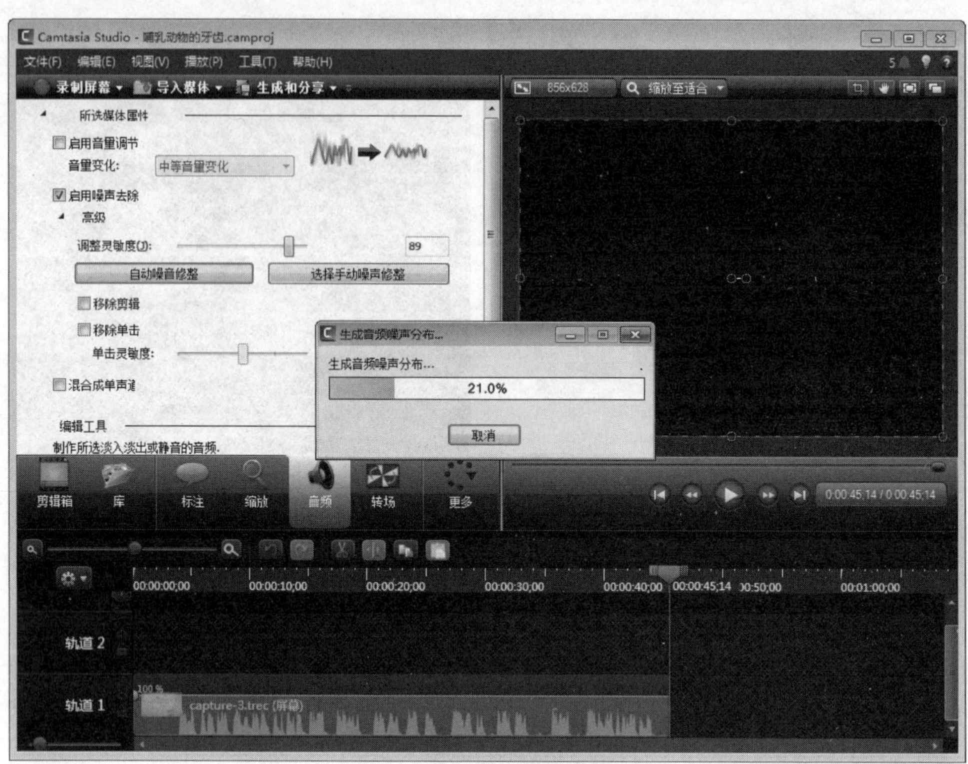

图 4.61　自动噪声修整

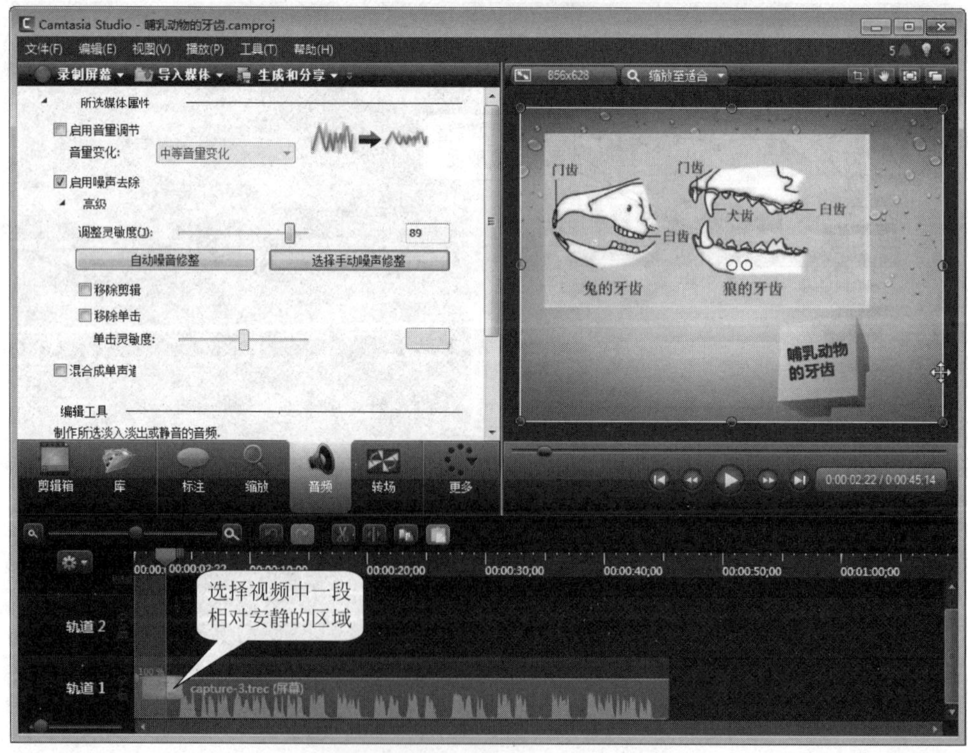

图 4.62　手动噪声修整

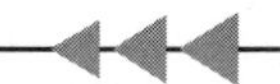

(4) 在录制视频时,如果出现了一些类似于鼠标单击声的噪声,可以在“高级”设置栏中选中“移除单击”复选框选择将其移除。此时,可以通过拖动“单击灵敏度”滑块(或直接在其后的文本框中输入数值)来对灵敏度进行设置,如图 4.63 所示。

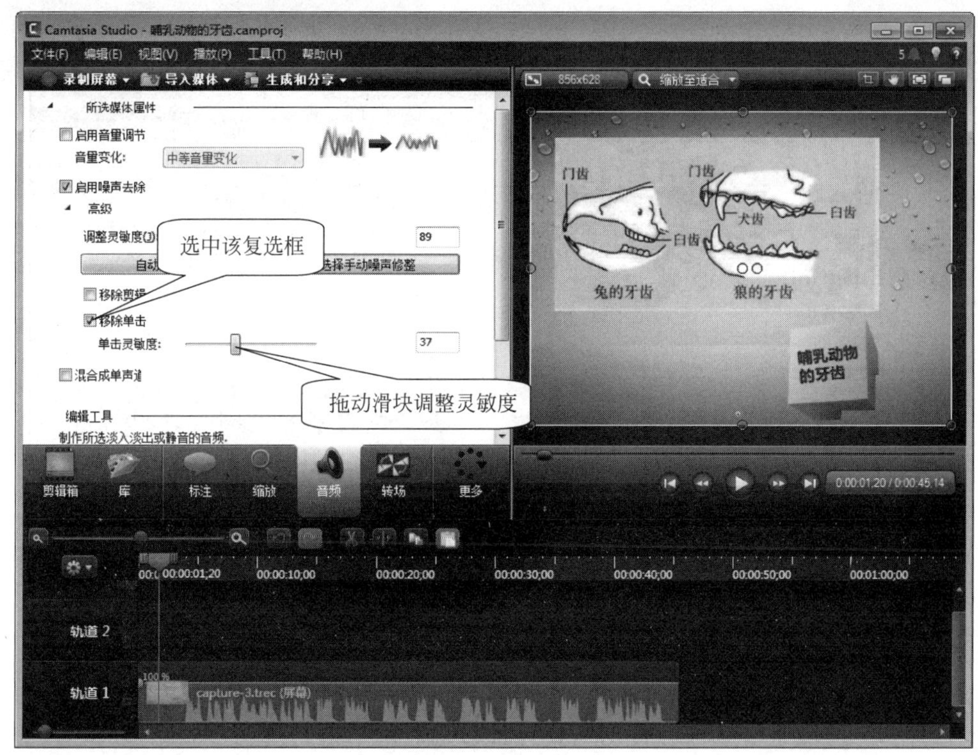

图 4.63　去除单击声

4.3　对于项目你必须知道的操作

所谓的项目,是进行视频编辑等操作的对象文件。Camtasia Studio 编辑器中的项目文件是一种扩展名为 camproj 的文件,其用来存放制作影片需要的所有信息,如使用的视频素材、图像素材、字幕和视频效果等。项目文件并非影片,只有在最后分享时渲染输出才能将项目文件中的所有素材连接在一起,获得需要的影片。下面介绍项目文件中的一些常见操作。

4.3.1　项目的打开和保存

要对项目进行编辑处理,首先需要在 Camtasia Studio 编辑器中打开它。在完成项目的编辑处理后,项目需要保存。

1. 新建和打开项目

在启动 Camtasia Studio 后,程序将自动创建一个空白的项目,录制的视频片段将会放置到这个项目的轨道上。在完成对某个项目的编辑后,选择“文件”|“新建项目”命令(或按 Ctrl+N 键)将能够创建一个空白的新项目。

如果需要使用已经保存的项目，需要首先将其打开，然后才能对其进行编辑修改。在Camtasia Studio编辑器中，选择“文件”|“打开项目”命令(或Ctrl+O键)将打开“打开”对话框，使用该对话框选择需要打开的项目文件后单击“打开”按钮即可打开该项目，如图4.64所示。

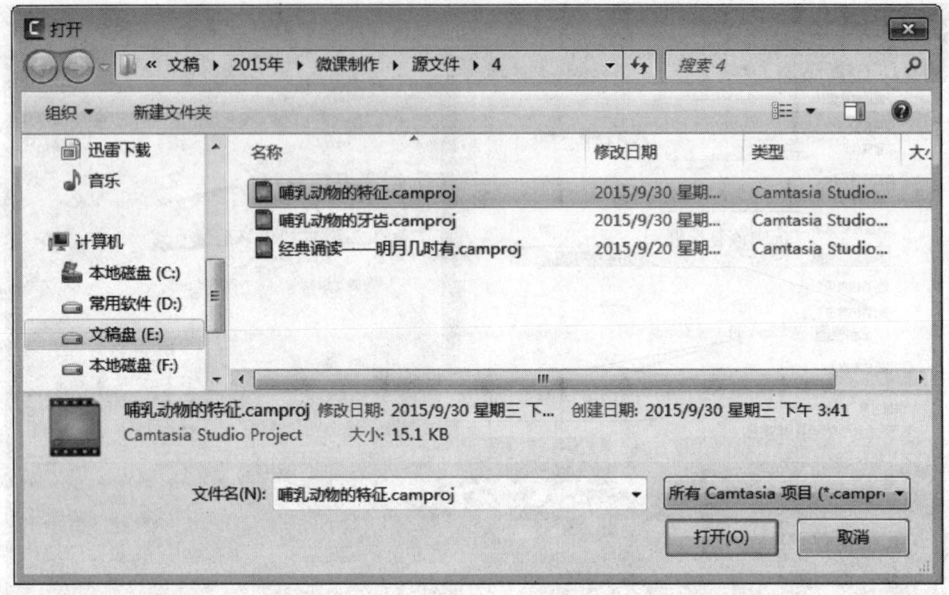

图 4.64 “打开”对话框

选择“文件”|“最近使用的项目”命令，在其下级列表中将列出最近编辑保存的5个项目文件，选择相应的选项可以快速将该项目文件打开。默认的情况下，启动Camtasia Studio时将会显示一个欢迎窗口，在欢迎窗口的“最近使用的项目”列表中列出了最近使用的3个项目文件，选择相应的选项可以将其打开，如图4.65所示。如果选择了“更多”选项，将打开“打开”对话框，用户可以选择需要打开的项目文件。

图 4.65 欢迎窗口

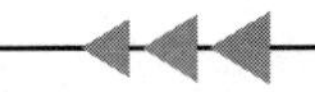

专家点拨：在 Camtasia Studio 的欢迎窗口中，取消选中“在启动时显示此对话框”复选框，则以后启动 Camtasia Studio 将不再显示这个欢迎窗口。在 Camtasia Studio 编辑器中，选择“工具”|“选项”命令打开“选项”对话框，在对话框的“程序”选项卡的“帮助”设置栏中取消选中“启动时显示欢迎窗口”复选框将使 Camtasia Studio 在启动时不显示欢迎窗口，如图 4.66 所示。

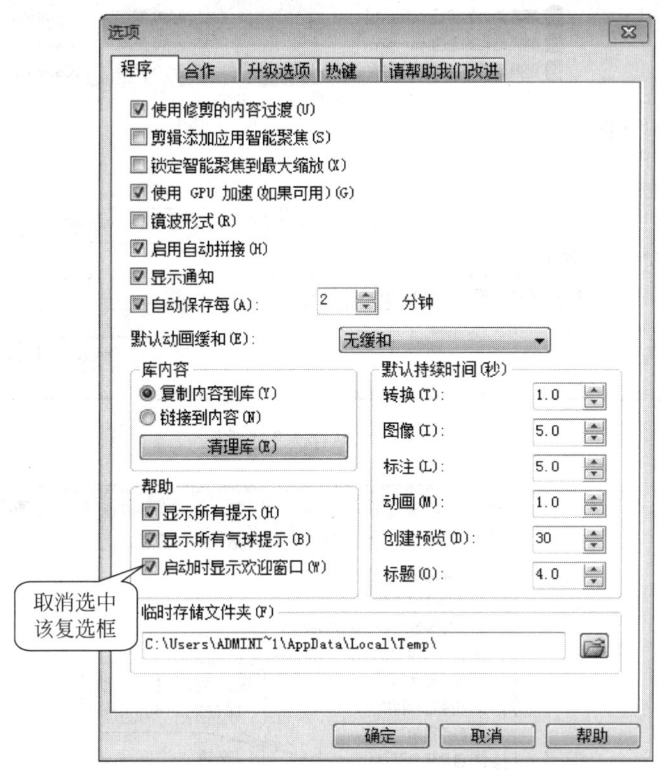

图 4.66　取消选中“启动时显示欢迎窗口”复选框

2. 保存项目

在对项目文件进行编辑后，需要对其进行保存。项目文件只有保存了，用户对项目进行的编辑和修改才不会丢失。当需要再次对项目文件进行修改时，只要打开该项目文件就可以了。

对于一个新的项目文件，如果是第一次保存，选择“文件”|“保存项目”命令(或按 Ctrl+S 键)将打开“另存为”对话框，使用该对话框可以选择文件保存的文件夹、设置项目文件的文件名，如图 4.67 所示。完成设置后，单击“保存”按钮即可实现项目文件的保存。

在对微课项目进行编辑时，建议在完成一定的编辑修改后，对项目文件应用“保存”命令进行文件保存操作。这是因为在对项目进行编辑时，可能会遇到由于一些不确定因素所造成的意外，如系统死机、重启或意外断电等。如果编辑的项目文件没有及时保存，那么将会造成对文件编辑修改的内容丢失。

实际上，Camtasia Studio 与 Office 软件一样，也具有文件自动保存功能，其能够在一定时间间隔自动保存项目文件。项目文件自动保存的时间间隔是可以设置的，选择“工具”|“选项”命令打开“选项”对话框，在对话框的“程序”选项卡中选中“自动保存每”复选框将启用自动保存功能，在其后的微调框中输入数值设置自动保存的时间间隔，如图 4.68 所示。完成设置后单击“确定”按钮关闭对话框。

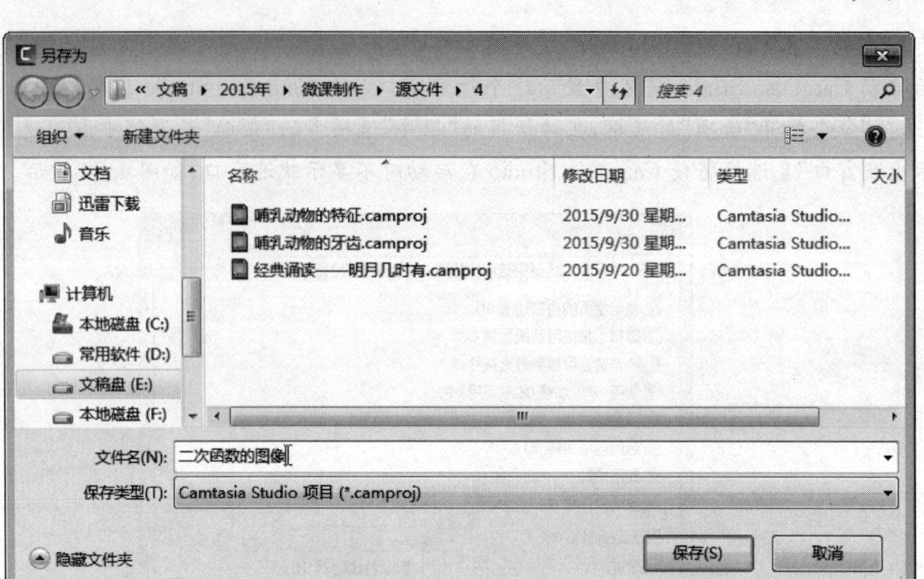

图 4.67 “另存为”对话框

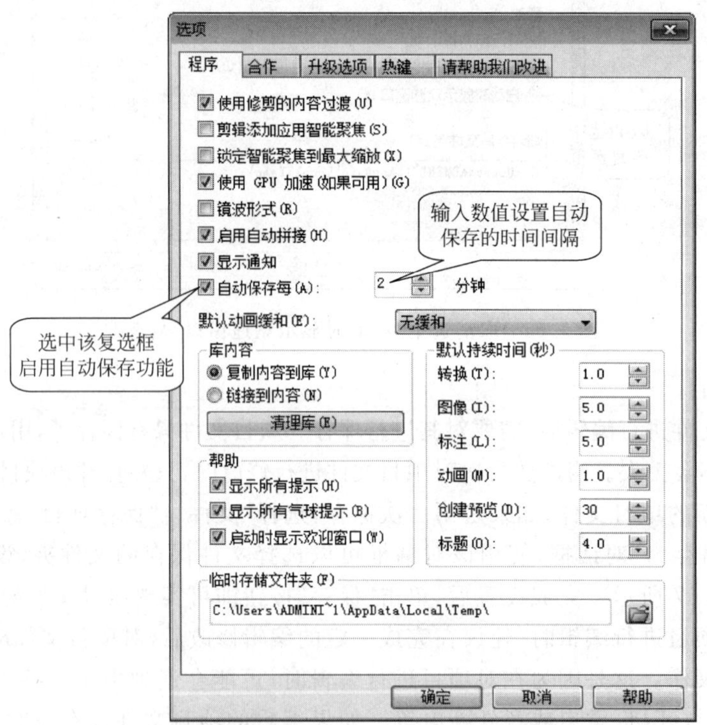

图 4.68 启用自动保存功能

对于已经保存过的项目文件,使用“保存”命令将直接保存该项目文件,不再打开“另存为”对话框。如果要对项目文件进行换名保存或更改项目文件的保存位置,可以使用“文件”|“项目另存为”命令打开“另存为”对话框,使用该对话框将项目以一个新的名称保存到需要的位置。

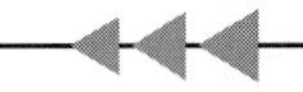

3. 将项目导出为 zip 文件

在制作微课时,经常需要将在一台计算机上编辑后的源文件拿到另一台计算机上继续编辑处理。Camtasia Studio 编辑中打开的项目文件只是一个包含媒体素材信息的信息文件,如果只有扩展名为 *.camproj 的项目文件,而缺少了项目中正在使用的素材文件(如录屏文件 *.trec),在其他计算机上就无法正常打开该项目文件了。

当微课中使用的录屏文件较多,而且在经过了大量删除或添加素材文件的操作后,普通用户很难在转移项目文件时找全所有需要的素材文件而不发生遗漏。要解决这个问题,实际上有一个简单的方法,那就是使用 Camtasia Studio 编辑器的"导出项目为 zip"功能。"导出项目为 zip"功能能够将项目文件和使用过的所有素材文件自动打包到一个 zip 文件中,这不仅仅能避免刚才提到的漏掉素材源文件的问题,还可以将所有的文件打包在一个文件中,方便文件的携带和传播。

下面介绍将项目导出为 zip 文件的具体操作方法。

(1) 选择"文件"|"导出项目为 zip"命令打开"导出项目为 Zip"对话框,在对话框中单击"打开"按钮,如图 4.69 所示。

图 4.69 "导出项目为 Zip"对话框

(2) 此时打开"另存为"对话框,在对话框中指定文件保存的文件夹并设置文件名,如图 4.70 所示。

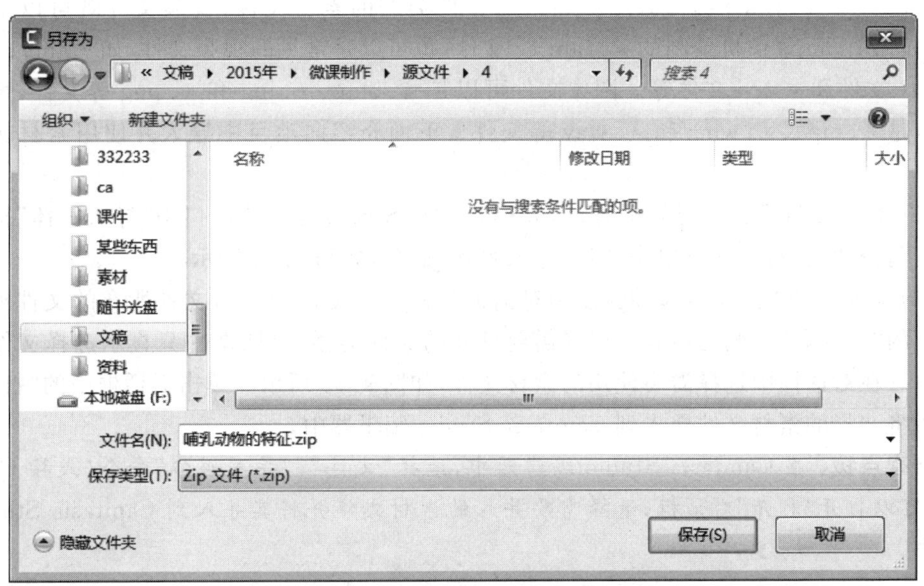

图 4.70 "另存为"对话框

(3) 单击“保存”按钮关闭“另存为”对话框，单击“确定”按钮关闭“导出项目为 Zip”对话框。项目文件被导出为 zip 文件，在 Windows 资源管理器中可以打开压缩包看到其中的内容，如图 4.71 所示。

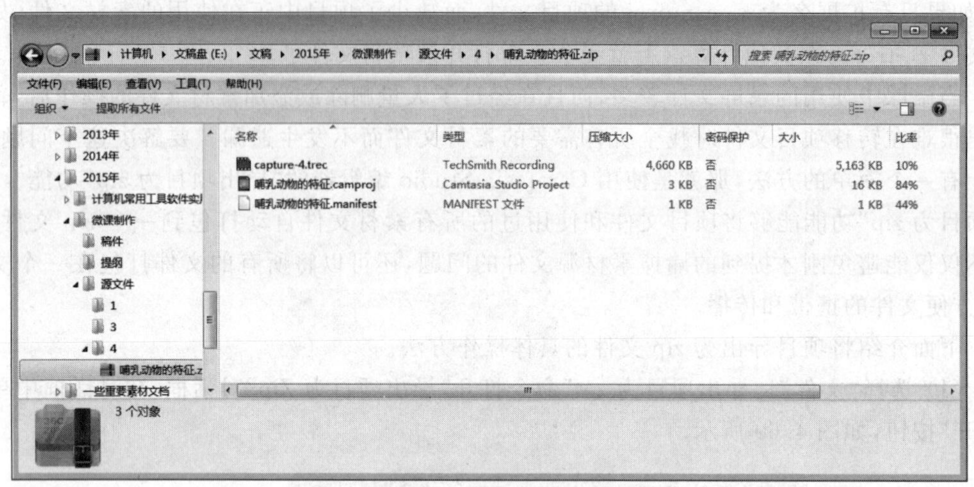

图 4.71　导出的 zip 文件

4.3.2　素材的导入导出

在制作微课时，不仅仅会用到录制的视频片段，还会用到诸如图片、声音和视频等素材文件。在 Camtasia Studio 中，用户不仅可以方便地导入这些素材并将它们用到微课中，还可以将视频和声音导出以供下次使用。

1. 导入素材文件

在制作微课视频时，除了可以使用录制的视频素材之外，还可以根据需要插入外部素材文件。Camtasia Studio 编辑器能够导入的各种类型的素材文件，视频文件既可以是使用 Camtasia Studio 录像机录制的 *.camrec 文件，也可以是常见的视频文件，如 *.mp4 文件、*.wmv 文件和 *.avi 文件等。图像文件可以是 *.bmp、*.jpg 和 *.png 等文件，声音文件可以是 *.mp3、*.wma 和 *.wav 等文件。下面介绍向项目中导入并使用素材文件的方法。

(1) 在对项目进行编辑处理时，单击 Camtasia Studio 编辑器窗口中“导入媒体”按钮上的下三角按钮，在打开的菜单中选择“导入媒体”命令，如图 4.72 所示。

(2) 此时打开“打开”对话框，使用对话框找到需要使用的素材文件所在的文件夹。在对话框的“文件名”右侧的列表中选择需要打开的文件类型，对话框中只显示选择文件类型的文件。在对话框中选择需要使用的素材文件，如图 4.73 所示。单击对话框中的“打开”按钮即可将选择的素材文件导入到 Camtasia Studio 编辑器中。

专家点拨： 在 Camtasia Studio 编辑器中，选择“文件”|“导入媒体”命令(或按 Ctrl+I 键)也可以打开“打开”对话框，选择需要导入的素材文件并将其导入到 Camtasia Studio 编辑器中。

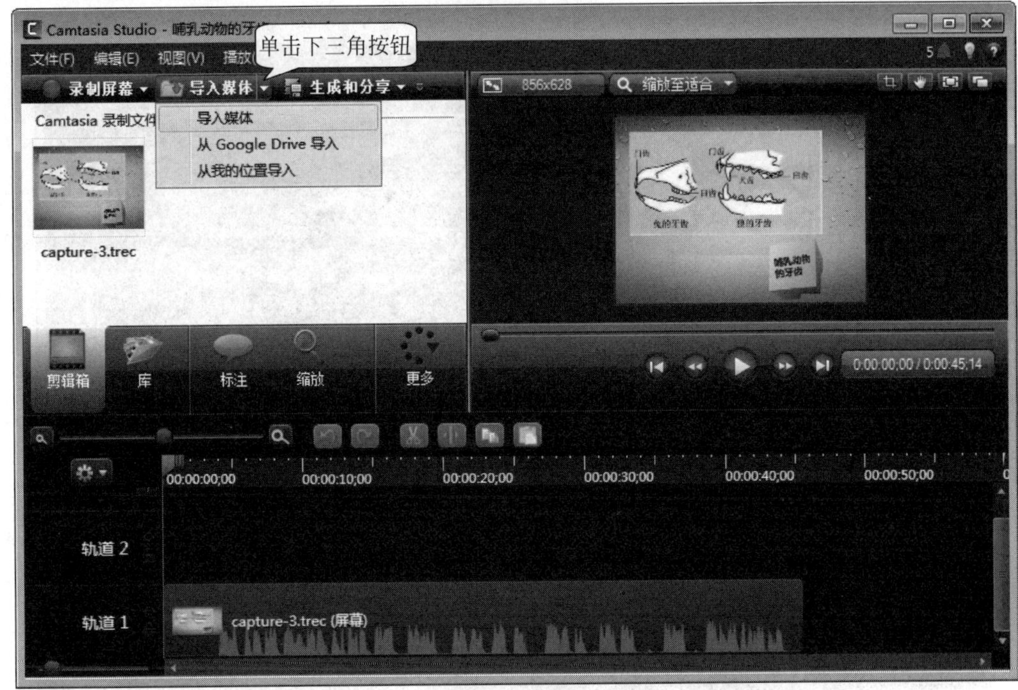

图 4.72 单击"导入媒体"按钮上的下三角按钮

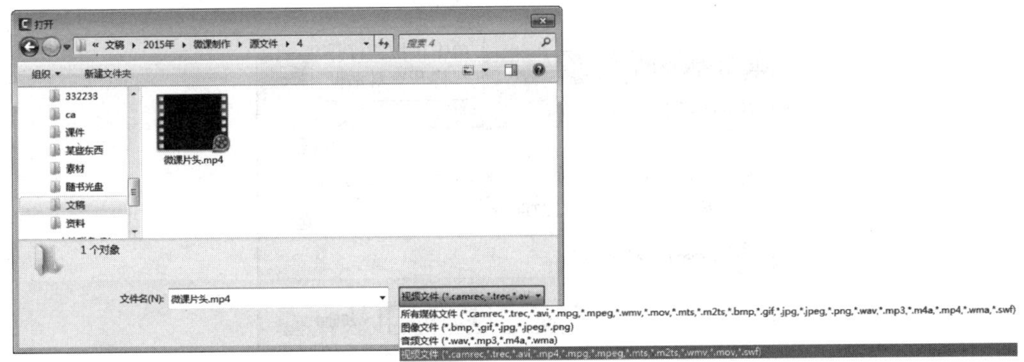

图 4.73 "打开"对话框

（3）导入的素材文件将放置在 Camtasia Studio 编辑器的"剪辑箱"列表中，如果要使用该素材，只需用鼠标将其从"剪辑箱"中将其拖放到轨道中适当的位置就可以了，如图 4.74 所示。

在将项目保存为 zip 格式的文件后，可以使用导入文件的方式直接打开该项目而不需要将其解包。

（1）选择"文件"|"导入压缩项目"命令"打开导入压缩项目文件"对话框，在对话框中单击"压缩项目文件导入"文本框右侧的打开按钮，如图 4.75 所示。

（2）打开"打开"对话框，使用该对话框选择需要打开的压缩项目文件，如图 4.76 所示。单击"打开"按钮关闭对话框。

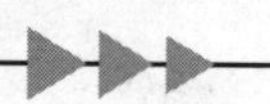

图 4.74　从“剪辑箱”中将素材拖放到轨道上

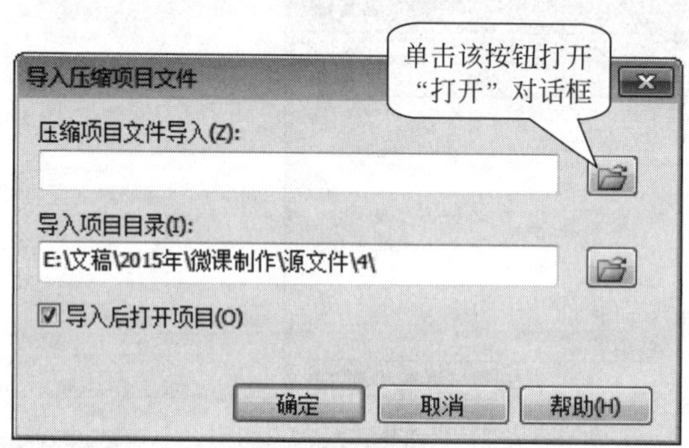

图 4.75　“导入压缩项目文件”对话框

(3) 单击“确定”按钮关闭“导入压缩项目文件”对话框，Camtasia Studio 编辑器将在关闭当前的项目后直接在编辑器中打开供用户进行编辑处理。这里，Camtasia Studio 编辑器实际上是自动将 zip 文件解包后再打开其中的项目文件。Camtasia Studio 会在 zip 文件所在的文件夹中创建一个与 zip 文件同名的文件夹，将 zip 文件包中的文件解包后放置该文件夹中，如图 4.77 所示。

2. 声音和画面的导出

在使用 Camtasia Studio 编辑器时，可以将视频片段中的声音单独导出为声音文件，方便以后使用。

(1) 在 Camtasia Studio 编辑器的“时间轴”面板中选择需要导出的声音所在的视频片段，如图 4.78 所示。

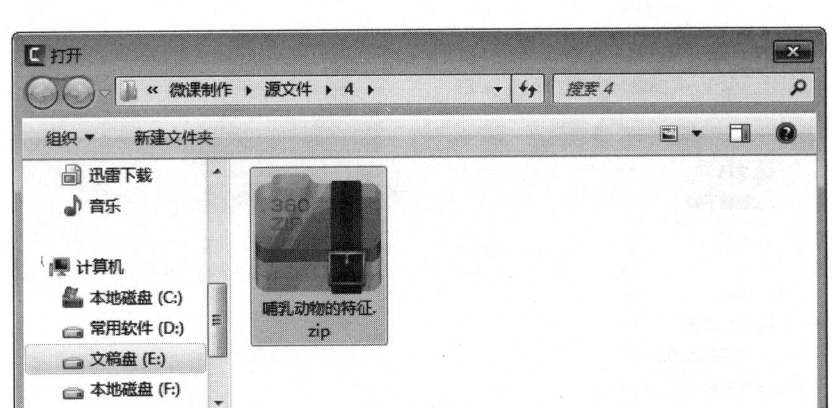

图 4.76　“打开”对话框

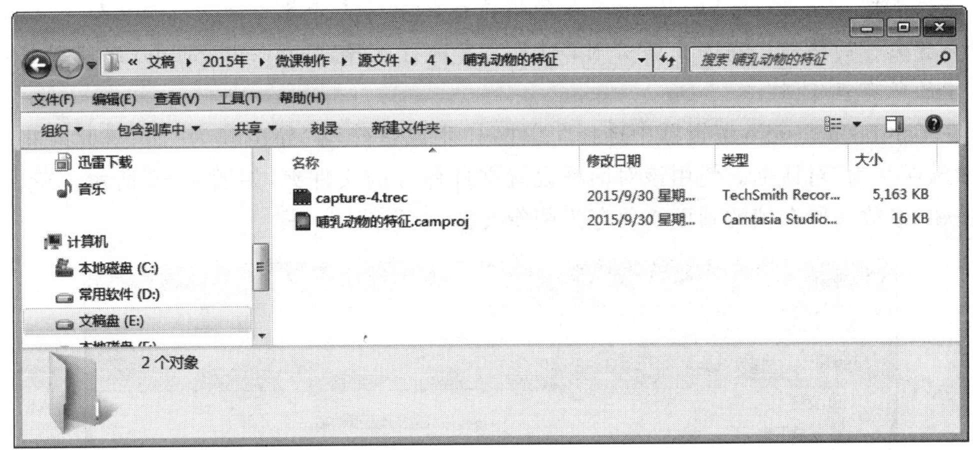

图 4.77　将 zip 文件解包后获得的文件

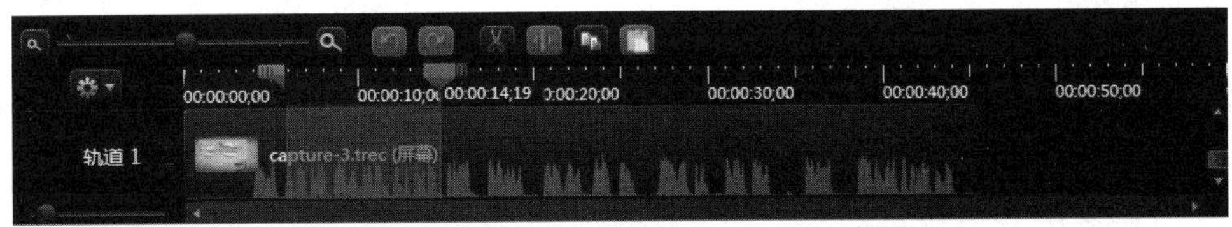

图 4.78　选择视频片段

(2) 在 Camtasia Studio 视频编辑器中选择“文件”|“生成特殊”|“导出音频为”命令，此时将打开“音频另存为”对话框。使用该对话框设置音频文件保存的文件夹、文件名和文件格式，如图 4.79 所示。单击“保存”按钮，选择的视频片段的声音将被提取出来以声音文件的形式保存在指定的文件夹中。

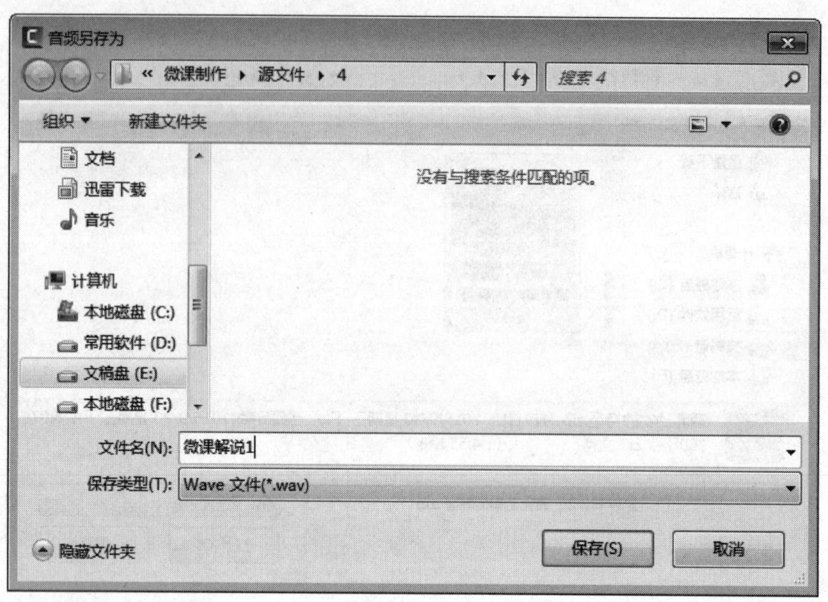

图 4.79 “音频另存为”对话框

专家点拨：Camtasia Studio 编辑器能够将视频中的声音导出为 *.wmv 和 *.mp3 这两种声音文件的格式。在导出声音时，如果没有进行选择，Camtasia Studio 编辑器将导出项目中的所有声音。

在 Camtasia Studio 编辑器中选择“文件”|“生成特殊”|“导出帧为”命令，此时将打开“视频帧保存为”对话框。使用该对话框设置文件保存的文件夹，如图 4.80 所示。单击“保存”按钮，播放头所在帧的画面将保存为图像文件，就像截图一样。

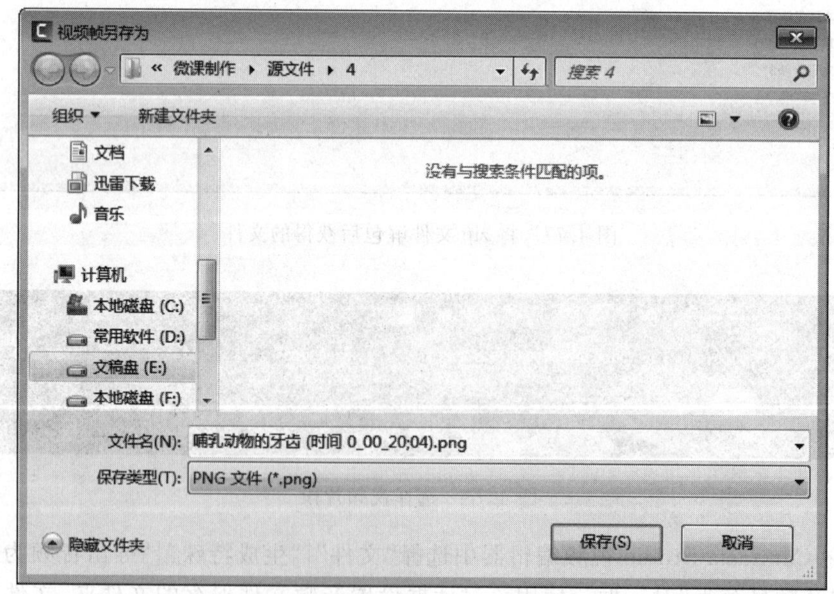

图 4.80 “视频帧保存为”对话框

4.3.3　关于库

在Camtasia Studio编辑器中，对于库，顾名思义，它就是一个仓库。这个仓库用于放置Camtasia Studio模板和视频、声音以及图片等各类素材，用户在需要时可以直接从库中将素材取出使用。

1. 库中可以直接使用的模板

在制作微课时，内容是需要优先考虑的，但不可否认的是，再好的内容也是需要好的表现形式才能很好地展现。很多时候，对于普通的微课制作者来说，考虑如何制作绚丽的片头、如何让注释文字的出现给人一种耳目一新的感觉以及使用怎样的背景音乐等问题往往会占用大量的时间。为了提高微课的制作效率，获得好的视觉效果，使用Camtasia Studio提供的模板是一个好的方法，Camtasia Studio模板就是放置在库内的，用户可以直接将它们添加到正在编辑的视频中。下面介绍使用"库"中模板的方法。

(1) 在Camtasia Studio编辑器中单击"库"标签，在列表中将列出Camtasia Studio自带的模板。这些模板按照分类放置在不同的文件夹中，单击文件夹旁的"+"按钮将其打开，选择文件夹中的模板将其拖放到轨道上即可添加该模板。如，这里在视频的开始添加一个动画片头标题模板，如图4.81所示。

图4.81　添加动画片头标题模板

(2) 对于这里添加的动画标题模板，需要修改其中的标题文字。在预览窗口中双击文字将打开"标注"选项卡，在该选项卡的文本框中输入文字即可更改片头文字，如图4.82所示。

图 4.82　更改标题文字

2. 添加 Camtasia Studio 模板

在安装 Camtasia Studio8 时，Camtasia Studio 自带的模板将安装。同时，用户也可以从网上获取模板，将其安装后即可在编辑器中使用。下面介绍获取和安装 Camtasia Studio 模板的方法。

(1) 在 Camtasia Studio 编辑器中打开“库”选项卡，单击出现的“获取更多媒体”按钮，如图 4.83 所示。

图 4.83　单击“获取更多媒体”按钮

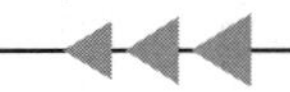

(2) Camtasia Studio 将启动系统默认的浏览器打开资源所在的页面，在页面中找到需要使用的模板类型后单击 Download 超链接将其下载，如图 4.84 所示。

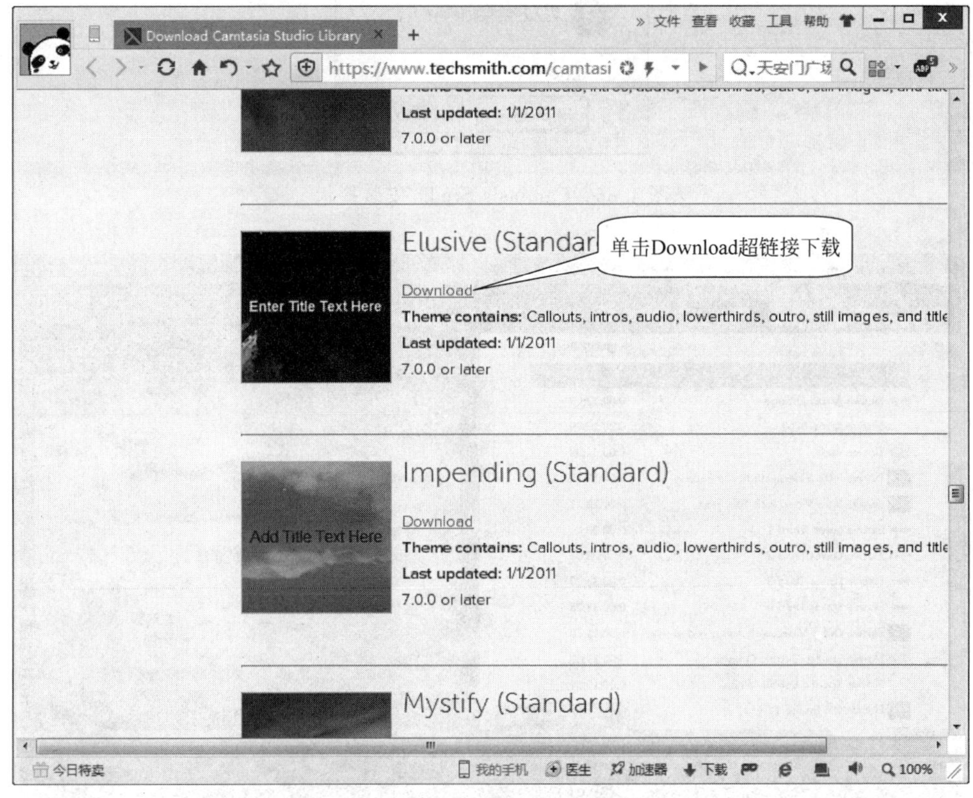

图 4.84　下载模板

(3) 下载完成后将获得一个扩展名为 libzip 的文件，如图 4.85 所示。双击该文件开始安装，Camtasia Studio 给出提示，如图 4.86 所示。单击提示对话框中的“是”按钮即进行模板安装，模板安装在库中，如图 4.87 所示。

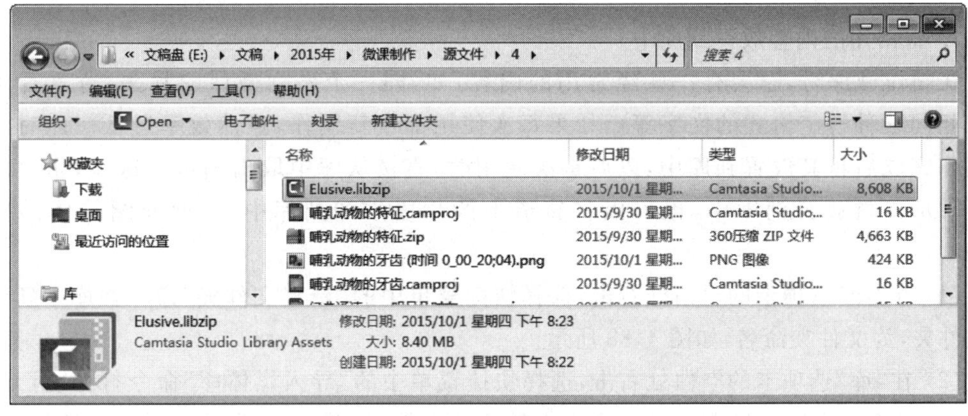

图 4.85　获得一个扩展名为 libzip 的文件

图 4.86　Camtasia Studio 安装提示

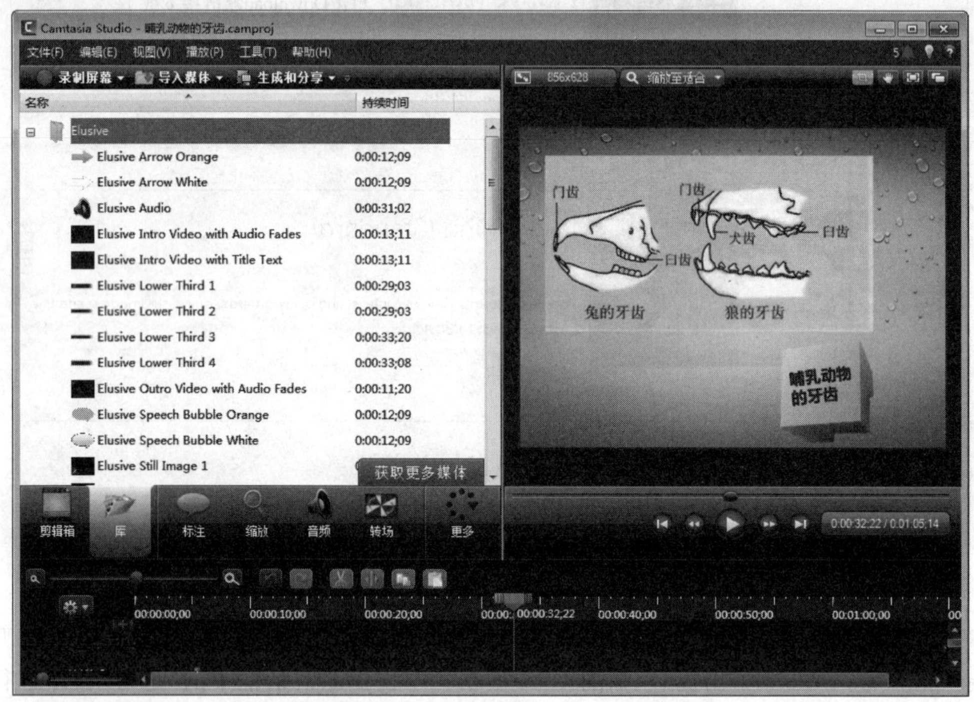

图 4.87　模板安装在库中

3. 将常用的内容放置到库中

在制作微课时，总会有一些经常用的内容，如，同一个系列微课的片头、背景音乐或具有相同某种特定格式的文字等。如果每次使用都重新制作，显然效率过低。此时可以在制作完成后将其放置到库中，以后每次使用时，直接从库中取出即可。这里，用户既可以将外部素材放置到库中，也可以将轨道上的片段添加到库中，下面介绍具体的操作方法。

(1) 在“库”选项卡的空白处右击，选择快捷菜单中的“新建文件夹”命令在库中新建一个文件夹，为文件夹命名，如图 4.88 所示。

(2) 在“库”选项卡的空白处右击，选择快捷菜单中的“导入媒体库”命令打开“打开”对话框，使用该对话框选择需要导入到库中的素材文件，如图 4.89 所示。单击对话框的“打开”按钮，选择素材文件添加到“库”列表中，通过鼠标拖动的方式可以将该素材文件选项放置到创建的文件夹中，如图 4.90 所示。

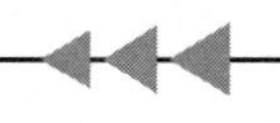

图 4.88　在库中新建一个文件夹

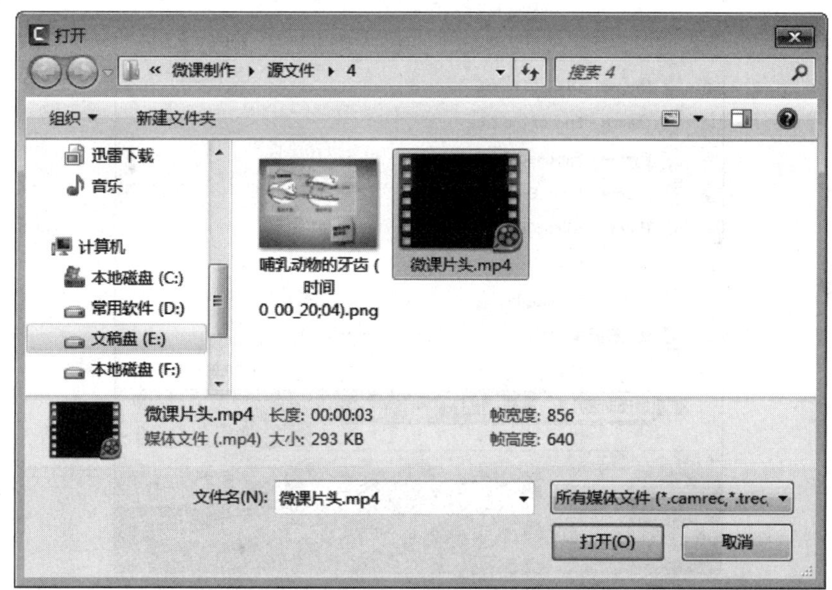

图 4.89　在“打开”对话框中选择需要导入的素材文件

(3) 在轨道上右击一个片段，选择快捷菜单中的“添加资源到库”命令。这个片段将被添加到库中，单击片段名称两次，片段的名称处于可编辑状态，修改片段名称，如图 4.91 所示。

专家点拨：右击库中的某个选项，选择快捷菜单中的“从库中删除”命令(或选择某个选项后按 Delete 键)可删除库中的素材。

图 4.90　素材文件添加到库中

图 4.91　将片段添加到库中并命名

4. 导出库文件

如果要在其他的计算机上使用本机使用的模板，可以将模板文件导出为 libzip 文件，在其他计算机上安装该模板就可以使用了。导出模板，可以使用下面的方法操作。

(1) 右击库中某个模板选项或文件夹，选择关联菜单中的“导出库”命令打开“导出库为 Zip”对话框，单击“新建 zip 文件名”右侧的按钮，如图 4.92 所示。

图 4.92　“导出库为 Zip”对话框

(2) 打开“另存为”对话框，使用该对话框选择保存文件的文件夹，设置文件保存时使用的文件名，如图 4.93 所示。单击“保存”按钮后单击“确定”按钮关闭“导出库为 Zip”对话框，选择模板将保存在指定的文件夹中。

图 4.93　“另存为”对话框

4.4　本 章 习 题

一、填空题

1. 在 Camtasia Studio 中，需要进行编辑处理的视频和音频也是放置在________上的。视频的编辑处理过程，实际上就是对________进行操作的过程。

2. 在“时间轴”面板的时间刻度上有 3 个滑块，中间的滑块为________，用于________。左侧的绿色滑块用于________，右侧红色的滑块用于________。

3. 在声音开始的时候，________，这就形成了淡入效果；而在声音结束时，________，就形成了淡出效果。

二、选择题

1. 下面哪种文件格式是 Camtasia Studio 编辑器项目文件格式？________

A. *.trec　　B. *.camproj　　C. *.flv　　D. *.libzip

2. 在图 4.94 所示的“时间轴”面板中，哪个按钮用于分割视频片段？________

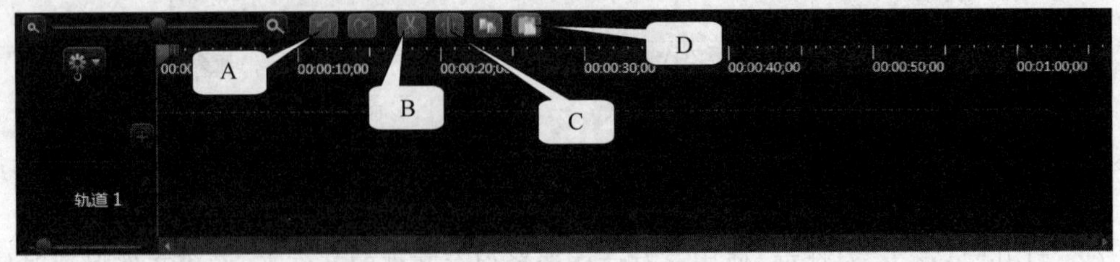

图 4.94 “时间轴”面板

3. 下面哪种文件格式可以通过双击安装到 Camtasia Studio 编辑器的库中？________

A. ＊.trec　　B. ＊.camproj　　C. ＊.flv　　D. ＊.libzip

4.5 上机练习

练习 1 录制一段微课视频并在 Camtasia Studio 编辑器中对其进行编辑

主要操作步骤提示：

(1) 录制微课并将其置于 Camtasia Studio 编辑器的轨道中。

(2) 选择整个视频片段对其进行降噪处理。

(3) 选择整个视频对其音量进行调整。

(4) 选择视频片段中不需要的部分将其删除。

练习 2 利用模板为微课视频添加片头

主要操作步骤提示：

(1) 录制微课并将其置于 Camtasia Studio 编辑器的轨道中。

(2) 使用拖动的方式将视频片段后移以留出放置视频片头的空间。

(3) 打开“库”选项卡，在列表中选择需要使用的动画片头模板并将其放置到轨道中。

(4) 修改片头模板中文字。

(5) 调整两段视频在轨道上的位置，使它们无缝对接。

第5章 在微课视频中添加内容

文字、声音和视频是一个微课视频中不可或缺的三大要素，在对微课视频进行后期处理时，使用 Camtasia Studio 能够随心所欲地添加这些元素，以实现对教学内容的说明和标注，对录课时遗漏的内容进行必要的补充，对录制完成的视频进行修改和进一步的完善。本章介绍在微课视频中添加图形、文字标注以及语音旁白和文字字幕的方法和技巧。

本章主要内容：

- 在微课中添加标注
- 在微课中添加旁白和摄像头视频
- 在微课中添加字幕

5.1 在微课中添加标注

在制作微课视频时，图形、文字和注释是经常出现的元素。使用 Camtasia Studio 编辑器，利用其提供的标注功能，能够方便地在微课视频中添加这些内容，以便对视频中出现的要点进行标注提示。本节介绍为视频添加批注的方法。

5.1.1 在微课视频中添加文字

文字是信息传递的一种重要手段，是信息的一种重要载体，是微课视频中展示主题、提点知识要点和进行注释说明的重要方式。在 Camtasia Studio 编辑器中，向视频中添加文字有两种方式：一种是直接添加文字，另一种是添加带有形状的文字。下面采用这两种方式分别制作一个文字视频片头，通过片头的制作帮助读者熟悉这两种文字的添加方法。

1. 添加文字

Camtasia Studio 编辑器能够向视频中添加文字，并且可以对其字体、大小和填充颜色等进行设置，从而改变文字外观样式。下面介绍具体的设置方法。

(1) 启动 Camtasia Studio 编辑器并创建项目，单击“标注”标签，在打开的“标注”选项卡的“形状”列表中列出了所有可以使用的标注。选择列表中的 Text 选项，如图 5.1 所示。

(2) 此时 Camtasia Studio 将添加一个新的轨道，选择的文字标注将添加到该轨道上。在“标注”选项卡中出现一个文本框，在该文本框中输入文字，如图 5.2 所示。

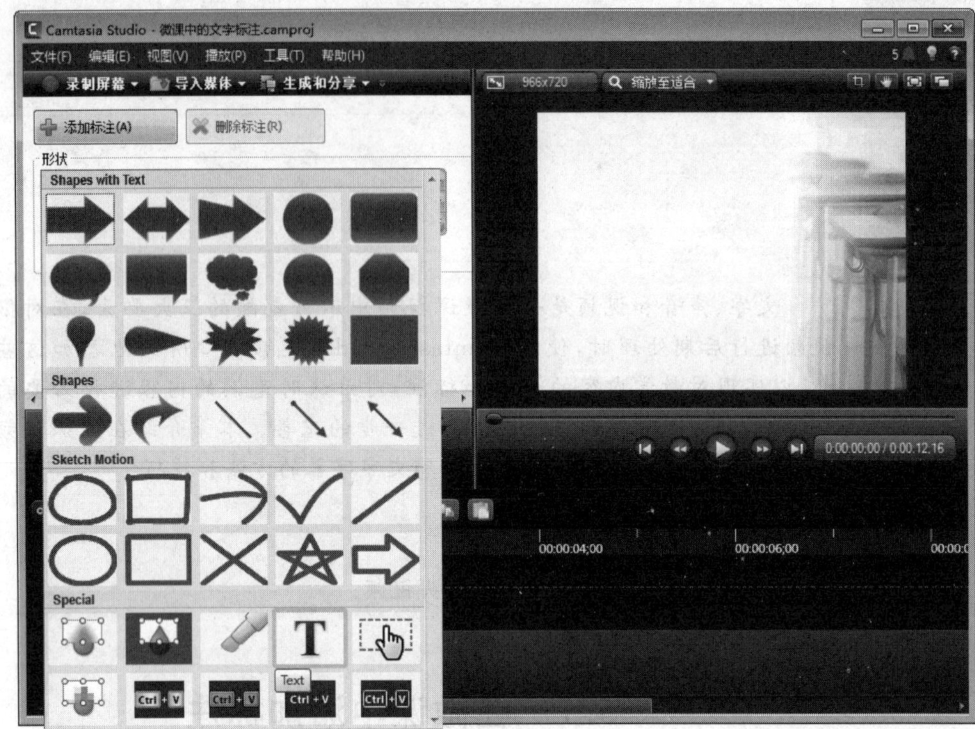

图 5.1 选择 Text 选项

图 5.2 在文本框中输入文字

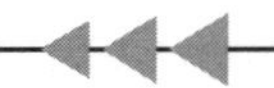

(3) 在文本框中选择文字,设置其字体和大小,如图5.3所示。将插入点光标放置到剩余文字的前面,按Enter键两次在文字前添加两个空行。选择剩下的文字,设置其字体和文字的大小。在“视频预览”窗口中拖动对象框上的控制柄调整对象框的大小,使文字能够完全显示出来,如图5.4所示。

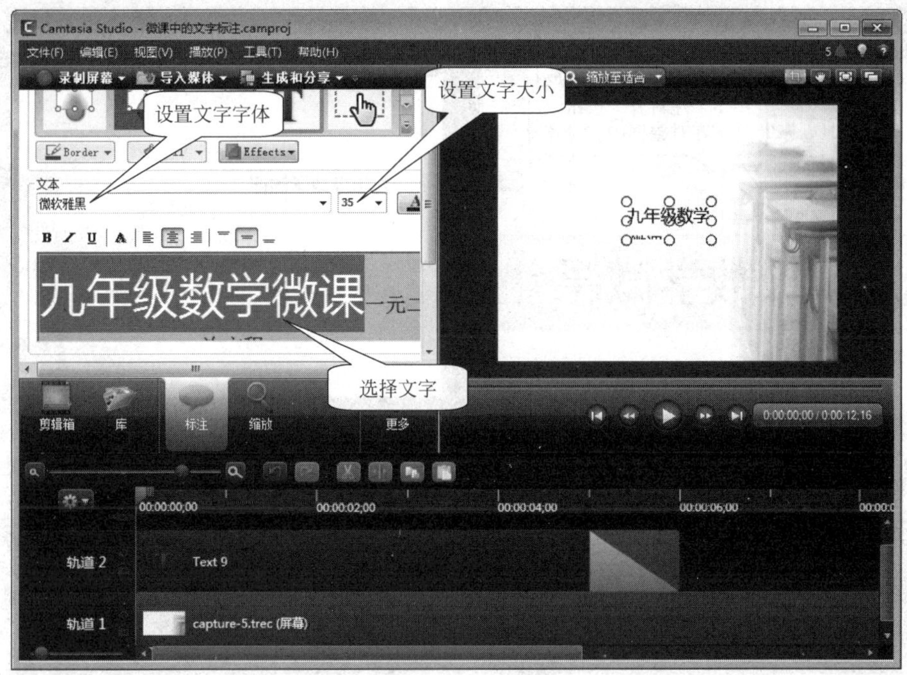

图5.3　设置文字字体和大小

图5.4　设置剩下文字并调整对象框大小

(4) 将插入点光标放置到文字“九”的前面，单击“左对齐”按钮使该行文字在对象框中左对齐放置，如图5.5所示。当插入点光标放置在文本框中时，按Ctrl+A键选择所有的文字，此时可以对所有文字的颜色进行设置，如图5.6所示。

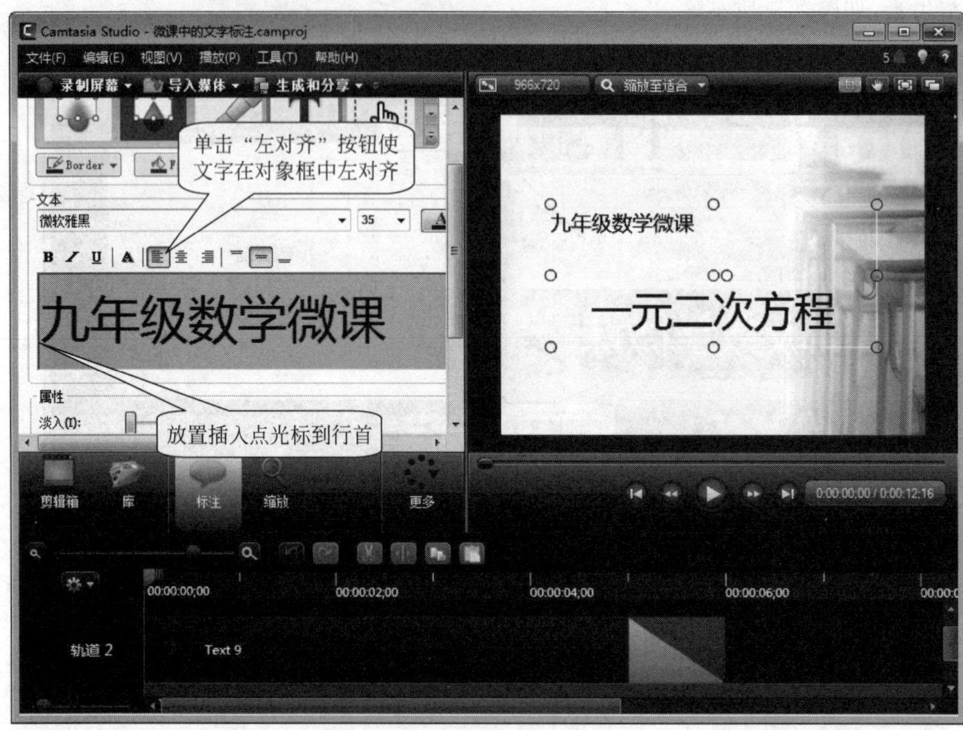

图5.5 使文字左对齐

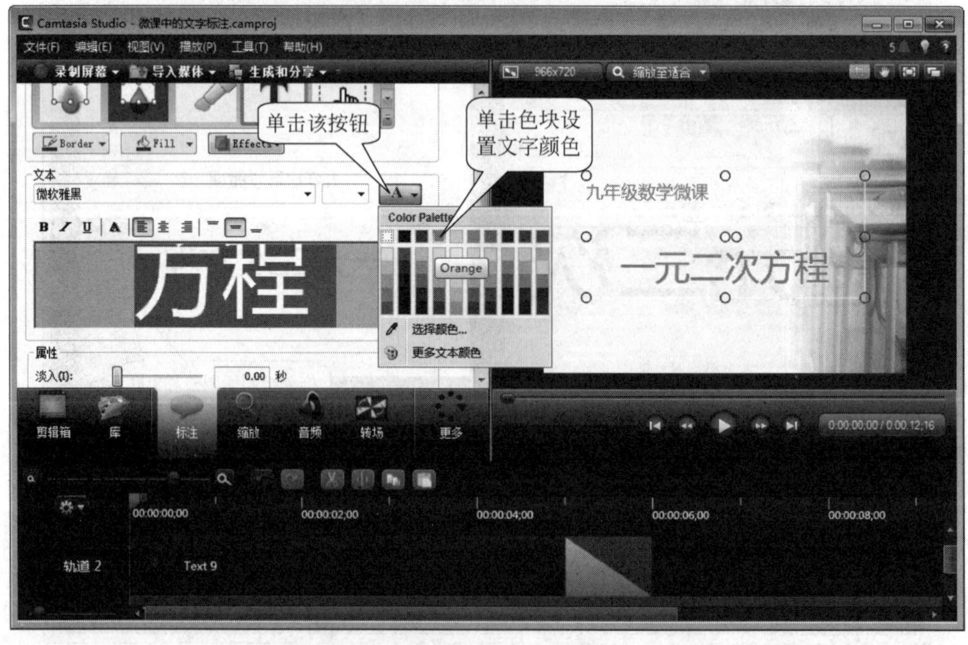

图5.6 设置文字颜色

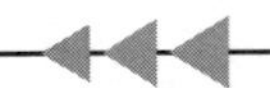

专家点拨：这里，单击“中心”按钮可以使文本在对象框中中心对齐放置，单击“右对齐”按钮可以使文本在对象框中右对齐放置。单击“顶端对齐”按钮可以使文本在对象框中顶端对齐放置，单击“将垂直中心对齐”按钮可以使文本在对象框中在垂直方向中心对齐放置，单击“底端对齐”按钮可以使文本在对象框中底端对齐放置。

(5) 单击 Effects 按钮，在打开的列表中选中 Shadow 复选框，可以为文字添加阴影效果，如图 5.7 所示。选择文本框中的所有文字后，单击相应的按钮可以将选择文字加粗、变成斜体和添加文字阴影效果，如图 5.8 所示。

图 5.7　为文字添加阴影效果

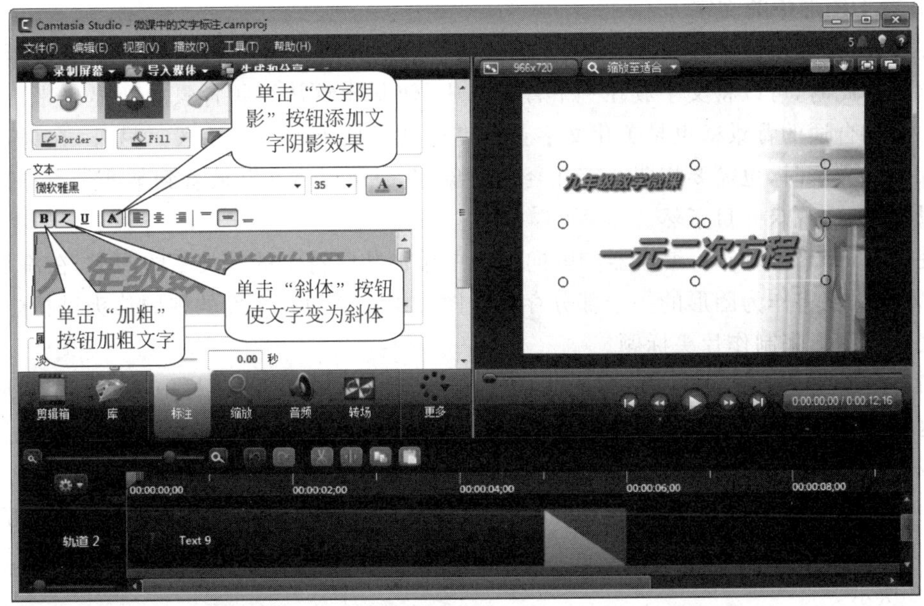

图 5.8　使文字加粗、倾斜并添加文字阴影

(6) 这里,可以为文字添加淡入淡出效果。在“淡入”和“淡出”文本框中输入数值设置文字淡入和淡出效果的延续时长,在轨道拖动文字对象的右边界调整文字显示的时长。这里使文字显示时长与视频片段一样,如图 5.9 所示。

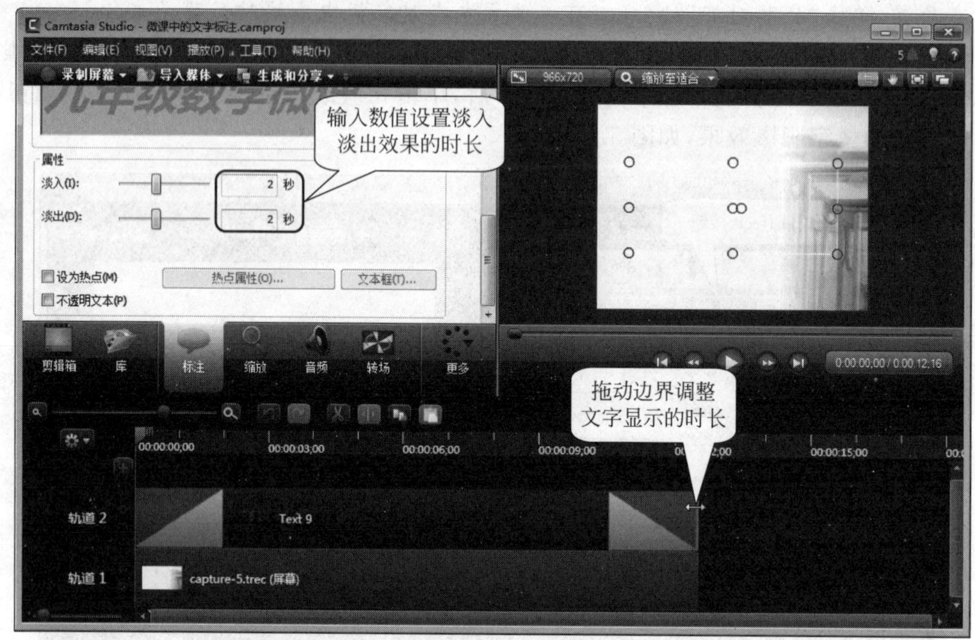

图 5.9 添加淡入淡出效果并设置文字显示时长

专家点拨:这里,淡入淡出效果与前面介绍的声音的淡入淡出效果是一样的。淡入效果使对象由完全不显示逐渐过渡到完全显示,淡出效果使对象由显示逐渐过渡到不显示。如果要取消对象的淡入和淡出效果,只需将它们的延续时间设置为 0 秒就可以了。

2. 置于图形中的文字

在视频中,如果背景较复杂,使用上面介绍的纯文字就可能导致文字不太明显,影响文字的读取。此时,可以将文字放在一个背景框中,使其能够从视频背景中凸显出来。同时,为文字添加合适的背景框也是美化文字获得良好视觉效果的一种手段。另外,在为某些区域添加注释文字时,也需要指明文字注释的对象,此时可以将文字放置到某些带有指向箭头的背景框中,让观众一目了然。

使用 Camtasia Studio 编辑器能够向视频中添加某些特定的带文字的图形,在添加图形后,输入的文字将作为图形的一个部分存在于图形中。下面以上面的视频片头进行修改,使用带文字的图形来制作片头标题。

(1) 打开“标注”选项卡,在“形状”列表中选择 Shape with Text 栏中需要使用的形状单击。这里单击 Simple Rectangle 选项,如图 5.10 所示。

(2) 此时在视频中将添加一个矩形,拖动矩形调整它的位置,拖动矩形边框上的控制柄调整矩形的大小。单击 Fill 按钮,在打开的列表中选择相应的选项设置矩形的填充色,如图 5.11 所示。单击 Border 按钮,在打开的列表中选中 No boder 选项取消图形的边框,如图 5.12 所示。

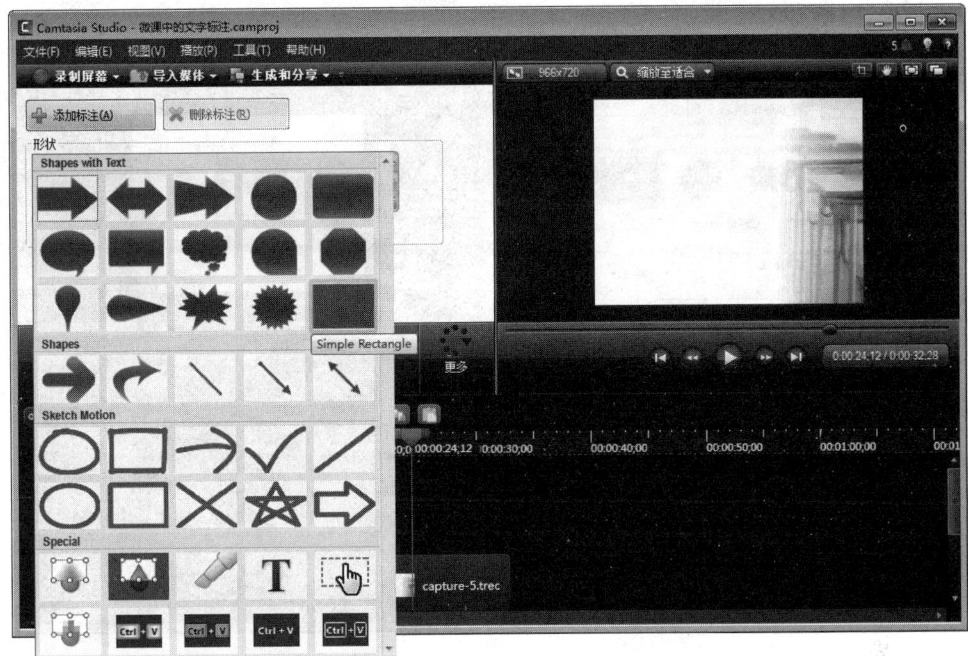

图 5.10　单击"Simple Rectangle"选项

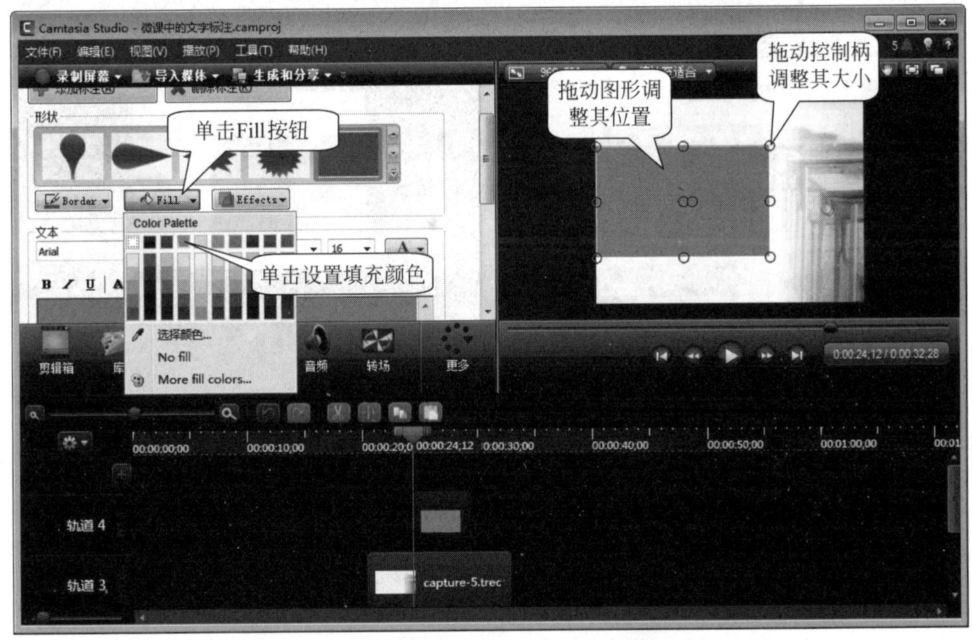

图 5.11　设置图形大小和填充颜色

（3）单击 Effects 按钮，在打开的列表中单击 Effects 按钮，在打开的列表中选择 Shadow 选项为图形添加阴影效果，如图 5.13 所示。按照前面介绍的方法在"标注"选项卡的文本框中输入文字就可以在图形中添加文字了，设置文字的外观样式，在轨道上调整标注的延续时间就可以得到需要的文字，如图 5.14 所示。

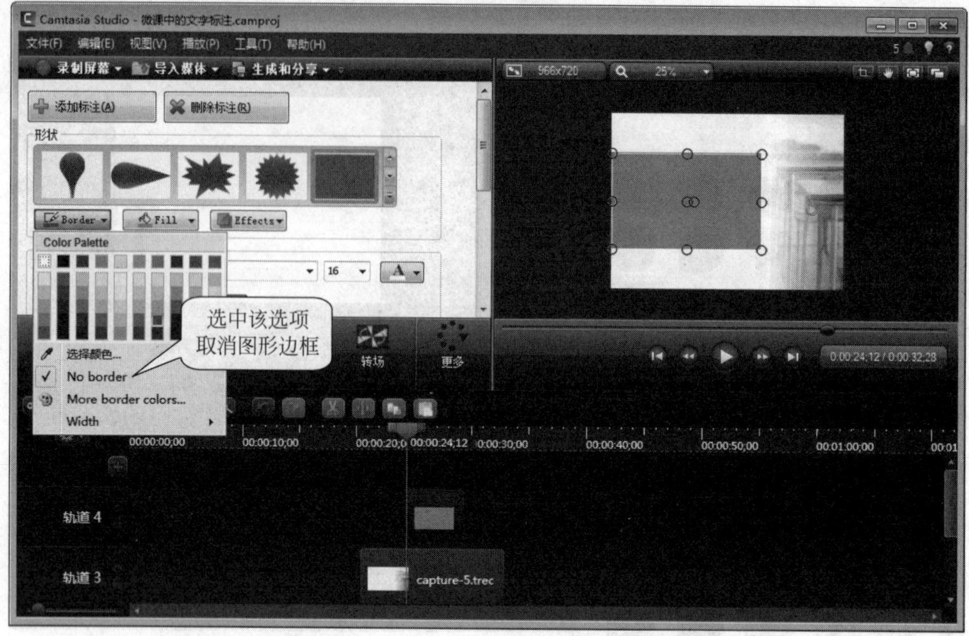

图 5.12　取消图形边框

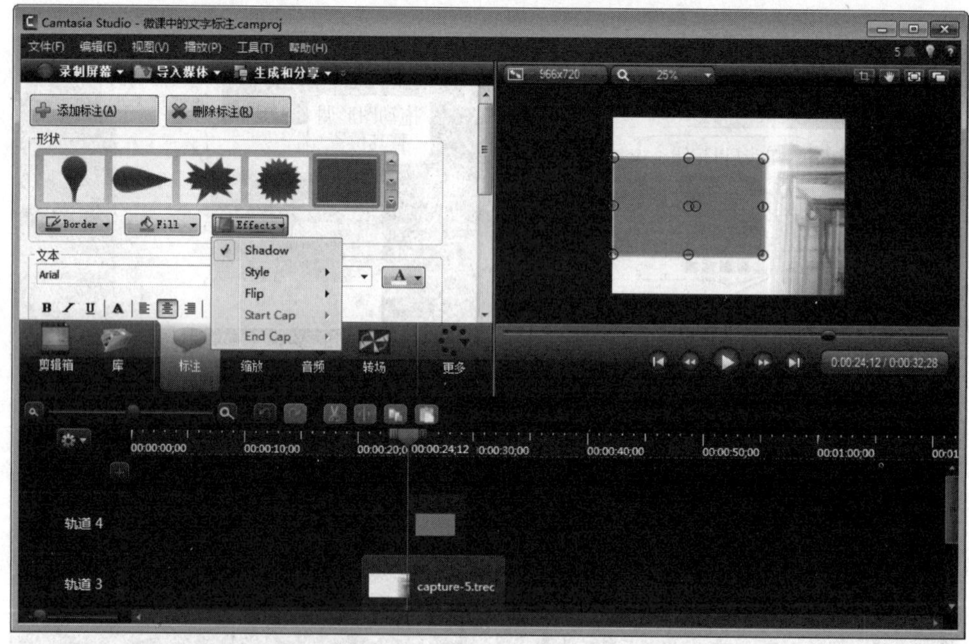

图 5.13　为图形添加阴影效果

专家点拨：在图形中添加的文字，相当于放置在一个图形文本框中，文字与图形是一个整体，无法利用鼠标拖动的方式来调整文字在图形中的位置。要调整文字的位置，除了可以通过设置文字的对齐方式来实现之外，还可以在段落文字中添加空行或空格来调整文字在图形中的相对位置。

图 5.14 在图形中添加文字

5.1.2 在微课视频中添加图形

微课视频不同于 PPT,并不需要用户在视频画面中绘制复杂的图形,因为这些图形完全可以在录制视频前的制作的课件中绘制完成。Camtasia Studio 编辑器也并没有提供用于绘制复杂图形的工具,其提供的图形绘制工具只是让用户能够方便地绘制出用于标注的图形,这些图形在视频中的作用是对视频中的要点进行提示和强调。

Camtasia Studio 编辑器提供 3 类标注图形供用户使用,它们是 Shapes with Text、Shapes 和 Sketch Motion,如图 5.15 所示。与前两类图形不同,Sketch Motion 类的标注图形具有自带动画,能够获得绘制图形的动画效果,而其他两类图形只能为图形添加淡入和淡出动画效果。

专家点拨: 这里要注意的是,导入到视频中的图像,拖动对象上的控制柄只能对图像进行裁剪操作,不能调整图像的大小。因此在制作图形时,应该按照需要的大小来制作。

下面通过一个实例来介绍在视频中添加指向性动画标注的方法。在这段视频中,需要添加箭头标注操作注意的要点。一个标注包括指向箭头和注释文字,箭头以画出的方式出现,在箭头出现后再出现注释文字。当一个标注消失后,显示第二个标注。下面介绍实现这种标注效果的制作方法。

(1) 将播放头放置到需要添加标注的位置,在“标注”选项卡的“形状”列表中单击 Sketch Motion 类中的 Sketch Motion Arrow 形状即可将形状动画片段添加到轨道上,如图 5.16 所示。

(2) 此时标注形状被添加到一个新的轨道中,在“视频预览”窗口中可以看到该图形。拖动图形可以改变其位置,拖动边框上的控制柄调整图形的大小,拖动旋转控制柄旋转图形,如图 5.17 所示。在“视频预览”窗口的空白处单击取消对形状的选择,添加文字并对文字的样式进行设置,如图 5.18 所示。

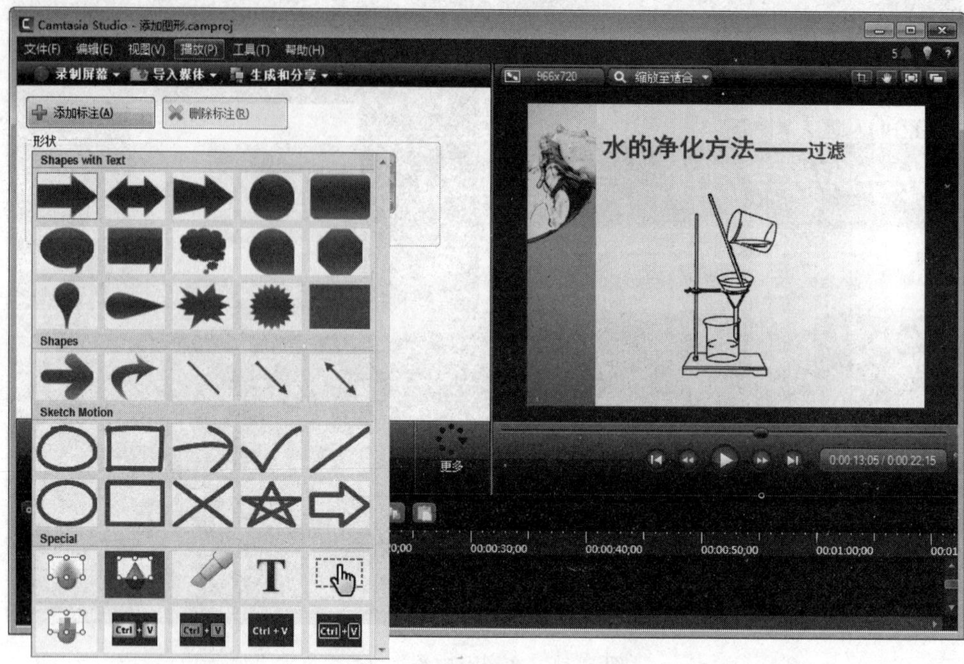

图 5.15　Camtasia Studio 编辑器中图形标注

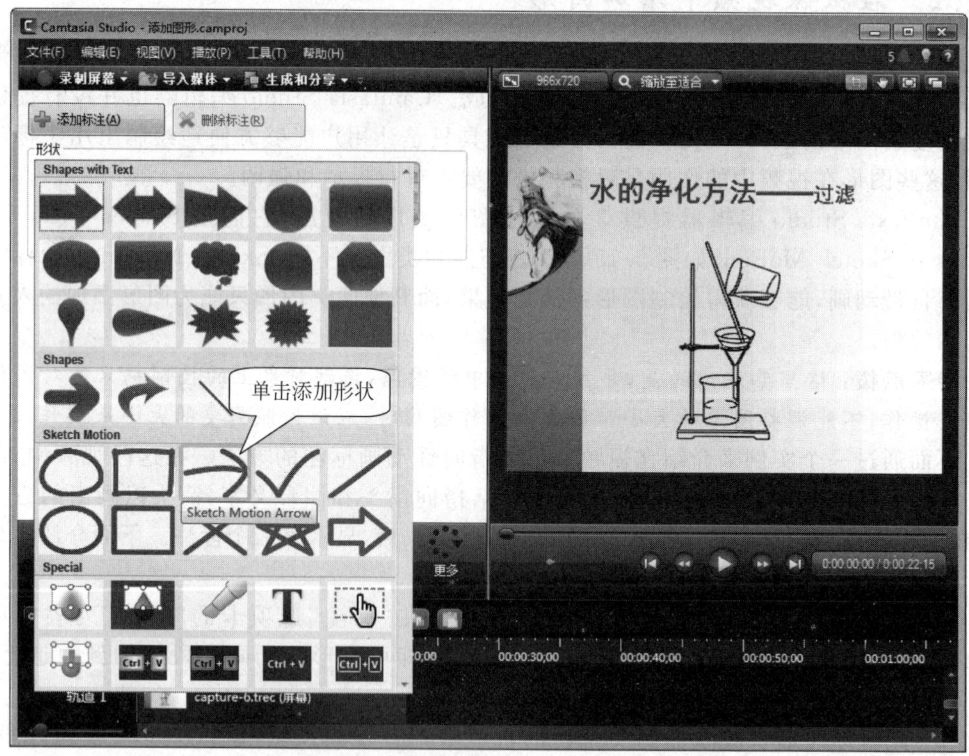

图 5.16　添加形状

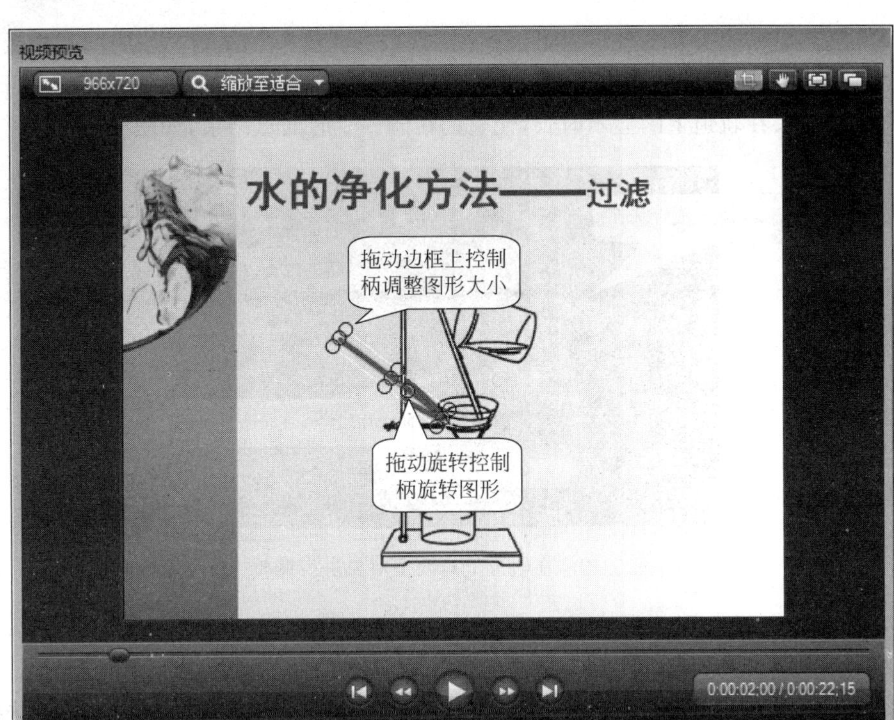

图 5.17　对图形进行调整

图 5.18　添加文字

(3) 文字需要在箭头完全显示后再显示出来,文字和箭头在显示一段时间后需要同时消失。这里,调整文字在轨道中的位置,使其淡入动画效果在箭头进入动画效果完成后开始。分别调整文字和箭头在轨道上的显示时长,使它们在同一个时间点结束,如图 5.19 所示。

图 5.19 在轨道上对两个对象进行调整

(4) 按住 Shift 键分别单击轨道上的文字和图形片段同时选择它们,按 Ctrl+C 复制。将播放头放置到第二个标注需要出现的位置,在轨道 3 的空白处单击后按 Ctrl+V 键将复制的内容粘贴到轨道中。移动播放头使对象在"视频预览"窗口中显示出来,分别选择文字和箭头,更改文字内容,更改它们的位置和箭头的方向,如图 5.20 所示。使用相同的方法可以继续添加标注,标注添加完成后,可以在"预览"窗口中单击"播放"按钮预览播放效果。

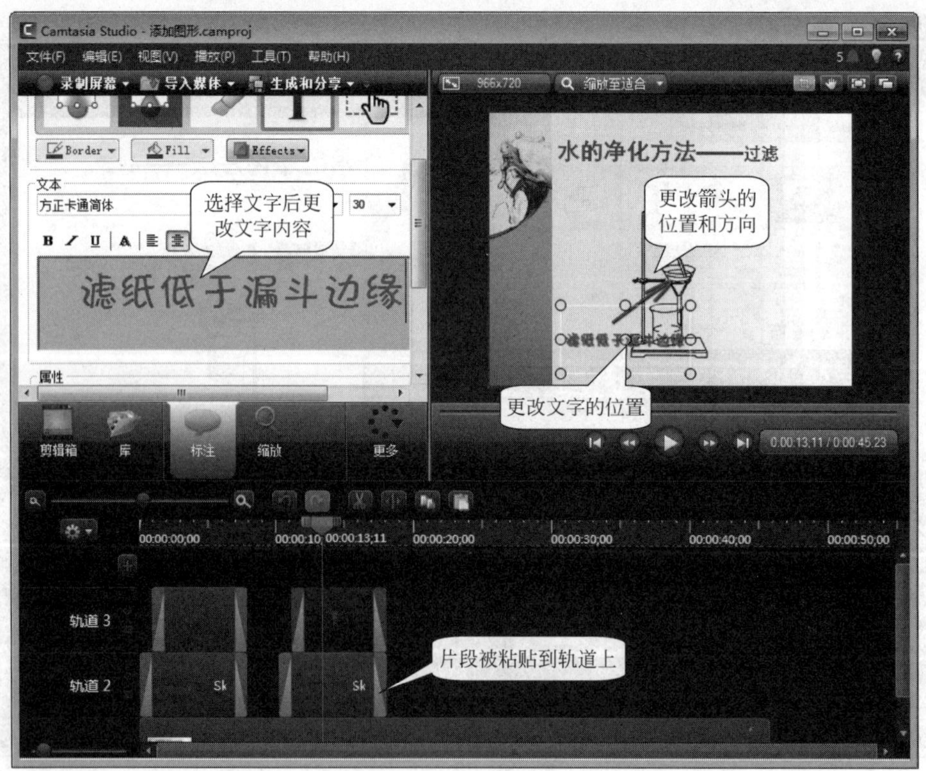

图 5.20 粘贴对象后对内容和位置进行调整

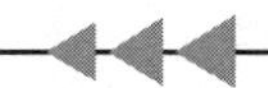

Camtasia Studio 编辑器只提供了常用的可用作标注的图形，如果确实需要使用其他的图形，可以使用图像编辑软件（如 Photoshop 和 CorelDRAW 等）来绘制图形。在绘制图形时，注意将图形绘制在透明的背景上，如图 5.21 所示。绘制完成后将图形保存为 png 格式的文件，将保存后的图形文件作为素材导入到项目或直接放置到库中，这样就可以在 Camtasia Studio 编辑器中使用了。由于 Camtasia Studio 编辑器支持背景透明的 png 图形文件，添加到视频中的图形背景仍然透明，不会出现遮盖视频画面的白色背景，如图 5.22 所示。

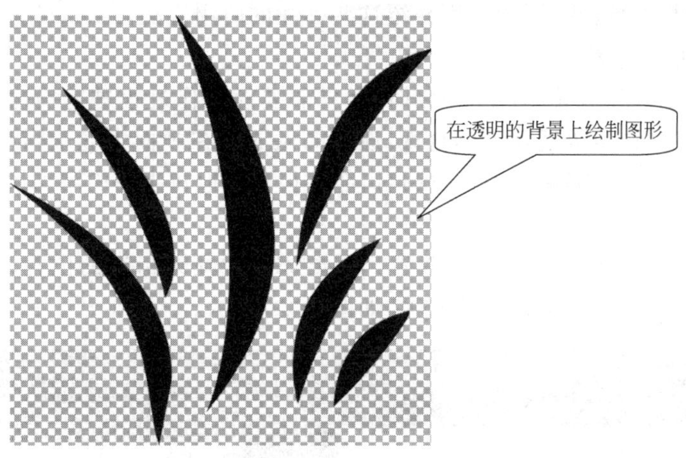

图 5.21　制作背景透明的图形

图 5.22　将图形添加到视频中

专家点拨：这里要注意的是，导入到视频中的图像，拖动对象上的控制柄只能对图像进行裁剪操作，不能调整图像的大小。因此在制作图形时，应该按照需要的大小来制作，不要过大也不要过小。

5.1.3　特殊但很有用的标注方式

在 Camtasia Studio 编辑器中除了可以向视频中添加文字和形状标注之外，还可以添加一些具有特殊效果的标注。下面分别介绍这些标注的应用方法。

1. 强调按键

在制作与电脑操作有关的微课视频时，经常需要对操作过程进行描述。如果在操作中使用了快捷键，仅凭语言描述就不够直观，通常的做法是在画面中显示当前操作的快捷键。在使用 Camtasia Studio 编辑器编辑视频时，能够很方便地在画面中添加快捷键标注。下面介绍具体的操作方法。

(1) 在"时间轴"面板中将播放头放置到需要添加快捷键标注的位置，打开"标注"选项卡，在"形状"列表中单击快捷键形状选项，如图 5.23 所示。

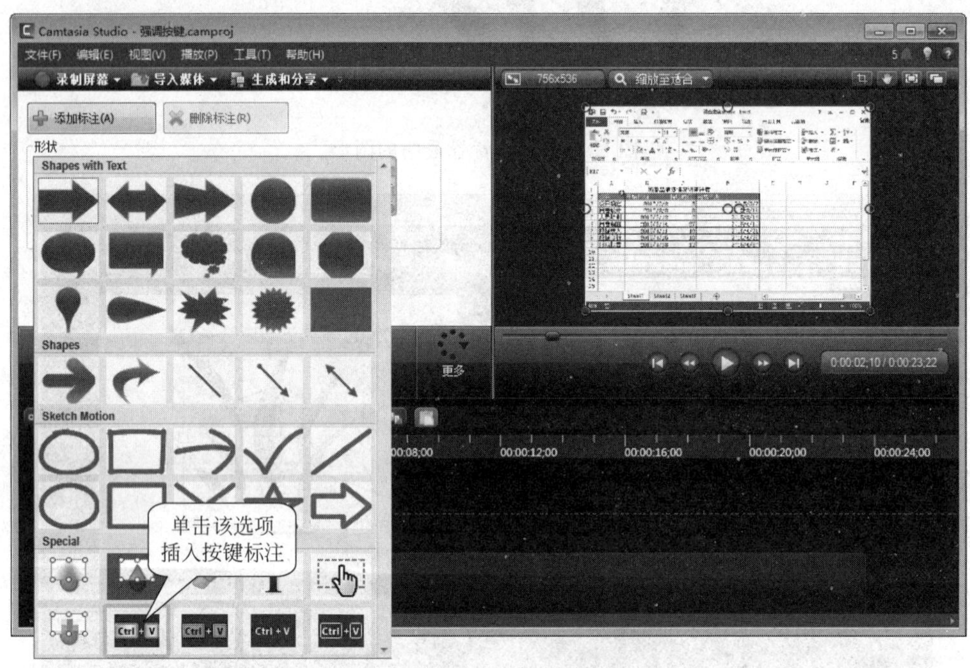

图 5.23　插入按键标注

(2) 此时，轨道上将添加按键标注动画片段。在"标注"选项卡的"输入按键或组合"文本框中单击放置插入点光标后按键，"视频预览"窗口中将显示按下的键从而获得需要的按键标注，如图 5.24 所示。

(3) 选择轨道上的标注片段，在"形状"列表中单击相应的选项，可以直接更改标注的类型，原来设置的属性将应用于新的对象，如图 5.25 所示。

专家点拨：Camtasia Studio 编辑器提供了 4 种按键标注供用户选择使用，它们在用法上是一样的，区别只是在于显示在屏幕上的标注样式不同。

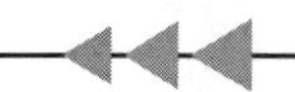

图 5.24　设置按键

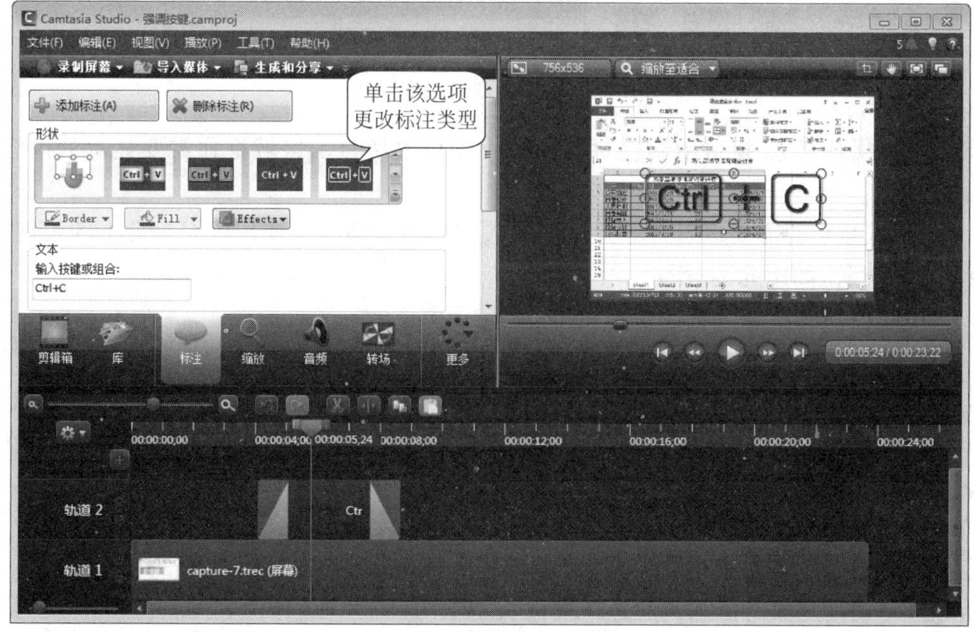

图 5.25　更改标注类型

2. 只让重点区域显示

在微课视频中，有时需要根据讲解的进度让当前正在讲解的内容作为重点标注出来。如果需要重点显示的区域是一个矩形区域，可以在屏幕上让该区域显示，该区域之外区域模糊显示，这个区域就成为整个屏幕上的一个亮点，其中的内容自然作为重点被凸现出来了。

下面介绍在 Camtasia Studio 编辑器中创建这种亮点区域的方法。

(1) 打开“标注”选项卡,在“形状”列表中单击 Spotlight 选项,如图 5.26 所示。此时将在轨道上放置一个 Spotlight 标注片段。

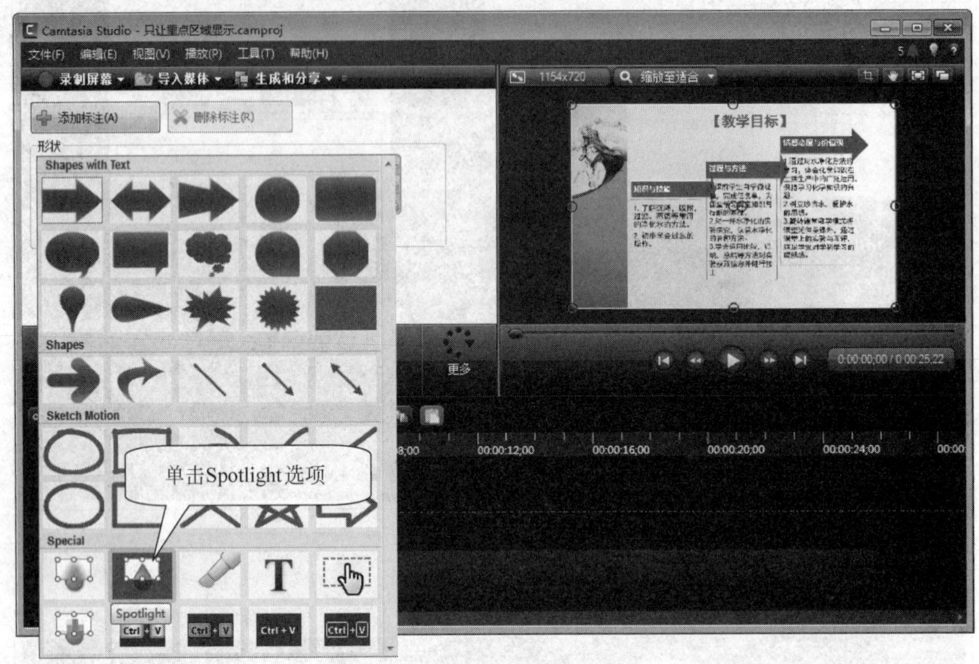

图 5.26 单击 Spotlight 选项

(2) 在“视频预览”窗口中调整对象的大小和位置使显示区域框住需要显示的内容,如图 5.27 所示。

(3) 根据显示的需要设置对象片段的淡入和淡出时间并改变片段在轨道中的长度调整效果的显示时长,如图 5.28 所示。

3. 用颜色强调重点区域

在微课视频中,使用与周围颜色不同的区域将某个内容框起来,也能起到强调该区域中内容的目的。为了让被颜色遮盖区域中的内容显示,颜色区域必须是一个半透明区域。在 Camtasia Studio 编辑器中,添加到视频中的图形标注,其填充颜色是无法设置填充透明度的。如果要利用半透明图形来强调区域中的内容,则必须使用 Camtasia Studio 提供的 Highlighter 标注。下面介绍 Highlighter 标注的使用方法。

(1) 在“标注”选项卡的“形状”组中单击 Hightlighter 选项,如图 5.29 所示。一个 Highlighter 动画片段将添加到轨道中播放头指示的位置。

(2) 在“视频预览”窗口调整对象的大小和位置,对轨道上对象的延续时间进行调整。在“标注”选项卡中单击 Fill 按钮,在打开的列表中单击颜色选项设置标注的填充颜色,如图 5.30 所示。调整效果满意后,完成标注的添加。

专家点拨:在 Camtasia Studio 编辑器中,除了可以使用半透明颜色对画面覆盖之外,还可以使用模糊区域来对画面遮盖,如图 5.31 所示。使用 Camtasia Studio 编辑器还可以在画面中添加马赛克效果,如图 5.32 所示。

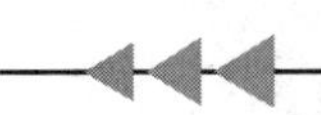

图 5.27 调整显示区域的大小和位置

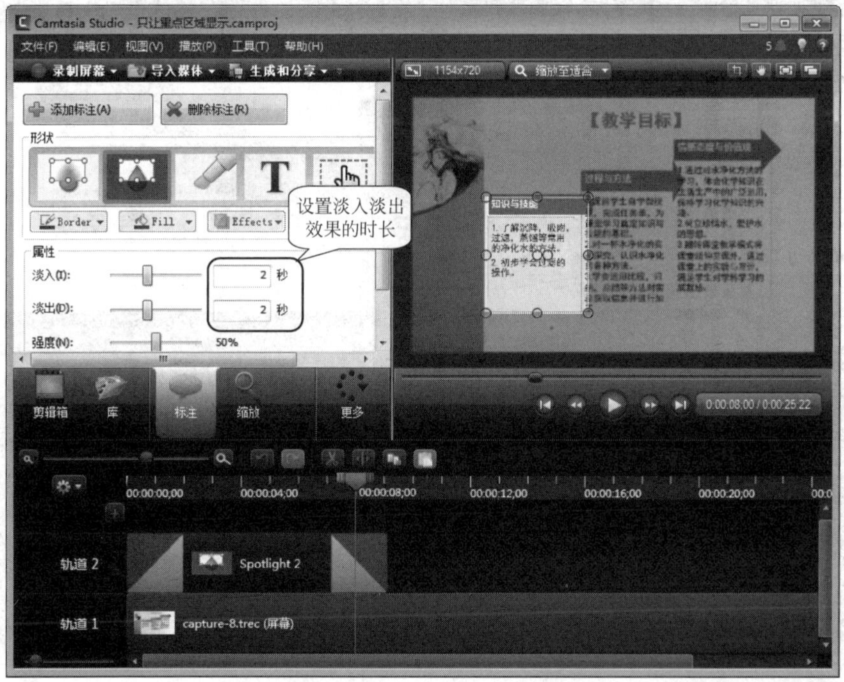

图 5.28 对效果进行设置

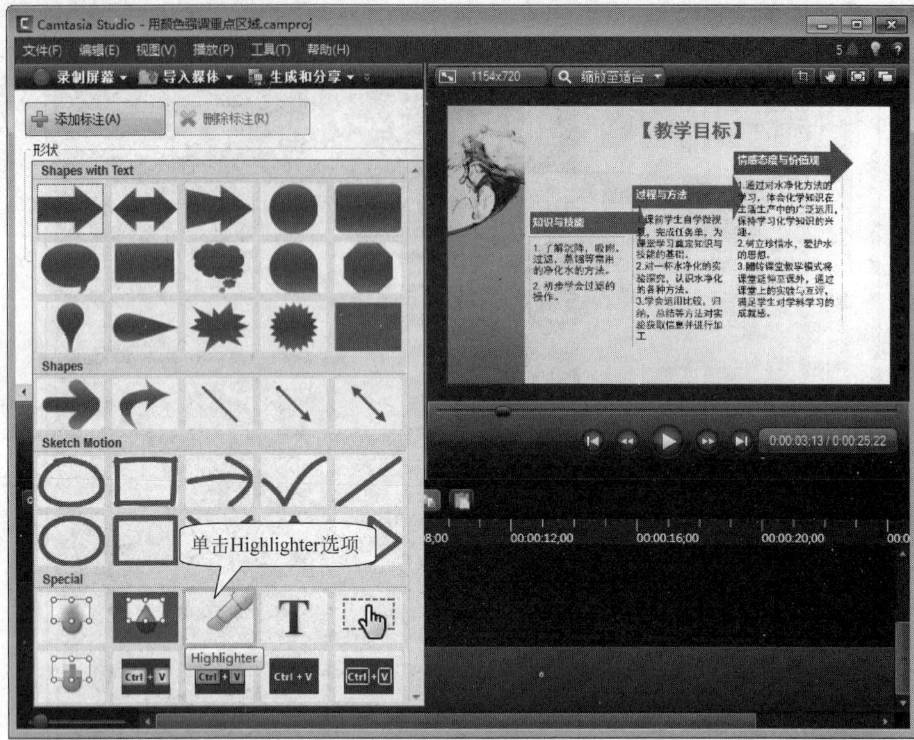

图 5.29　添加 Hightlighter 标注对象

图 5.30　设置标注的填充颜色

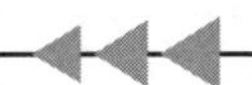

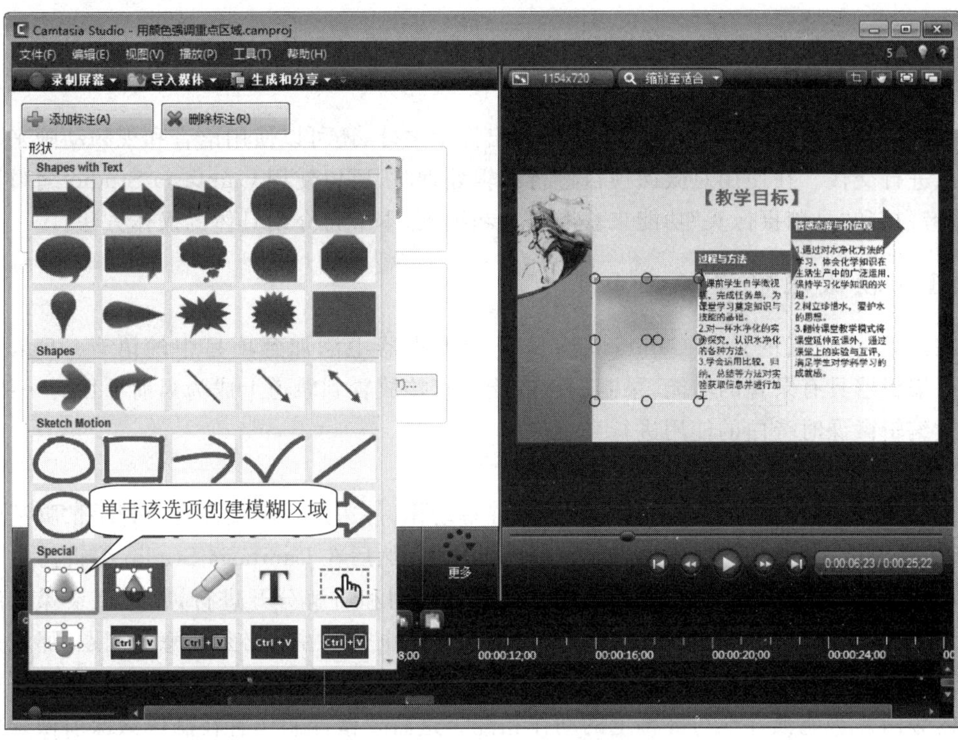

图 5.31　使用模糊区域遮盖画面

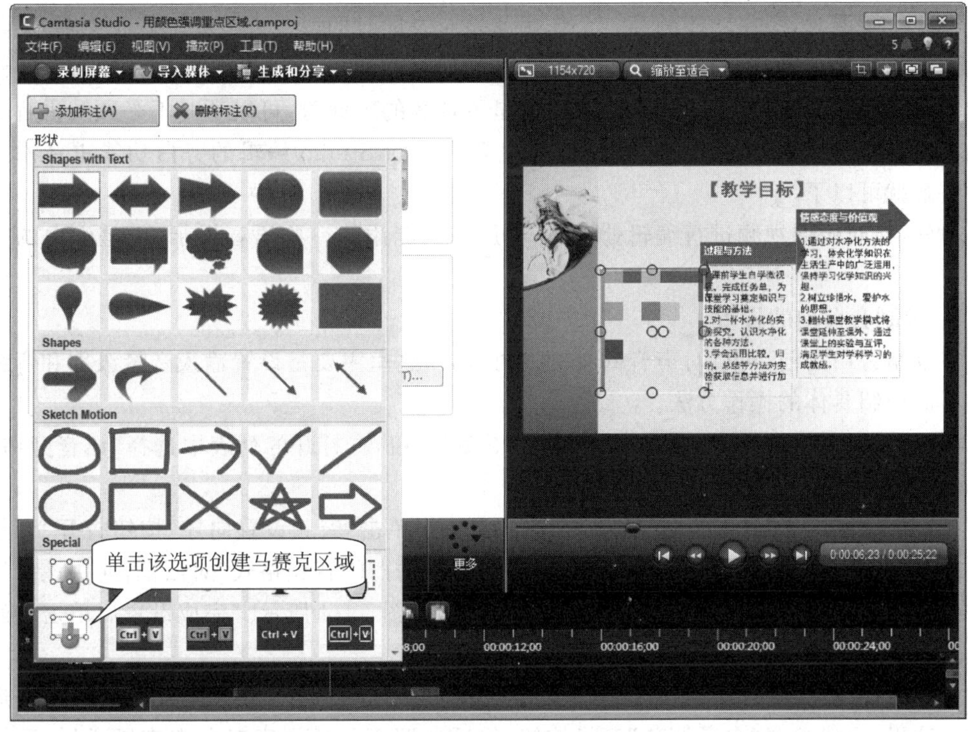

图 5.32　使用马赛克遮盖画面

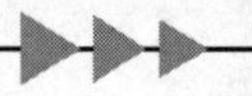

5.2 在微课中添加旁白和摄像头视频

在微课视频中，除了可以应用文字来给出提示之外，还可以使用语音和视频动画来对重要信息进行交代。在使用对微课项目进行编辑处理时，可以使用 Camtasia Studio 编辑器的"语音旁白"和"录制摄像头"功能来获取语音和视频，本节将介绍具体的操作方法。

5.2.1 在微课中添加旁白

在这里，旁白指的是在 Camtasia Studio 中编辑器中添加到项目中的语音。Camtasia Studio 编辑器具有录音的功能，录制的声音能够直接放置到轨道上成为当前项目的一部分。下面对编辑微课时旁白的使用进行介绍。

1. 旁白能干什么

在制作微课时，很多人会觉得一边录制屏幕动作、一边进行解说会有一种手忙脚乱的感觉，极容易出错。此时，可以先进行屏幕操作的录制，然后在 Camtasia Studio 编辑器中利用旁白功能为视频添上讲解。这种方法的好处是将录制和讲解分开进行，能够让录课者注意力集中于某一项操作，减少出错的机会。但这种方法也会存在着必须注意的问题，那就是如何做到操作和解说同步，也就是你在录屏时是否能够保留足够的时间给后面添加的旁白，你后期的旁白是否能很好地与屏幕上的动作相配。这需要微课制作者在制作微课前做好精确规划，计划好什么时候进行什么样的操作，解说该插在什么地方，操作持续时间多长等。只有这样，才能顺利完成录制和添加解说的全过程，不至于翻来覆去地重做。

在制作微课时，旁白功能的第二个作用就是对录屏时的解说进行编辑修改。在录课时，一边操作一边讲解是符合教师平时上课习惯的，但是在录屏的过程中难免会出现一些语言上的错误，一出现错误就从头再来录制显然是不现实的。此时，可以暂时不必顾及讲解中的错误，等录制完成后将出错的讲解删除，利用 Camtasia Studio 编辑的旁白功能重新添加正确的讲解就可以了。

另外，在对微课视频进行编辑处理时，利用该功能添加一些语音提示，也是旁白的一种应用方式。

2. 录制旁白前的设置

在录制旁白之前，可以对声音的录制进行设置，这里主要是设置输入音量级别和音频格式。下面介绍具体的操作方法。

(1) 在 Camtasia Studio 编辑器中单击"更多"按钮，在打开的列表中选择"语音旁白"选项，如图 5.33 所示。

(2) 此时将打开"语音旁白"选项卡，在该选项中单击"音频设置向导"按钮打开"音频设置向导"对话框。在对话框中单击"音频格式"按钮将打开"音频格式"对话框，使用该对话框的"格式"列表中可以选择录音时使用的音频格式，如图 5.34 所示。完成设置后单击"确定"按钮关闭"音频格式"对话框。

(3) 在"音频设置向导"对话框中单击"下一步"按钮，此时可以对输入音量的级别进行调整。这里，可以单击"自动调节"音量按钮，然后按照正常的语音对着麦克风说话，系统将会自动对音量级别进行调整，如图 5.35 所示。单击"完成"按钮完成音频设置。

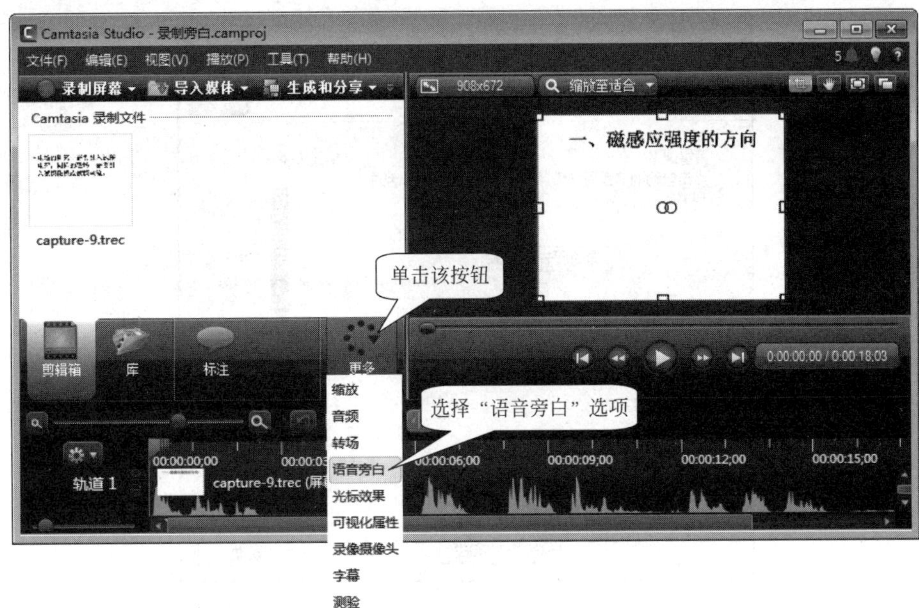

图 5.33 选择“语音旁白”选项

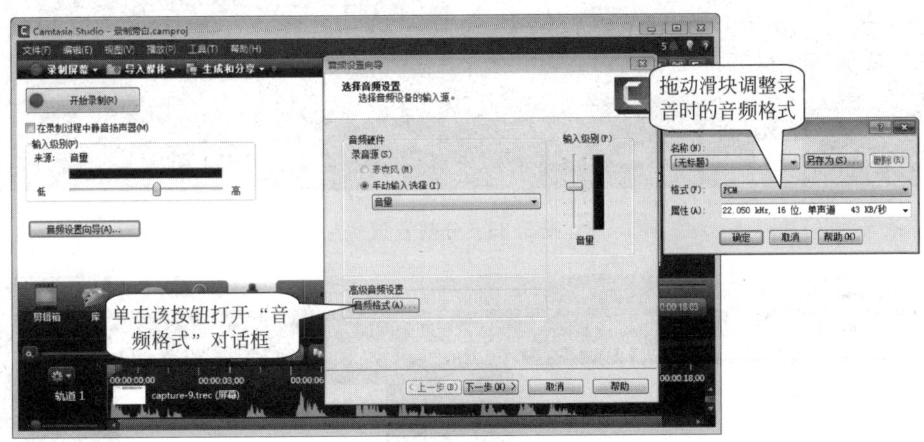

图 5.34 设置音频格式

3. 录制旁白

下面通过一个实例来介绍旁白录制方法。在这个实例中，需要对录制完成的视频中的解说进行修改，可以先删除不需要的语音解说，然后通过旁白的方式添加新的解说。下面介绍具体的操作方法。

(1) 如果项目中的视频和音频没有分离，右击项目中的视频片段，选择快捷菜单中的“独立视频和音频”命令将它们分离。将播放头放置到需要修改的音频片段的末尾位置后单击“分割”按钮 分割音频，如图 5.36 所示。分割音频的目的是使需要处理的音频片段从整个音频中独立出来，成为一个单独的音频片段。选择这个需要处理的音频片段，按 Delete 键将其删除。

(2) 将播放头放置到需要插入旁白的位置。做好录音的准备，在“语音旁白”选项卡中单击“开始录制”按钮，如图 5.37 所示。此时即可开始旁白的录制，播放头将顺着时间轴移动。

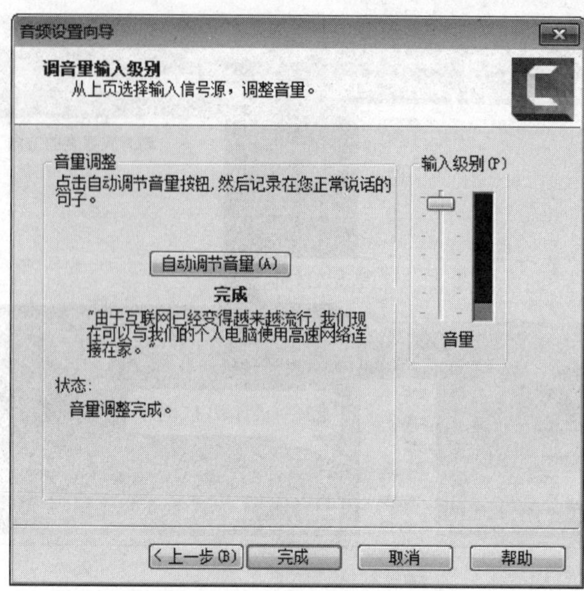

图 5.35　音量级别调整

图 5.36　分割音频

图 5.37　放置播放头并单击"开始录音"按钮

(3) 在录制旁白时,原来的"开始录制"按钮变为"停止录制"按钮。录制完成后单击该按钮停止录制,此时将打开"旁白另存为"对话框。使用该对话框设置旁白文件保存的文件夹和文件名,如图 5.38 所示。单击"保存"按钮旁白被保存,同时声音片段将被放置到一个"时间轴"面板的一个新的轨道中。

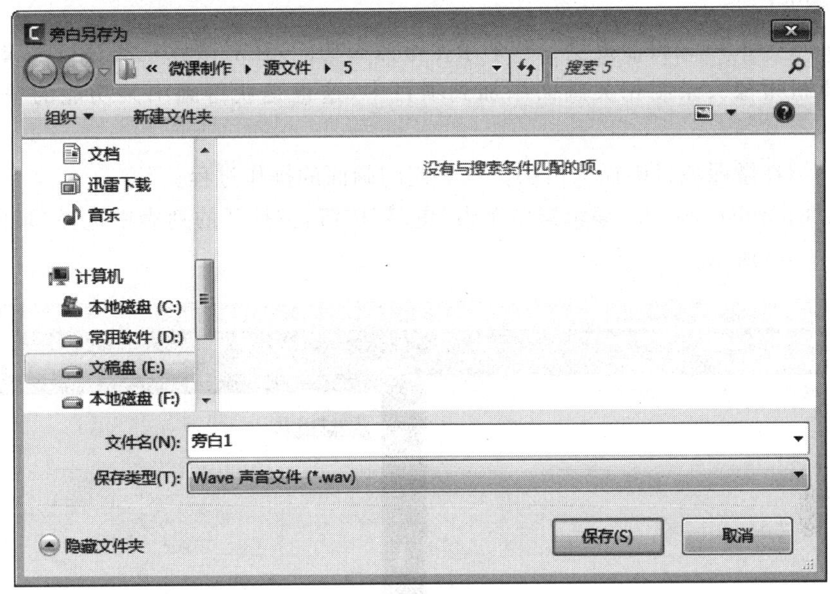

图 5.38 "旁白另存为"对话框

(4) 根据需要对声音进行设置,如调整音量和去除噪声。对旁白和原始的声音进行修剪,如,通过分割的方式将旁白和原来声音中多余的空白部分分割为独立的片段,然后将其删除。调整修剪后音频片段的位置,使旁白能够自然地插入到原来的声音中,如图 5.39 所示。

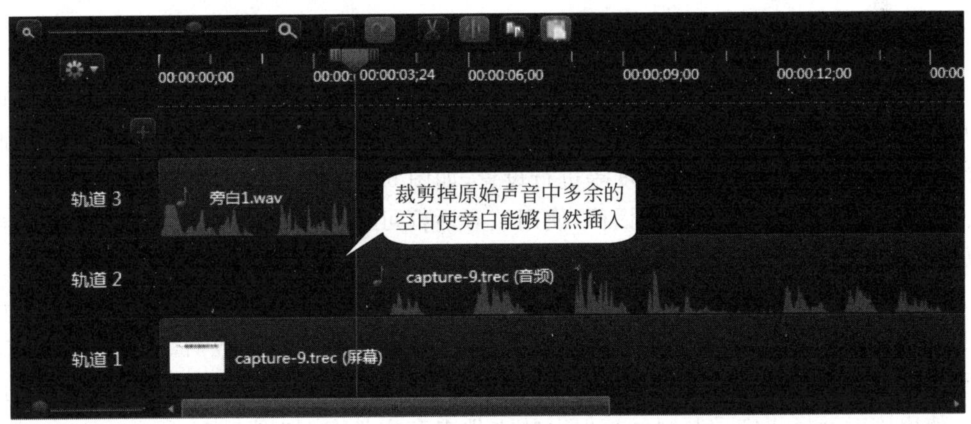

图 5.39 对声音进行修剪

5.2.2 微课中的画中画效果

画中画是一种常见的视频效果,屏幕上包含一大一小两个画面,两个画面同时播放。在

制作微课时有时也需要使用这种画中画效果，如，在屏幕的主画面以文字的形式展示主要的知识要点，小画面展示要点所对应的一些操作视频或授课老师讲解的画面等辅助内容。

在 Camtasia Studio 编辑器中，制作这种画中画效果的操作比较简单。如果使用的是外部的视频素材，将素材导入到项目后放置到轨道上，在“视频预览”窗口中调整好视频的大小和位置就可以了。

Camtasia Studio 编辑器提供了一个录像摄像头功能，在对微课视频进行编辑时可以直接通过计算机摄像头录制相关画面添加到项目中，这也是获得画中画功能的一种有效的方法。

下面介绍在微课项目中插入由摄像头录制的画面的操作过程。

(1) 在 Camtasia Studio 编辑器中单击“更多”按钮，在打开的列表中选择“录像摄像头”选项，如图 5.40 所示。

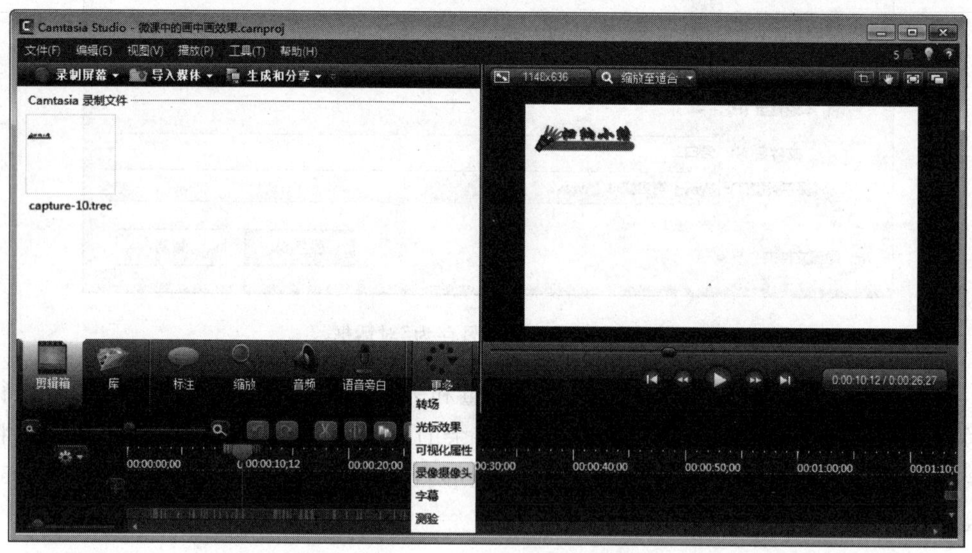

图 5.40　选择“录像摄像头”选项

(2) 此时将打开“录制摄像头”选项卡，Camtasia Studio 编辑器启动摄像头。单击选项卡中的“属性”按钮打开“属性”对话框，在对话框的“视频 Proc Amp”选项卡中可以对录制视频时的亮度、对比度、色调和饱和度等进行设置，如图 5.41 所示。在“录制摄像头”选项卡中单击“格式”按钮将打开“属性”对话框，使用该对话框可以对录制视频的数据流格式进行设置，如图 5.42 所示。

(3) 在完成录制摄像头的设置后，单击“开始录制”按钮开始摄像头的录制。Camtasia Studio 在录制摄像头画面同时将播放当前项目中的视频，在录制完成后单击“录制摄像头”选项卡中的“停止录制”按钮停止录制。Camtasia Studio 编辑器打开“视频捕获另存为”对话框，使用该对话框指定录制视频被保存的文件夹和文件名，如图 5.43 所示。单击“保存”按钮保存录制的视频。

(4) 录制的视频被保存后，该视频将添加到项目中，Camtasia Studio 编辑器会将其放置到一个新的轨道中。在“视频预览”窗口中可以调整视频画面的大小和位置，如图 5.44 所示。

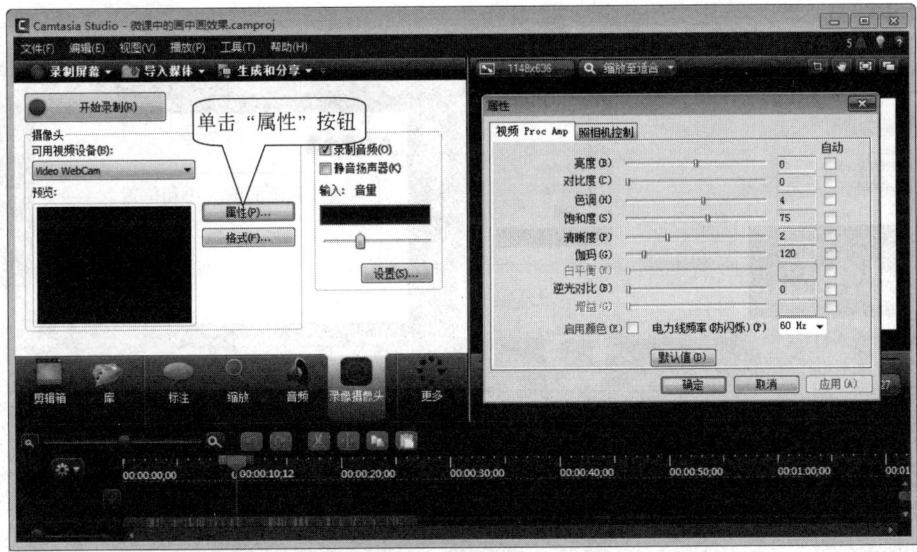

图 5.41　设置摄像头属性

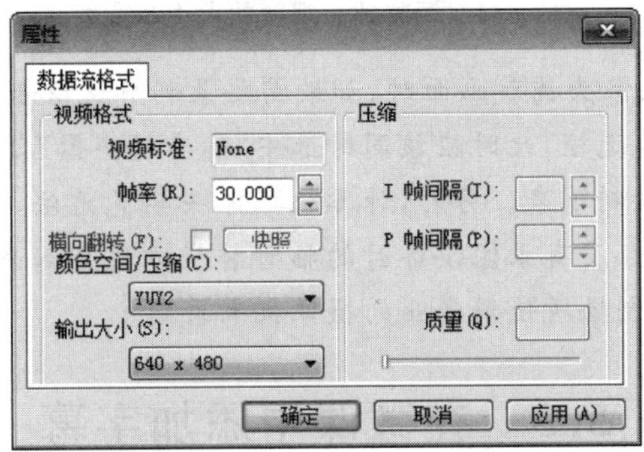

图 5.42　“属性”对话框

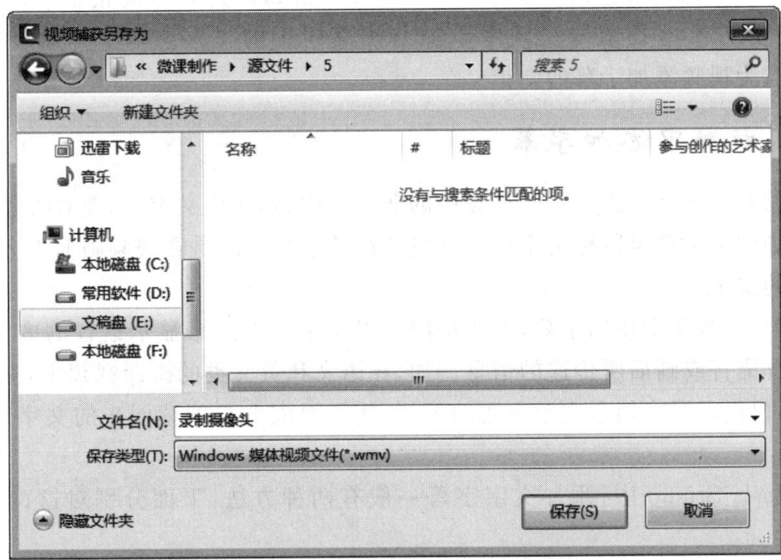

图 5.43　“视频捕获另存为”对话框

图 5.44 调整插入视频的大小和位置

专家点拨：在使用摄像头捕获画面时，如果需要录制解说语音，应该在"录制摄像头"选项卡中选中"录制音频"复选框，此时应该同时选中"静音扬声器"复选框，避免项目中视频原有的声音由于播放也被录制下来。另外，计算机摄像头毕竟无法与专业的录像设备相提并论，使用摄像头录制只是在没有录像设备时的临时替代方案。如果要获得高质量的视频效果，还是应该在专业的录制场所使用专业的摄像机来录制。

5.3 在微课中添加字幕

字幕是微课中传递信息的一种形式，Camtasia Studio 具有为视频添加同步字幕的能力，使用它能够方便地在微课视频中添加与画面同步的文字。本节介绍使用 Camtasia Studio 编辑器为视频添加字幕的知识。

5.3.1 在视频中添加字幕

字幕指的是以文字形式显示于视频中的非影像内容，从广义上说，在对视频进行后期编辑处理时添加的文字都可以称为字幕。这里介绍的字幕指的是在视频画面下方添加的与画面内容同步的文字。

一般说来，在微课中使用字幕，主要是用于以文字的形式来显示语音的内容，从而让学生更好地理解语言或画面所传递的信息。如，在语文和英文类的微课视频中，在进行原文朗读赏析时，不仅仅需要有切合文章主题的画面，还需要配上与朗读同步的文字，文字显示朗读的内容。

在 Camtasia Studio 中，添加文字字幕一般有两种方法，下面分别对这两种方法进行介绍。

1. 使用标注文字

在 Camtasia Studio 编辑器中，有两种方式来制作这种字幕。一种方式是直接使用标注文字。在制作字幕时，首先播放视频，聆听声音，在需要添加字幕的起始位置停止视频的播放。向视频添加文字标注，此时标注会添加到播放头所在的位置。对输入标注文字外观进行设置后继续播放视频，在朗读到文字的终止处时再次停止视频播放，拖动标注文字片段的右侧边界，将文字延伸到播放头所在的位置，这样就完成了一段字幕文字的添加。使用相同的方法依次添加其他的字幕文字直到全部添加完成为止，如图 5.45 所示。

图 5.45　使用标注添加字幕文字

2. 使用字幕功能添加字幕

在 Camtasia Studio 编辑器中添加字幕的另一种方式是利用 Camtasia Studio 提供的字幕功能，下面对这种添加字幕的方式进行介绍。

(1) 在 Camtasia Studio 编辑器中单击“更多”按钮，在打开的列表中选择“字幕”选项打开“字幕”选项卡，如图 5.46 所示。

(2) 将播放头放置到需要添加字幕的位置，单击“添加字幕媒体”按钮，Camtasia Studio 编辑器将在新的轨道中添加一个字幕片段。同时，在“字幕”选项卡中将显示该字幕的起始时间，在其后的文本框中输入字幕文字，如图 5.47 所示。

(3) 在轨道上拖动字幕片段的右边界调整其长度，使字幕显示的时长与该段文字朗读的时长一致，如图 5.48 所示。将播放头放置到新字幕需要添加的位置，单击“添加字幕媒体”按钮添加新的字幕，如图 5.49 所示。按照上面介绍的方法调整新字幕的显示时长，完成后继续下一段字幕的添加。

图 5.46　选择“字幕”选项

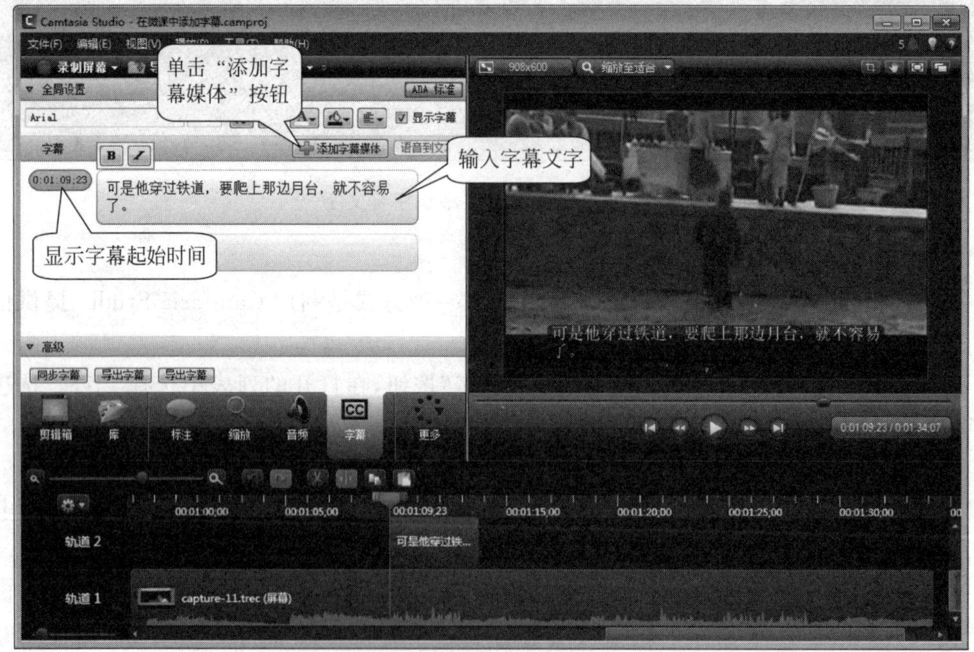

图 5.47　添加字幕

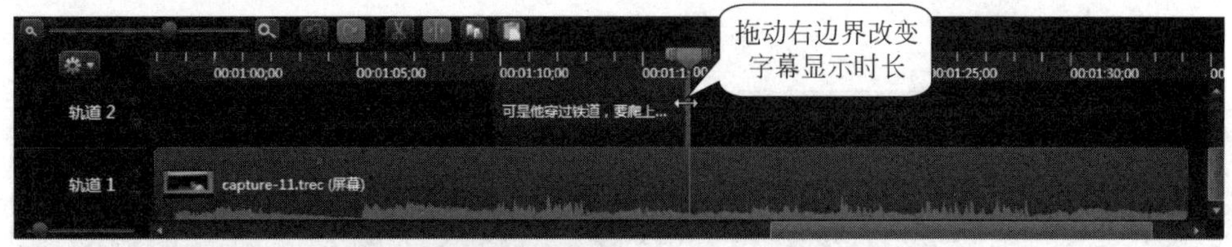

图 5.48 改变字幕显示时长

图 5.49 添加新字幕

3. 对字幕进行设置

在使用 Camtasia Studio 编辑器提供的字幕功能完成字幕的添加后，可以根据需要对字幕的外观进行设置，如设置字幕文字的字体、大小、颜色和背景颜色等。下面介绍具体的设置方法。

(1) 在“字幕”选项卡的文本框中选择需要进行设置的文字，对文字的字体、大小和文字颜色进行设置，如图 5.50 所示。

(2) 单击“背景颜色”按钮，在打开的列表中选择相应的颜色选项可以更改文字背景框的颜色。这里，如果选中“无背景”复选框，文字背景颜色将取消，如图 5.51 所示。选择“透明度”选项，在打开列表的“透明度”栏中选择相应的选项可以设置字幕背景的透明度，如图 5.52 所示。如果预置的透明度不能让人满意，可以在打开列表中选择“更多”选项，打开“Edit 透明度”对话框。在该对话框中拖动“透明度”滑块或直接在其后微调框中输入数值来设置字幕文字的背景透明度，如图 5.53 所示。

(3) 如果要设置字幕文字的对齐方式，可以单击“对齐”按钮，在打开的列表中选择相应的选项进行设置，如图 5.54 所示。

图 5.50　设置文字字体、大小和颜色

图 5.51　取消文字的背景颜色

图 5.52　设置透明度

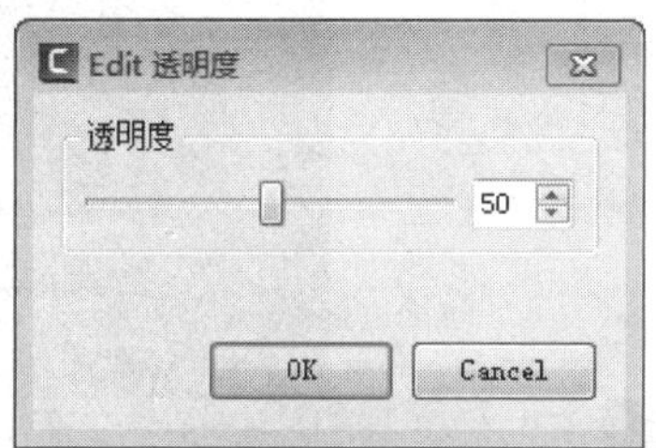

图 5.53　“Edit 透明度”对话框

图 5.54　设置字幕文字对齐方式

专家点拨：在轨道上右击字幕片段，选择快捷菜单中的“删除”命令可以删除该字幕片段。在选择字幕片段后，按 Delete 键也能将字幕删除。在“字幕”选项卡中取消选中“显示字幕”复选框，项目中所有字幕将被隐藏，视频播放时这些字幕不可见。

5.3.2　让字幕与视频同步

在为视频添加字幕时，字幕文字与视频的同步是至关重要的。在使用 Camtasia Studio 编辑器为微课视频添加字幕时，可以使用同步字幕功能来提高字幕制作效率。下面介绍同步字幕功能的使用方法。

(1) 首先将整个视频中需要使用的字幕文字复制到系统剪贴板中，在 Camtasia Studio 编辑器中将播放头放置到视频片段的起点。打开“字幕”选项卡，将文字粘贴到选项卡的文本框中，根据需要对文字样式进行设置，如图 5.55 所示。

图 5.55　粘贴文字到文本框中

(2) 在“字幕”选项卡的“高级”设置栏中单击“同步字幕”按钮，Camtasia Studio 编辑器给出“同步字幕”对话框对操作要点进行提示，如图 5.56 所示。单击 Continue 按钮开始同步字幕操作。

(3) 此时视频将开始播放，将鼠标放置到字幕的第一个字上。当播放到该段字幕需要开始的位置时，单击这个字，如图 5.57 所示。轨道上的字幕片段将会自动移到当前播放头所在的位置，如图 5.58 所示。

(4) 此时视频将继续播放，当播放到这一段的末尾时，单击下一段的第一个字符，字幕将在这里被断开。这样就得到了第一段与声音同步的字幕，如图 5.59 所示。

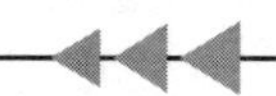

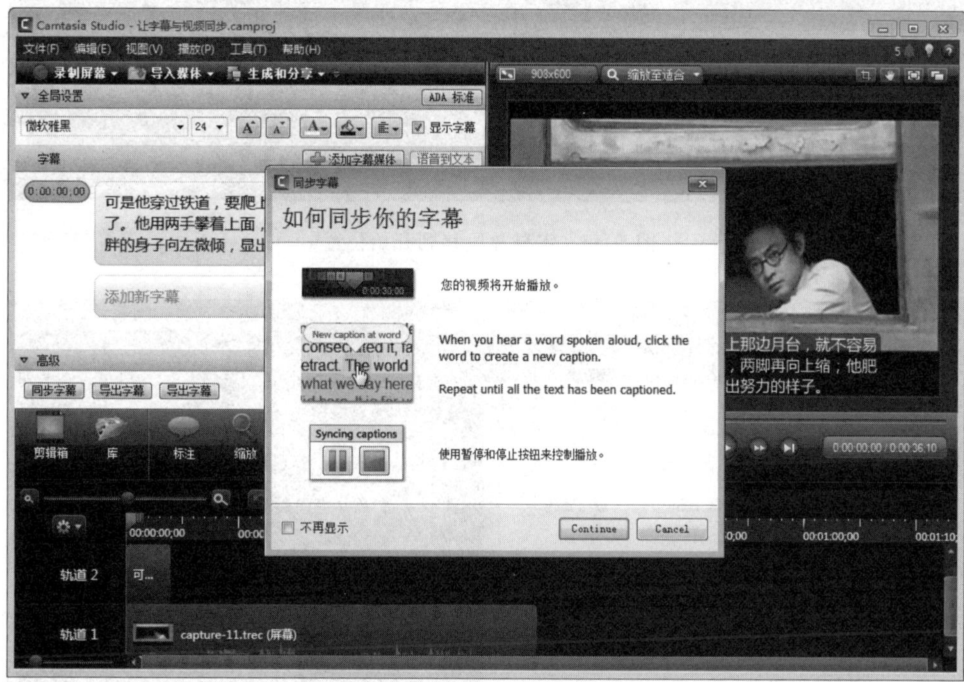

图 5.56　打开“同步字幕”对话框

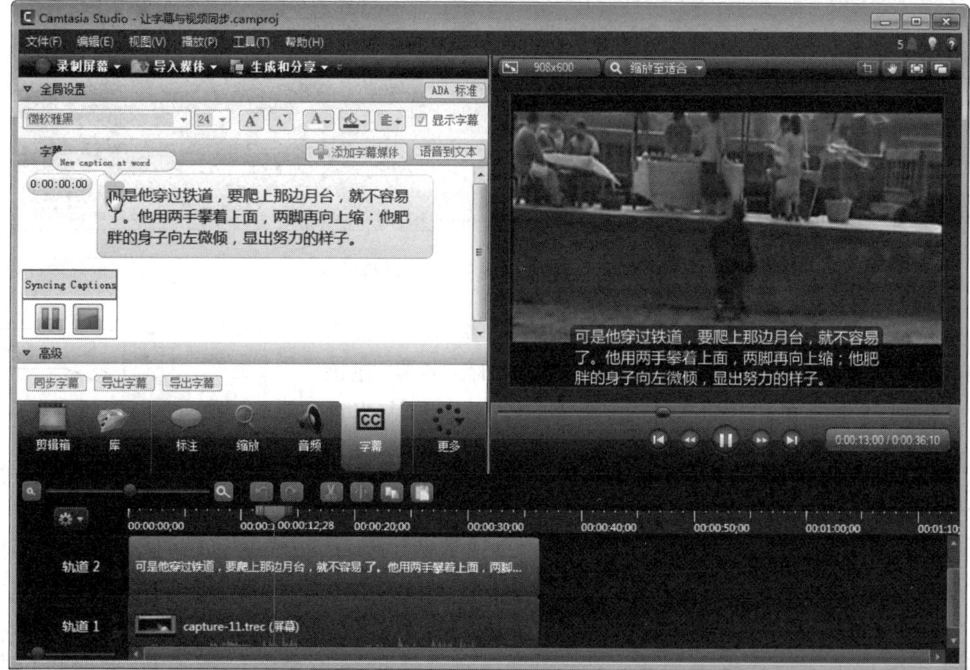

图 5.57　在播放到字幕需要出现时单击字幕的第一个字

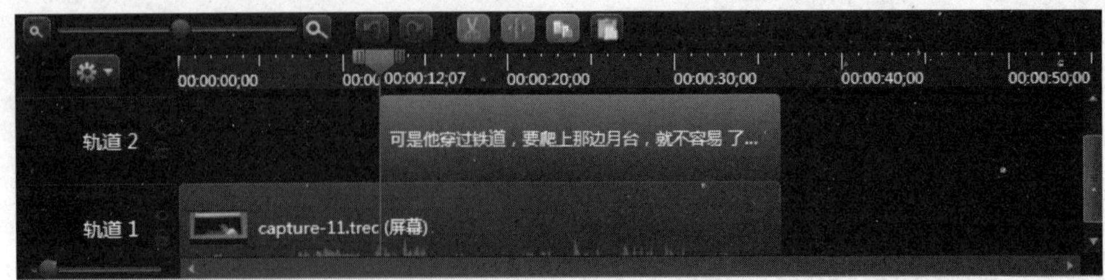

图 5.58 字幕片段移到开始位置

图 5.59 获得第一段与声音同步的字符

(5) 使用相同的方法，当视频播放到需要第二段字幕出现的时候，单击第二段字幕的第一个字符添加新字幕，在该段字幕需要结束时单击以一段字幕的第一个文字结束当前这段字幕。以此类推，逐段切割字幕文字，直到所有字幕添加完成。在同步字幕过程中，Camtasia Studio 编辑器会给出一个 Syncing Captions 面板，使用该面板控制视频的播放，单击面板中的“停止”按钮停止视频播放完成字幕的添加，如图 5.60 所示。

图 5.60 Syncing Captions 面板

(6) 添加到轨道上的字幕文字片段是可以像视频片段那样进行编辑的，如果制作完成的字幕在声音消失后还继续显示，这一部分继续显示的字幕显然是多余的，此时可以利用“分割”工具将其在声音消失的位置分割开，如图 5.61 所示。将分割出来的片段删除就可以去除这一多余的部分了。

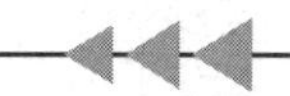

图 5.61　将多余的字幕片段分割为独立片段

5.3.3　字幕还可以这样用

使用 Camtasia Studio 编辑器制作完成的字幕是可以导出为字幕文件的,以文件形式存在字幕,在使用上具有更大的灵活性。下面介绍字幕文件的生成和使用方法。

在"字幕"选项卡中单击"导出字幕"按钮,如图 5.62 所示。此时将出现导出标题到文

图 5.62　单击"导出字幕"按钮

件”对话框，使用该对话框可设置字幕文件保存的文件夹、文件名和文件类型，如图 5.63 所示。这种扩展名为 *.srt 格式的字幕文件实际上是一个文本文件，其包含了字幕的有关信息，如图 5.64 所示。

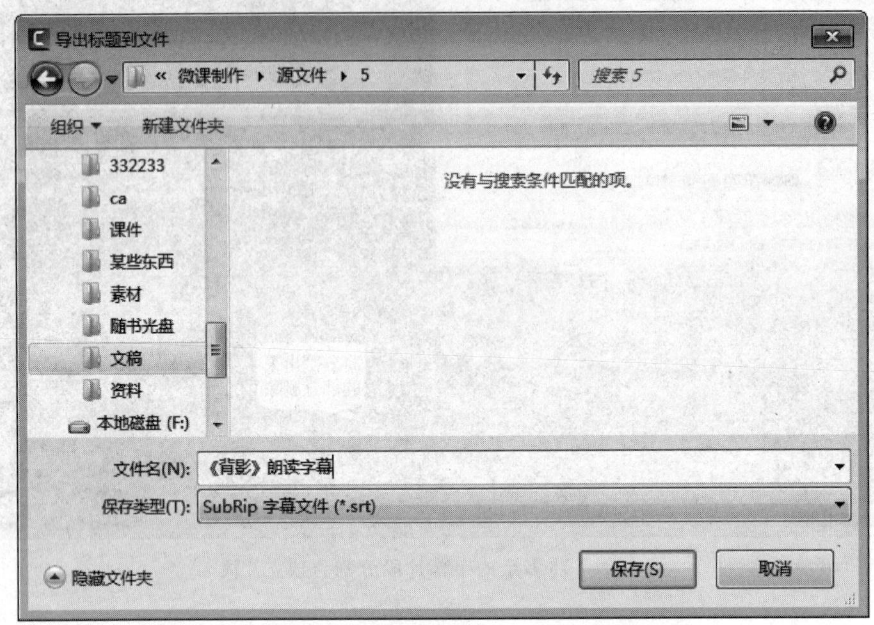

图 5.63 “导出标题到文件”对话框

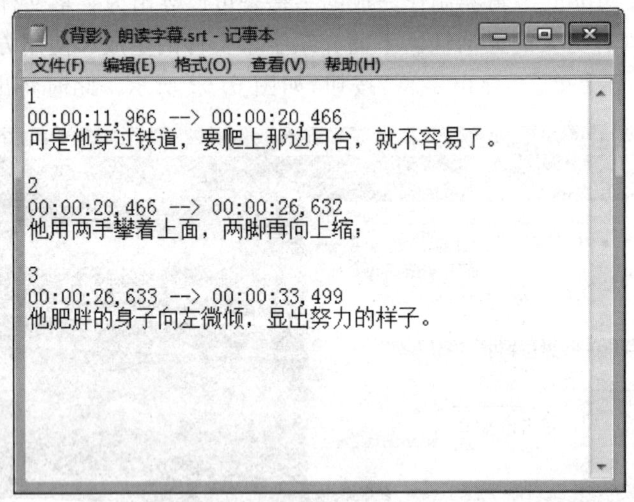

图 5.64 字幕文件的内容

这里导出的字幕文件一般有两种使用方式。一种方式是直接将其导入到项目中，如图 5.65 所示。导入字幕文件后，字幕被自动添加到项目中，如图 5.66 所示。

第二种方式是在其他视频播放器中直接打开字幕文件。在将字幕导出为字幕文件后，当前的微课视频项目中就可以不需要字幕片段了。把字幕片段从轨道上删除，将项目输出为视频文件。使用一款媒体播放器软件打开这个视频文件，如暴风影音或 QQ 影

图 5.65　选择导入的字幕文件

图 5.66　自动添加字幕

音等。这里使用QQ影音打开这个视频，打开播放器的主菜单，选择“播放”|“字幕”|“手动载入字幕”命令，如图5.67所示。在打开的“打开”对话框中选择字幕文件，如图5.68所示。单击对话框中的“打开”载入字幕，视频播放时将能够正常显示字幕了，如图5.69所示。

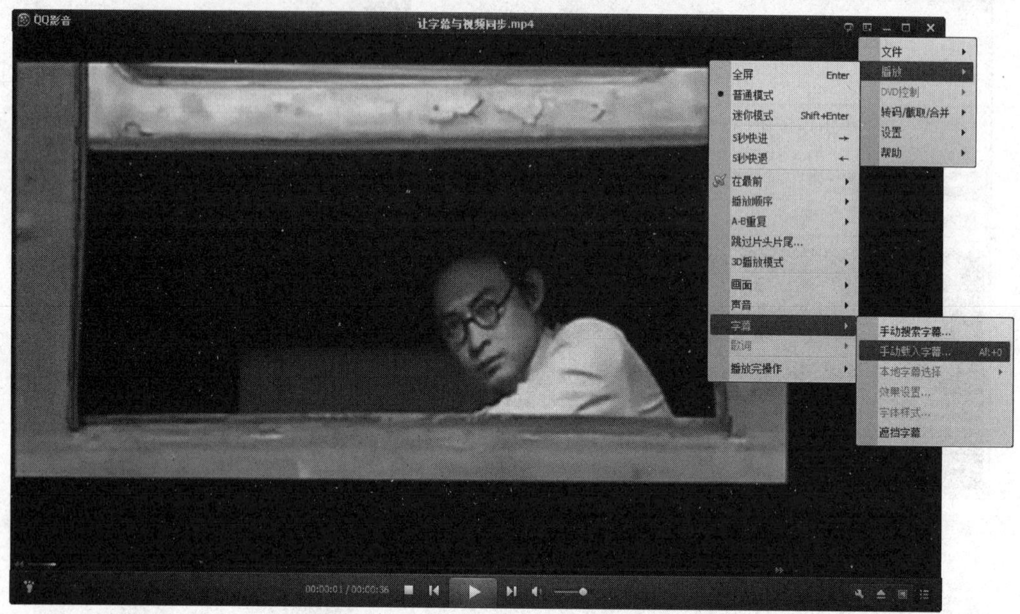

图5.67 选择“播放”|“字幕”|“手动载入字幕”命令

图5.68 选择字幕文件

图 5.69　播放时载入字幕

5.4　本 章 习 题

一、填空题

1. 在“标注”选项卡中，选择文本框中的文字后，单击“中心”按钮可以________，单击“右对齐”按钮可以使________，单击“顶端对齐”按钮可以使________，单击“将垂直中心对齐”按钮可以使________。

2. 在添加语音旁白时，如果 Camtasia Studio 编辑器中没有显示“语音旁白”选项卡，可以先单击________按钮，然后选择________选项即可。

3. 录制摄像头视频时，单击________选项卡中的________按钮将打开________对话框，使用该对话框可以对录制视频时的________、对比度、色调和饱和度等进行设置。

二、选择题

1. 如图 5.70 所示，在“形状”列表中选择哪个选项能够在视频中添加马赛克？________

2. 录制的旁白可以保存为下面哪种音频文件格式？________

A. *.mp3　　B. *.wav　　C. *.wma　　D. *.wmv

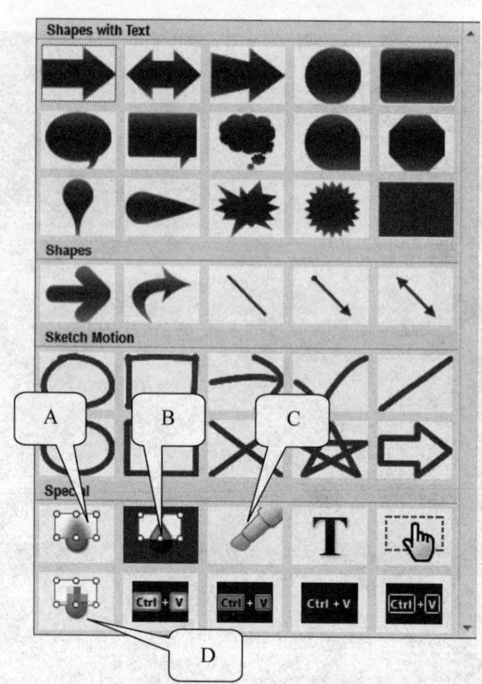

图 5.70 “形状”列表

3. 下面哪种文件格式不是 Camtasia Studio 编辑器支持的字幕文件格式？________

A. *.smi　　B. *.srt　　C. *.txt　　D. *.sami

5.5 上机练习

练习 1 使用 Camtasia Studio 编辑器的图形标注制作图 5.25 那种样式的按键标注

主要操作步骤提示：

(1) 首先添加 2 个 Fill Rounded Rectangle 标注，将其填充色设置为无，将边框颜色设置为黑色，同时设置边框的宽度。为这两个图形添加阴影效果。

(2) 添加 3 个“Text”标注，在标注框中分别输入文字“Ctrl”、“+”和“V”，设置文字字体、大小和颜色，为它们添加阴影效果。

(3) 在“预览窗口”中调整它们的位置，在轨道上调整它们的开始时间和持续时长。

练习 2 制作诗歌诵读微课

主要操作步骤提示：

(1) 准备微课需要的素材视频，将其导入到项目中。

(2) 利用旁白功能朗读诗歌。

(3) 打开“字幕”选项卡，将作为字幕的诗歌文字复制到文本框中。单击“同步字幕”按钮添加同步字幕。

(4) 选择轨道上的字幕片段，对文字的字体、大小和颜色等进行设置。

第6章 让特效为你的微课增色

经常使用 PPT 制作课件的老师都知道，在 PPT 中能够为对象添加丰富多彩的动画效果，同时也能够为幻灯片中的文字和图片添加诸如阴影和边框等方面的特效，以改变其外观。与 PPT 相类似，Camtasia Studio 编辑器同样可以在视频中实现一些常用的特殊效果，如两段视频间的转场效果、视频画面的缩放和移动效果、对象的简单运动效果以及鼠标指针特效等。在微课视频中灵活运用这些效果，不仅能改变视频的外观，更能够起到强调重点、引起关注和增强教学效果的作用。

本章主要内容：

- 让视频片段间的转换更自然
- 将观众的视点引过来
- 让鼠标指针靓起来
- 视频中的对象动画

6.1 让视频片段间的转换更自然

在制作微课视频时，经常需要从一个视频场景转换到另一个视频场景，这就是视频间的转场，在转场时出现的动画效果就是转场效果。本节将介绍在视频中使用转场效果的方法和技巧。

6.1.1 向微课视频中添加转场效果

在微课视频中，经常会出现从一个场景变化转换另一个场景的情况。这种转换如果是直接进行的，很多时候会给人一种突然的感觉。这种问题不仅仅在制作微课视频时会遇到，在使用 PPT 制作课件时也会遇到。在制作 PPT 课件时，解决这种问题的方法是在两张幻灯片之间添加切换效果。与此相类似的，在视频中可以在两个场景之间添加转场效果，从而让视频场景的切换显得流畅而自然。

视频间的转场效果实际上也是一种动画形式，它决定了在视频放映过程中，一个场景放映完成后以何种方式进入下一个场景。使用转场效果的目的是为了让两个视频片段在过渡时产生某种特殊的视觉效果，这种视觉效果使得场景的转换自然、平滑、美观和流畅。在微课视频中使用转场效果，除了能够获得让人赏心悦目的视觉效果外，还可以起到在视觉上分隔不同的教学内容，突出旧教学内容的完成和新教学内容的开始，使微课视频篇章结构分明，易于学生理解。

在 Camtasia Studio 编辑器中，转场效果可以添加到一个视频片段的开

始和结束位置。在添加转场效果后，视频片段的开始或结束位置会出现转场效果标记，如图6.1所示。转场效果也可以添加到两段视频片段的接合处，下面介绍在位于同一轨道上的两段视频片段之间添加转场效果的方法。

图6.1 在视频片段的开始和结束位置添加转场效果

(1) 打开项目，如果轨道上是一个完整的视频片段，可以使用“分割”工具在场景转换的位置将视频分割为不同的视频片段。单击“更多”按钮，在打开的列表中选择“转场”选项，如图6.2所示。

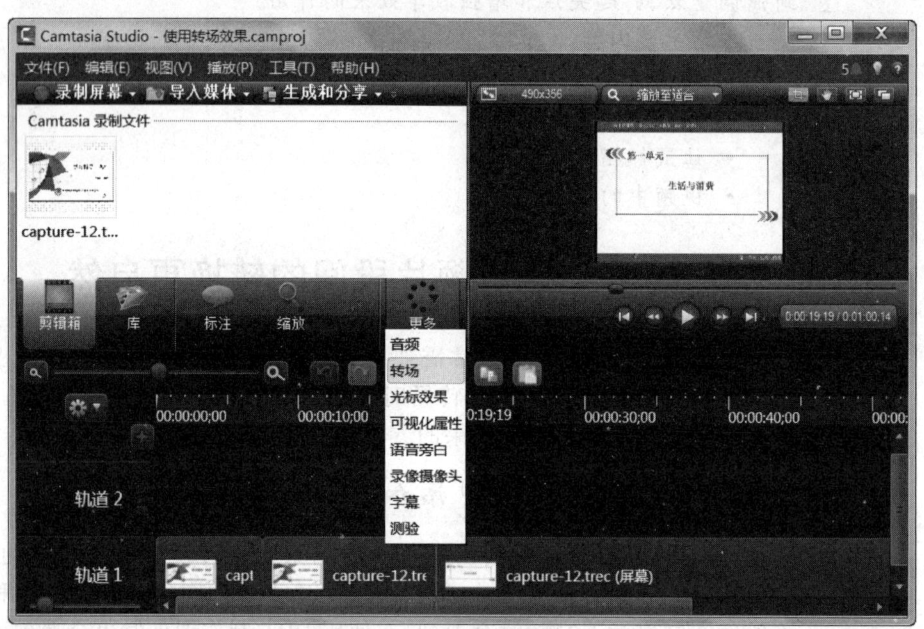

图6.2 选择“转场”选项

(2) 在打开的“转场”选项卡的列表中选择需要使用的转场效果选项，使用鼠标将该选项拖放到轨道上两个视频片段的连接位置。这样就可以为两段视频片段添加转场效果，如图6.3所示。

(3) 此时播放视频并不能得到需要的转场效果，可以将添加了转场效果后的这两个视频片段中任意一个移到另一个轨道上，然后再将它移回当前轨道的原来的位置。这样，转场效果被分为两个，在视频播放时就可以获得需要的效果了，如图6.4所示。

对于分别位于不同轨道上的两个视频片段，同样可以在它们的交接处添加转场效果。在“转场”选项卡的列表中将需要使用的转场效果拖放到前一个视频片段的末尾，再将该转场效果选项拖放到另一个轨道中的视频片段的开始位置。这样就在这两段视频间添加了转场过渡效果，如图6.5所示。

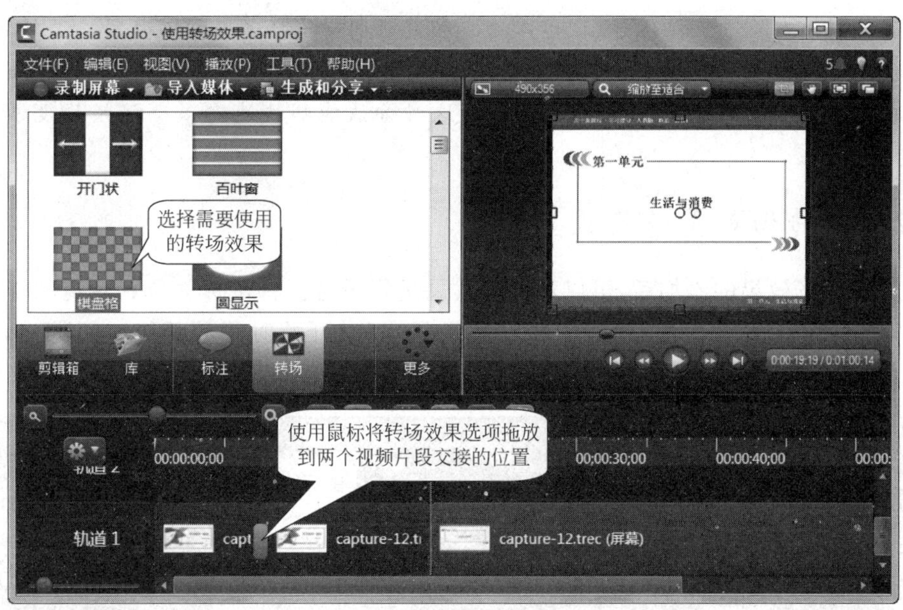

图 6.3　在视频中添加转场效果

图 6.4　分割转场效果

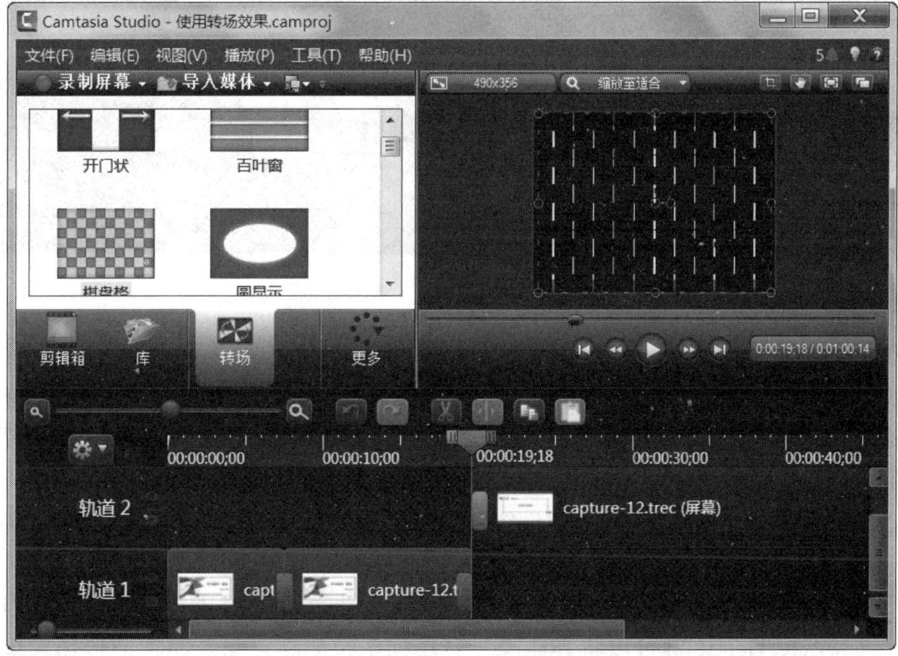

图 6.5　在两段视频片段间添加转场效果

专家点拨：在轨道上按住 Shift 键单击视频片段同时选择多个视频片段，在“转场”选项卡中右击某个转场效果选项，选择快捷菜单中的“添加到所选媒体”命令。转场效果将会添加到所有选择视频片段的开始和结尾。使用这种方法能够快速向多个视频片段添加转场效果。

6.1.2　对转场效果进行设置

在完成转场效果的添加后，可以对转场效果进行设置。将鼠标放置到轨道的转换效果标记上，将显示有关的信息，如这个转场效果的名称、开始时间和延续时间等，如图 6.6 所示。

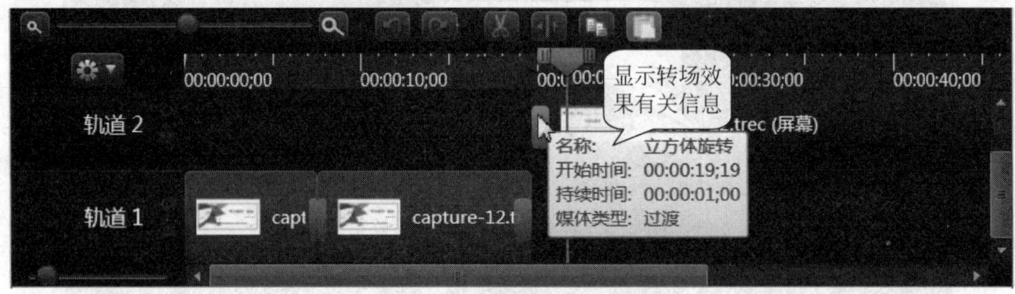

图 6.6　显示转场效果有关信息

在视频片段间添加了转场效果后，经常需要对转场效果的持续时长进行设置。在轨道上使用鼠标拖动转场效果标记的边界，可以改变转场标记的长度，长度的改变意味着动画效果的持续时间发生改变，如图 6.7 所示。

图 6.7　更改转场效果的时长

在默认情况下，添加到轨道上的转场效果的持续时长为 1s，在很多时候这个时长并不合理。如果在微课视频中需要转场效果使用固定的持续时间，每次添加后都进行持续时长的调整就不太方便。此时，可以设置转场效果的默认持续时长，使每次添加的转场效果都能够持续这一时间长度。在 Camtasia Studio 编辑器中，选择“工具”|“选项”命令，打开“选项”对话框。在对话框的“程序”选项卡中设置“转换”的值即可改变转场效果的默认持续时间，如图 6.8 所示。

轨道上的转场标记被选择时，其显示为绿色，处于非选择状态则显示为蓝色。当选择某个转场标记后，按 Delete 键可以将其删除。转场标记被删除意味着添加的转场效果也被删

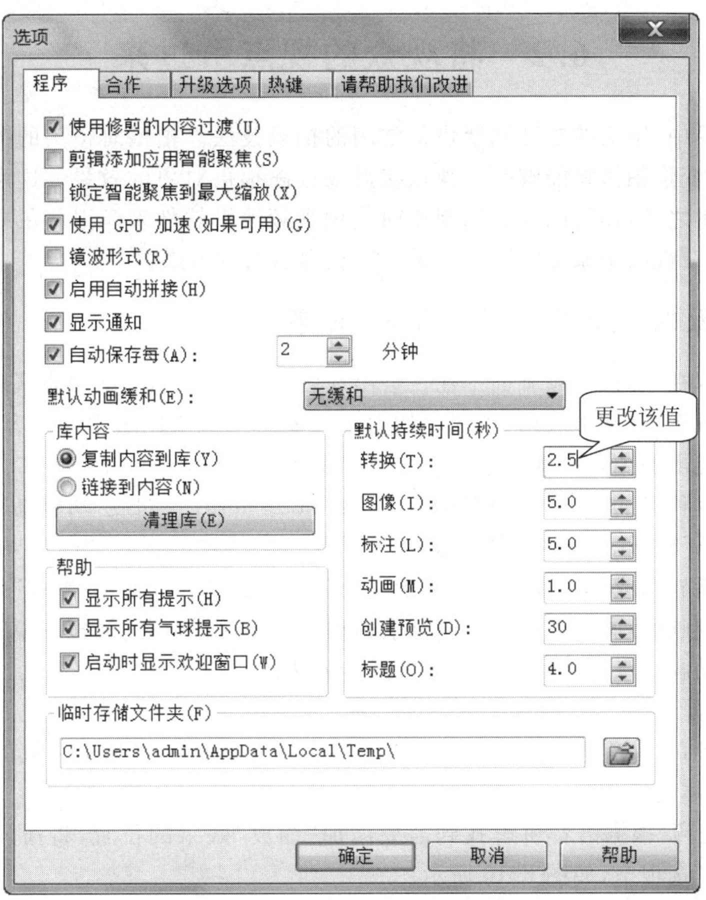

图 6.8　更改转场效果的默认持续时长

除。右击轨道上的转场标记，选择快捷菜单中的“删除”命令，同样可以删除转场效果，如图 6.9 所示。

图 6.9　删除转场效果

专家点拨： 如果要更改添加转场效果的类型，直接从“转场”选项卡的列表中将转场效果选项拖放到当前位置即可。另外，在转场效果列表中右击某个转场效果选项，在快捷菜单中选择“预览”命令，将可以在“视频预览”窗口中预览转场效果，这样可以帮助你快速选择需要的效果。

6.2 将观众的视点引过来

在影视作品中，镜头的摇移和变焦是常用的拍摄技法。拍摄时镜头的摇移将获得画面移动的效果，而变焦拍摄将能够获得视点接近或远离拍摄对象的效果。这两种效果除了可以通过拍摄获得之外，还可以在后期制作时利用视频编辑软件来模拟。在 Camtasia Studio 编辑器中，通过在视频中添加"缩放"效果可以获得这两种效果。

6.2.1 在微课视频中添加"缩放"效果

在制作微课视频时，视频画面中往往会出现多个热点区域，这些热点区域包含了授课老师希望学生在观看视频时能够特别关注的内容。要突出这些区域中的内容，一种常见的方法就是让需要突出的内容从屏幕上的众多内容中脱颖而出，将其放大使其占据屏幕的主体位置。要达到这种目的，可以使用 Camtasia Studio 编辑器的"缩放"功能来进行操作。

在 Camtasia Studio 编辑器中，"缩放"效果是一类特殊的视频动画效果，动画可以按照设置的时间逐渐放大或缩小视频画面中指定矩形区域的内容。使用"缩放"效果可以以动画的形式缩放视频画面，同时也可以在屏幕上移动画面，这样就可以模拟出镜头移动的效果和聚焦到某点的动画效果。下面介绍具体的操作方法。

1. 缩放画面

Camtasia Studio 编辑器的"缩放"功能能够实现在屏幕中将某个区域的画面放大或缩小，下面介绍具体的操作方法。

(1) 播放视频，根据语音讲解找到需要添加"缩放"效果的位置，将播放头放置到该位置。打开"缩放"选项卡，如图 6.10 所示。

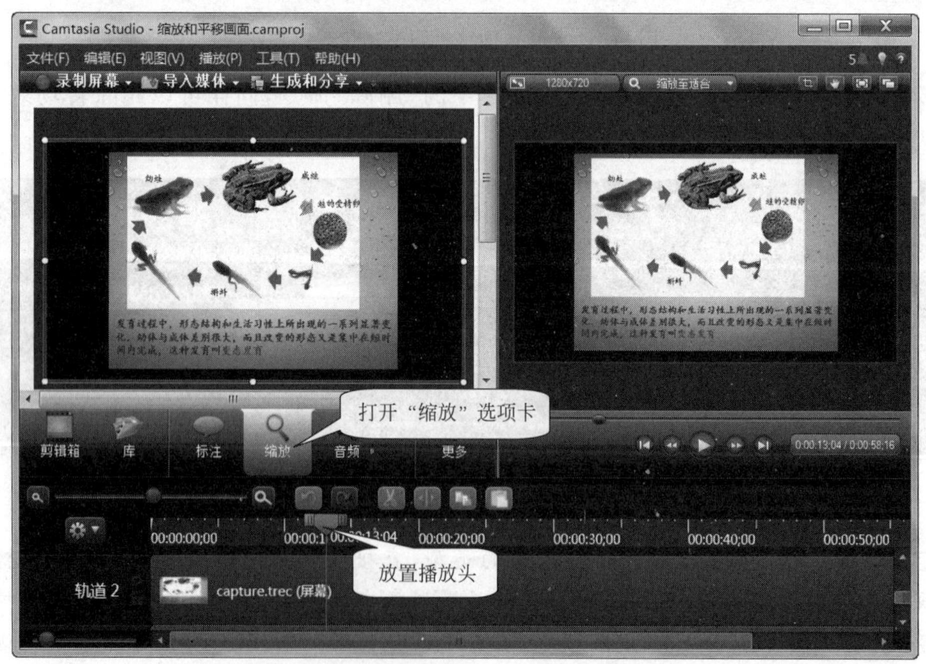

图 6.10 放置播放头并打开"缩放"选项卡

(2) 在“缩放”选项卡的视频窗口中，画面被一个带有 8 个控制柄的矩形框框住。使用鼠标拖动这个矩形框边框上的控制柄能够调整矩形框的大小，拖动矩形框可以调整其位置。这里，矩形框内的区域将正常显示，该区域中的内容将全部显示在“视频预览”窗口中，而其外部的区域将呈灰色半透明显示，“视频预览”窗口将不显示。将矩形框缩小并使其框住需要放大的画面，如图 6.11 所示。

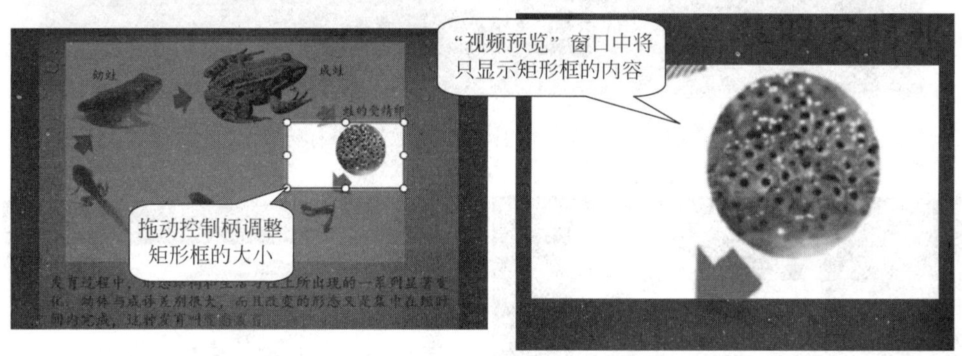

图 6.11 放大局部画面

专家点拨：在“缩放”选项卡中选中“保持宽高比”复选框，调整画面大小时，矩形框的大小将按照固定的长宽比变化。拖动“尺寸”滑块或在其后的文本框中输入数值可以设置视频画面的放大或缩小比例，如图 6.12 所示。

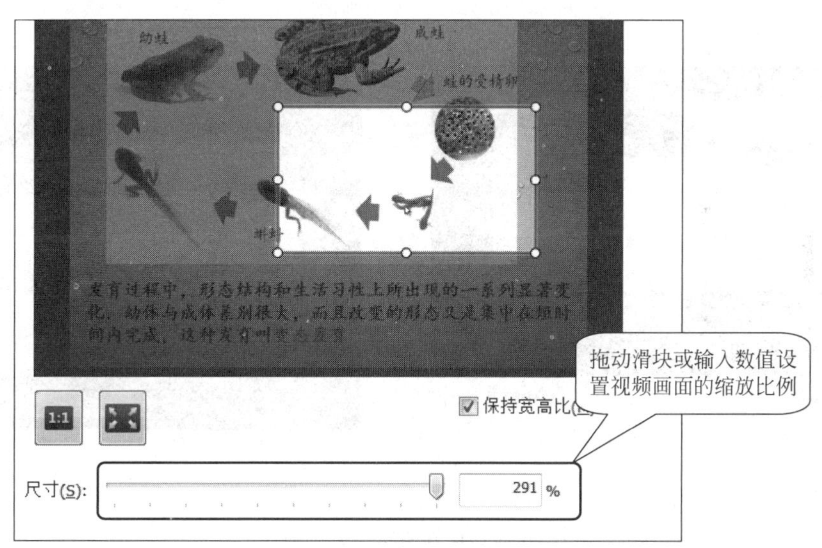

图 6.12 设置视频画面的缩放比例

(3) 此时在轨道上播放头所在的位置将会添加一个“缩放”动画标记，如图 6.13 所示。当视频播放到此处时，选择的区域将逐渐放大并占满整个画面。

(4) 将播放头放置到需要的位置，在“缩放”选项卡中调整矩形框的大小，使其框选更多的内容。在“视频预览”窗口中可以看到由于屏幕上将显示更多内容，则原来区域中内容实际上被缩小了，如图 6.14 所示。在“缩放”选项卡中单击“媒体缩放以适应整个画布”按钮，视频将恢复为满屏显示，如图 6.15 所示。

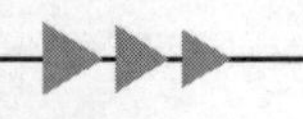

图 6.13　在轨道上添加“缩放”效果标记

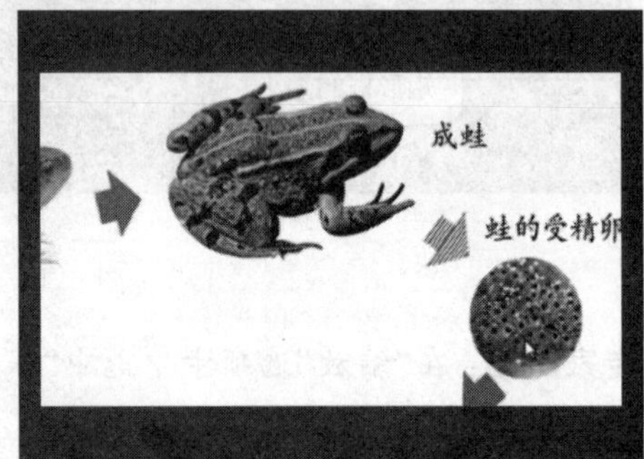

图 6.14　缩小画面

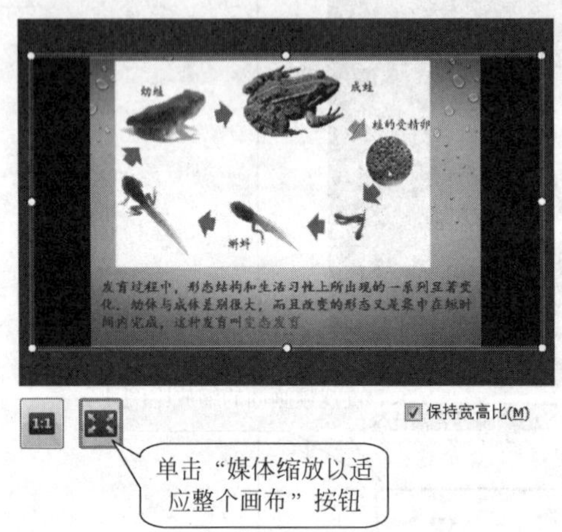

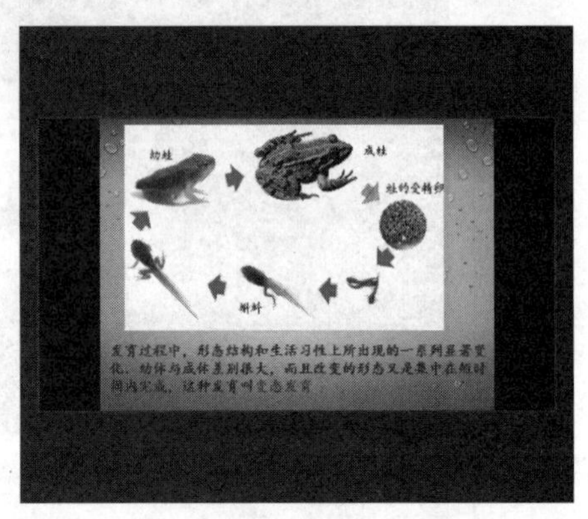

图 6.15　让视频恢复满屏显示

专家点拨：在“缩放”选项卡中单击“尺度大小媒体最好的质量”按钮，视频画面的大小将变为原始画面大小。如果画面已经放大过，那么在缩小为原始画面后，视频画面会放置到屏幕的左下角，如图 6.16 所示。此时，应该在“预览窗口”将画面放置到屏幕的中心区域。

2. 移动画面

在制作微课视频时，有时需要移动屏幕上的画面。所谓移动画面，就是以动画的形式让视频中的某个区域从屏幕的一个位置移动到另一个位置。利用 Camtasia Studio 编辑器中的“缩放”效果，可以实现画面的直线移动动画效果，在移动的过程中还可以实现画面的缩放。

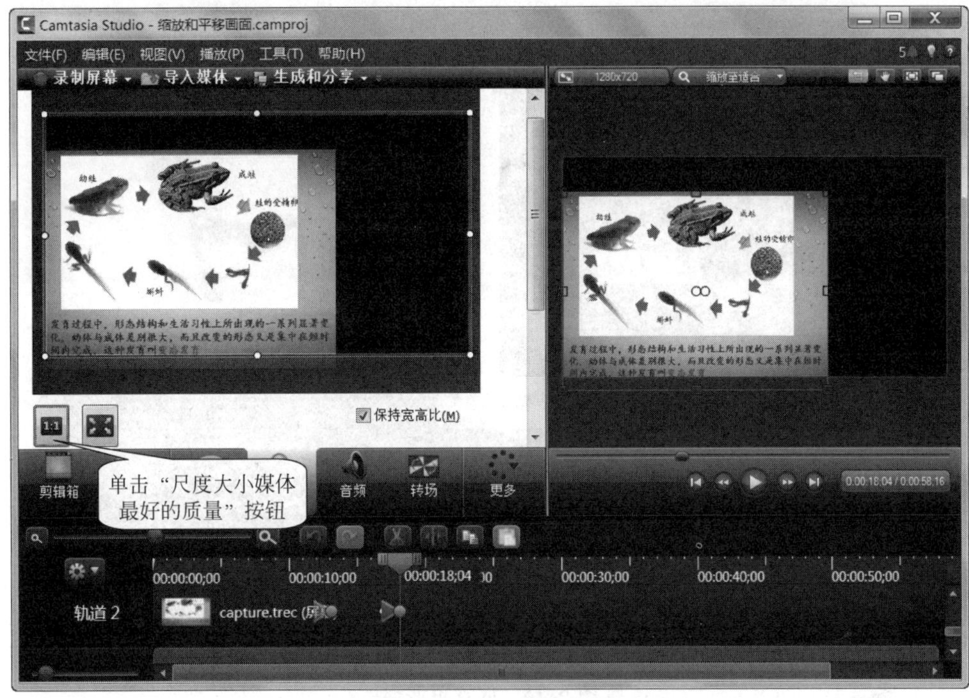

图 6.16　将画面缩小为原始大小

首先在视频中添加一个“缩放”效果，如图 6.17 所示。将播放头放置到需要添加第二个“缩放”效果的位置，在“缩放”选项卡中移动矩形框到需要的位置，如图 6.18 所示。此时在轨道上将出现两个“缩放”动画标记，播放视频时画面将从第一个标记处移到第二个标记处。

图 6.17　在视频中添加一个缩放效果

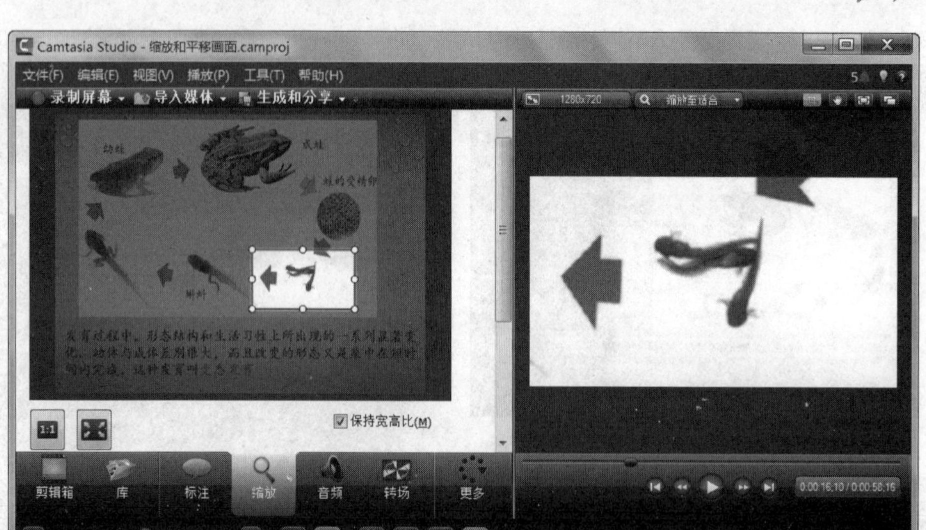

图 6.18　放置矩形框

如果需要画面移动到指定的对象并同时将画面放大的效果，可以在将矩形框放置到需要的位置后，将矩形框缩小，如图 6.19 所示。

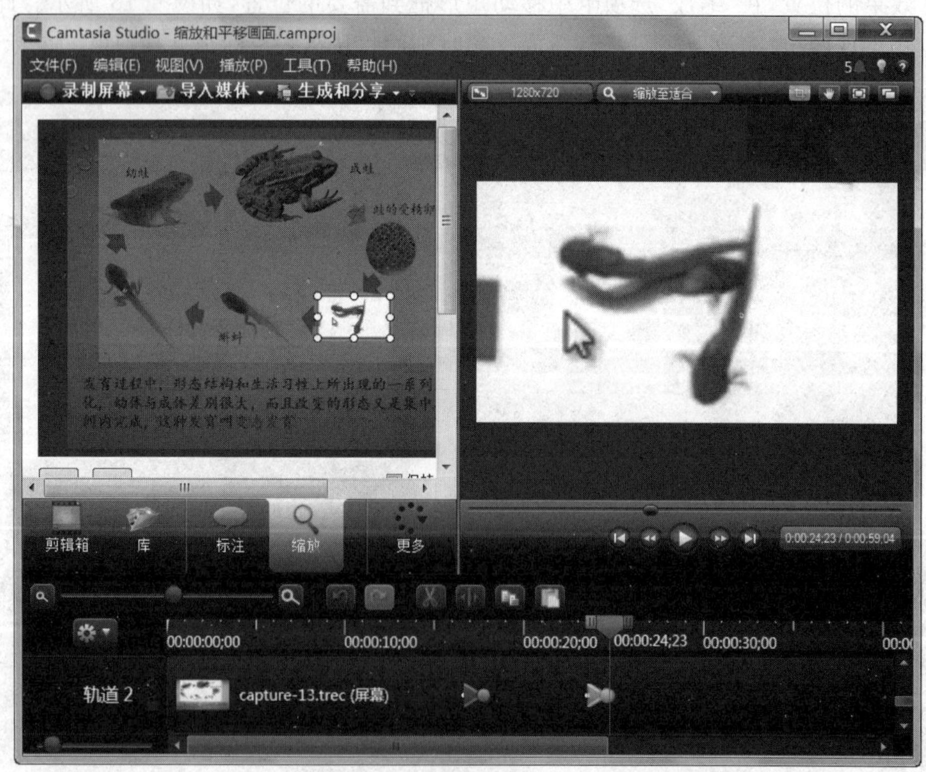

图 6.19　移动矩形框并将其缩小

6.2.2　对"缩放"效果进行设置

在视频中添加了"缩放"效果后，轨道上的视频片段所处的位置将添加"缩放"动画标记。单击这个标记，标记的颜色变为绿色，此时就可以对缩放效果进行设置了。

1. 设置动画效果的持续时间

在创建"缩放"动画效果时，动画默认的持续时间为 1s，动画在播放头所在的位置结束。"缩放"动画标记的起点是一个较小的白色标记点，终点是一个较大的蓝色标记点。当将鼠标指针放置到这两个标记点上时，鼠标指针变为双箭头指针，此时拖动鼠标可以改变动画编辑器的长度。拉长动画标记，动画的持续时间将增长，反之则缩短。在拖移的过程中，Camtasia Studio 编辑器将显示动画的开始时间和持续时间，以便于在操作时掌握动画的持续时长，如图 6.20 所示。

图 6.20　改变动画持续时长

2. 设置缩放比例和位置

在完成"缩放"效果的添加后，如果对效果不满意，可对缩放大小和画面显示的位置进行再调整。下面介绍具体的设置方法。

(1) 在轨道上选择需要进行调整的"缩放"动画标记，双击其右侧的蓝色标记点，如图 6.21 所示。

图 6.21　双击蓝色标记点

(2) 此时将打开"可视化属性"选项卡，在该选项卡中拖动"尺寸"滑块或直接在右侧的文本框中输入数值可以对缩放比例进行调整，如图 6.22 所示

(3) 在调整了缩放比例后，有可能会出现放大后的图像不在屏幕中心的情况，此时就需要对画面的显示位置进行调整。调整视频画面在屏幕上的位置有两种方法：一种方法是在"视频预览"窗口中直接拖动画面将其放置到需要的位置；另一种方法是在"可视化属性"选项卡中调整"位置"栏中的 X 和 Y 值使画面位于屏幕的合适位置，如图 6.23 所示。

3. 效果的复制和粘贴

在视频中，有时需要在多个位置使用相同的缩放效果，如果一个一个地添加并进行设置，则会降低制作效率。实际上，在完成一个缩放效果的设置后，可以利用复制和粘贴的方

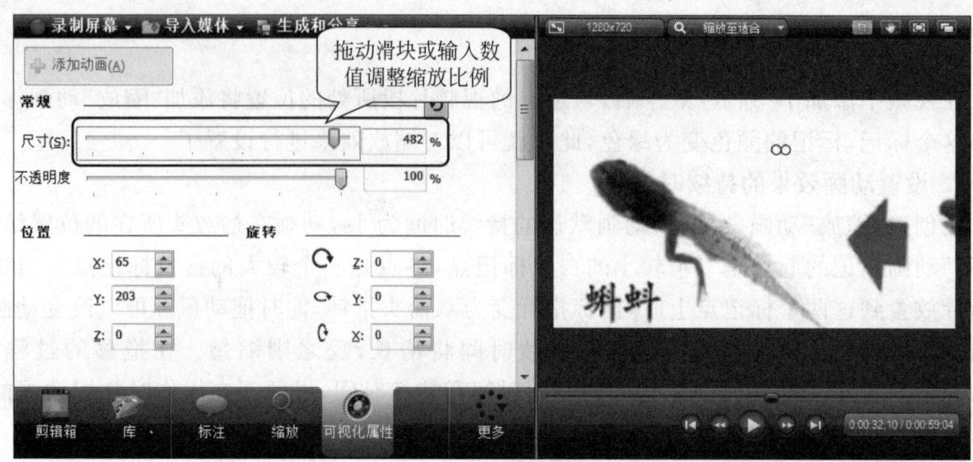

图 6.22　调整缩放比例

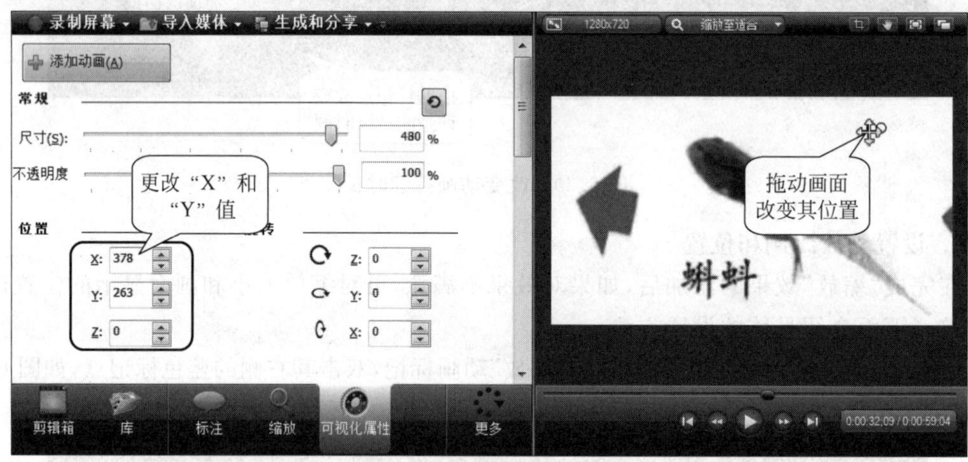

图 6.23　调整画面的位置

法,将效果应用到其他的位置。效果的复制和粘贴与文字处理软件中文字的复制粘贴的操作是一样的,在对“缩放”效果进行复制粘贴时,效果的所有可视化属性都将保留并应用到新的位置,下面介绍具体的操作方法。

(1) 在轨道上选择需要的效果标记右击,选择快捷菜单中的“复制”命令键复制该效果,如图 6.24 所示。

(2) 将播放头移到需要应用“缩放”效果的位置,在轨道的任意位置右击,选择快捷菜单中的“粘贴”命令粘贴效果。此时,添加的动画效果的结束位置将在播放头处。在“视频预览”窗口中对画面在屏幕上的位置进行调整,使屏幕上显示需要的画面,如图 6.25 所示。

专家点拨:在轨道上选择“缩放”动画标记后右击,选择快捷菜单中的“删除”命令可以将其删除,删除标记就能删除添加的缩放效果。在选择轨道上的标记后按“Delete”键也可以将动画效果删除。在轨道上拖动“缩放”动画标记能移动标记在轨道上的位置,标记的位置决定该动画开始的时间。

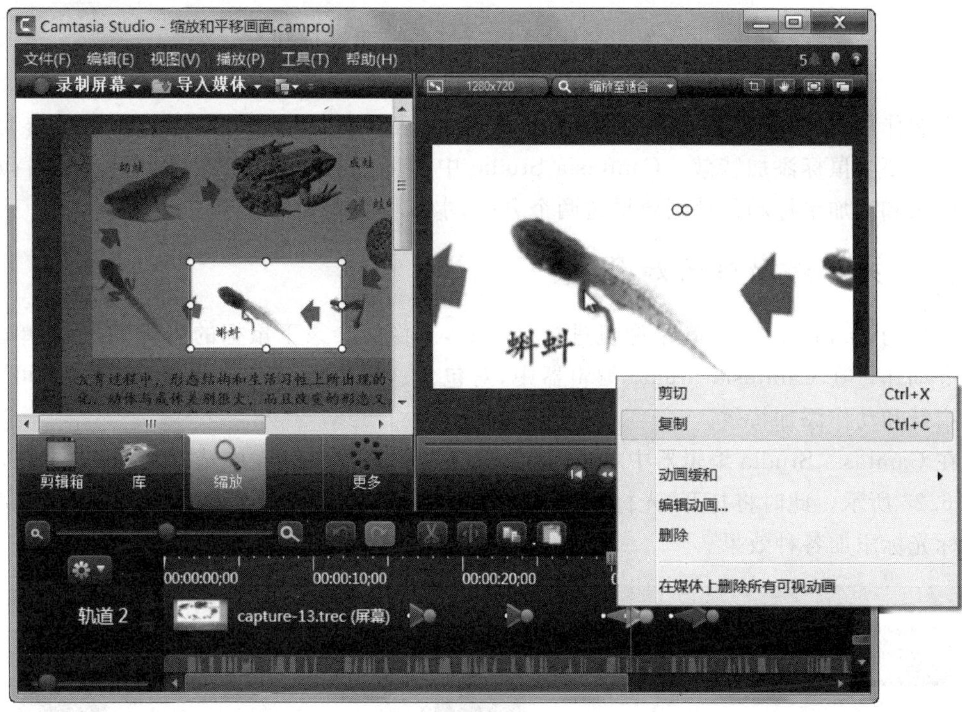

图 6.24　复制标记

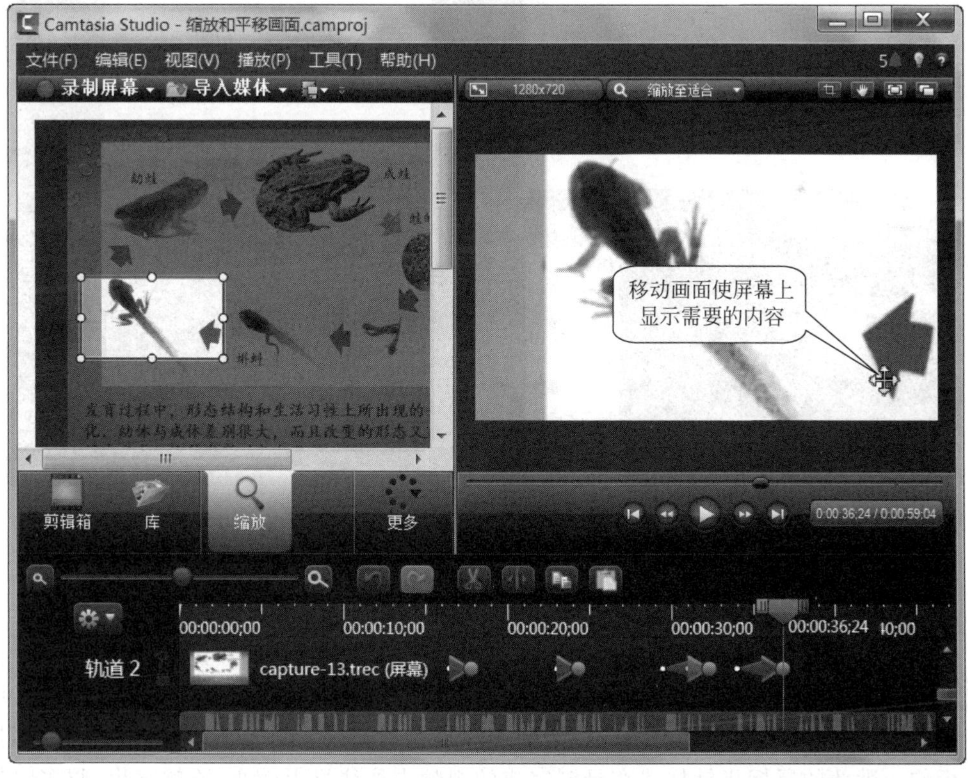

图 6.25　调整屏幕在画面上的位置

6.3 让鼠标指针靓起来

在制作微课时，有时需要强化鼠标指针的存在，表现鼠标的左键单击或右键单击动作，此时就需要为鼠标添加特效。Camtasia Studio 中的鼠标特效包括为鼠标指针添加特殊的显示效果和添加鼠标动作动画效果这两个方面，本节将对相关的知识进行介绍。

6.3.1 为鼠标动作添加特效

在使用 Camtasia Studio 录像机进行录屏时，录像机会录下鼠标的各种动作，如单击或右击等动作。在 Camtasia Studio 编辑器中，对包含这类信息的视频进行编辑时，就可以为鼠标指针和动作添加特效。

在 Camtasia Studio 编辑器中单击“更多”按钮，在打开的列表中选择“光标效果”选项，如图 6.26 所示。此时将打开“光标效果”选项卡，使用该选项卡中的设置项，可以为视频中的鼠标光标添加各种效果。

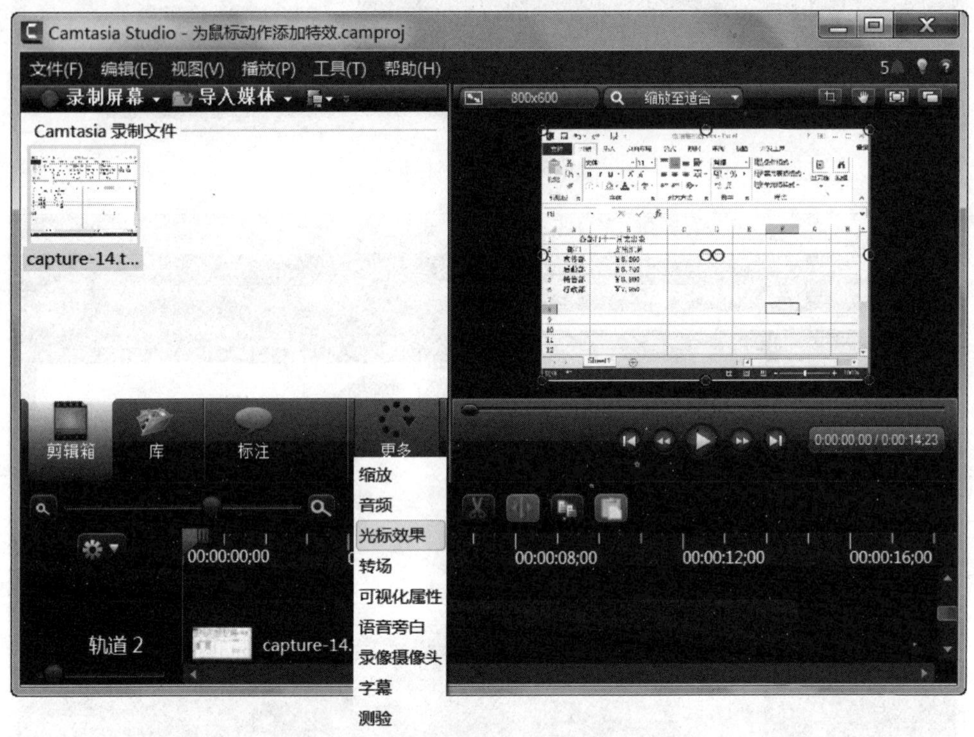

图 6.26　选择“光标效果”选项

1. 添加高亮效果

在制作微课时，鼠标在很多时候起到一个指示器的作用。教师在讲解过程中，常常会利用鼠标指针来引导学生的视线，指示当前正在讲解内容。这样，就需要鼠标指针能够在屏幕中突出且醒目，能够引起学生对指点位置的关注。要达到以上的要求，常规样式的鼠标指针是不行的。默认的鼠标指针样式在录制完成的视频中往往显得较小，不够突出，很多时候甚至无法看清。此时，可以为鼠标光标添加高亮效果。

在“光标效果”选项卡中的“高亮效果”列表中选择“高亮”选项，光标就会被一个黄色的半透明光圈包围，鼠标光标在屏幕上就显得很突出了，如图 6.27 所示。

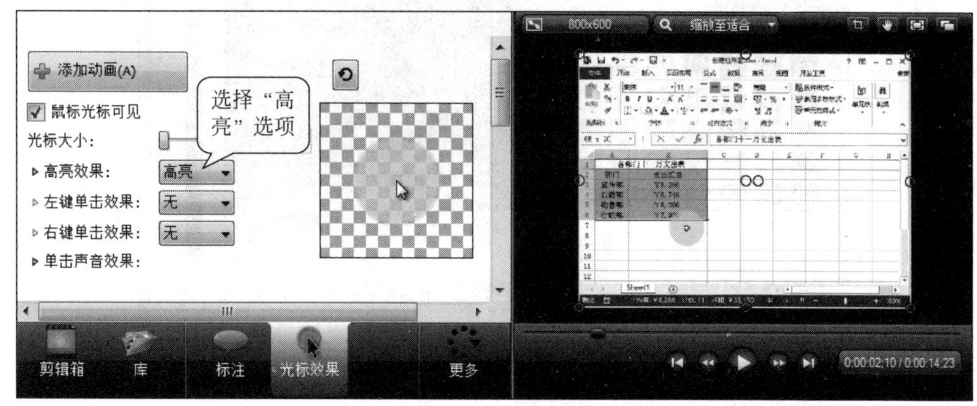

图 6.27　让光标高亮显示

单击“高亮效果”选项左侧的下三角按钮展开设置栏，设置“大小”值可以改变高亮区域的大小，设置“透明度”值可以改变高亮区域的透明度。调整“柔边”值可以改变高亮区域边界处的柔化区域的强度，其值越大则边界处显得越柔和。单击“颜色”按钮，在打开的列表中选择相应的选项可以设置高亮区域的颜色，如图 6.28 所示。

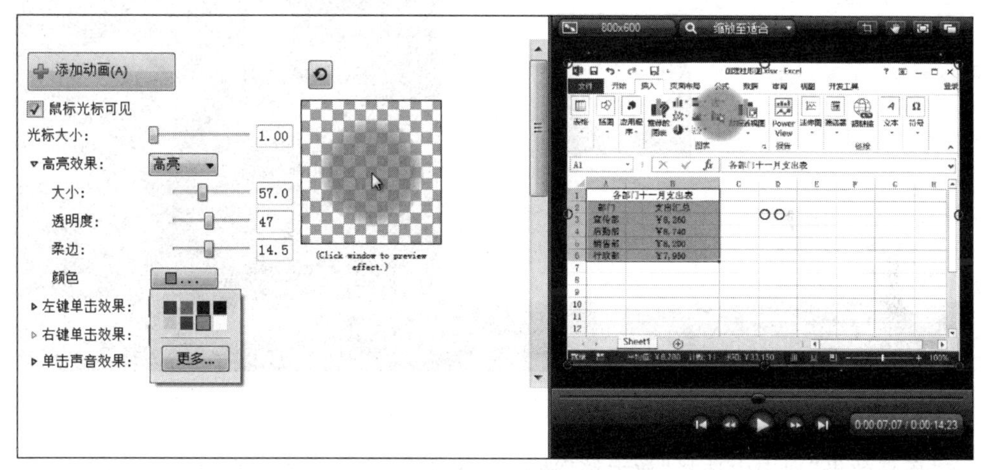

图 6.28　设置高亮效果

专家点拨：这里，如果“颜色”列表中没有找到需要的颜色，可以在列表中单击“更多”按钮，打开 Select color 对话框，使用该对话框设置需要使用的颜色，如图 6.29 所示。

鼠标指针除了能够添加带有颜色的高亮效果之外，还可以为其添加名为“聚光灯”的特殊效果。“聚光灯”效果能够在鼠标光标周围形成全透明的光圈，光圈外的区域为灰色半透明显示，就像在鼠标光标处使用聚光灯照射那样。选择该效果后，可以对效果进行设置。调整“大小”值可以改变光圈大小，调整“透明度”值将改变屏幕上灰色区域的透明度，调整“Blur”值将改变灰色区域的模糊程度，调整“柔边”值可以改变光圈边界处的柔化程度，如图 6.30 所示。

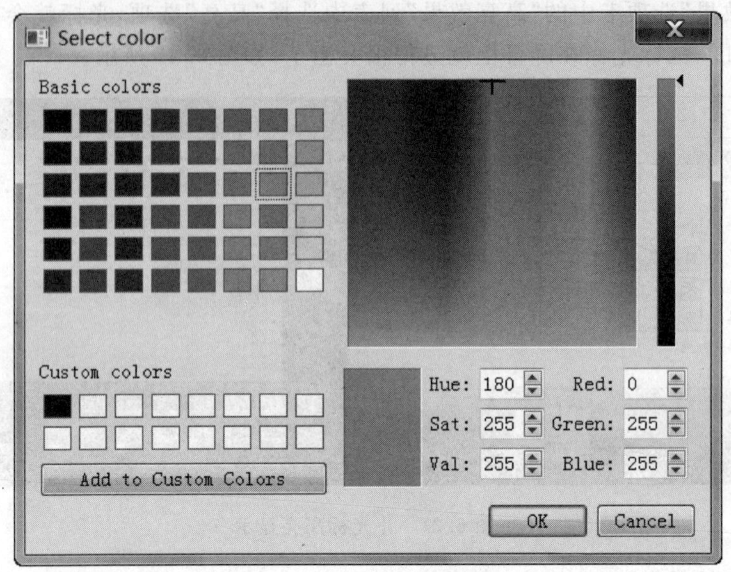

图 6.29 Select color 对话框

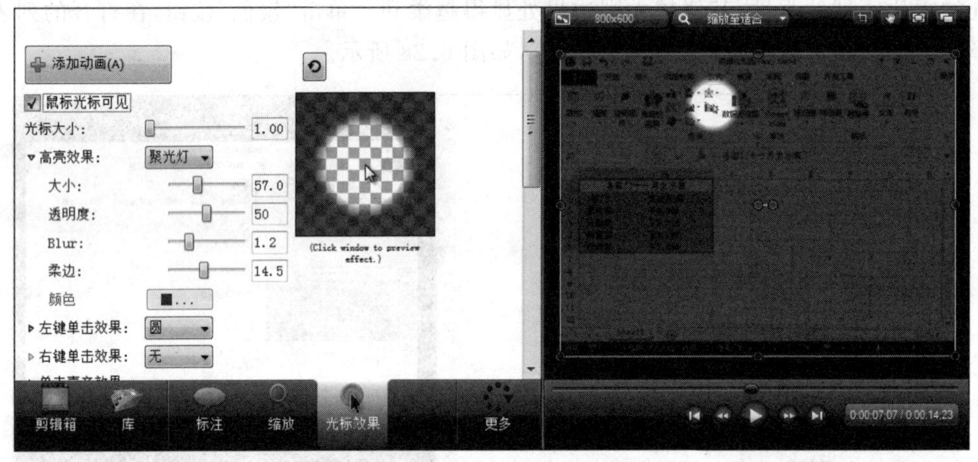

图 6.30 应用“聚光灯”效果

在“高亮效果”列表中选择“放大镜”选项，鼠标指针处将形成一个放大镜，指针所指位置的图像将放大。调整“大小”值将更改光圈的大小，调整“放大”值将更改光圈中图像的放大程度，调整“柔化”值将更改光圈边界的柔化程度，如图 6.31 所示。

专家点拨：这里，将“高亮效果”设置为“无”将取消指针的高亮效果，屏幕上将只显示鼠标指针。如果取消选中“鼠标光标可见”复选框，鼠标指针将不可见，如图 6.32 所示。可见，如果在微课视频中为了避免鼠标指针对画面的干扰而让指针不显示，则应该在将“高亮效果”设置为“无”的同时取消选中“鼠标光标可见”复选框。

2. 表现鼠标动作

在制作微课(特别是信息技术类)时，有时需要在视频中表现出当前进行的鼠标动作，如鼠标是否有击键动作，单击的是左键还是右键。由于视频本身不具有交互性，因此一般情况

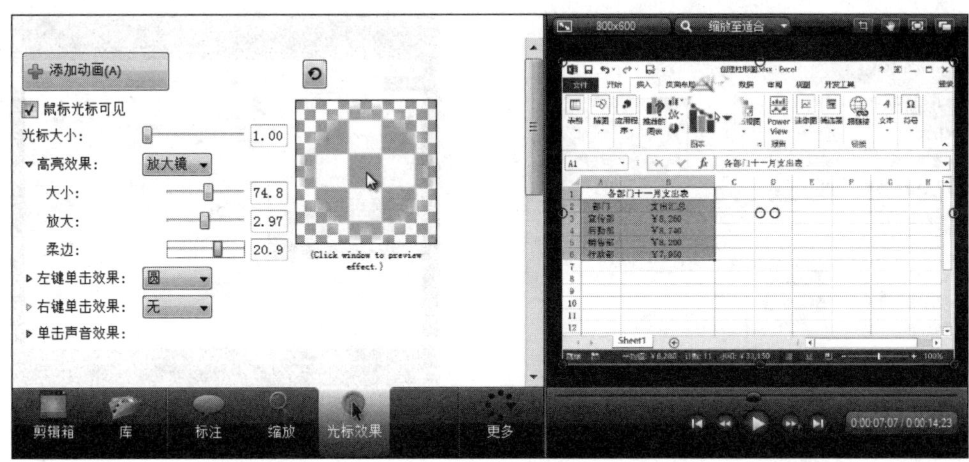

图 6.31　应用“放大镜”效果

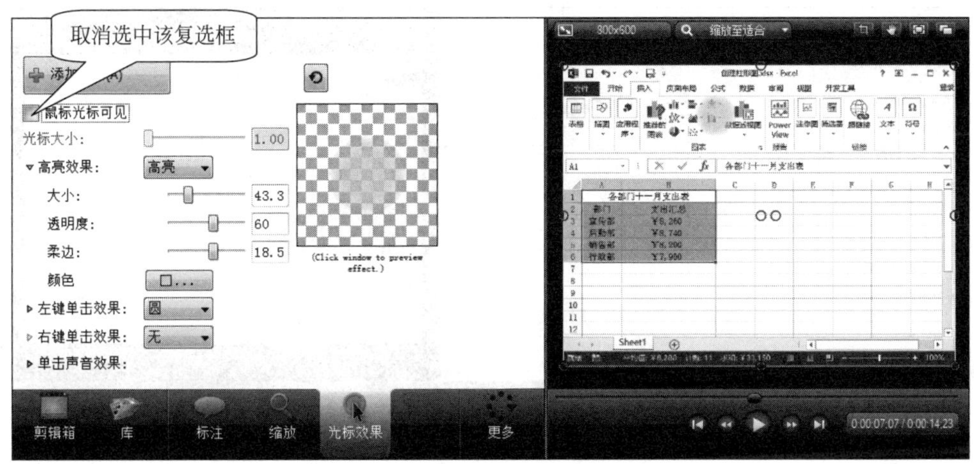

图 6.32　使鼠标指针不可见

下视频中能够方便地表现鼠标指针位置的变化却不容易展现鼠标的动作。Camtasia Studio 录像机在录制视频时，实际上已经记录了鼠标的各种动作，在对视频进行编辑时，只需要将这些记录的动作表现出来就可以了。

在 Camtasia Studio 编辑器的“光标效果”选项卡的“左键单击效果”列表中选择“圆”选项，当视频中当鼠标左键单击时，将会在鼠标指针处出现一个圆圈淡入淡出动画，从而标示出鼠标的左键单击动作。单击“左键单击效果”选择左侧的下三角按钮展开设置栏，调整“大小”值可以更改效果圆圈的大小，调整“时间”的值将能够更改效果动画的持续时间，在“颜色”列表中选择相应的选项可以更改效果圆圈的颜色，如图 6.33 所示。

在“左键单击效果”列表中选择“凹陷”选项，当出现鼠标左键单击动作时，视频的鼠标指针旁将会出现阴影以模拟凹陷动画效果，如图 6.34 所示。在“左键单击效果”列表中选择“水波”选项，当出现鼠标左键单击动作时，视频的鼠标指针处将会出现水波波动动画效果，如图 6.35 所示。

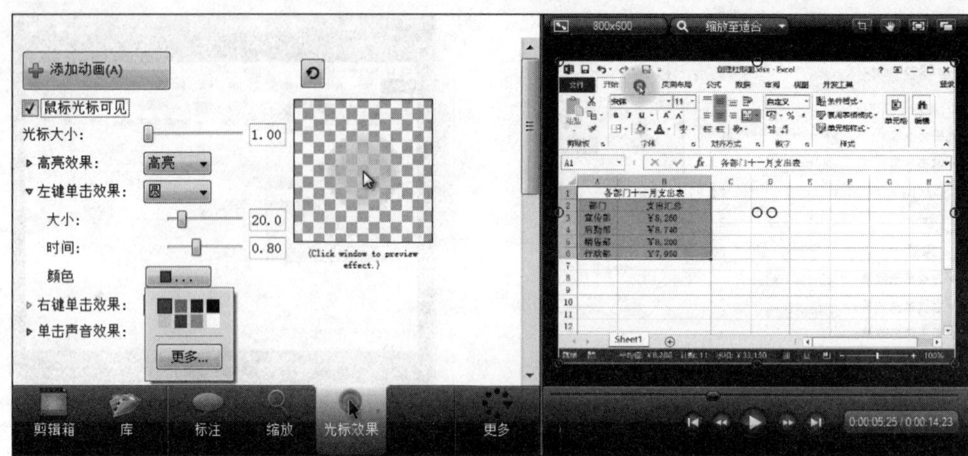

图 6.33　添加左键单击效果

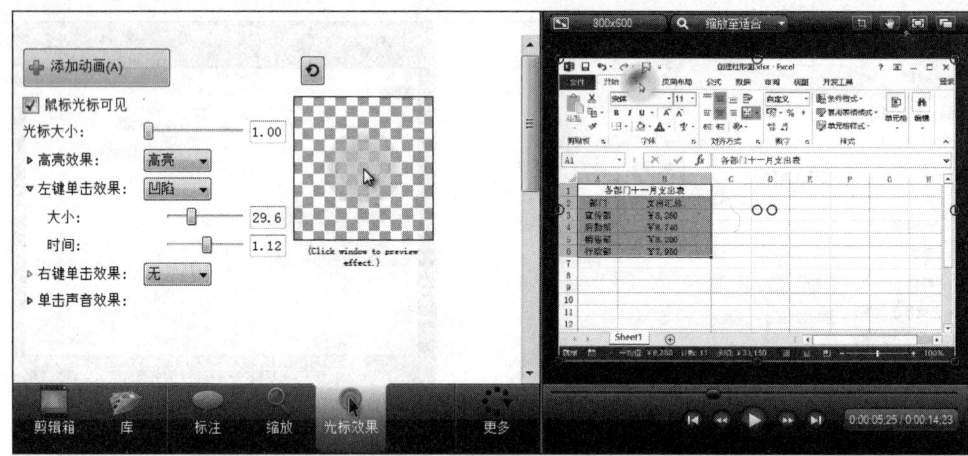

图 6.34　添加凹陷效果

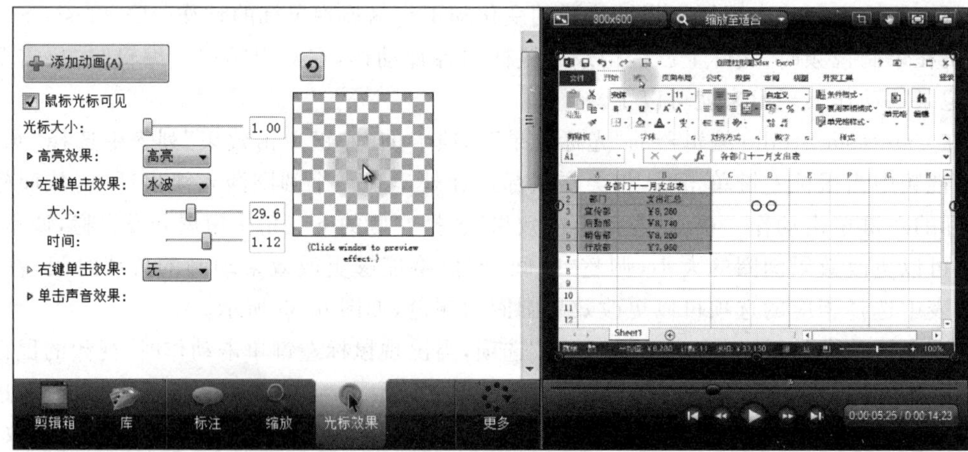

图 6.35　添加水波效果

专家点拨：Camtasia Studio 编辑器同样可以为鼠标右键单击动作添加效果，其与鼠标左键单击动作一样，包括圆、凹陷和水波这 3 种效果，其设置方法与左键单击效果的设置相同。在视频中，为了将左键单击和右键单击区分开，最好不要将它们的效果设置为相同。

在视频中，还可以为鼠标的单击动作添加声音以进行提示。在"光标效果"选项卡中展开"单击声音效果"设置列，在"左键"列表中选择相应的选项设置左键单击时的声音。拖动"左键"下拉列表右侧的滑块可以设置声音大小，单击按钮可以预览声音效果，如图 6.36 所示。

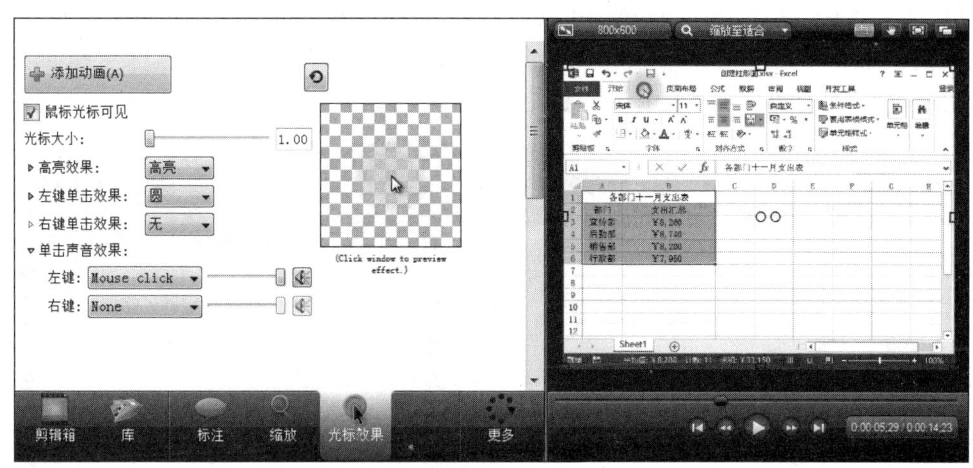

图 6.36　添加声音效果

专家点拨：在"光标效果"选项卡中有一个效果预览窗，对光标大小和高亮效果的设置后的效果能够直接在这个效果预览窗中显示出来。在这个预览窗中单击或右击，能够预览设置的左键单击效果或右键单击效果，如图 6.37 所示。

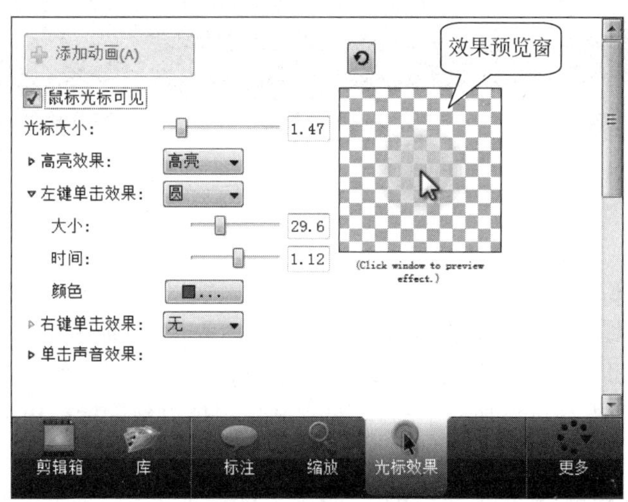

图 6.37　预览设置效果

6.3.2　为光标添加动画效果

在 Camtasia Studio 编辑器中，鼠标的左键单击效果和右键单击效果是动画效果。在制作视频时，用户可以根据需要来创建一些简单的鼠标指针的变化动画以对鼠标的动作进行强调。

1. 添加光标动画

下面通过一个实例来介绍光标动画的制作方法。在这个实例中，在鼠标左键动作发生时，鼠标指针出现一个放大后缩小到原来大小的动画过程。

(1) 打开“光标效果”选项卡，单击“添加动画”按钮。在轨道的视频片段上会出现一个“光标动画”视图，在该栏上将添加一个光标动画标记。在视频中，存在着鼠标左键单击或右键单击的位置，将会出现一个鼠标动作标记，如图 6.38 所示。

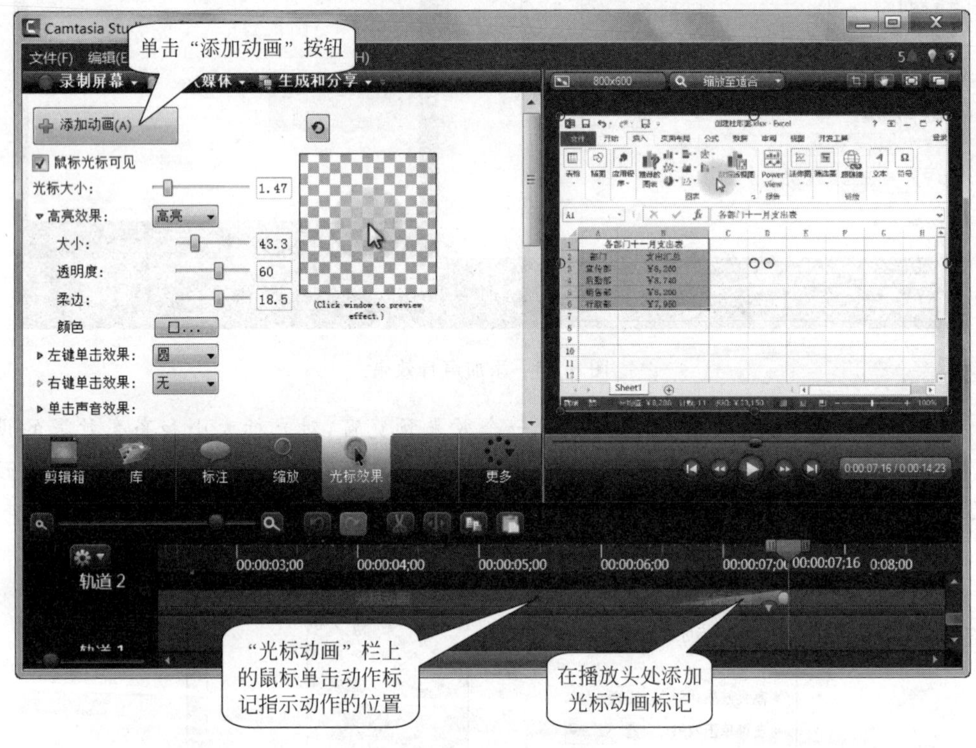

图 6.38　添加光标动画

(2) 使用鼠标在“光标动画”栏中将动画标记拖放到鼠标动作标记处，使其头部与鼠标动作标记对齐。在动画标记处于选择状态下，在“光标效果”选项卡中拖动“光标大小”滑块调整光标大小。这里向右拖动滑块使鼠标光标增大，如图 6.39 所示。

(3) 使用相同的方法再添加一个动画，将动画标记拖放到鼠标动作标记的位置，使动画标记的尾部与鼠标动作标记对齐。选择动画光标后，将鼠标指针的大小调整为原始大小，如图 6.40 所示。播放视频，在鼠标左键单击时，除了设置的鼠标左键单击效果之外，鼠标指针还会先放大然后缩为原始大小。

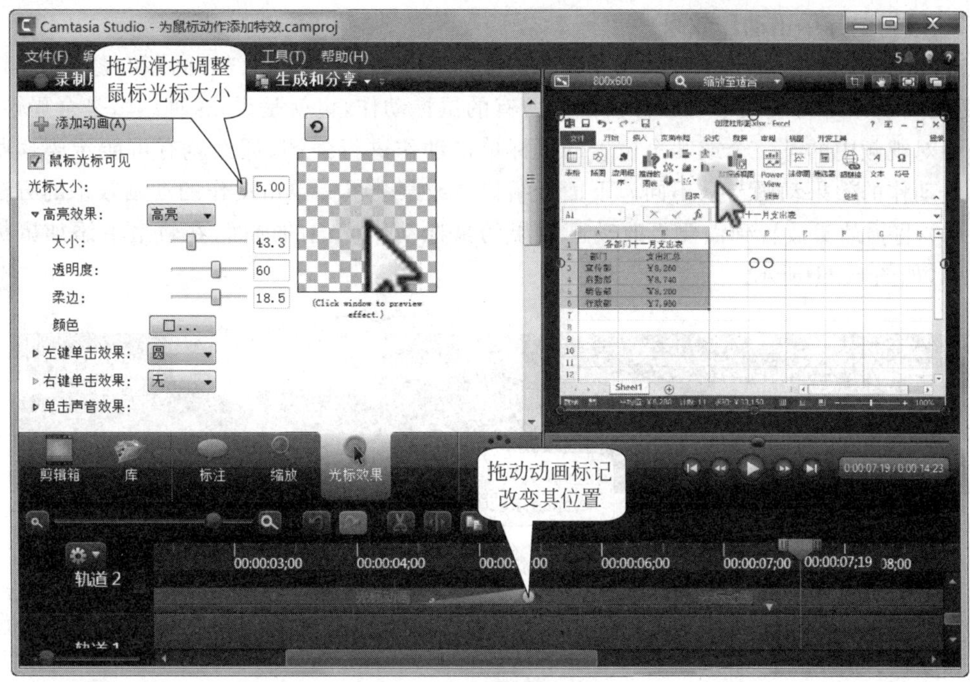

图 6.39　更改鼠标光标大小

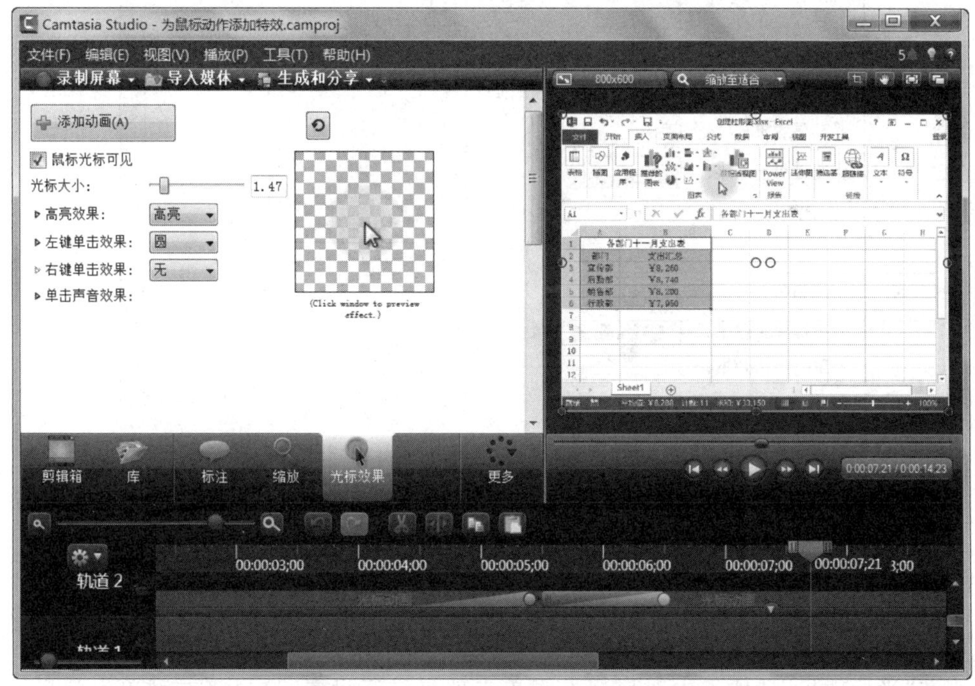

图 6.40　将鼠标指针大小调整为原始大小

专家点拨： 在轨道上选择鼠标动画标记后，标记颜色将改变，此时按 Delete 键将删除该标记，动画效果被删除。拖动标记右边界将改变动画的持续时间，动画标记越长，动画的持续时间就越长。

2. 编辑鼠标单击动作效果

在“光标效果”选项卡中对鼠标左键单击或右键单击的“大小”、“时间”和“颜色”进行更改，更改后的效果将应用于视频片段中的所有的鼠标动作，也就是说，这种编辑是全局性的。如果要对视频中的某一个或几个位置的鼠标单击动作进行强调，那么就有可能希望这些鼠标单击动作的效果动画与众不同。下面介绍只更改某个鼠标单击动作的动画效果的方法。

(1) 将播放头放置到需要更改动画效果的鼠标动作标记的前面，在轨道上添加鼠标光标动画，如图 6.41 所示。

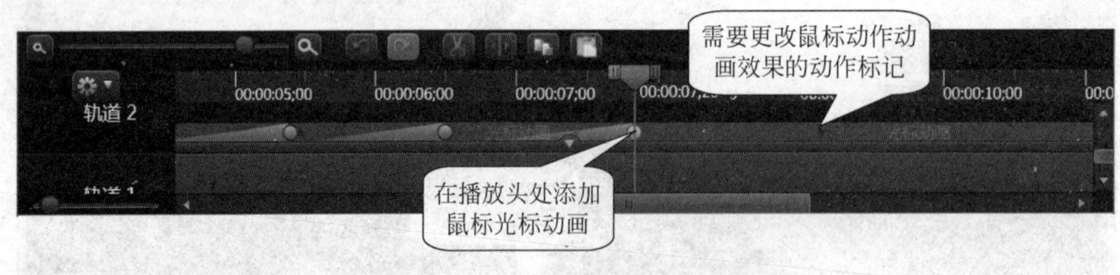

图 6.41　添加鼠标光标动画

(2) 选择动画标记后，在“光标效果”选项卡中对鼠标左键单击效果进行设置。如设置大小和颜色，如图 6.42 所示。

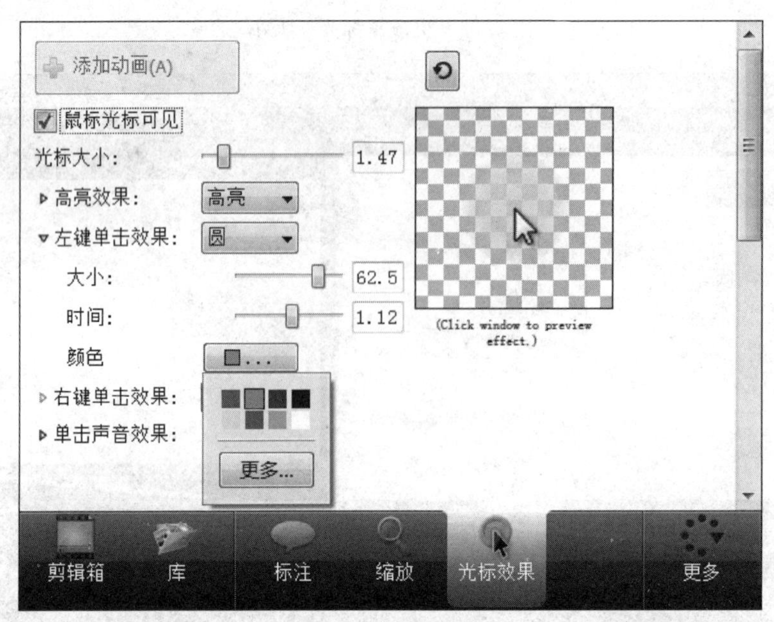

图 6.42　对鼠标左键单击效果进行设置

(3) 将播放头放置到需要更改动画效果的鼠标动作标记的后面，再添加一个鼠标光标动画。在“光标效果”选项卡中对鼠标左键单击效果进行设置，这里将左键单击效果的“大小”和“颜色”设置为原来的大小和颜色，如图 6.43 所示。这样，在播放视频时，鼠标单击动作的效果动画将具有与其他动作不同的效果动画。

专家点拨：通过上面的操作可以看到，添加动画的方式能够对鼠标左键单击和右键单击动作的动画效果进行编辑修改，更改将应用于该动画标记之后的所有的鼠标动作。因此，

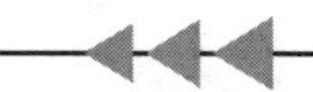

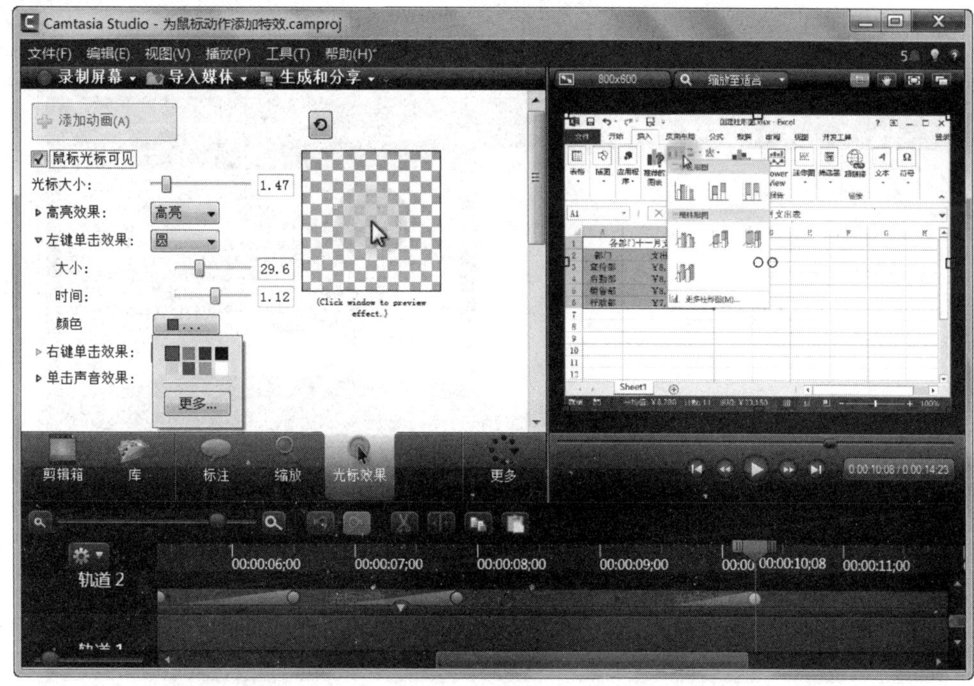

图 6.43　“大小”和“颜色”设置为原来的大小和颜色

如果要对单独的一个或几个鼠标动作更改动画效果，则需要在更改它们动画效果后将其后的鼠标动作动画恢复为初始状态。这就是为什么添加了两个动画的原因。

6.4　视频中的对象动画

放置在轨道上的标注、视频剪辑或外部素材（如图片）均可以看作是单独的对象，Camtasia Studio 编辑器能够对这些对象的属性进行调整。对象的属性包括对象的大小、透明度、位置和旋转角度等，同时还包括一些特殊的效果属性，如是否有阴影、边框是否单色显示等。通过对这些属性进行设置，既可以改变对象的外观，也可以创建一些动画效果。

6.4.1　视频中的形状变换效果

在视频中，对象的大小、位置、旋转角度和透明度是对象的常规属性，这些属性决定对象在屏幕上的显示外观。Camtasia Studio 编辑器允许对这些常规属性进行设置，同时可以将这些属性的变化制作为动画，丰富视频的画面效果。

1. 缩放动画效果

缩放动画，是缩小和放大对象的尺寸。Camtasia Studio 编辑器允许对轨道上的对象进行缩放操作，同时以动画的形式展示对象变大或缩小的过程。下面通过一个实例来介绍对象缩放动画效果的制作方法。实例是一个转场动画效果，在视频中，前一个场景将缩小至消失，后一个场景放大出现。

(1) 在轨道上将前一个视频片段的末尾分割出一个单独的视频片段，后一个视频片段的头部分割出一个视频片段出来。单击“更多”按钮，在打开的列表中选择“可视化属性”选项打开“可视化属性”选项卡，如图 6.44 所示。

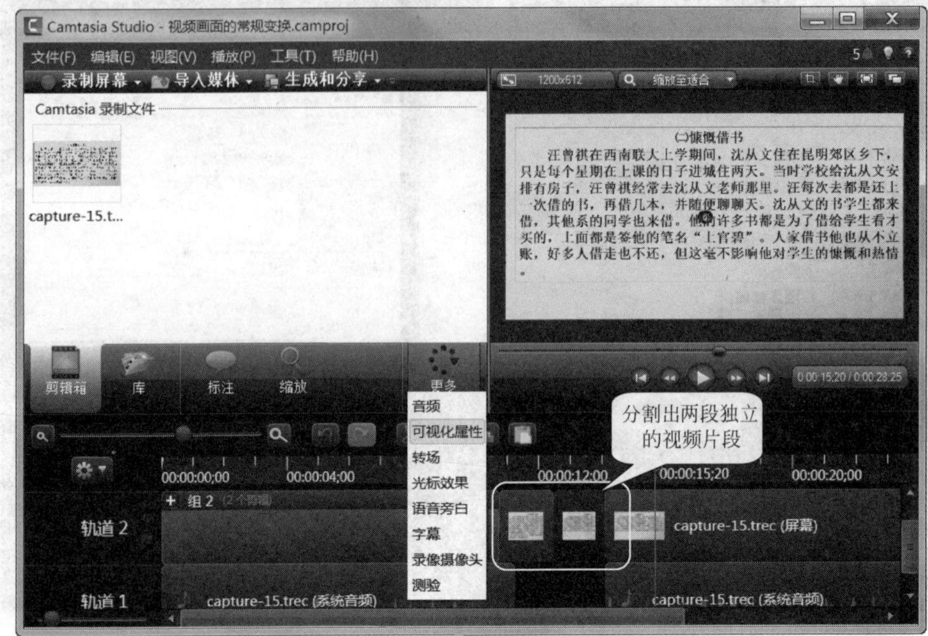

图 6.44　选择“可视化属性”选项

(2) 选择分割出来的第一段视频，将播放头放置到该视频片段的尾部。在打开的“可视化属性”选项卡中单击“添加动画”按钮，视频片段中添加一个动画标记。该动画标记的尾部与播放头对齐，如图 6.45 所示。

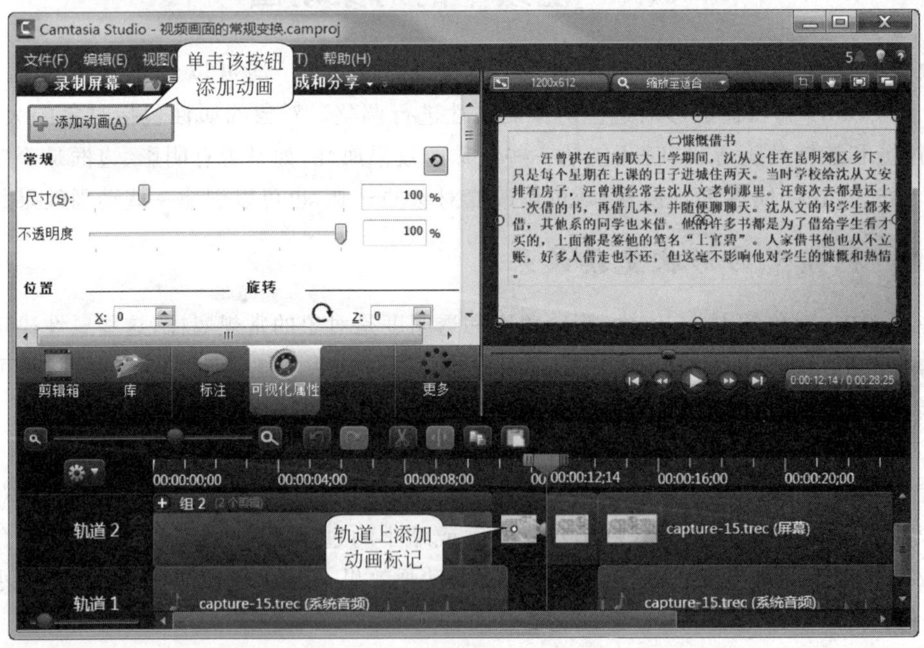

图 6.45　为视频片段添加动画

(3) 拖动动画标记左侧的开始标记点将动画标记拉长，使其长度与视频片段长度相同。在“可视化属性”选项卡中向左拖动“尺寸”滑块将画面缩到最小，如图 6.46 所示。播放视频，将会获得画面逐渐缩小到不可见的动画效果。

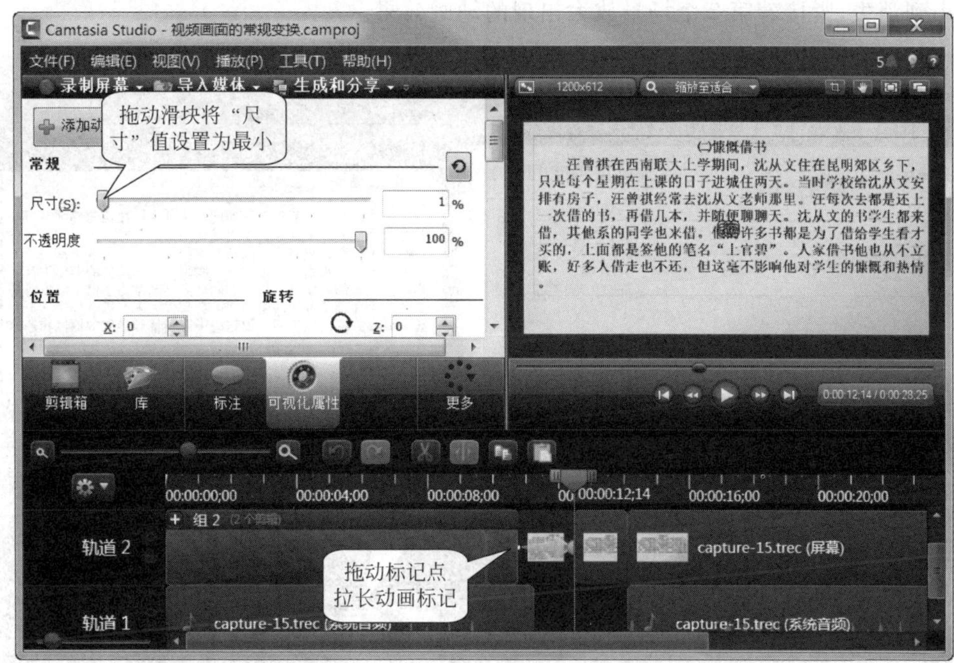

图 6.46　改变“尺寸”值

(4) 选择第 2 段视频片段，拖动“尺寸”滑块将画面大小缩小至不可见，如图 6.47 所示。

图 6.47　缩小画面使其不可见

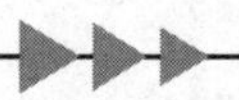

(5) 将播放头放置到这段视频片段的结尾处,向视频添加动画。改变动画标记的长度使其与视频片段等长,将画面的"尺寸"设置为100%,如图6.48所示。这里,为视频片段添加了画面由小逐渐放大到100%的动画效果。通过这两段动画,将能够获得前一个场景逐渐缩小到消失,紧接着第2个场景放大出现的动画效果。

图6.48　添加动画效果

2. 淡入淡出动画效果

在"可视属性"选项卡中,调整"不透明度"的值可以对对象的不透明度进行设置,不透明度的大小决定了对象下的画面透过对象显示出来的程度。Camtasia Studio编辑器中,对象不透明度的改变还可以做成动画的形式,获得一种对象逐渐显示或消失的效果,此时对象将逐渐由透明变为不透明或反向变化。下面为上面完成的画面动画添加不透明度变化效果,使视频播放时,画面在缩放变化的同时兼有不透明度的变化,获得常见的淡入和淡出效果。

(1) 在轨道上双击第一个动画标记右侧的终点标记点,在"可视化属性"选项卡中向左拖动"不透明度"滑块,将"不透明度"值设置为0,如图6.49所示。此时播放视频,画面将在缩小的同时不透明度逐渐减小,画面逐渐变得透明直至消失。

(2) 在轨道上选择第2段视频片段,将播放头放置到在"可视化属性"选项卡中将"不透明度"设置为0,使画面完全透明不可见,如图6.50所示。

(3) 双击视频片段上的动画标记右侧的终点标记点,在"可视化属性"选项卡中将"不透明度"的值设置为100%,如图6.51所示。在播放此段视频片段时,画面在逐渐放大的过程中还会由透明变化到不透明。

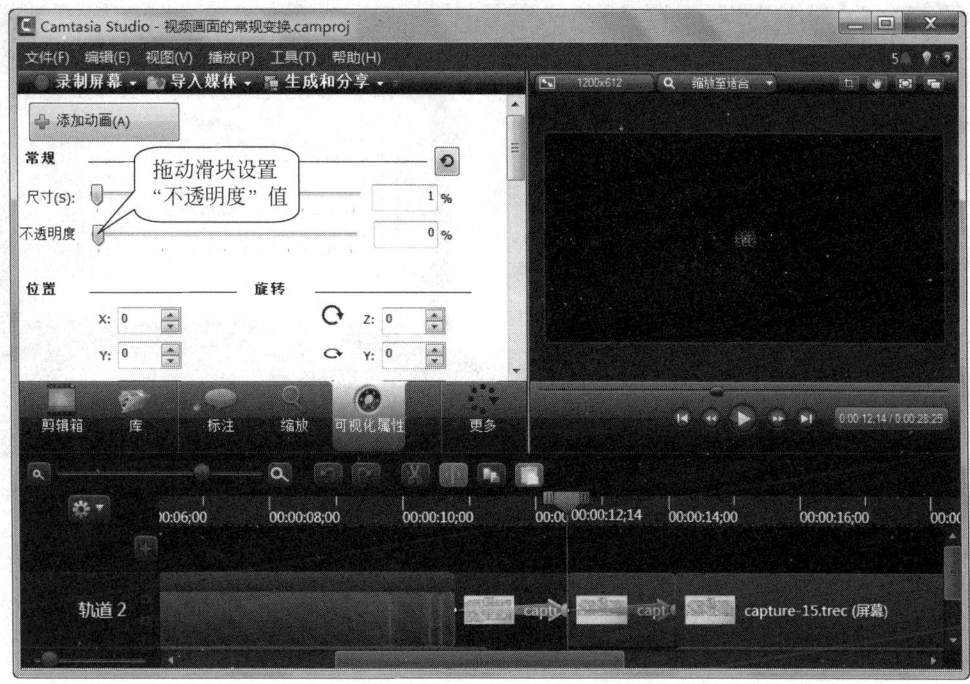

图 6.49　设置“不透明度”的值

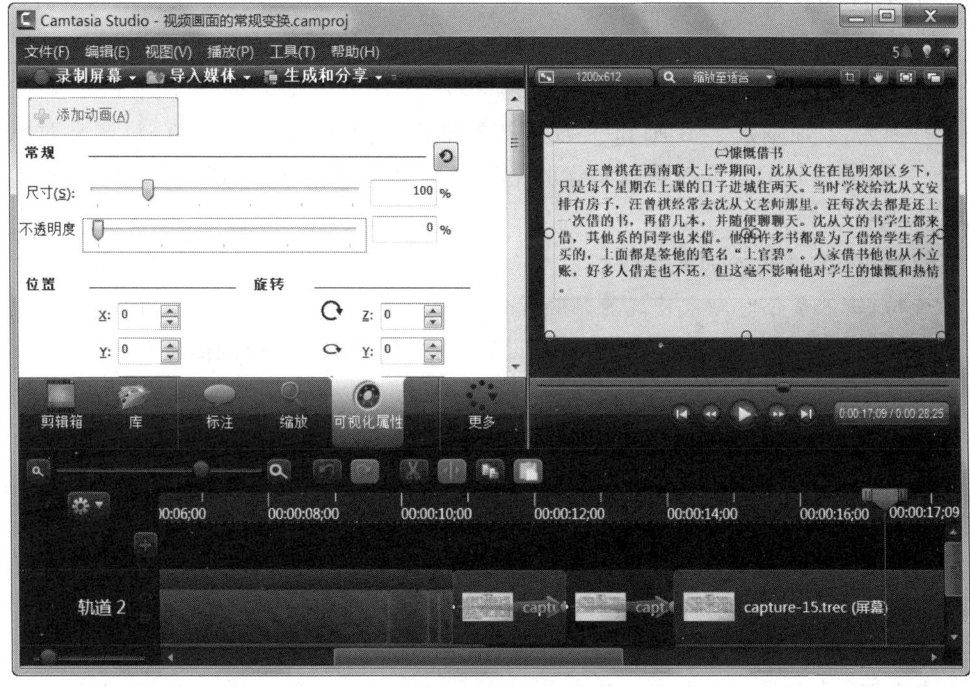

图 6.50　设置视频片段的不透明度

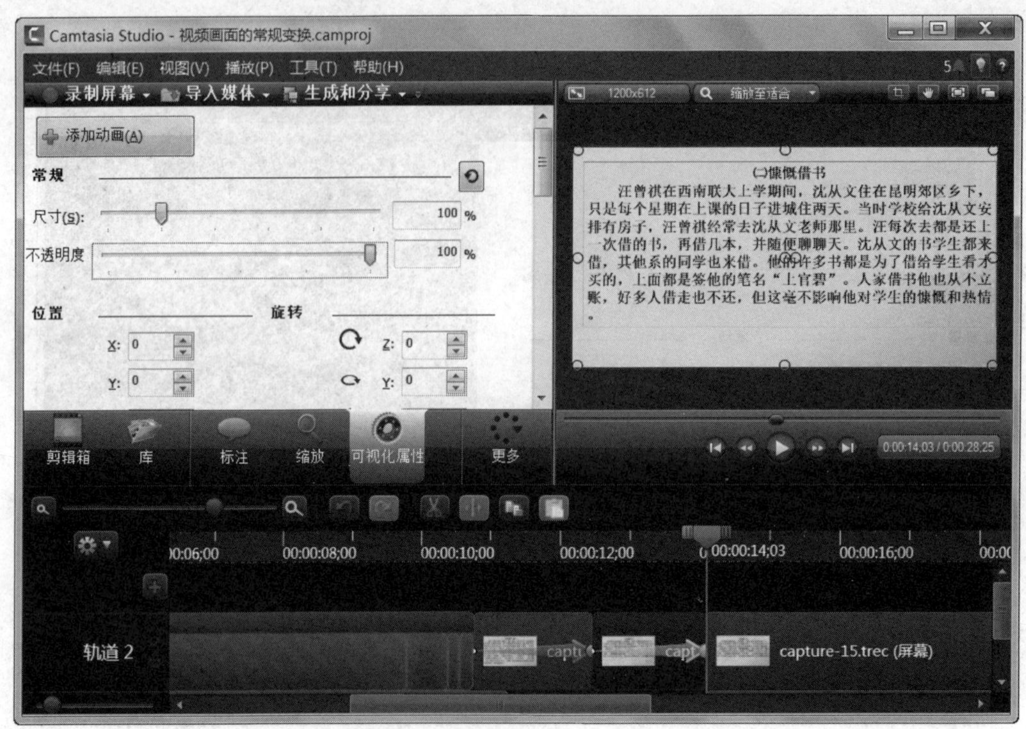

图 6.51 将“不透明度”的值设置为 100%

3. 旋转动画效果

在“可视属性”选项卡中，调整“旋转”栏中 Z、Y 和 X 值可以改变对象在屏幕上放置的角度。空间坐标系包括 Z 轴、Y 轴和 X 轴，在 Camtasia Studio 编辑器中，X 轴和 Y 轴在屏幕所在的平面内，Z 轴垂直于 X 轴和 Y 轴所在的平面。调整 Z、Y 和 X 值，将调整对象绕 Z 轴、Y 轴和 X 轴旋转的角度。将画面分别绕 Z 轴、Y 轴和 X 轴旋转 45°后的效果，如图 6.52 所示。

专家点拨：这里输入的角度值可以是正数也可以是负数。输入正数时，对象将绕着轴逆时针旋转，输入负值时对象将绕着轴顺时针旋转。

下面对前面生成的画面进入动画进行设置，为画面增添前一个画面旋转飞出，后一个画面旋转飞入的动画效果。

(1) 双击第一个视频片段中的动画标记右侧的终点标记点，在“可视化属性”选项卡的 Z 微调框中输入数值−359，如图 6.53 所示。在播放这段视频片段时，画面将会在缩小消失的同时，顺时针旋转一周。

(2) 双击第 2 个视频片段中的动画标记右侧的终点标记点，在“可视化属性”选项卡中将 Y 值设置为 359，如图 6.54 所示。在播放这段视频片段时，画面在放大渐现的同时，将绕着 Y 轴旋转一周。

专家点拨：在需要对象旋转一周时，角度值不能输入 360°，若输入 360°，对象将不会旋转。因此在这里输入了一个与 360 接近的值。

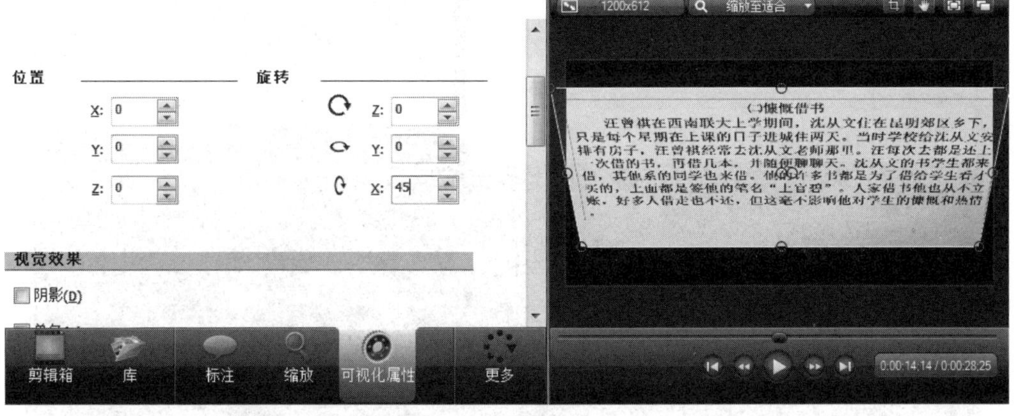

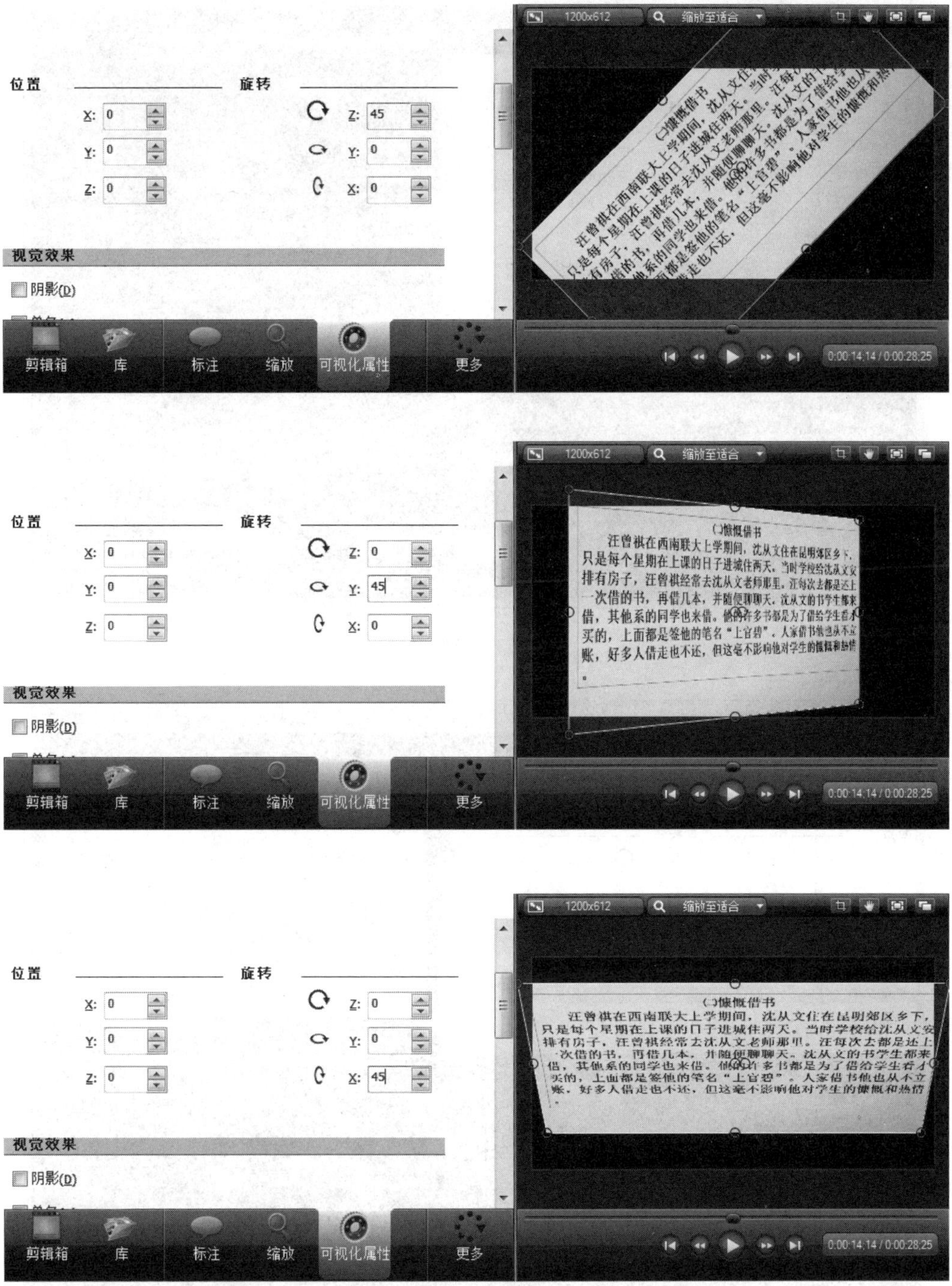

图 6.52　将画面分别绕 Z 轴、Y 轴和 X 轴旋转 45°后的效果

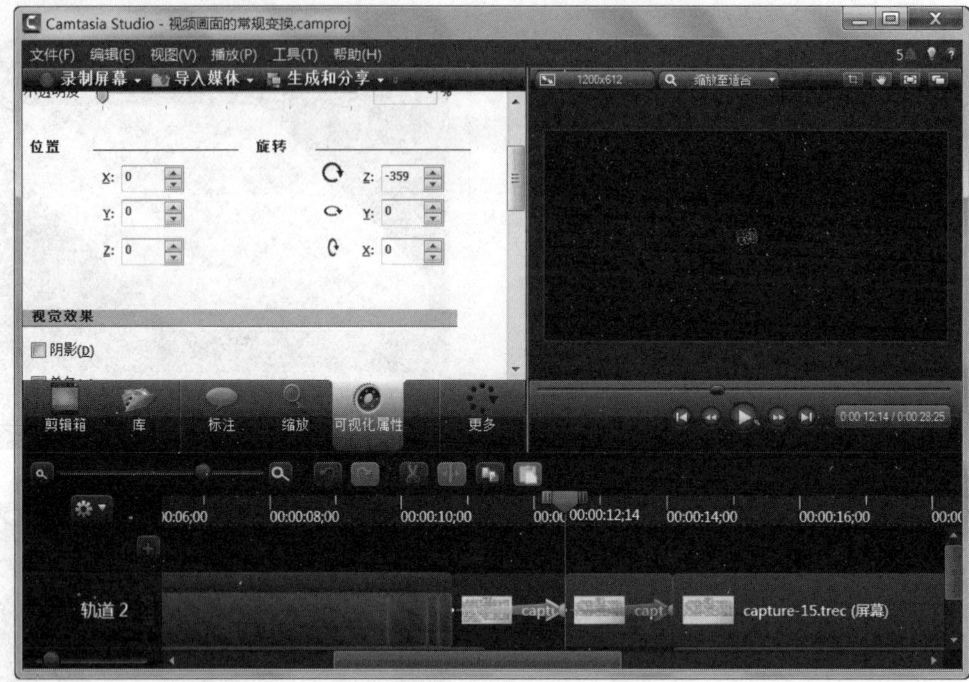

图 6.53　设置 Z 值

图 6.54　设置 Y 值

4. 沿 X 轴和 Y 轴的运动

在 Camtasia Studio 编辑器中可以在“视频预览”窗口中采用鼠标拖动的方式在屏幕上移动对象，如果要将对象准确地定位到屏幕的某个位置，使用这种方式就不太方便了。此时，可以通过在“可视属性”选项卡中调整“X”和“Y”值来实现对象在屏幕上的精确定位。同时，通过添加动画后设置对象位置，还可以实现对象在屏幕上的移动动画。

下面以在视频中创建一个标题文字的直线飞入和飞出动画效果为例，来介绍在视频中添加直线运动效果的方法。

(1) 在轨道上添加文字标注，输入标题文字并对标题文字样式进行设置。在这里，文字需要从屏幕右侧飞入，需要将文字放置到屏幕右侧的外面。这里在“可视化属性”选项卡中设置 X 值将文字置于屏幕之外，如图 6.55 所示。

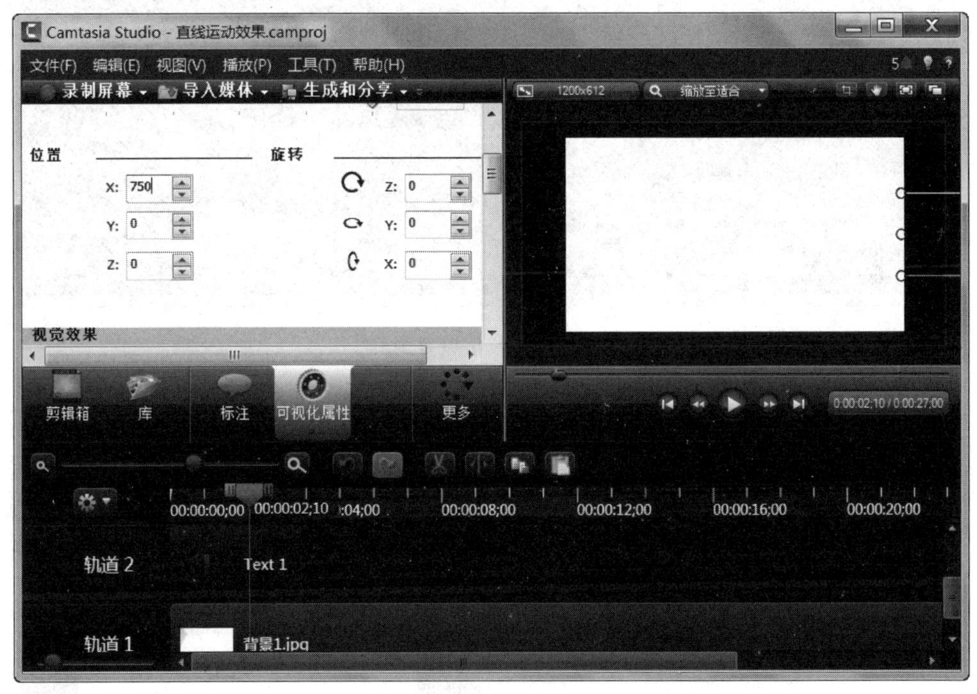

图 6.55　设置 X 值

(2) 在“可视化属性”选项卡中单击“添加动画”按钮为对象添加动画，拖动动画标记边界处的标记点拉长动画标记延长动画时间。双击动画标记右侧的结束动画标记点进入动画编辑状态，在“可视化属性”选项卡中将 X 值设置为 0，此时对象将放置到屏幕的中心，如图 6.56 所示。此时播放视频，将会获得文字由屏幕右侧向左飞入到屏幕中心处停止的动画效果。

(3) 轨道上的将标注文字复制两个，根据需要调整对象在轨道上的长度，删除其中的动画标签去掉动画效果。由于在步骤(1)中，将对象的位置设置到了屏幕外，这里在屏幕上无法看到文字。同时选择这两个标注对象，在“可视化属性”选项卡中将 X 值设置为 0，使它们在屏幕中心显示，如图 6.57 所示。

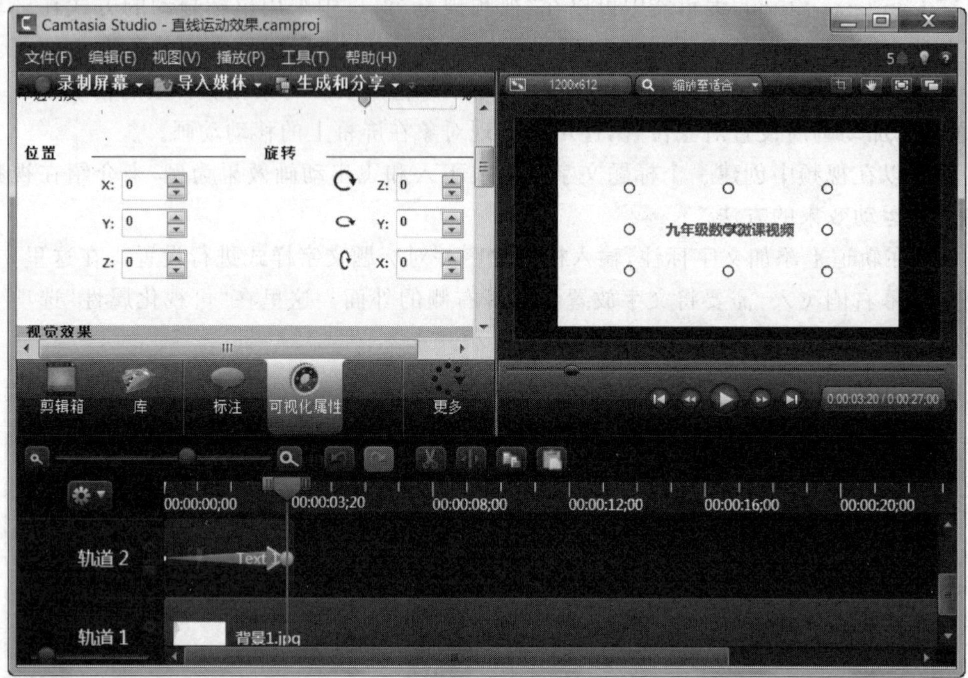

图 6.56 X 值设置为 0

图 6.57 使文字在屏幕中心显示

(4) 选择轨道上的第 3 个标注，在“可视化属性”选项卡中单击“添加动画”按钮为其添加动画效果。拖动动画标记两侧的标记点设置动画的持续时长，双击动画标记右边界上的终点标记点进入编辑状态。在“可视化属性”选项卡中设置 Y 值，使文字移除屏幕的范围，如图 6.58 所示。这样，就可以得到标题文字从右侧飞入，停留片刻后快速向上飞出的动画效果。

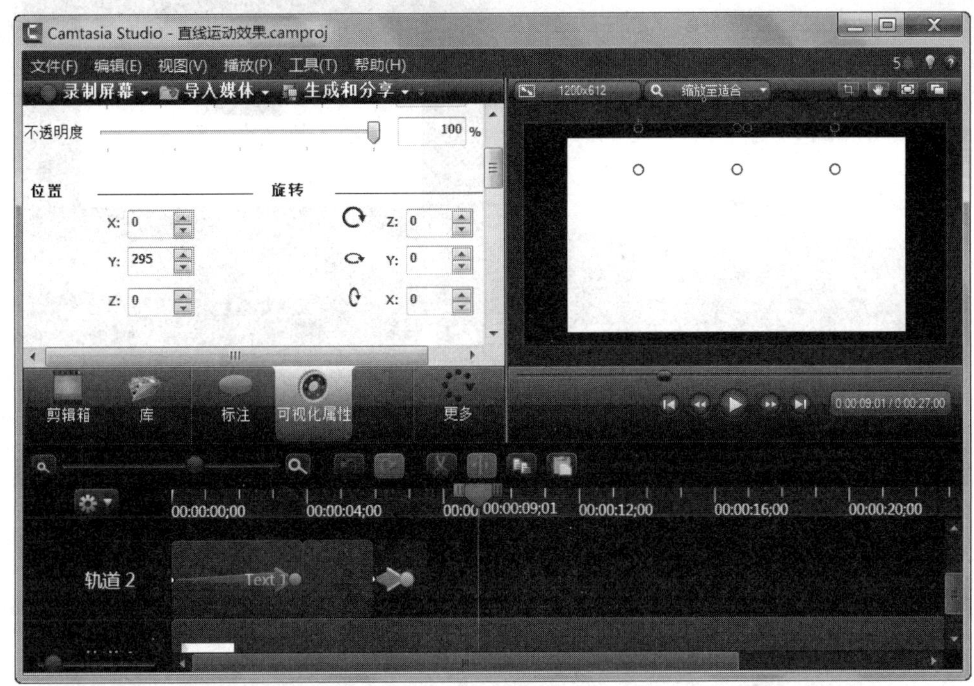

图 6.58　设置 Y 值

专家点拨：这里，位置坐标的原点在屏幕中心，X 轴为水平轴，Y 轴为垂直轴，X 和 Y 值既可以是正数也可以是负数。对于 X 值来说，中心右侧为正，左侧为负。对于 Y 值来说，中心上方为正，下方为负。

5. 沿 Z 轴的运动

Camtasia Studio 编辑器中，Z 轴是垂直于屏幕的坐标轴，通过设置 Z 坐标的值，可以获得对象离屏幕的远近效果。人眼在观察事物时，离视点近的对象给人的感觉大，离视点远的对象让人感觉小，这就是所谓的“远小近大”透视学原理。在 Camtasia Studio 中，调整对象的 Z 坐标值，可以让对象产生距离感，同时也能改变对象的视觉大小。如果创建动画效果，将能够获得对象的缩放动画效果。

下面介绍一个标题文字的搏动动画效果的制作过程。在视频中，文字标题放大后缩小，反复多次，就像心脏搏动那样。

(1) 在视频中添加标题文字，在“可视属性”选项卡中将对象 Z 值设置为最小，如图 6.59 所示。

(2) 在“可视化属性”选项卡中单击“添加动画”按钮添加动画，调整动画的延续时长。双击动画标记右侧的结束标记点进入编辑状态，在“可视化属性”选项卡中将 Z 值设置为最大(即 2000)，如图 5.60 所示。

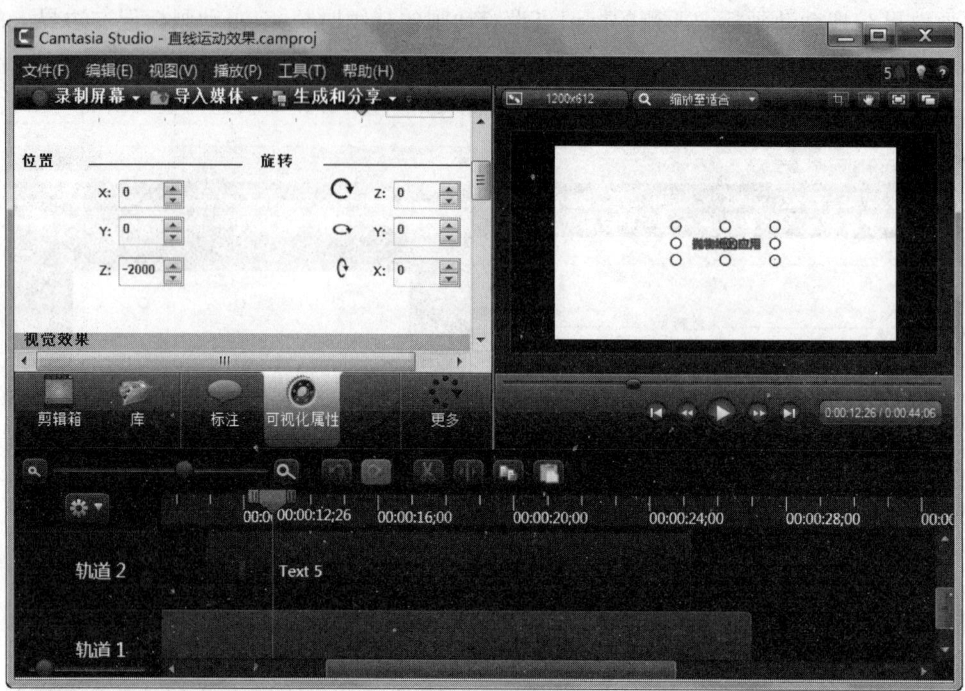

图 6.59 将 Z 值设置为最小

图 6.60 将 Z 值设置为最大

(3) 选择动画标记,按 Ctrl+C 键复制动画标记,将播放头放置到动画标记右侧结束标记位置后按 Ctrl+V 键粘贴动画标记添加一个新动画,此时新动画的头部与前一个动画的尾部连接在一起。双击新动画标记的结束标记点,将 Z 值设置为−2000,如图 6.61 所示。播放这段视频,将能够获得文字由小到大后再缩小的动画。

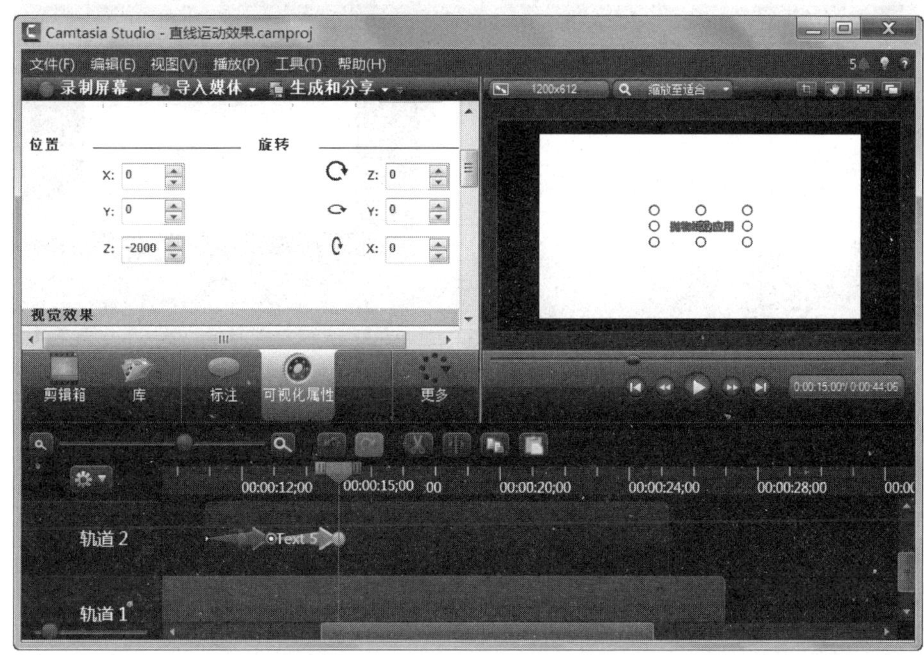

图 6.61　添加动画并设置 Z

(4) 按住 Shift 键单击动画标记同时选中它们,按 Ctrl+C 键复制它们后,依次粘贴它们,这里将它们粘贴两次,如图 6.62 所示。

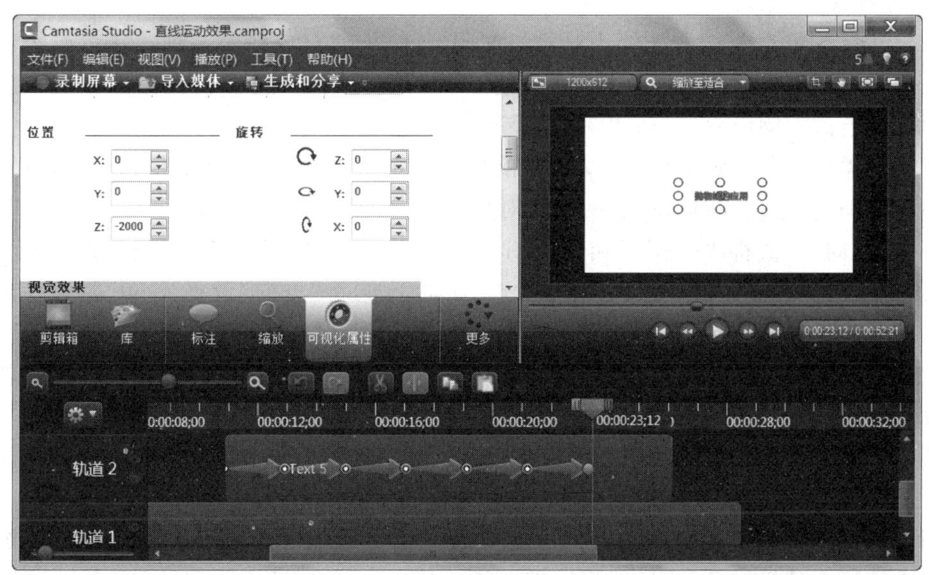

图 6.62　粘贴动画效果

(5) 此时,文字的最终状态处于缩小状态,需要再添加一个动画效果让文字放大。因此这里再次复制第一个动画标记后粘贴到后面,进入动画编辑状态,将 Z 值更改为正常值,也就是 0,如图 6.63 所示。

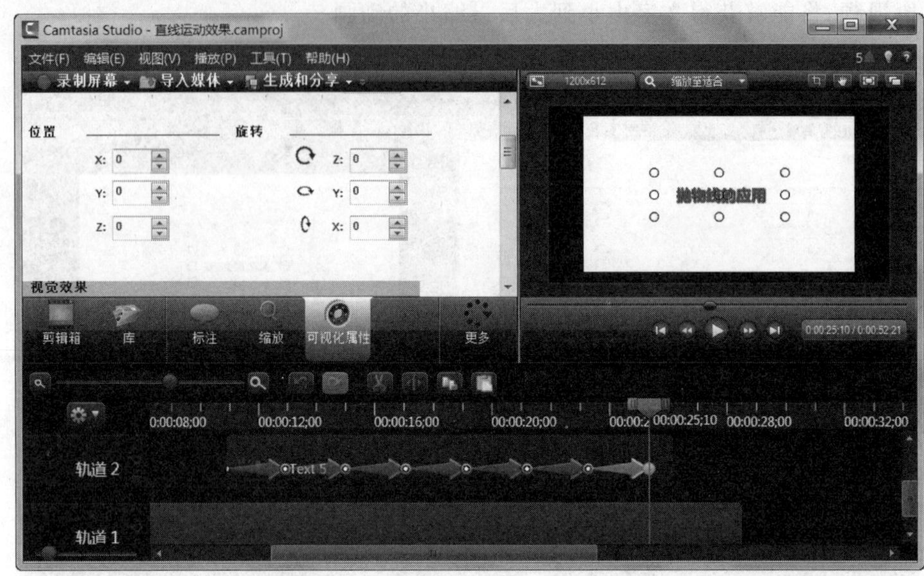

图 6.63 粘贴动画标记并更改 Z 值

6.4.2 视频中的视觉效果

Camtasia Studio 编辑器除了能够改变对象的大小、位置和角度之外,还可以为对象添加一些简单的视觉效果,如阴影、单色调、边界和清除颜色效果。下面对这些视觉效果的应用进行介绍。

1. 为对象添加阴影

Camtasia Studio 编辑器能够为对象添加阴影效果,使对象获得一种浮在背景表面的效果。在轨道上选择需要添加阴影效果的对象,在"可视化属性"选项卡中选中"阴影"复选框,选择对象即会添加阴影效果,如图 6.64 所示。

在为对象添加阴影效果后,可以对阴影的效果进行设置。调整距离的值,将能够更改阴影与对象之间的距离。该值越大,阴影离对象就越远,如图 6.65 所示。

调整"方向"的值将改变阴影相对于对象的方向。如图 6.65 所示,当"方向"值为 270 时,阴影位于对象的正下方,也就是在其 270°方向。如,将"方向"设置为 60,阴影将出现在对象 60°的右上方,如图 6.66 所示。

调整"不透明度"的值可以设置阴影的不透明度,其值越大,阴影就越不透明,也就是显得更加浓厚,如图 6.67 所示。

调整"模糊"的值可以设置阴影的模糊程度,其值越大,阴影越模糊,如图 6.68 所示。

2. 为对象添加边框

对于添加到屏幕上的对象,Camtasia Studio 编辑器可以为其添加包围对象的矩形边框。如在轨道上选择对象,这里选择轨道上的视频片段。在"可视化属性"选项卡中选中"边界"复选框,视频画面的周围会添加矩形边框,如图 6.69 所示。

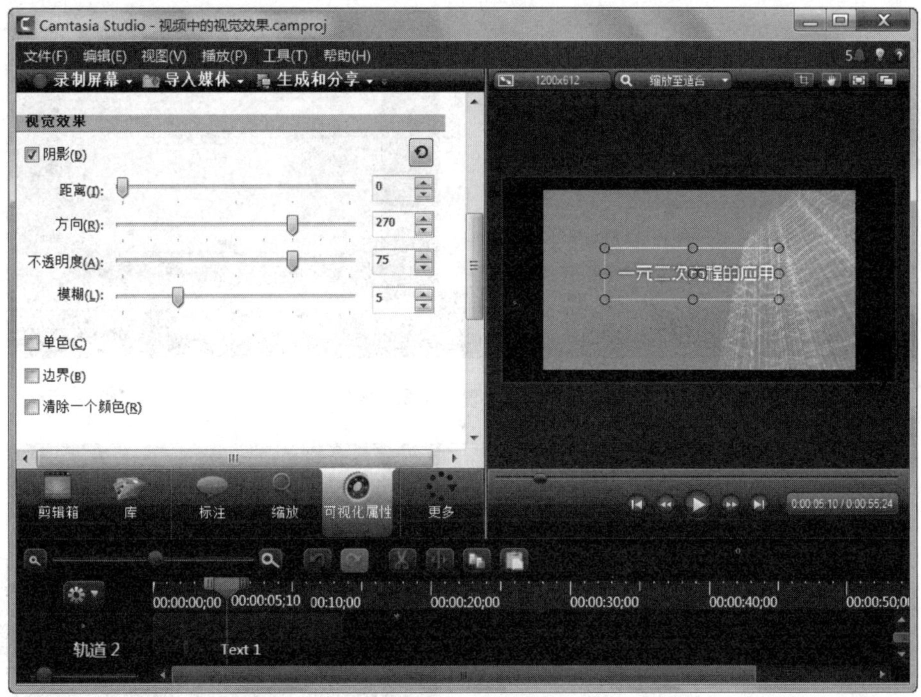

图 6.64　为选择对象添加阴影效果

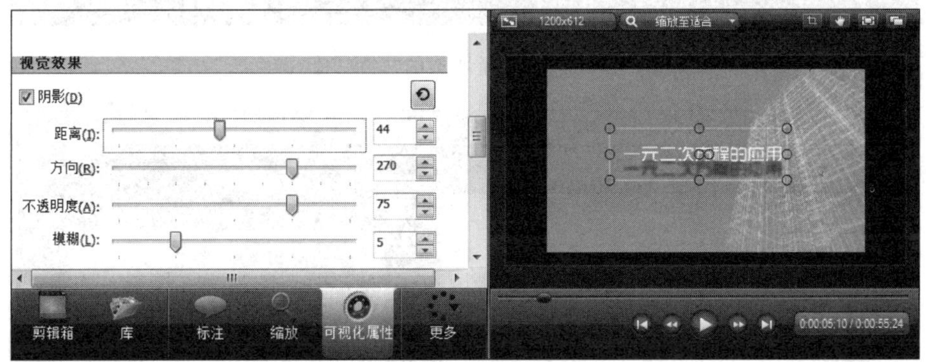

图 6.65　设置“距离”值

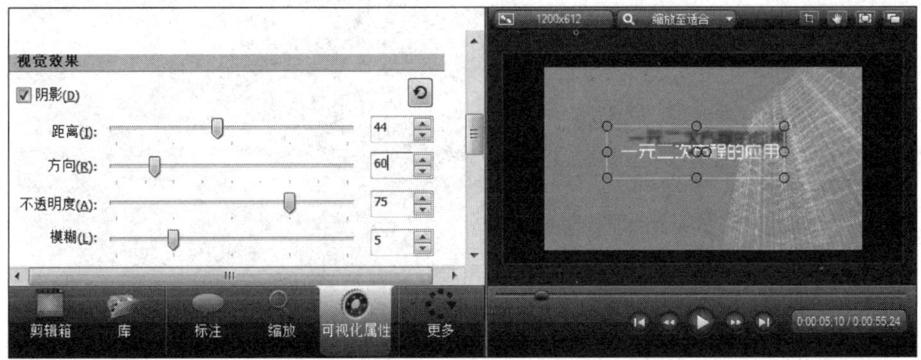

图 6.66　设置“方向”值

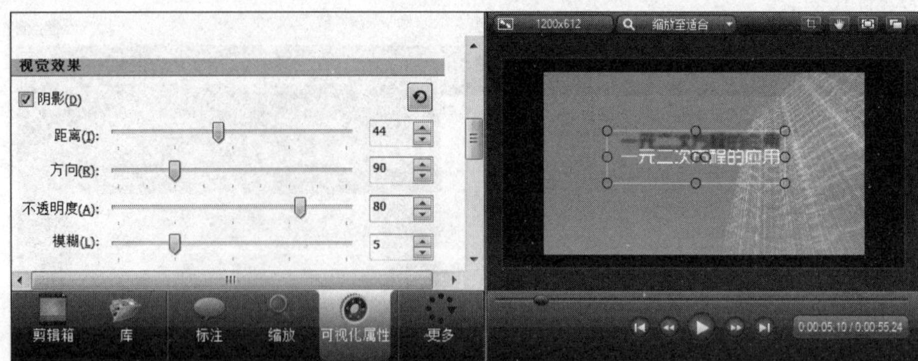

图 6.67　设置“不透明度”值

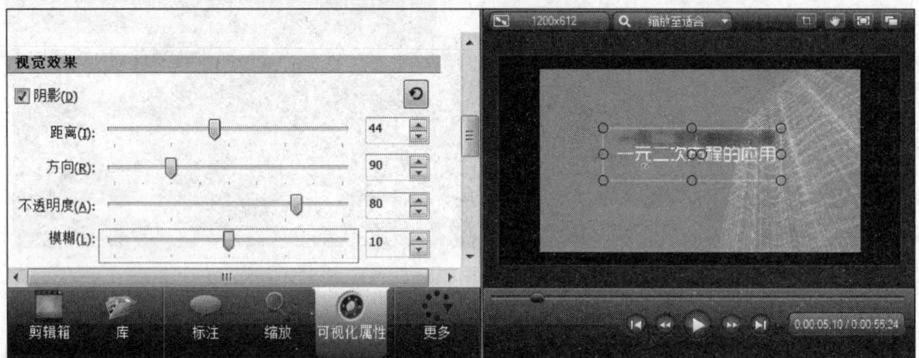

图 6.68　调整阴影的“模糊”值

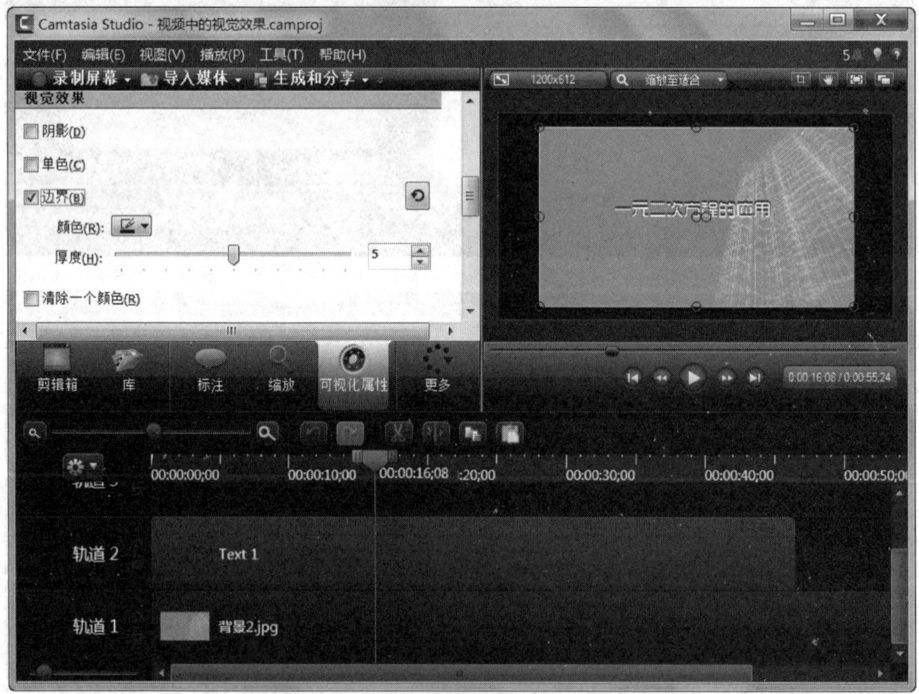

图 6.69　视频周围添加矩形边框

为对象添加边框后，可以对边框的颜色进行设置。单击“颜色”按钮，在打开的列表中选择颜色选项设置边框的颜色。如，这里将边框的颜色设置为白色，如图 6.70 所示。

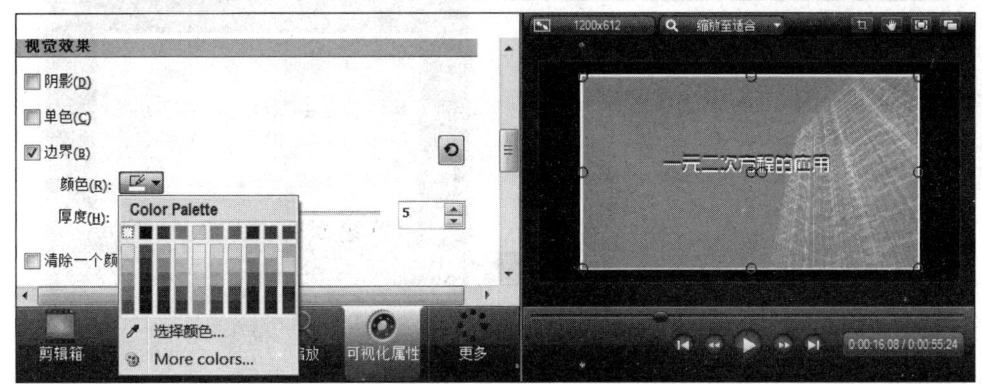

图 6.70　设置边框的颜色

拖动“厚度”滑块或在其后的微调框中输入数值可以改变边框的宽度。这里，“厚度”值越大，边框就越宽，如图 6.71 所示。

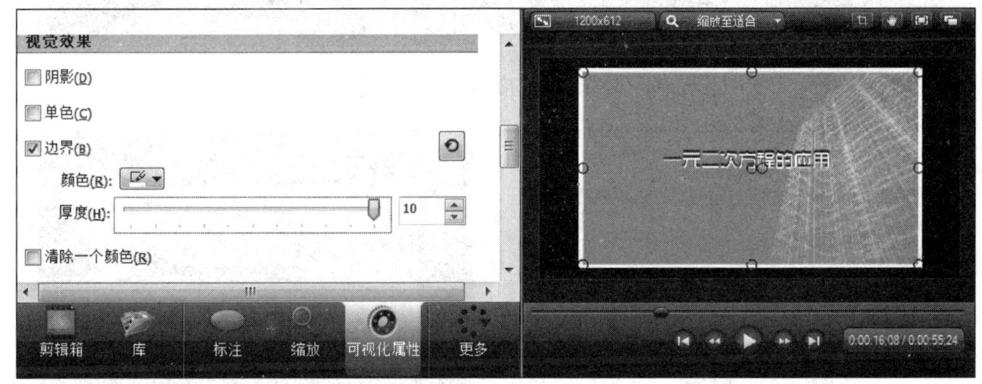

图 6.71　设置“厚度”的值

3. 更改画面的色调

在 Camtasia Studio 编辑器中，可以对视频中的对象添加单色效果。单色效果就像用一个某种颜色的透明纸遮盖到对象上，能够更改对象色调，获得某种特殊的色彩效果。

在轨道上选择对象，在“可视化属性”选项卡中选中“单色”复选框即可应用单色效果，如图 6.72 所示。

在对对象应用单色效果后，可以对应用于对象的颜色进行设置。在“可视化属性”选项卡中，单击“颜色”按钮，在打开的列表中选择需要使用的颜色将其应用到选择的对象上，如图 6.73 所示。调整“数量”的值可以改变颜色应用于对象的效果，如图 6.74 所示。

4. 去除单纯的背景色

Camtasia Studio 编辑器提供了“清除一个颜色”功能，使用该功能能够将视频片段、标注对象或图形图像对象中的某一种颜色去除掉。将这个功能应用于对象既可以创建特殊的颜色视觉效果，也可以用来去除对象的背景颜色获得背景透明效果。

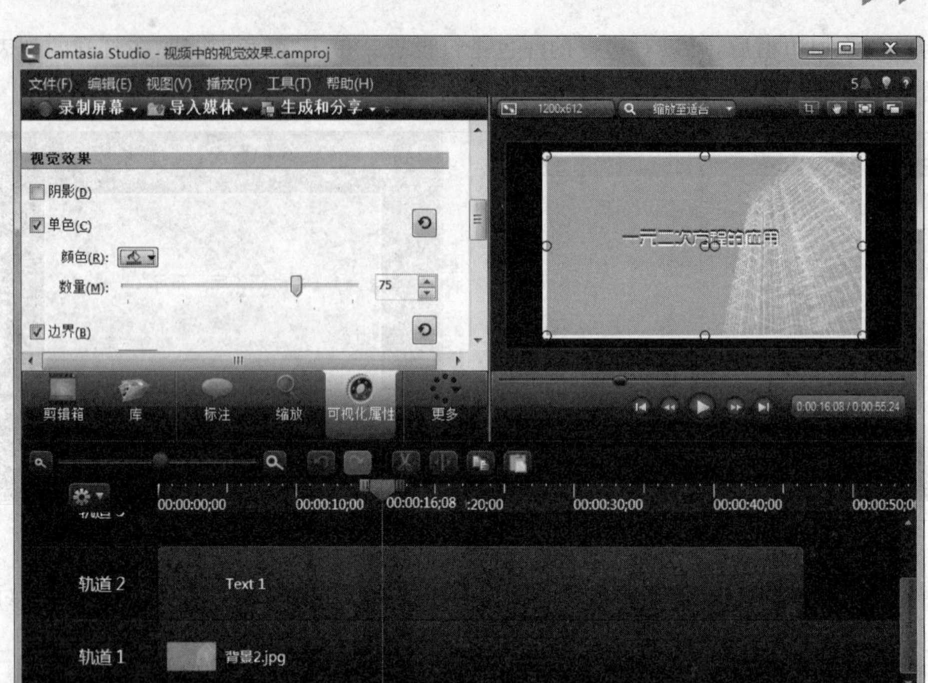

图 6.72 应用单色效果

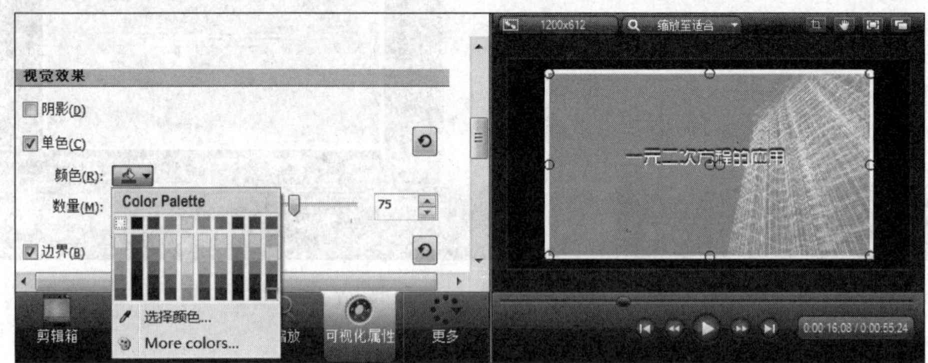

图 6.73 设置颜色

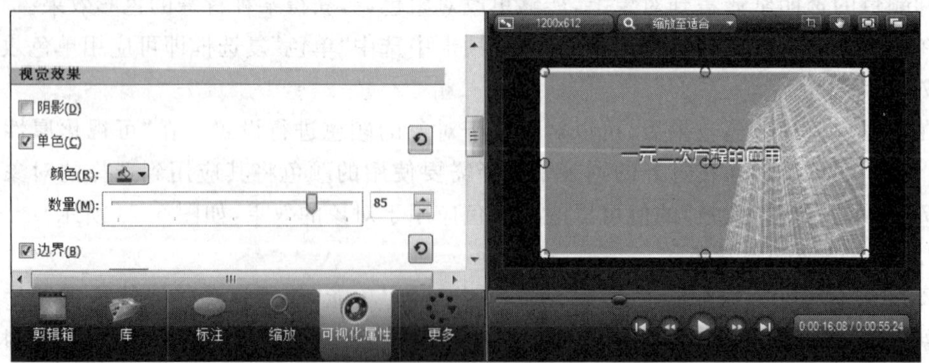

图 6.74 调整“数量”值

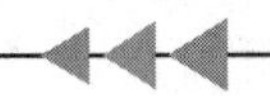

在制作微课视频时，经常会遇到使用图片素材的情况。将图片置于轨道上，图片中由于背景的存在，会出现遮盖下面画面的情况。如图 6.75 所示，在这张图片中，白色的背景就遮盖住了视频下面的画面。将这样的图片放置在视频中，就会造成画面的不协调，影响视频的显示效果。

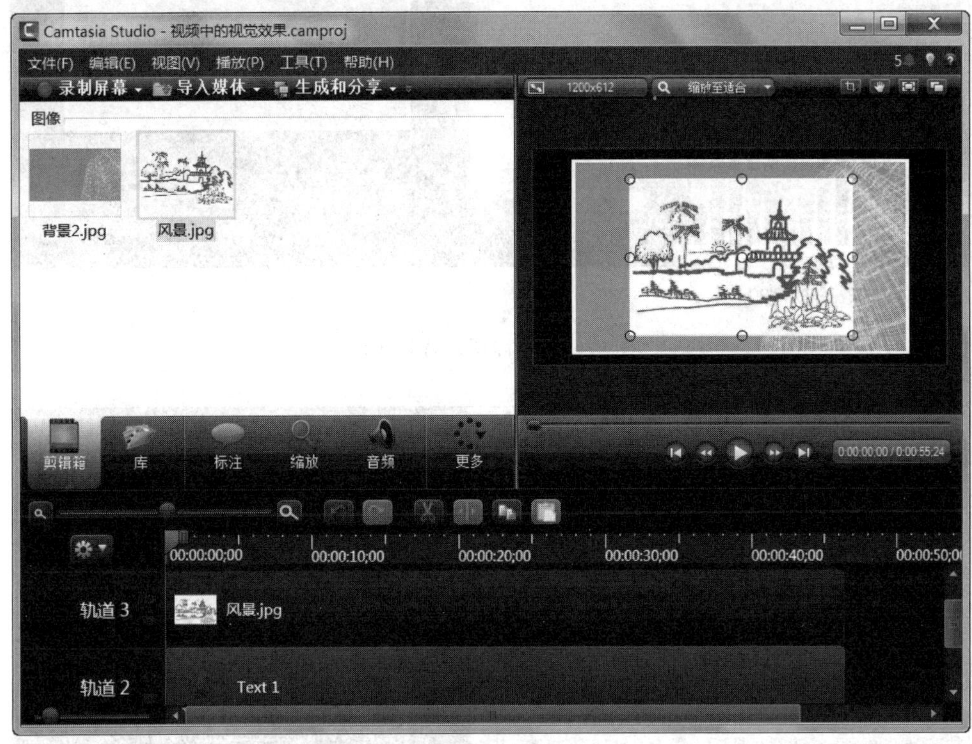

图 6.75　图片背景遮盖下面的画面

要解决这个问题可以使用图像软件去除背景后保存为 PNG 格式的图像文件，然后再导入到视频中使用。实际上，Camtasia Studio 编辑器提供了去除背景颜色的功能，对于背景颜色比较单纯的图片，Camtasia Studio 编辑器完全能够去除背景的颜色，获得背景透明的效果。

在“视频预览”窗口中选择图片，在“可视化属性”选项卡中选中“清除一个颜色”复选框。单击“颜色”按钮，在打开的列表中选择需要清除的颜色。这里需要清除白色的背景色，因此在列表中选择白色。这样，图片中的白色被清除，图像的背景变得透明了，如图 6.76 所示。

在去除背景颜色时，可以通过调整“容差”、“柔软度”、“色相”和“去边”的值来对操作进行设置以获得满意的去色效果，如图 6.77 所示。很多时候，背景的颜色不会是单纯的一种颜色，“容差”值决定了清除的颜色与设置颜色的相近程度。容差值设置得越大，清除的相近颜色就越多，反之去除的颜色就越少。很多时候，在去除背景色时，由于背景颜色不是很单纯，会出现去色后图片中存在残留的情况，此时可以通过调整“柔软度”的值来去除这些残留。同样，如果保留下来的图像边界处出现了明显的残留颜色，就像图像边界添加了一圈边框那样。此时，可以通过调整“去边”值将它们尽量去掉。

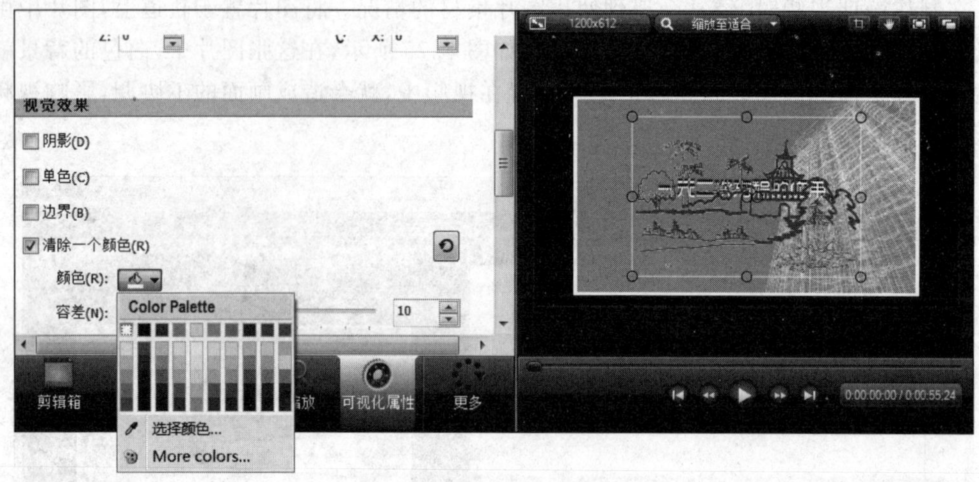

图 6.76 清除图片背景颜色

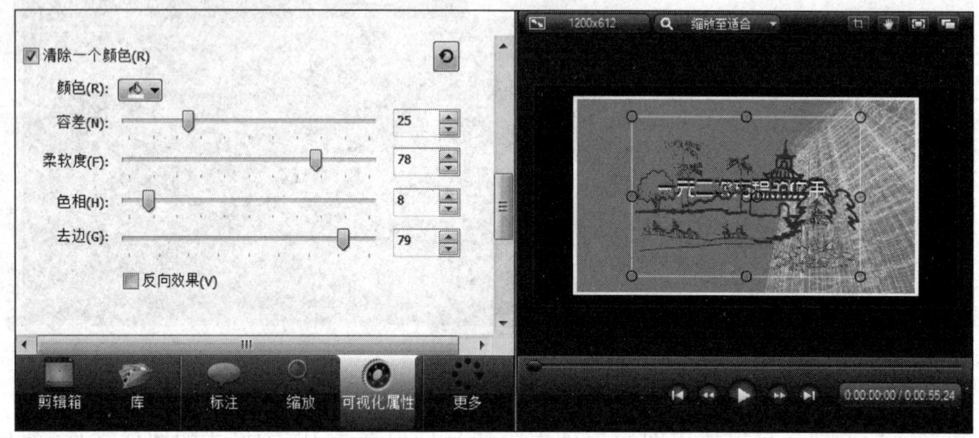

图 6.77 设置相关的参数

另外，调整"色相"的值，可以对选择去除颜色的色相进行调整。选中"反向效果"复选框，将会把选择颜色反向后得到的颜色去除。

专家点拨：“清除一个颜色”功能对于去除比较单纯的背景颜色还是比较有效的，如果背景颜色比较复杂，使用此方法是无法达到满意效果的。这时，应该使用专业的图像处理软件来抠取图像，然后再应用到视频中。

6.5 本章习题

一、填空题

1. 轨道上的转场标记被选择时，其显示为________，非选择状态则显示为________。当选择某个转场标记后，按________键可以将其删除。转场标记被删除意味着添加的________也被删除。

2. 在完成一个"缩放"效果的设置后，可以利用________方法，将效果应用到其他的位

置。此时,该效果的所有________都将保留并被应用到新的位置。

3. Camtasia Studio 编辑器中,屏幕上 X 轴是________轴,以________方向为正方向;________轴为 Y 轴,以________方向为正方向;________轴为 Z 轴,以________为正方向。

二、选择题

1. 如图 6.78 所示,需要对“缩放”动画进行设置,应该首先执行哪个操作? ________

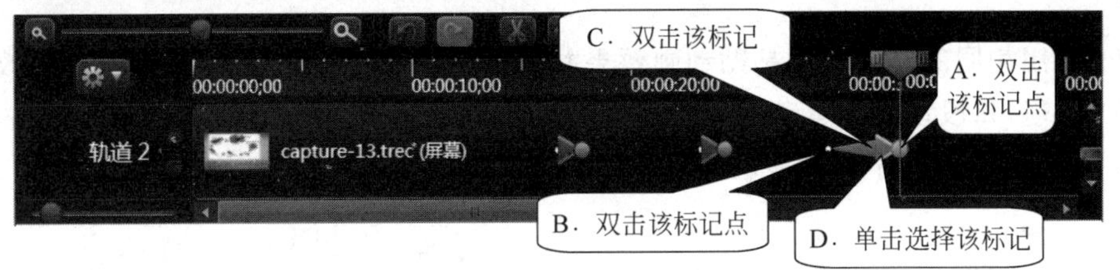

图 6.78　“缩放”动画标记上的操作

2. 下面哪个图显示的是鼠标指针的聚光灯效果? ________

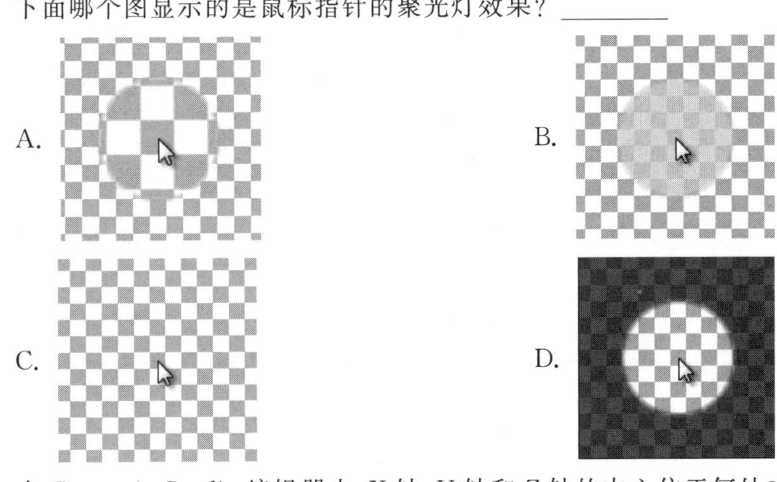

3. 在 Camtasia Studio 编辑器中,X 轴、Y 轴和 Z 轴的中心位于何处? ________

A. 屏幕的左上角　　B. 屏幕的右上角　　C. 屏幕的中心　　D. 屏幕左下角

6.6　上机练习

练习 1　使用两种方式制作为视频常见的切换添加淡入淡出转场效果

主要操作步骤提示:

(1) 直接使用“褪色”转场效果。

(2) 在两个视频片段的结尾和开始处添加“可视化属性”动画效果后对动画效果编辑。第一个视频片段结尾处的动画修改其“不透明度”为 0,第二个视频片段将“不透明度”设置为 0,然后更改动画“不透明度”为 100%。

练习 2　制作文字弹跳进入的动画效果

主要操作步骤提示:

(1) 为视频中的问题添加动画，对动画进行编辑，获得文字从左上角移动到屏幕下方的动画效果。

(2) 使用复制粘贴的方式在该动画后添加相同的动画效果。对动画效果进行编辑，获得文字向上运动一段距离的动画。

(3) 在紧接着上面的动画再次粘贴动画效果，对动画效果进行编辑，获得文字下落的动画效果。

(4) 使用相同的方法依次粘贴动画效果并编辑，获得文字多次上下运动的动画效果。

(5) 这里，每段动画的运动距离要逐渐缩短，同时应该根据文字的运动距离调整动画的持续时间，以便获得文字弹跳多次并逐渐停下来的效果。

第7章

微课中的互动和输出

Camtasia Studio 编辑器能够实现视频的编辑和特效的添加，制作交互式文档并非它的特长，但这并不意味着不能实现观看者与视频的互动。使用 Camtasia Studio 编辑器，用户能够实现简单的视频播放的跳转，同时还可以制作具有互动功能的测试题，如单选题和多选题等。在完成视频的编辑处理后，用户需要将处理完成的视频输出以便于视频的传播。本章将就 Camtasia Studio 编辑器中互动的实现和视频的输出进行介绍。

本章主要内容：

- 微课的互动——Camtasia Studio 也能实现跳转
- Camtasia Studio 中的测试题
- 微课项目的输出

7.1 微课的互动——Camtasia Studio 也能实现跳转

在使用 Camtasia Studio 编辑器对微课视频进行处理时，有时需要在视频中实现跳转。Camtasia Studio 编辑器具有将屏幕上的标注对象设置为热点的功能，使用该功能能够方便地实现单击后跳转到指定的位置。

7.1.1 将对象设置为热点

微课制作的目的是为了给学生一个自主学习的机会。视频往往只是一种线性结构，学生往往只能按顺序观看。学生即使使用视频播放器的滚动条来调整播放进度，由于操作精度或无法预知目标内容的位置，在观看视频时往往无法快速准确地定位到感兴趣的知识要点的位置。要解决这种问题，就需要像普通的课件那样增加可用于控制画面跳转的导航按钮。

在交互中，所谓的热点，指的是在屏幕上能够对鼠标单击动作产生反应的区域。Camtasia Studio 编辑器能够将轨道上的图形、文字和图片等对象指定为热点，使观看者能够通过单击热点对象使视频跳转到指定的画面并继续播放。下面介绍在 Camtasia Studio 编辑器中创建热点的方法，热点为一张导入的 PNG 图片。

(1) 在 Camtasia Studio 编辑器中导入作为热点的 PNG 图片，将其放置到轨道上。根据需要延长其在轨道上的长度设置其显示时间。在预览窗口中调整图片的大小和位置，如图 7.1 所示。

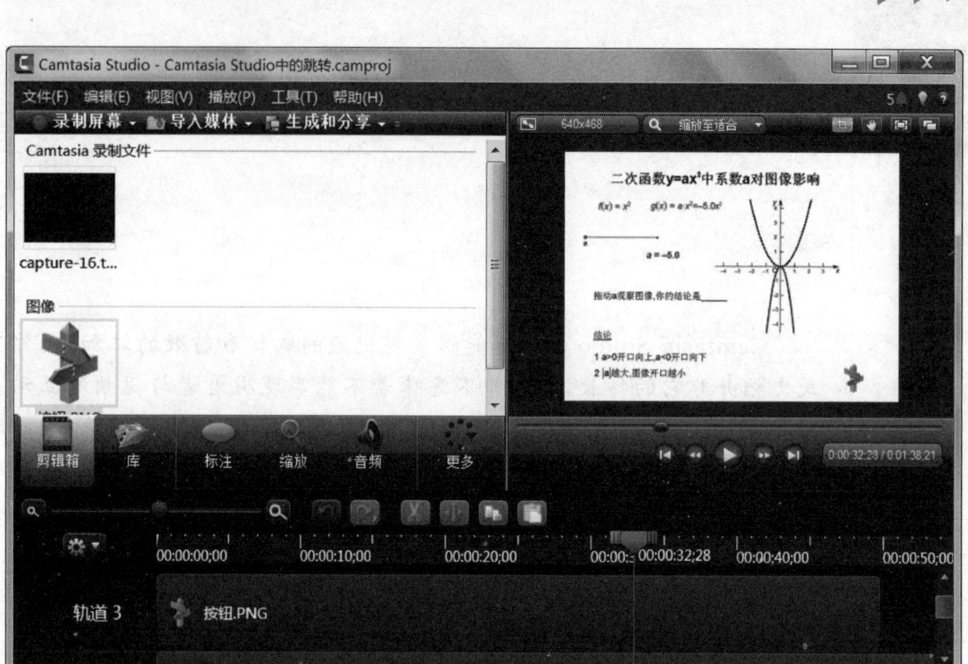

图 7.1　放置图片对象

(2) 在图片被选择的情况下，打开"标注"选项卡，选中其中的"设为热点"复选框将其设置为热点，如图 7.2 所示。

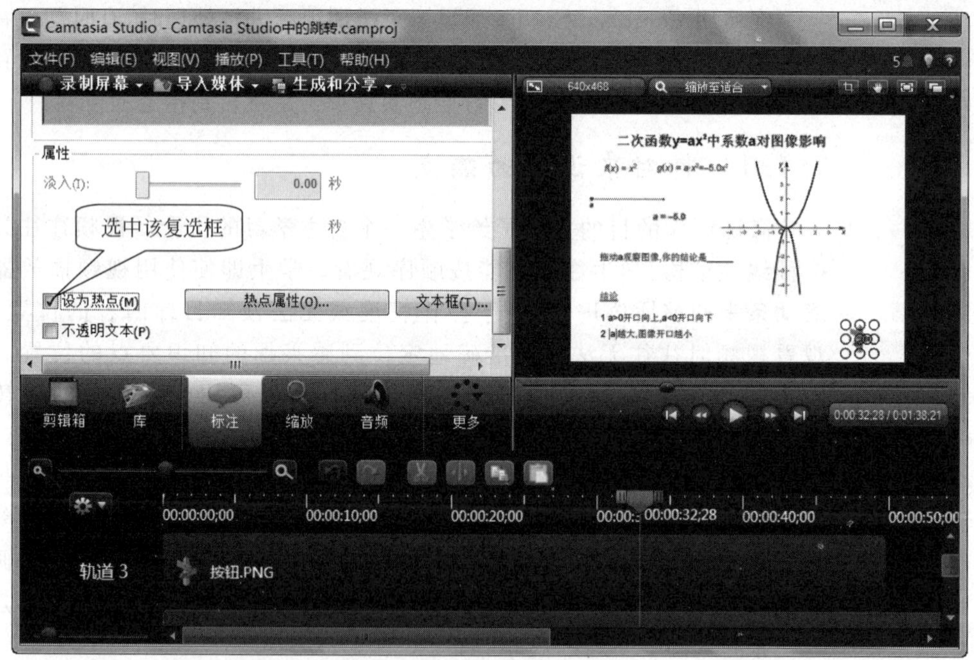

图 7.2　将图片设置为热点

7.1.2　实现热点的跳转功能

热点的作用，是让观众能够通过单击将画面跳转到指定的位置。在创建热点后，需要为热点指明单击的目标地址。在 Camtasia Studio 编辑器中，既可以通过指定视频的时间点来定位跳转的地址，也可以通过标记来定位。下面分别介绍这两种方法。

1. 利用时间定位

(1) 在轨道上选择作为热点的对象剪辑，在"标注"选项卡中单击"热点属性"按钮，如图 7.3 所示。

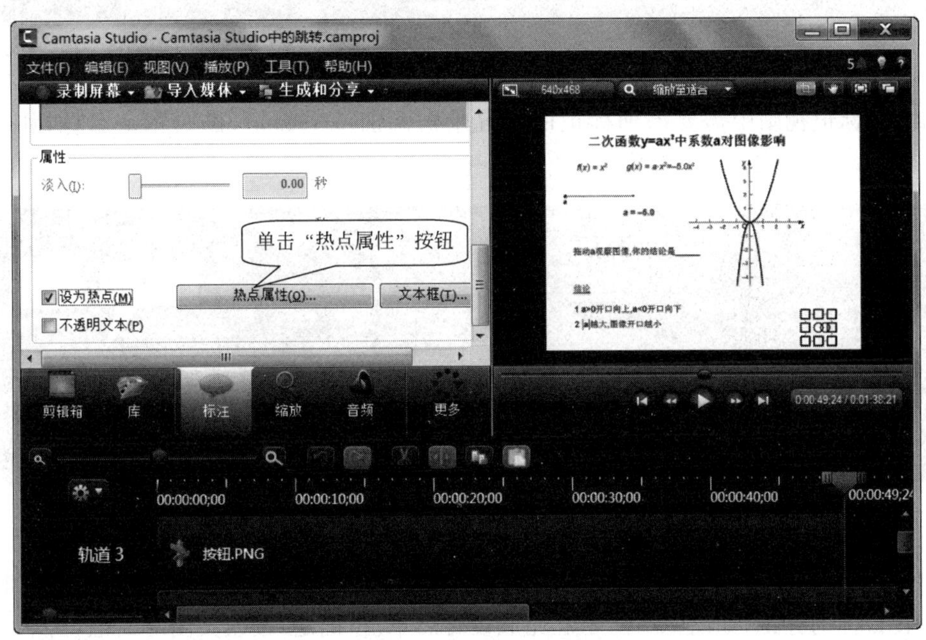

图 7.3　单击"热点属性"按钮

(2) 此时将打开"热点属性"对话框，在对话框中单击"转到时间帧"单选按钮。在其后的文本框中输入时间值。如，这里希望单击热点对象后能够跳转到视频的 1 分 39 秒处，在文本框中输入时间值，如图 7.4 所示。完成设置后，单击"确定"按钮关闭对话框。

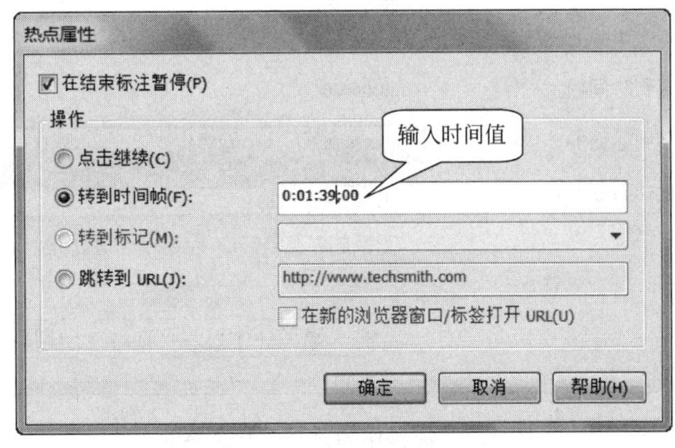

图 7.4　输入时间值

2. 利用标记定位

(1) 在轨道上单击"显示或隐藏视图"按钮,在打开的列表中选择"显示标记视图"选项打开标记视图,如图 7.5 所示。

图 7.5 选择"显示标记视图"选项打开标记视图

(2) 在标记视图中需要添加标记的位置单击添加一个标记,修改标记名称,如图 7.6 所示。

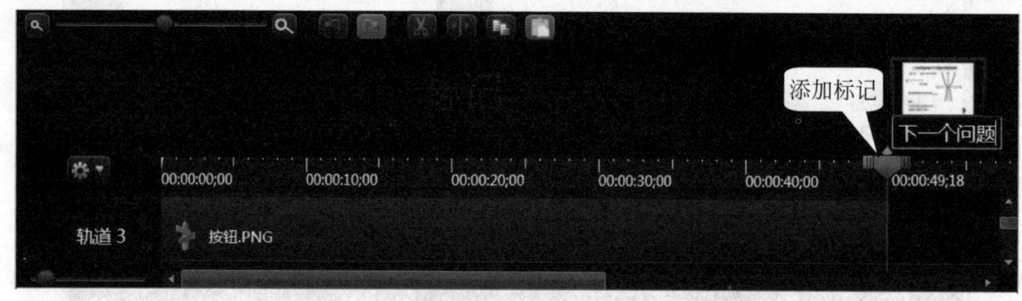

图 7.6 添加标记并修改名称

(3) 打开"热点属性"对话框,在对话框中选择"转到标记"选项。在其后的列表中选择作为跳转目标的标记,如图 7.7 所示。完成设置后单击"确定"按钮关闭对话框,当单击视频中的热点对象时,视频将跳转到标记所在的位置。

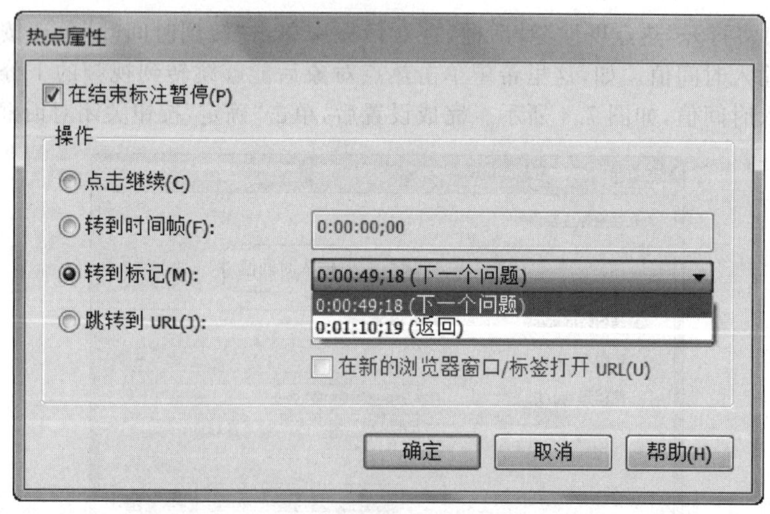

图 7.7 选择作为跳转目标的标记

专家点拨：在“热点属性”对话框中，如果选择“点击继续”选项，则可以通过单击热点对象使暂停的视频进行播放。选择“跳转到 URL”选项，在其后的文本框中输入 URL 地址，在单击热点对象时将能够打开 URL 指定的网页。在“热点属性”对话框中选中“在结束标注暂停”复选框，则当播放到作为热点的对象在屏幕上出现时，播放将暂停。

7.1.3　在热点中添加文字

在创建热点后，为了说明热点的作用，经常需要为热点添加文字。在 Camtasia Studio 编辑器中指定了热点之后，可以直接为其添加文字。文字将作为热点的一个组成部分存在，能够随着热点对象的移动而移动。下面介绍为热点添加文字的方法。

(1) 在轨道上选择设置为热点的对象，在“标注”选项卡的文本框中输入热点文字。选择文字后设置文字的字体、大小和颜色等，如图 7.8 所示。

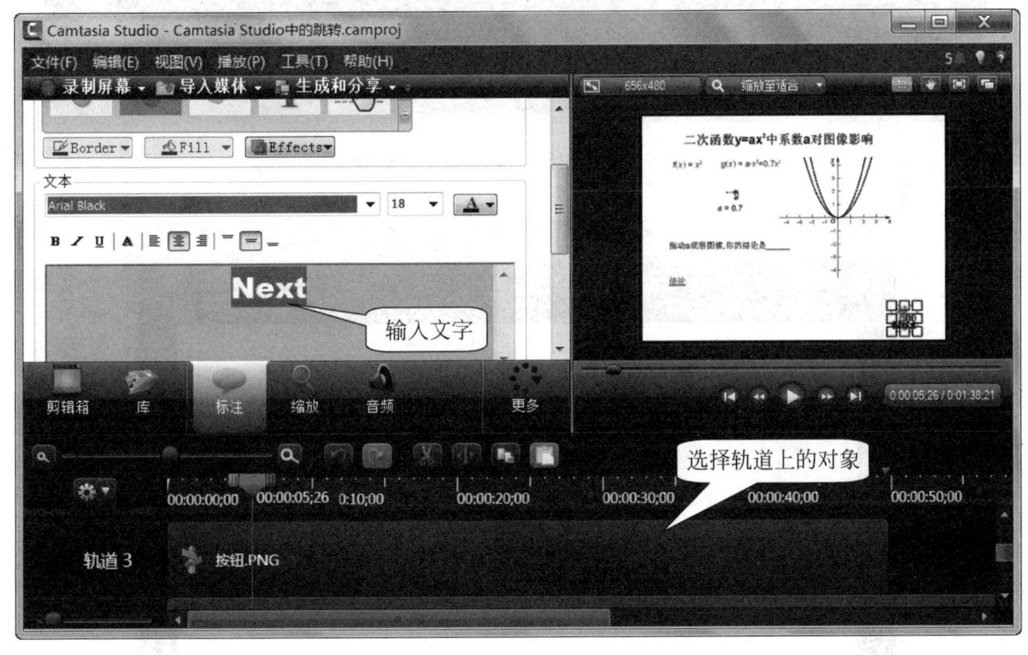

图 7.8　为热点添加文字

(2) 在“标注”选项卡中单击“文本框”按钮将打开 Callout Text Box 对话框，在对话框的预览窗口中将出现一个带有 8 个控制柄的半透明矩形框，这个矩形框即为添加文字的文本框。拖动边框上的控制柄可以调整这个文本框的大小，拖动文本框可以调整其相对于对象的位置，如将文本框放置到对象的左上角、中间或左下角等位置。同时，在对话框中直接调整 Left、Right、Top 和 Bottom 值可以改变文本框与预览窗口左侧、右侧、上方和下方的相对距离，从而改变文本框的大小和位置，如图 7.9 所示。

(3) 单击“确定”按钮关闭 Callout Text Box 对话框，文字将放置在指定的位置。如，按照图 7.9 中的设置，文字位于对象的底部中间位置，如图 7.10 所示。

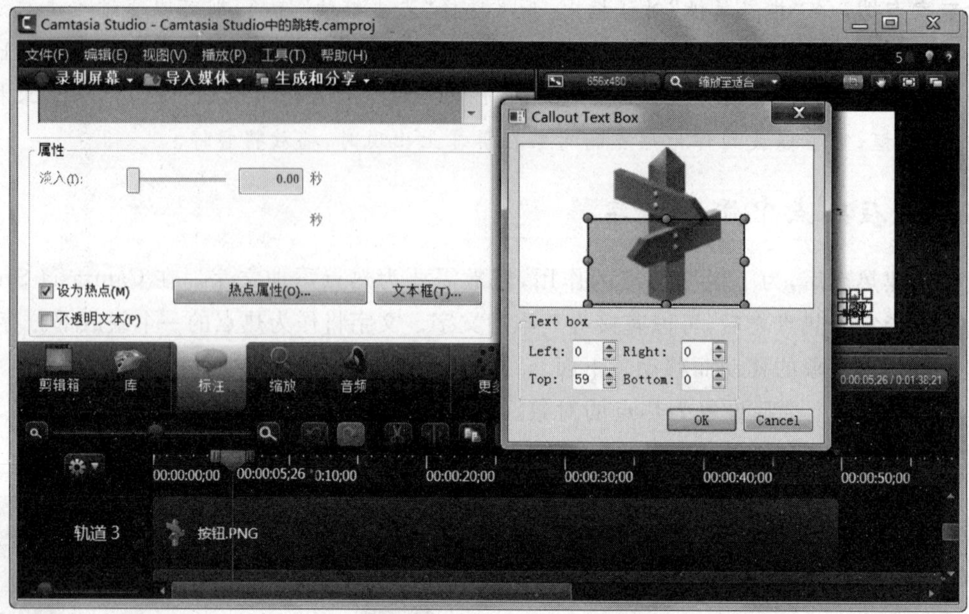

图 7.9　Callout Text Box 对话框

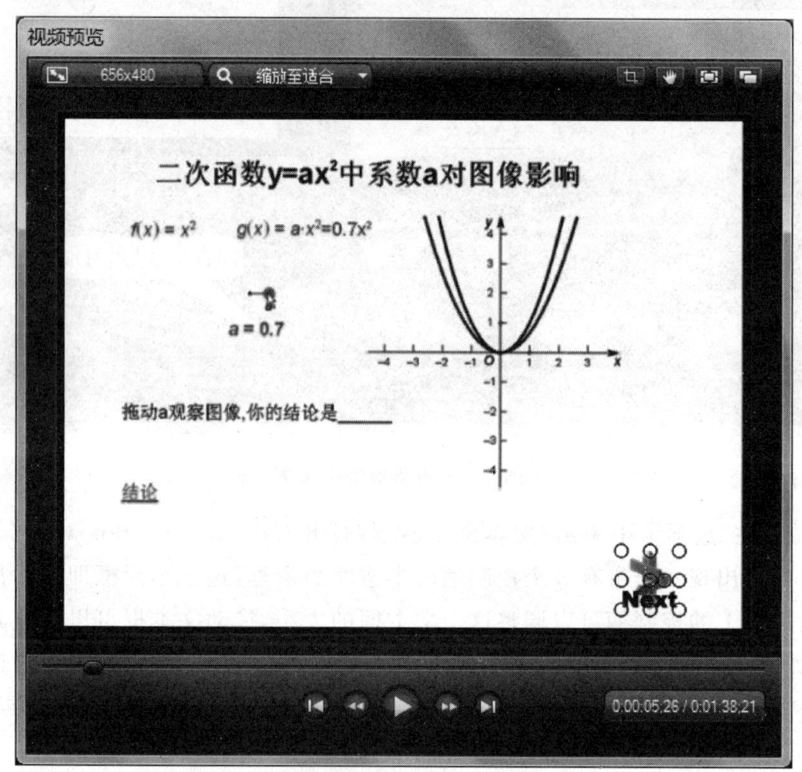

图 7.10　文字放置在对象的底部中间位置

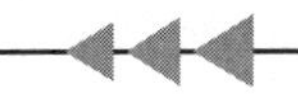

7.2　Camtasia Studio 中的测试题

Camtasia Studio 编辑器与传统的视频编辑器相比，最大的不同就是增加了测试功能，它能够用于创建各种常见类型的测试题，如单选题、填空题和判断题等。下面介绍使用 Camtasia Studio 编辑器创建测试题的有关知识。

7.2.1　制作单选题

单选题是各科考试中一种最为常见的客观题型，该类题目具有多个选项(一般为 4 个)，其中只有一个正确，学生需要选择其中正确的那个选项。下面介绍使用 Camtasia Studio 编辑器制作这种单选题的具体方法。

1. 创建试题

(1) 启动 Camtasia Studio 编辑器并打开项目，将播放头放置到需要添加单选题的位置。单击"更多"按钮，在打开的列表中选择"测验"选项，如图 7.11 所示。

图 7.11　选择"测验"选项

(2) 在打开的"测验"选项卡中单击添加"添加测试"按钮，此时在轨道上将打开"测试视图"，在该视图中添加测试标记。默认情况下，Camtasia Studio 编辑器将创建的测试的问题及类型为"多项选择"。在"测试名称"文本框中输入测试的名称，轨道上标记的名称将随之改变，如图 7.12 所示。

专家点拨：在"测验"视图中单击测试标记，使用鼠标拖动可以改变标记在视图中的位置。双击该标记可以进入编辑状态，在"测验"选项卡中对视图的内容和答案等进行修改。单击测试标记选择它，按 Delete 键可以将试题从项目中删除。

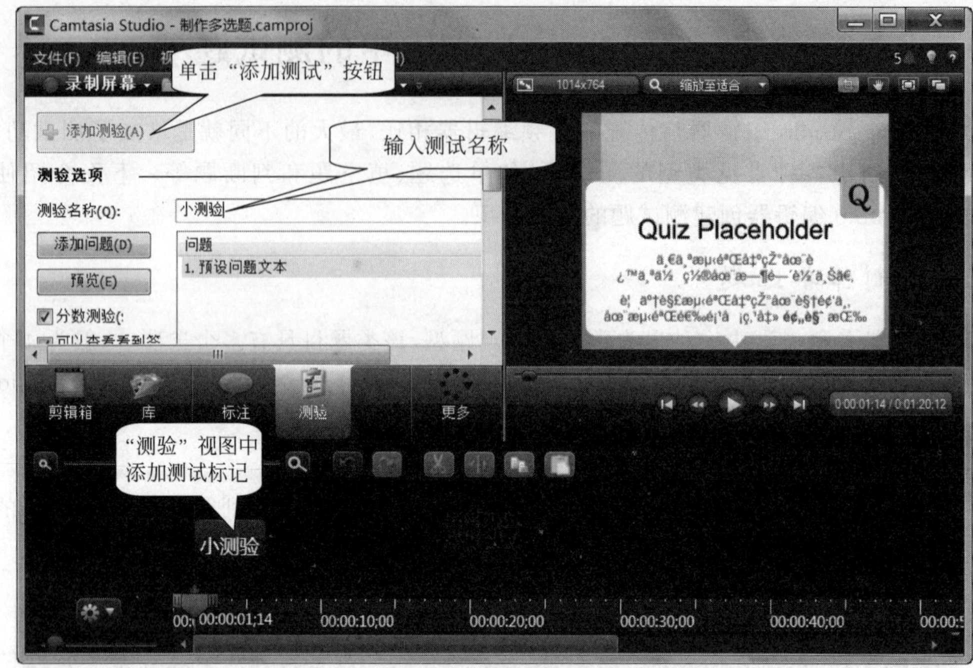

图 7.12 添加测试题

(3) 在“问题”文本框中输入题目，如图 7.13 所示。在答案文本框中双击第一个选项使其处于可编辑状态，在其中输入第一个选项的文字，如图 7.14 所示。

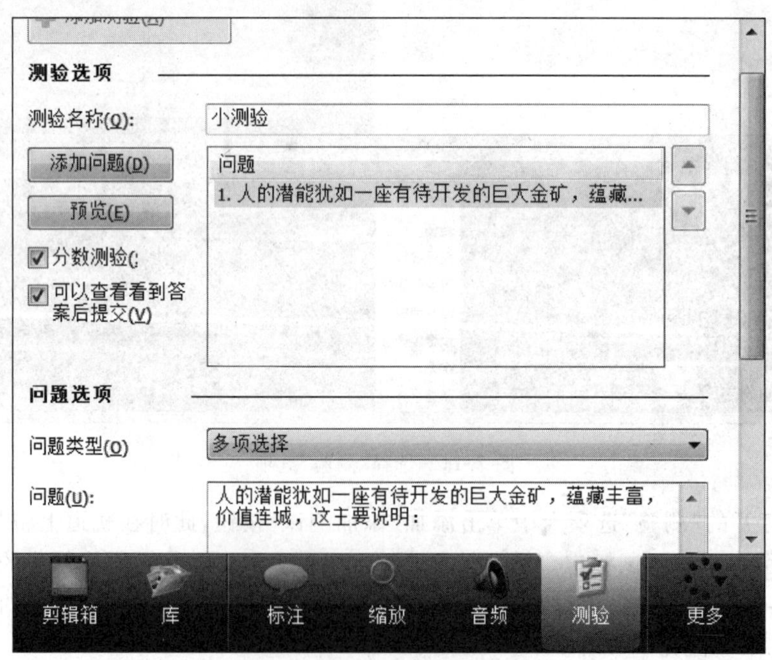

图 7.13 输入题目

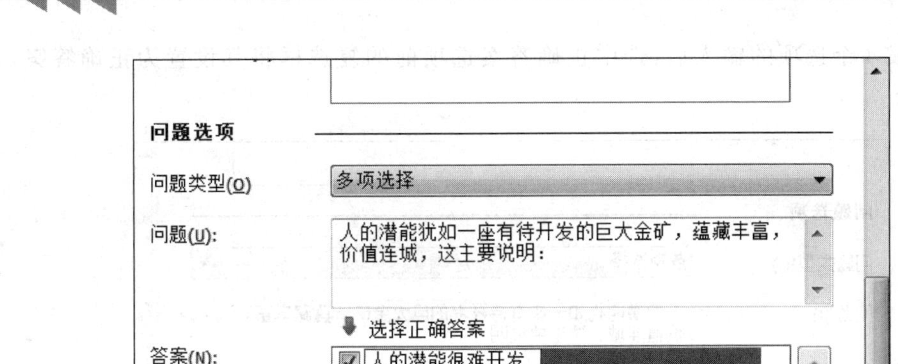

图 7.14　输入第一个选项文字

(4) 双击第一个选项下面的选项进入可编辑状态，输入选择题的第二个选项的内容，完成输入后按 Enter 键即可在其下方添加一个新的选项。进入该选项的编辑状态输入选项内容，如图 7.15 所示。

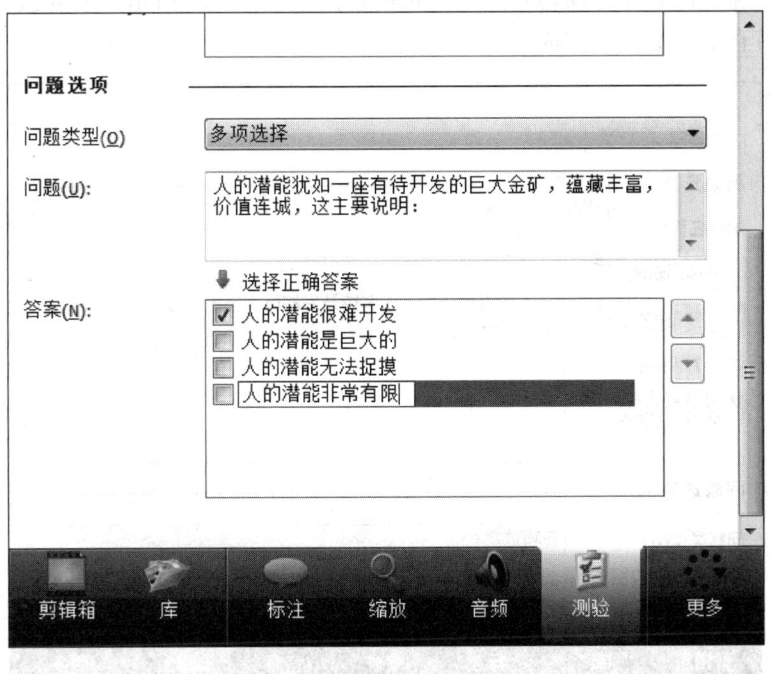

图 7.15　输入新的选项

(5) 完成4个选项的输入后,选中正确答案选项前的复选框将其设置为正确答案,如图7.16所示。

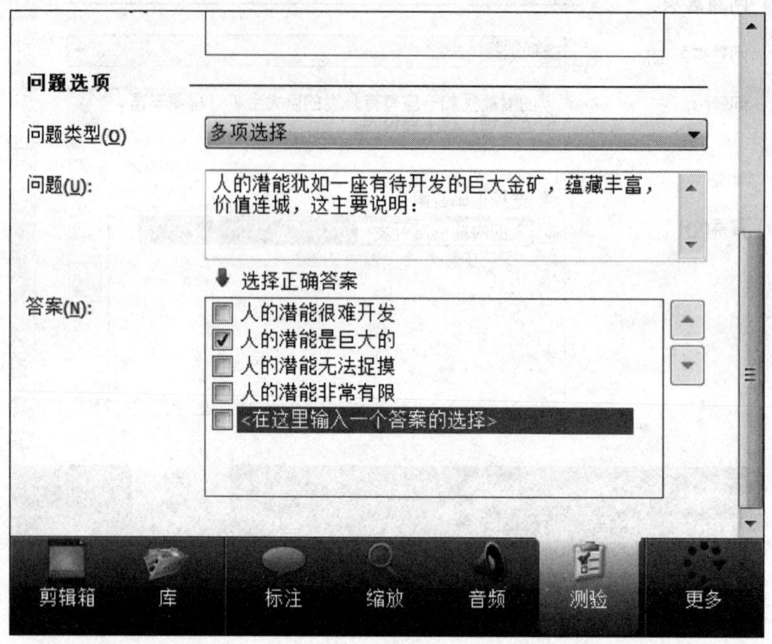

图7.16 选中正确答案选项前的复选框

(6) 在完成一个问题的创建后,单击"添加问题"按钮添加一个新问题,如图7.17所示。按照上面的步骤依次添加选项内容并指定正确答案,如图7.18所示。继续按照上面的流程添加新的题目直至全部添加完成。

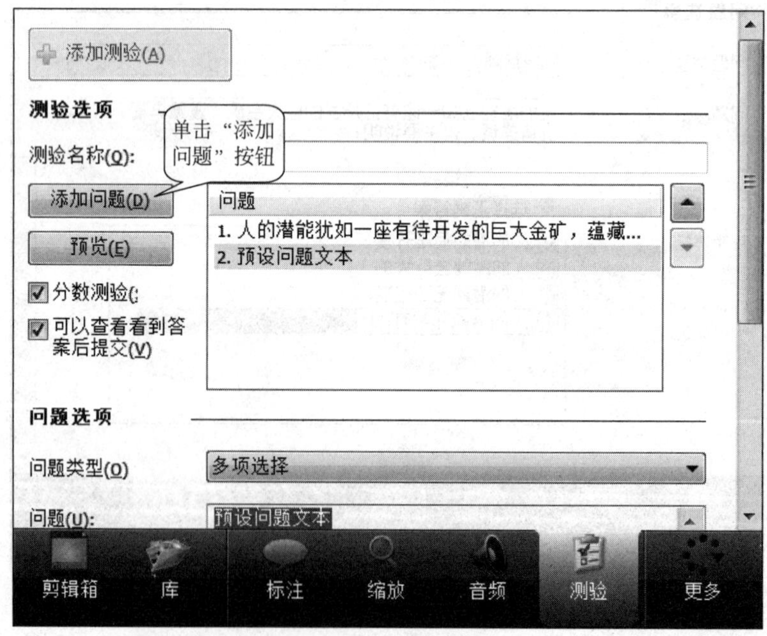

图7.17 添加新问题

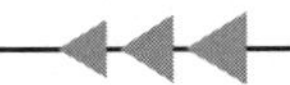

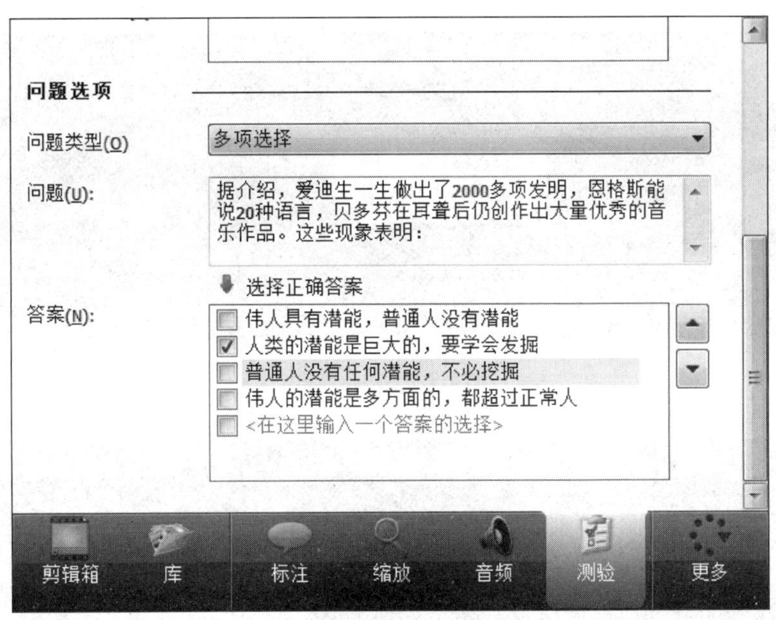

图 7.18　添加选项并指定正确答案

2. 将试题与媒体绑定

在默认情况下，项目中添加的试题会放置在"测验"视图的轨道上。此时测验题对象是独立的，改变轨道上其他媒体对象在轨道上的位置或删除媒体对象，对测验题没有影响。有时，希望将测验题与轨道上的媒体对象绑定，这样当改变测验题或媒体对象中某个对象的位置时，它们能够一同改变，以方便项目的编辑。下面介绍将测验题与媒体对象绑定的方法。

(1) 在"测验"中添加试题，将试题拖放到需要的位置。在"测验"视图中添加了试题后，媒体对象的上方会出现一个半透明区域。测验题对象的头部将会出现一条紫色参考线，该参考线将标示测验题对象起点的相对位置。将鼠标指针放置到该紫色参考线与半透明区域的交叉点，半透明区域中会出现一个紫色的标示点，如图 7.19 所示。此时单击，测验题将绑定到对象上。测验题标记点会移到对象上，且该标记点颜色变为紫色，如图 7.20 所示。

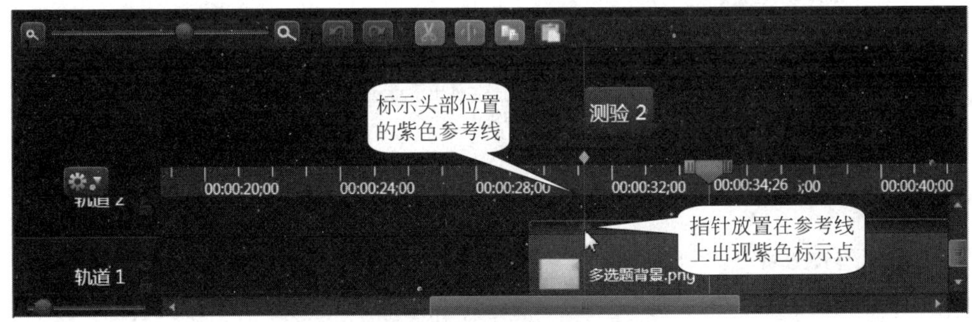

图 7.19　半透明区域出现紫色标记点

(2) 这里，用户可以直接创建一个绑定到对象上的测验题。直接将鼠标指针放置到对象的半透明区域中，出现紫色的参考线和紫色的标记点后单击，在单击点处将创建一个测验题对象，该对象将直接与媒体对象绑定，如图 7.21 所示。

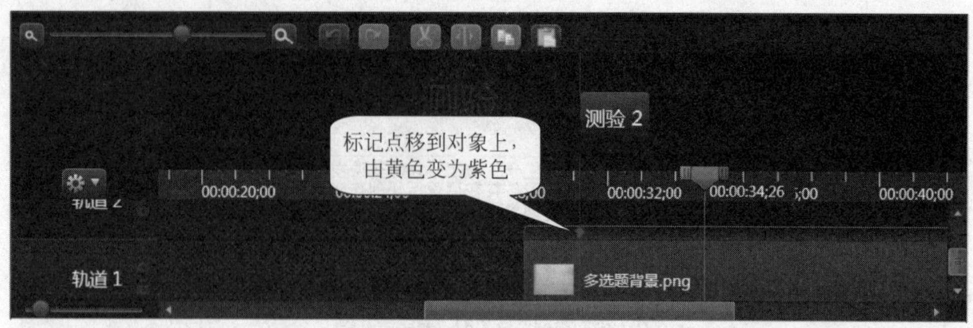

图 7.20 完成绑定

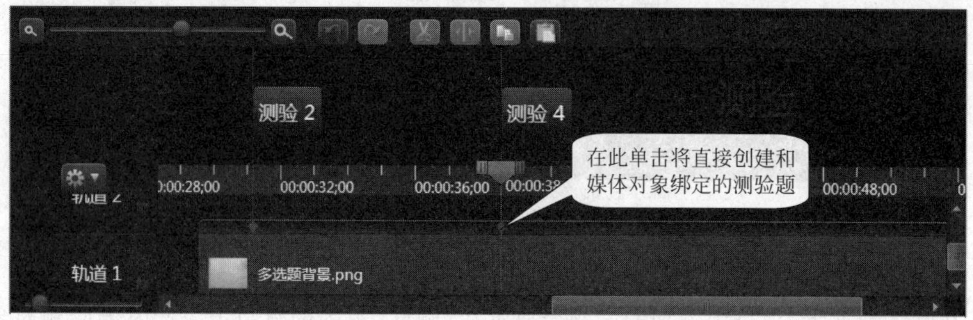

图 7.21 创建与媒体对象绑定的测验题

3. 预览试题

在完成试题的创建后，可以预览试题的效果，对于效果不满意的地方重新编辑修改。

(1) 在"测验"选项卡中单击"预览"按钮，如图 7.22 所示。

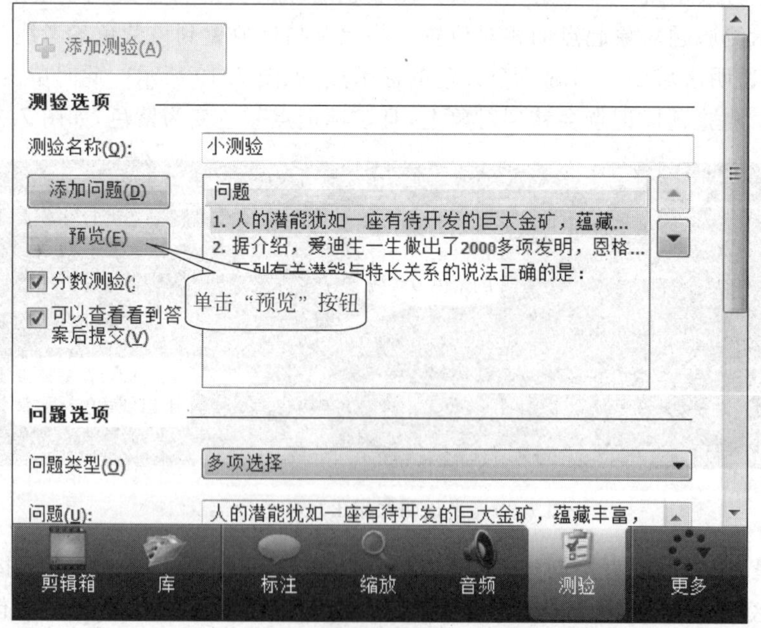

图 7.22 单击"预览"按钮

(2) Camtasia Studio 编辑器将打开系统默认的浏览器并生成测试题页面，页面中显示题目、选项、试题总数和当前题号，同时还提供了"上一题"和"下一题"按钮供用户实现翻页。此时，可以在页面中选择答案答题，完成答题后单击"下一题"按钮进入下一题，如图 7.23 所示。

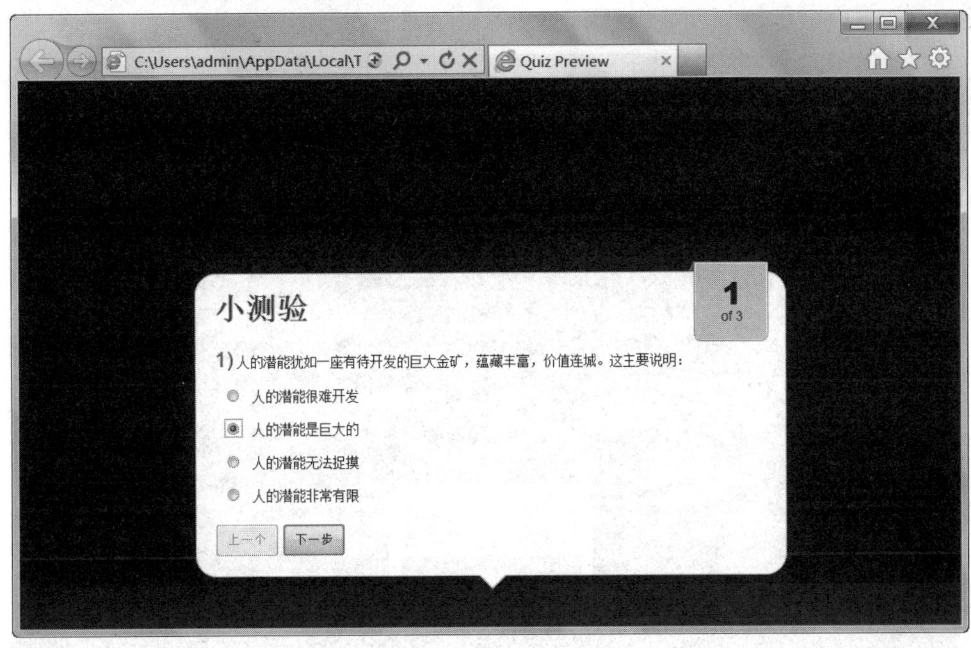

图 7.23　生成答题页面

(3) 依次在各个答题页面中完成答题后将获得"提交答案"按钮，单击该按钮即可提交答案并完成答题，如图 7.24 所示。

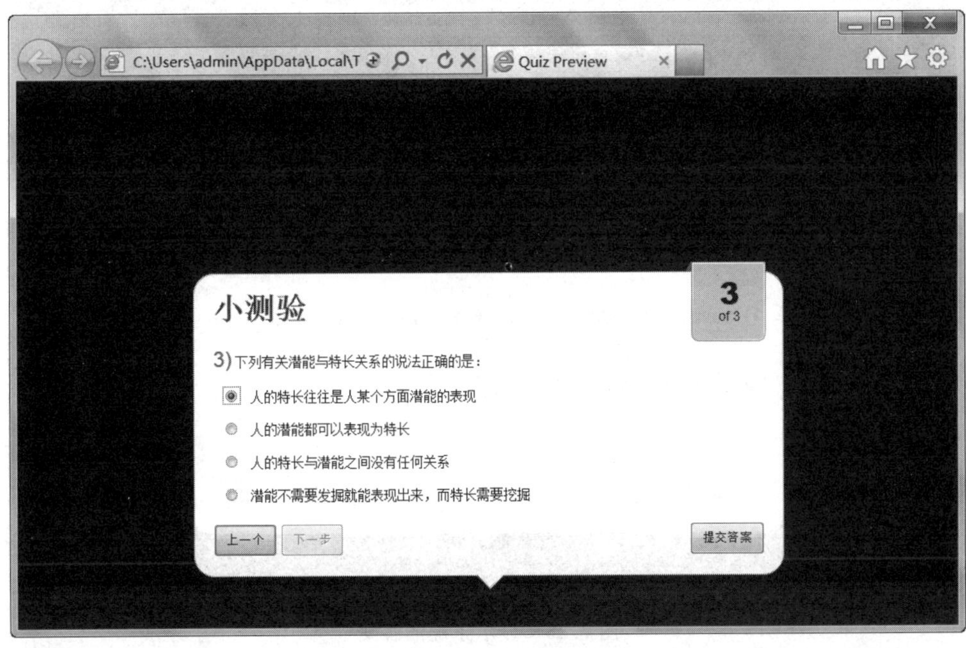

图 7.24　单击"提交答案"按钮完成答题

(4) 在完成答案的提交后将获得一个选择菜单，如果选择“查看答案”选项，如图 7.25 所示，页面将从第一题开始对你的选择进行评判：选择正确，将打上绿色的“√”，如图 7.26 所示；选择错误，选择前面会打上红色的“×”，并在正确的答案前将打上“√”，如图 7.27 所示。

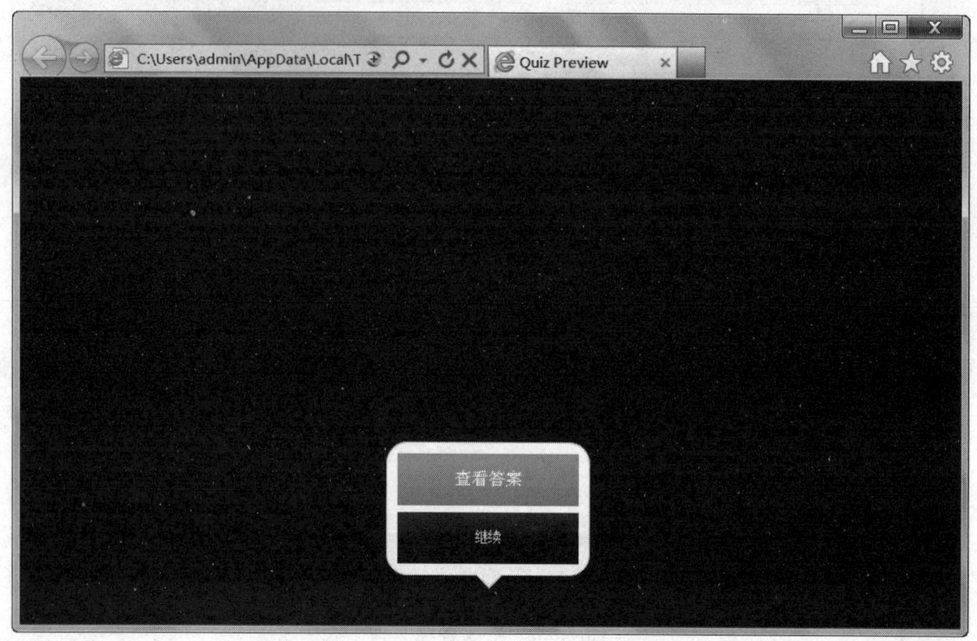

图 7.25　选择“查看答案”选项

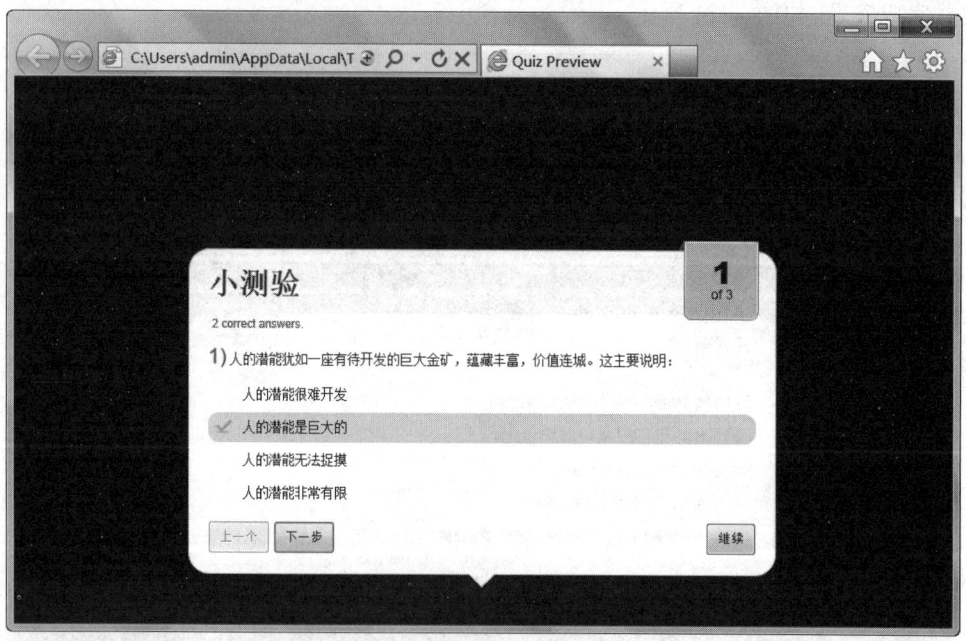

图 7.26　显示正确的答案

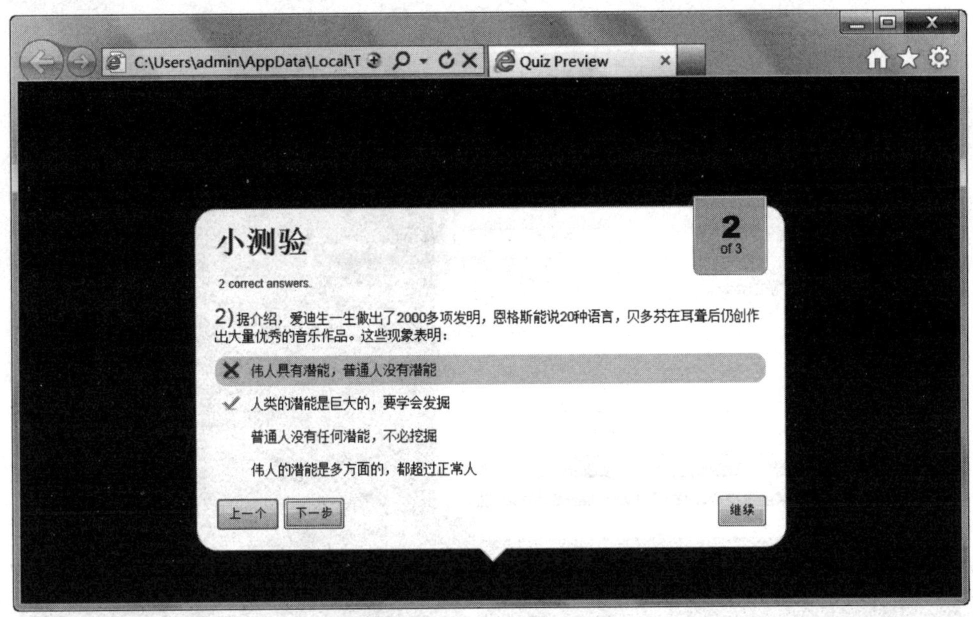

图 7.27　显示错误的答案

专家点拨：Camtasia Studio 编辑器的“测验”选项卡中，默认情况下是选中“可以查看看到答案后提交”复选框的。此时，在提交答案后，将在页面中出现一个选择菜单，学生可以选择查看答案。如果取消选中“可以查看看到答案后提交”复选框，则提交答案后将不会出现选择菜单，学生也就无法查看测试的答案了。

7.2.2　制作填空题

填空题是一种常见的测试题型，需要学生在空白处填写相关的内容。下面介绍使用 Camtasia Studio 编辑器创建填空题的方法。

(1) 在项目中添加一个测试题，设置测试题的名称。在“测验”选项卡的“问题类型”列表中选择在“空白填充”选项将测试题类型设置为填空题，如图 7.28 所示。

(2) 在“问题”文本框中选择第一个问题选项，在“问题选项”栏的“问题”文本框中输入问题文字，如图 7.29 所示。在“答案”文本框中输入该填空题的正确答案，如图 7.30 所示。

专家点拨：Camtasia Studio 编辑器中无法设置题目和答案文字的字体、大小和颜色等，也无法像传统的文字处理软件那样通过添加下划线的方法来制作填空题中表示填写答案位置的下划线。这里，可以在英文状态下，按 Shift 键和主键盘区“_”键来绘制下划线。

(3) 在“测试”选项卡中单击“添加问题”按钮添加一个新问题，输入问题文字，在“答案”文本框中输入填空题的答案，如图 7.31 所示。

(4) 继续添加填空题，添加完成后单击“测验”选项卡中的“预览”按钮。此时在系统默认的浏览器中将生成测试题，测试题将显示题目，题目下方将提供一个文本框，学生可以在文本框中输入填空答案，如图 7.32 所示。完成后单击“下一步”按钮将进入下一题。

图 7.28 将测试题类型设置为填空题

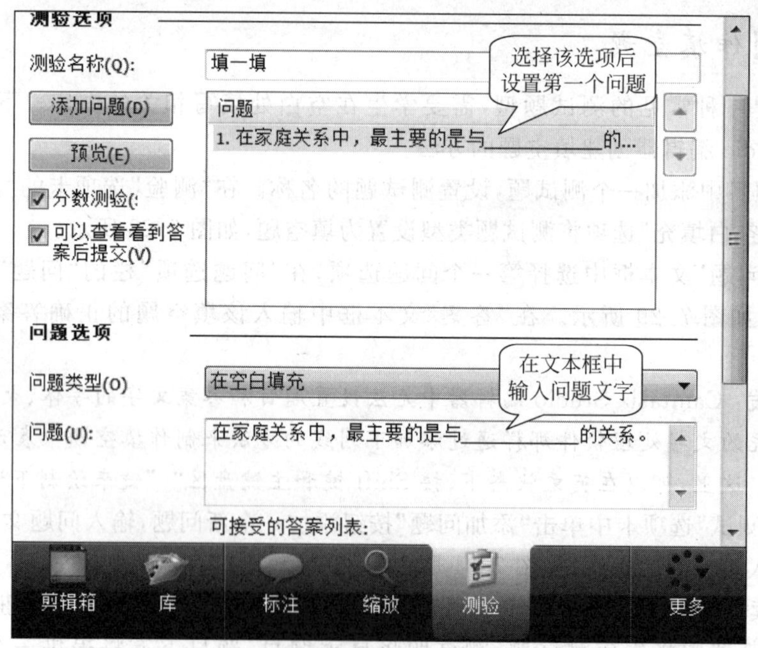

图 7.29 设置第一个问题

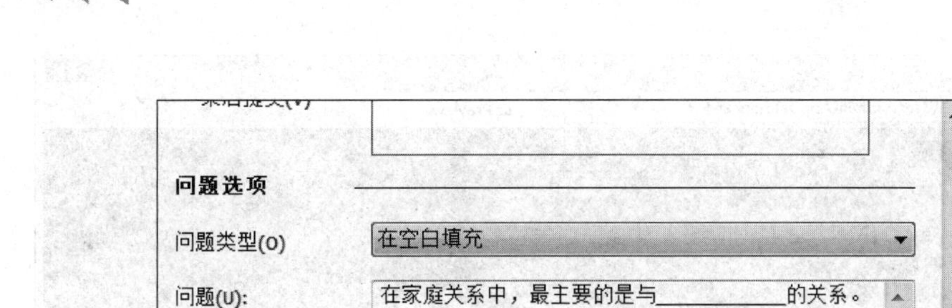

图 7.30　在答案文本框中输入正确答案

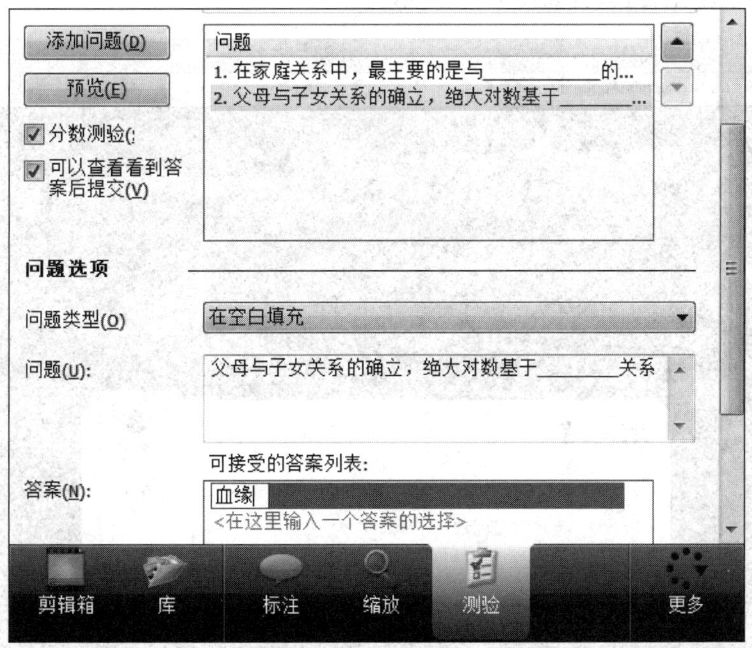

图 7.31　添加新填空题

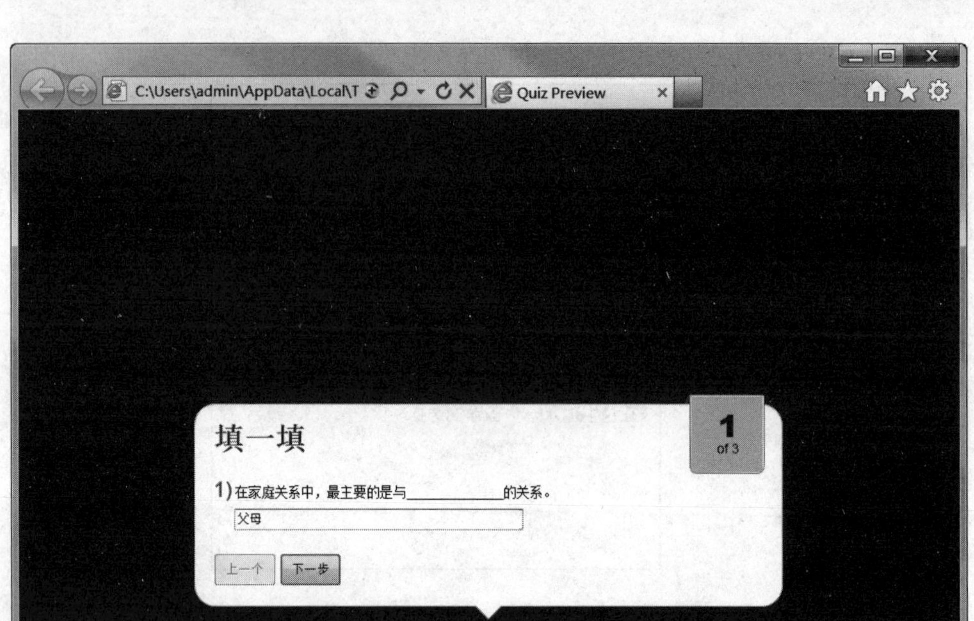

图 7.32　获得填空题

(5) 在完成所有问题后，单击“提交答案”按钮提交答案，如图 7.33 所示。在打开的页面中单击“查看答案”按钮，如图 7.34 所示。此时学生可以逐题查看自己的答题情况，页面中将反馈学生填空是否正确，如图 7.35 所示。

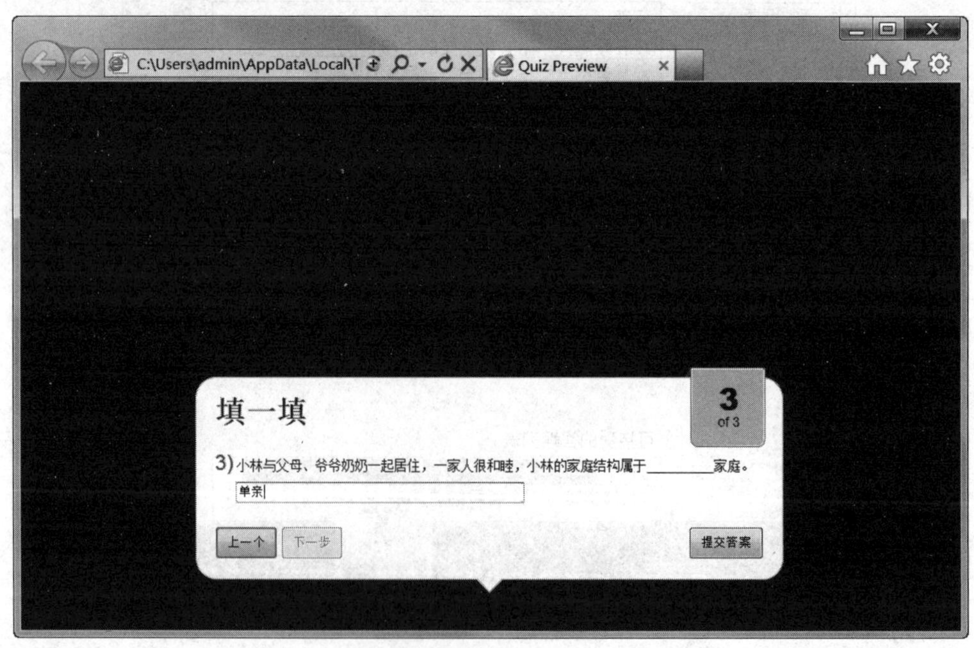

图 7.33　单击“提交答案”按钮提交答案

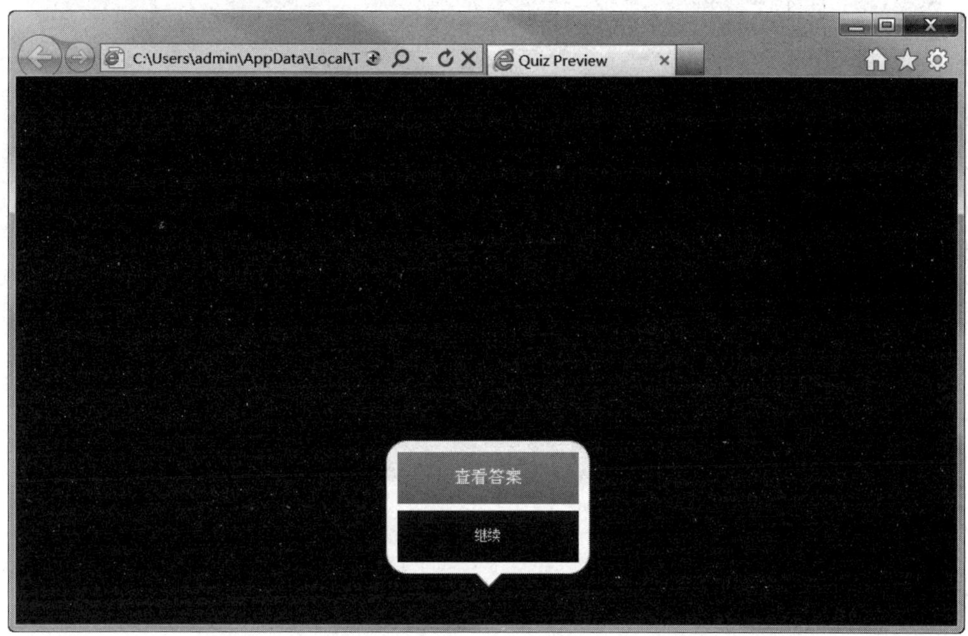

图 7.34　单击页面中的“查看答案”按钮

图 7.35　反馈填空结果

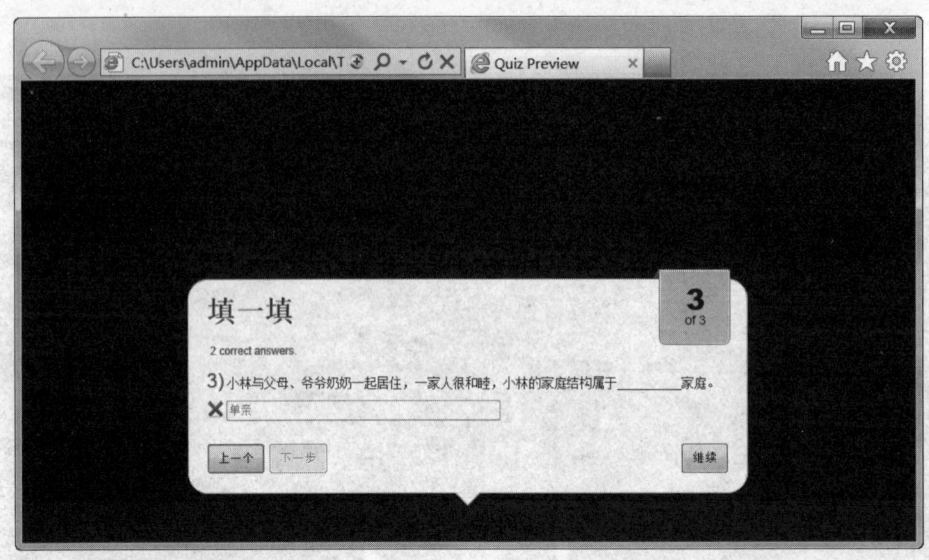

图 7.35 （续）

7.2.3　制作问答题

问答题是一种常见的测试题型，提出问题由学生给出问题的答案，可以考查学生对某个问题的理解，促使学生深入思考。下面介绍在 Camtasia Studio 编辑器中制作问答题的方法。

(1) 在项目中添加测试题，设置测试题名称。在“测验”选项卡的“问题类型”列表中选择“简答题”选项，如图 7.36 所示。

图 7.36　设置问题类型

(2) 在“问题选项”栏的“问题”文本框中输入问题，如图 7.37 所示。依次在项目中添加需要的题目，完成题目添加后单击“预览”按钮预览题目效果。

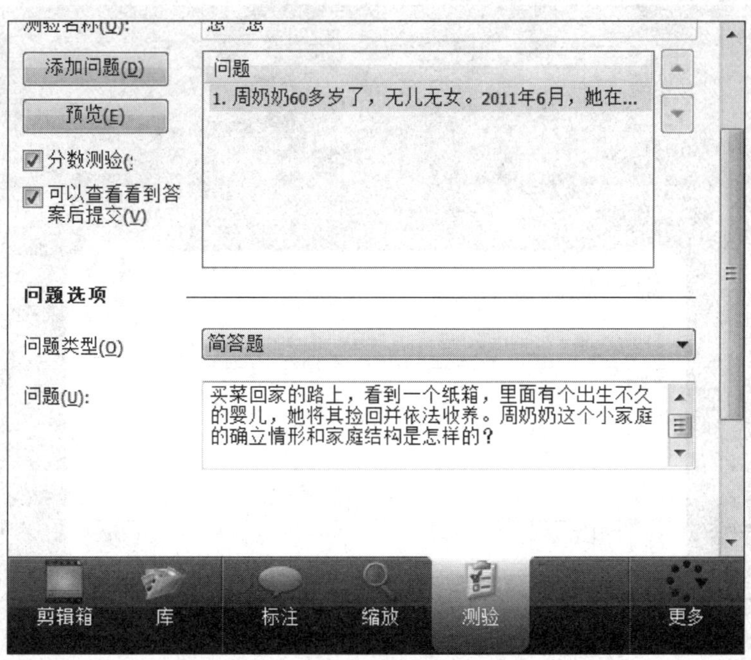

图 7.37　输入问题

(3) 在浏览器中给出题目，题目下方会提供一个文本框，学生可以在文本框中填入问题的答案，如图 7.38 所示。在完成所有问题的回答后，单击“提交答案”按钮将可以在页面中显示学生对问题的回答，如图 7.39 所示。

图 7.38　在页面的文本框中填写答案

图 7.39　显示学生对问题的回答

专家点拨：由于简答题属于主观题，Camtasia Studio 编辑器没有要求用户像选择题和填空题那样设置正确答案，因此浏览器中将只显示答案而无法对答案的正误进行判断。

7.2.4　制作判断题

判断题也是一种常见的主观测试题，其要求学生对问题的正误进行判断。下面介绍在 Camtasia Studio 编辑器中创建判断题的方法。

(1) 在项目中添加测验，更改测验的名称，在“问题类型”列表中选择“真/假”选项将问题设置为判断题，如图 7.40 所示。

(2) 在“测验”选项卡中的“问题”文本框中输入问题，选择“答案”栏中的“正确”或“错误”选项设置对问题判断的答案。如，这里问题语句是错误的，单击“错误”单选按钮选择该选项，如图 7.41 所示。

(3) 使用前面介绍的方法添加新的问题并设置问题答案。完成问题的添加后，单击“预览”按钮，在浏览器中将显示创建的判断题。在页面中单击 True 单选按钮或 False 单选按钮对问题给出判断，如图 7.42 所示。

(4) 像前面几种题型介绍的那样，完成答题后提交答案。同样，判断题也可以查看答案，页面中将显示提交答案的正误，如图 7.43 所示。

图 7.40　将问题设置为判断题

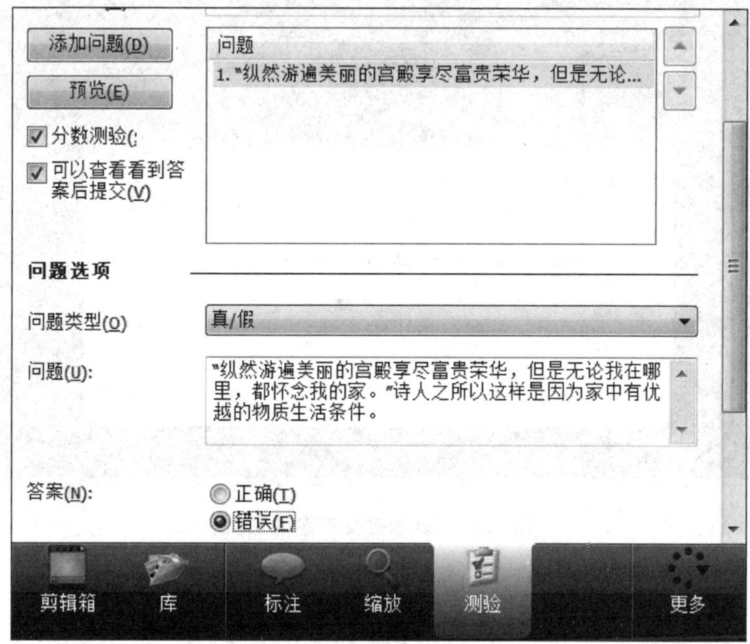

图 7.41　设置问题和答案

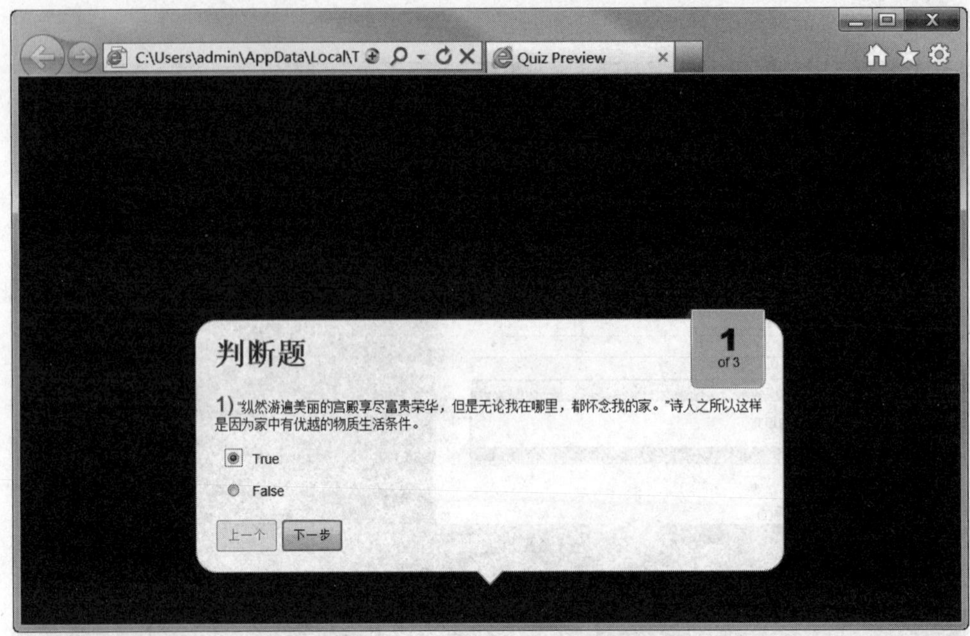

图 7.42　在浏览器中得到判断题

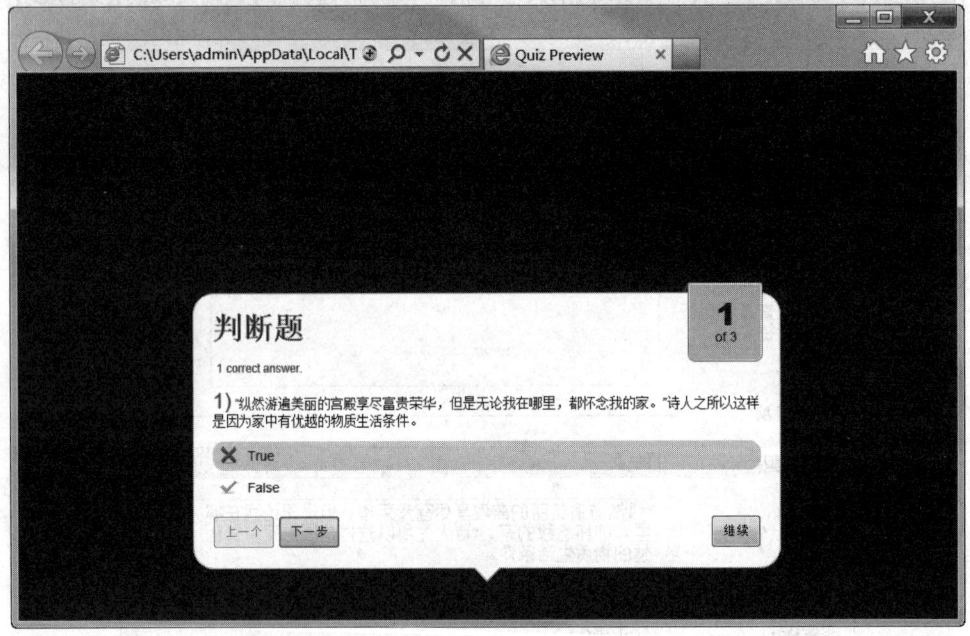

图 7.43　显示提交答案的正误

7.3　微课项目的输出

在完成项目的编辑修改后，需要将项目输出为视频或音频文件。Camtasia Studio 编辑器能够将项目文件输出为当前各种常见的视频或音频格式的文件，由于不同格式的文件需要设置的参数各不相同，因此项目输出的过程实际上就是对输出参数进行设置的过程。在完成输出的设置后，Camtasia Studio 编辑器按照设置完成视频和音频文件的生成。

7.3.1　将项目导出为 MP4 格式文件

MP4 全称 MPEG-4 Part 14，是一种使用 MPEG-4 的多媒体文件格式，文件的扩展名为.mp4，用于存储数字音频和视频信息。MP4 格式的文件，是当前使用较为广泛的一种多媒体文件格式，广泛用于互联网上的流媒体、光盘、网络语音发送（如视频电话）以及电视广播等领域。MP4 格式的文件文件小、品质高，同时具有较好的兼容性，主流的浏览器都能够很好地支持这种格式的视频文件，因此该种格式的文件特别适合在网络上传播。

Camtasia Studio 编辑器提供了对 MP4 的支持，能够将制作完成的视频输出为 MP4 视频文件的格式。下面介绍将项目导出为 MP4 格式视频文件的方法。

1. 选择输出为 MP4 格式

（1）启动 Camtasia Studio 编辑器并打开项目，在程序窗口中单击“生成和分享”按钮上的下三角按钮。在打开的列表中选择“生成和分享”选项，如图 7.44 所示。

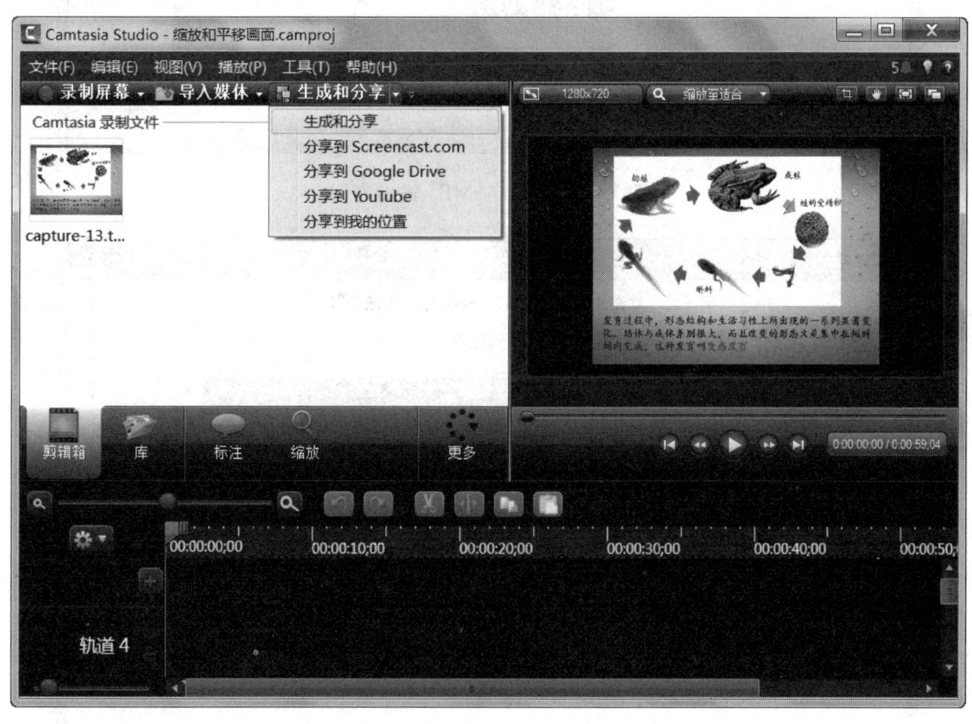

图 7.44　选择“生成和分享”选项

（2）打开“生成向导”对话框，打开对话框中的列表。列表中列出了 Camtasia Studio 提供的 4 个预设 MP4 视频输出方案，可以根据需要选择某个选项直接使用，如图 7.45 所示。如果需要对视频的输出进行设置，可以选择列表中的“自定义生成设置”选项，如图 7.46 所示。在对话框中单击“下一步”按钮进入下一步设置。

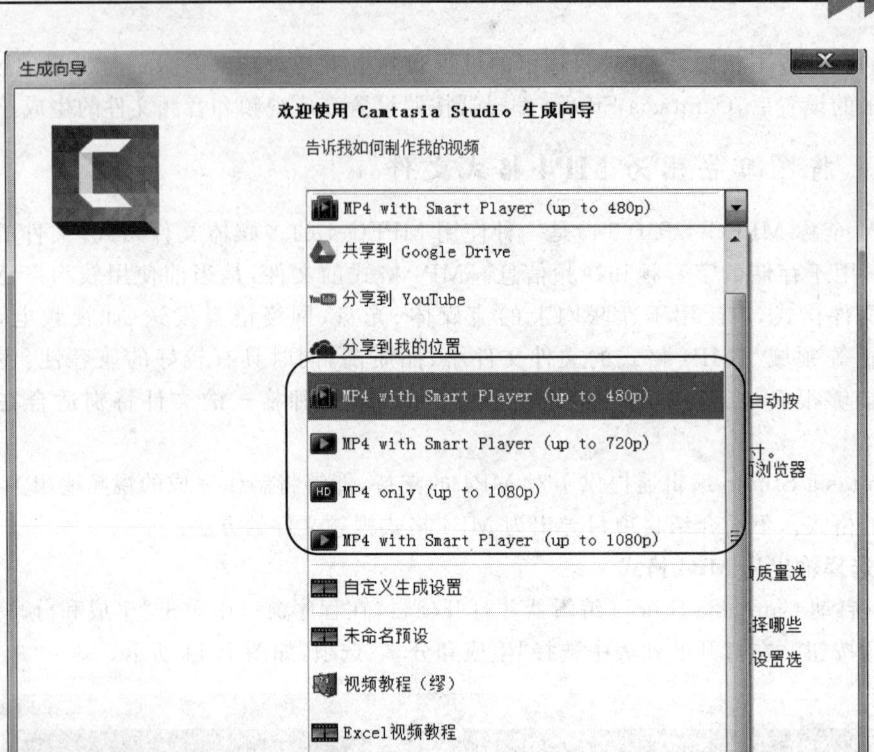

图 7.45 预设的 MP4 输出方案

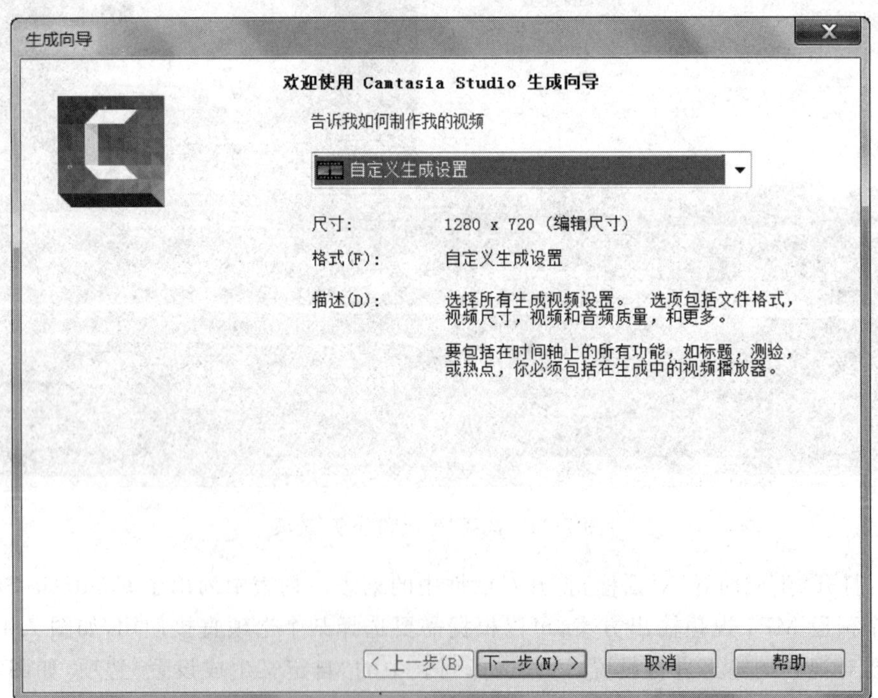

图 7.46 选择“自定义生成设置”选项

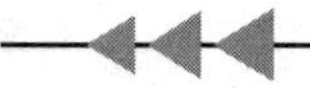

(3) 在“生成向导”对话框中选择“MP4-智能播放器(Flash/HTML5)”选项,选择将视频输出为MP4文件,如图7.47所示。单击“下一步”按钮进入下一步的设置。

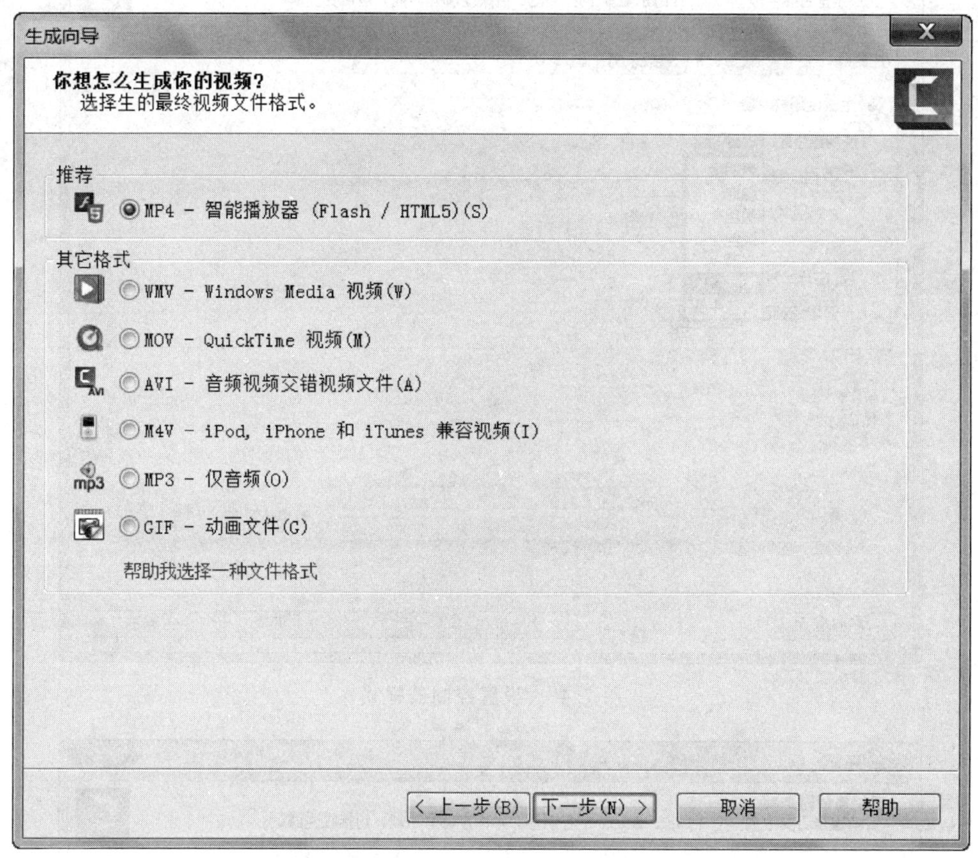

图7.47 选择“MP4-智能播放器(Flash/HTML5)”选项

2. 设置控制器

(1) 对智能播放器选项进行设置。如果需要在生成MP4文件的同时生成智能播放器,可以在对话框的“控制器”选项卡中选中“生成使用控制器”复选框。在“控制器主题”列表中选择相应的选项设置控制器的外观样式,在设置时对话框中将给出样式预览,如图7.48所示。

(2) 选中“自动隐藏控制”复选框,在视频播放时播放控制器将隐藏,当鼠标指针移动到视频播放器所在位置上时,控制器将会显示。如果取消选中该复选框,播放控制器将一直显示。在“之后视频”列表中选择相应的选项设置视频播放完成后进行的操作,如图7.49所示。

专家点拨: 在“之后视频”列表中,选择“停止重播按钮”选项时,视频播放完后将停止在最后一帧重播并显示一个“重播”按钮,如图7.50所示。如果选择“停止”选项,视频播放完成后将停止在视频的最后一帧,只有单击播放控制器上的“播放”按钮才能使视频从头开始播放。选择“循环播放”选项,当视频播放完成后,视频将自动从头开始播放。选择“转到网址”选项,在其下的文本框中输入URL地址,如图7.51所示。视频播放完成后将使用默认的浏览器跳转到指定的网址。

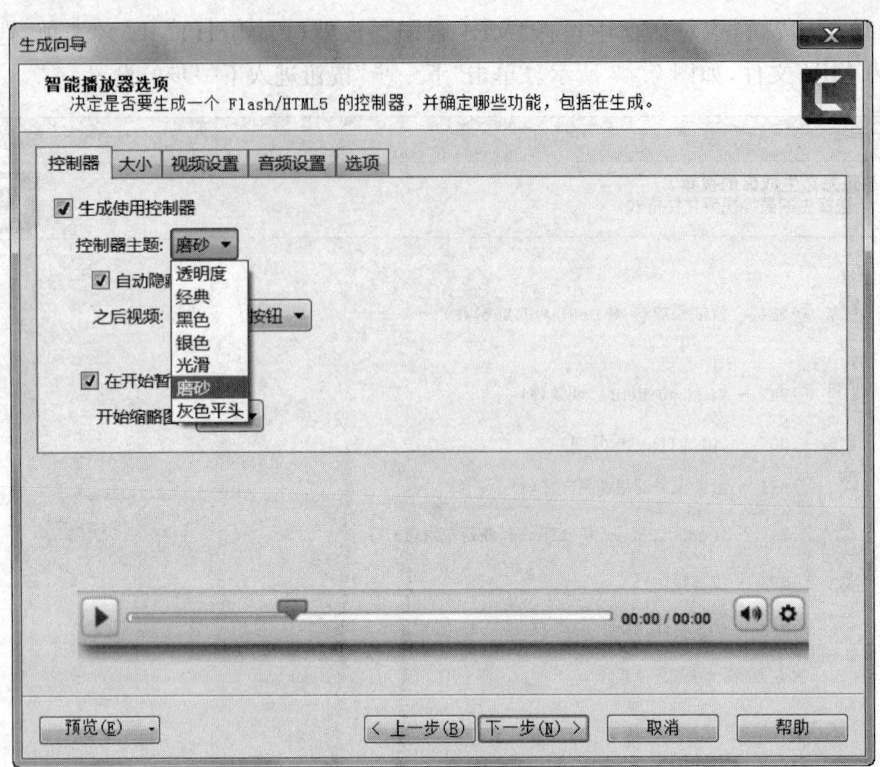

图 7.48 设置控制器样式

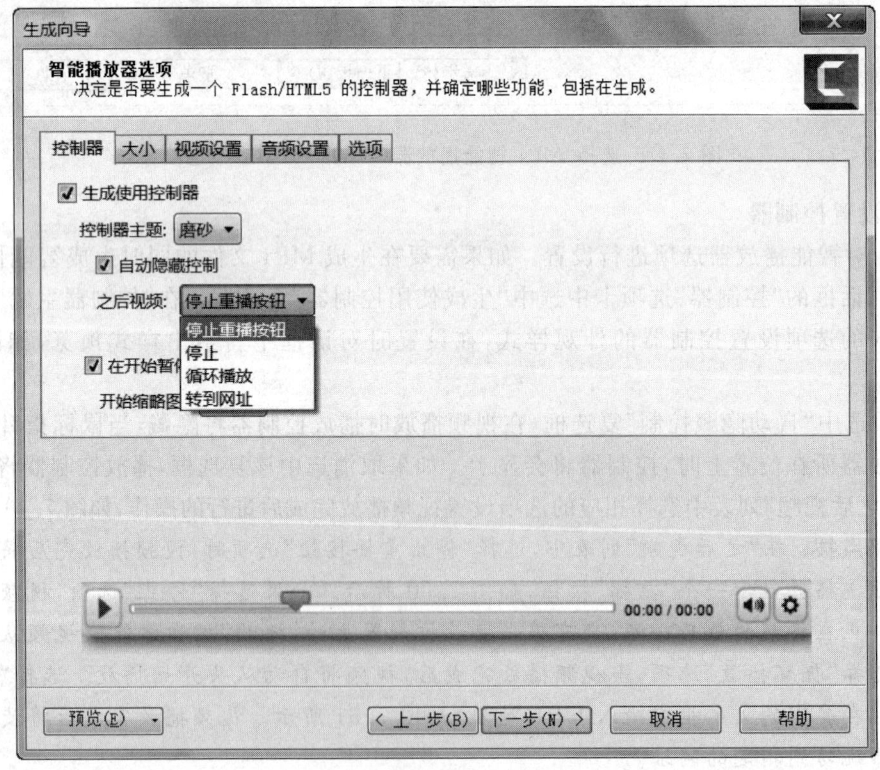

图 7.49 设置是否自动隐藏控制器和视频播放完后的操作

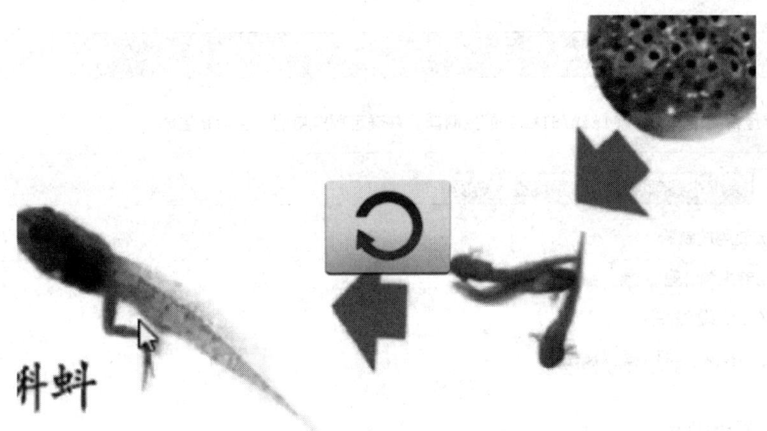

图 7.50　视频停止在最后一帧并显示“重播”按钮

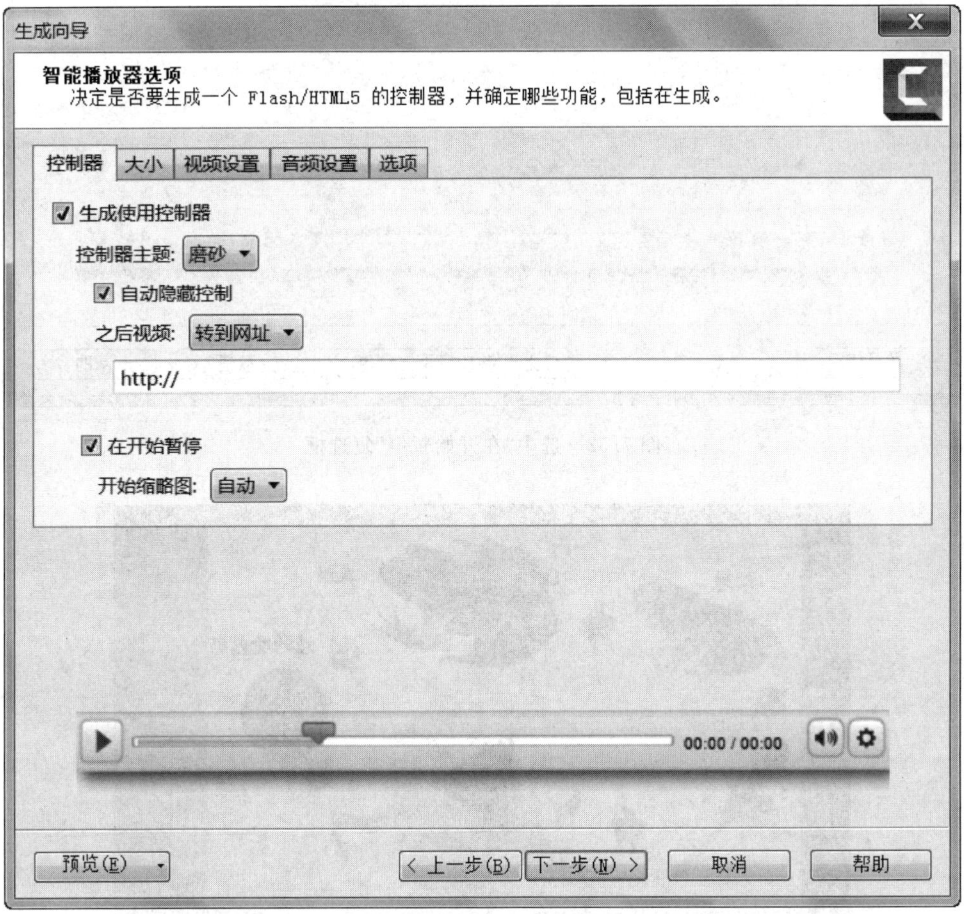

生成向导
智能播放器选项
决定是否要生成一个 Flash/HTML5 的控制器，并确定哪些功能，包括在生成。
控制器　大小　视频设置　音频设置　选项
生成使用控制器
控制器主题: 磨砂
自动隐藏控制
之后视频: 转到网址
http://
在开始暂停
开始缩略图: 自动
00:00 / 00:00
预览(E)　< 上一步(B)　下一步(N) >　取消　帮助

图 7.51　输入 URL 地址

(3) 在“控制器”选项卡中选中“在开始暂停”复选框，在“开始缩略图”列表中选择“自动”选项，如图 7.52 所示。视频开始播放时将停止在第一帧并给出“播放”按钮，单击该按钮视频开始播放，如图 7.53 所示。

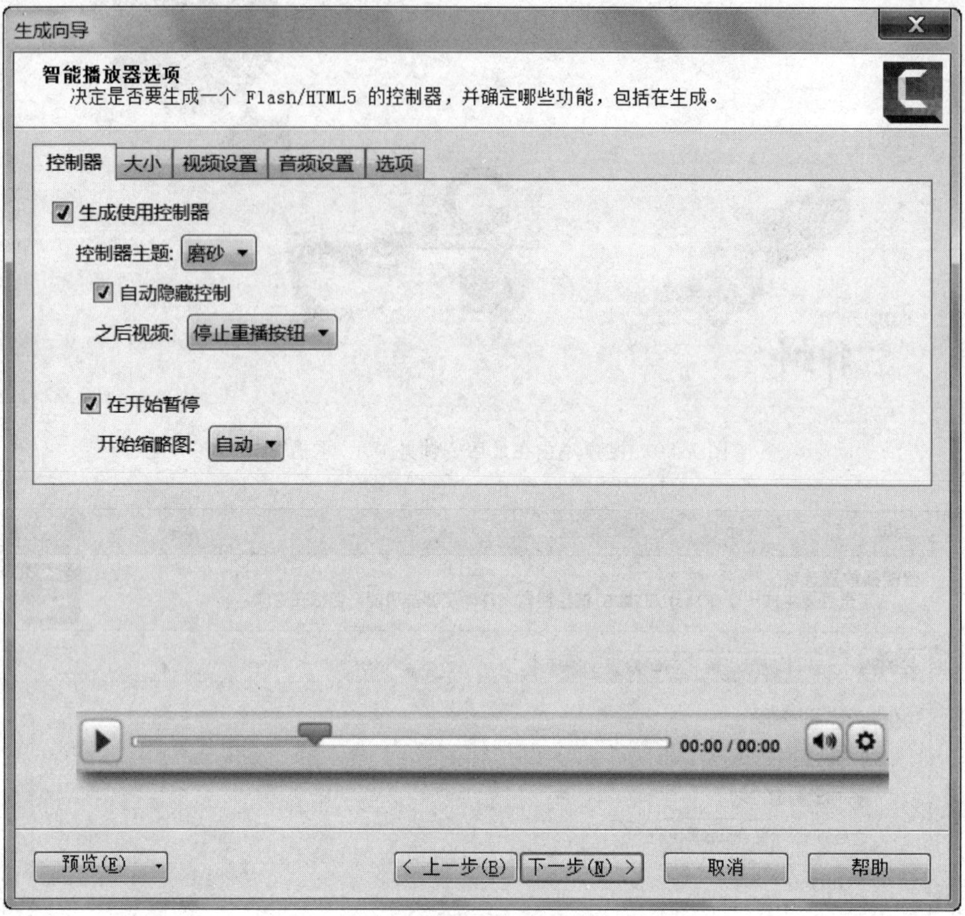

生成向导

智能播放器选项
决定是否要生成一个 Flash/HTML5 的控制器，并确定哪些功能，包括在生成。

控制器 大小 视频设置 音频设置 选项

☑ 生成使用控制器
控制器主题: 磨砂
☑ 自动隐藏控制
之后视频: 停止重播按钮
☑ 在开始暂停
开始缩略图: 自动

00:00 / 00:00

预览(E) < 上一步(B) 下一步(N) > 取消 帮助

图 7.52 选中"在开始暂停"复选框

图 7.53 视频暂停在第一帧并显示"播放"按钮

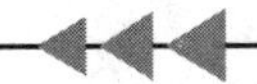

专家点拨：如果在“开始缩略图”列表中选择“选择文件”选项，列表框下方出现一个文本框，如图 7.54 所示。单击文本框右侧的“浏览”按钮，在打开的“选择图像文件”对话框中选择需要使用的图像文件，单击“打开”按钮，如图 7.55 所示。视频开始播放时将停止，显示指定的图片和“播放”按钮，单击“播放”按钮视频开始播放，如图 7.56 所示。

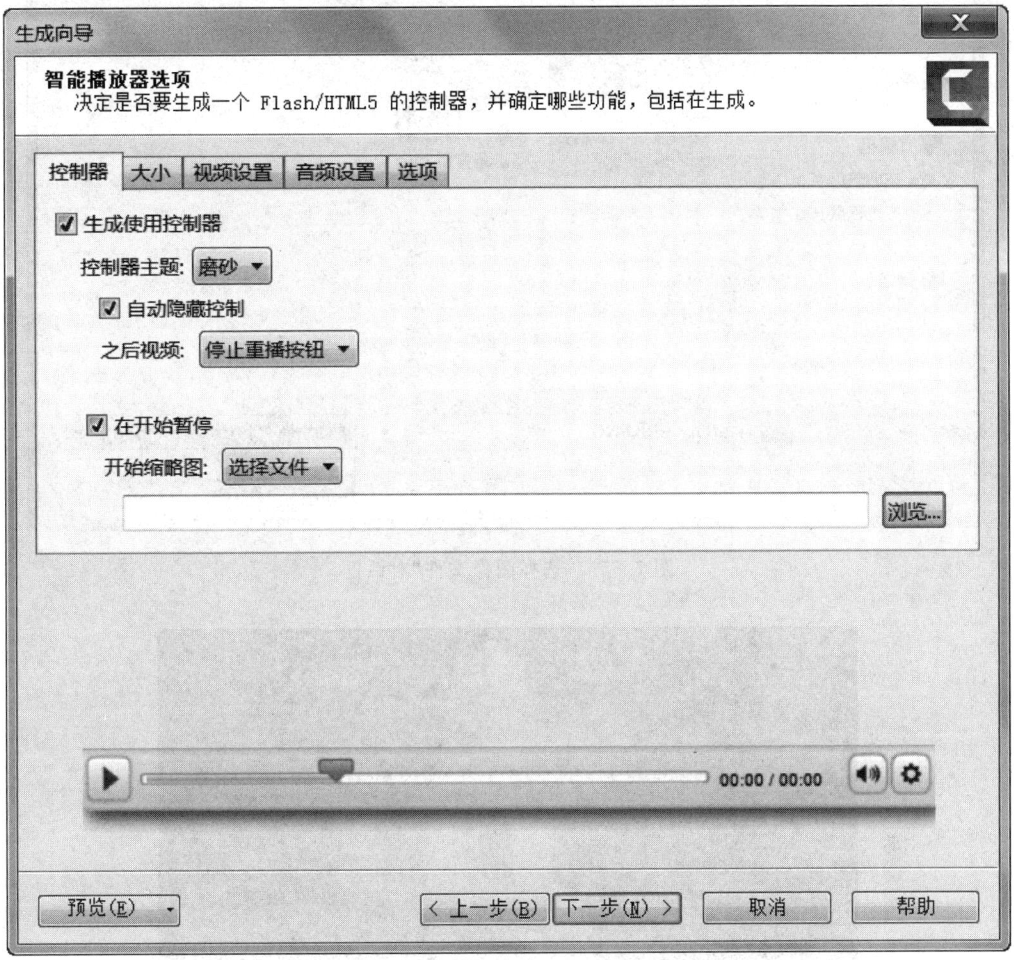

图 7.54　选择“选择文件”选项

3. 对视频和音频进行设置

（1）打开“大小”选项卡，在“嵌入大小”栏的“宽度”和“高度”文本框中输入数值设置视频的嵌入大小。在“视频大小”栏的“宽度”和“高度”文本框中输入数值设置视频的大小，如图 7.57 所示。

专家点拨：这里，“嵌入大小”用于设置视频在嵌入到浏览器中的大小，“视频大小”则用于设置生成视频文件的播放大小。这里要注意的是，如果嵌入大小和视频大小相同，在网络中使用浏览器播放视频时，视频的效果与原始视频效果相同，因为视频相对于原始视频没有放大。这里在设置时，最好不要将视频大小设置得小于嵌入大小。另外，如果选中了“保持纵横比”复选框，则当调整视频的“宽度”或“高度”中的一个值时，将能够根据其原来的纵横比自动获得另一个参数的值。

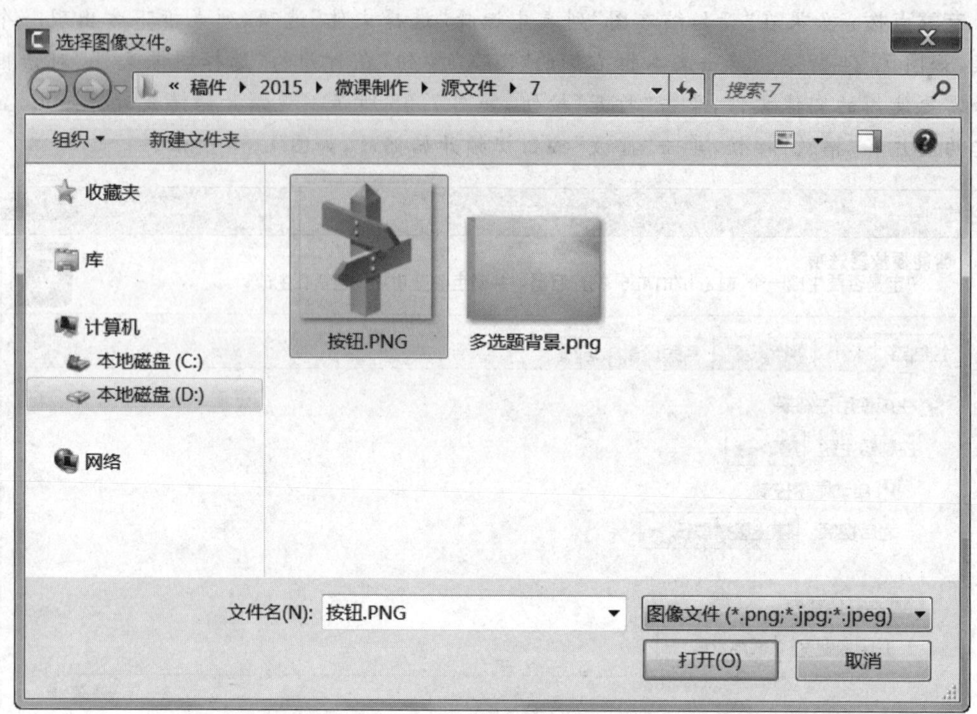

图 7.55 “选择图像文件”对话框

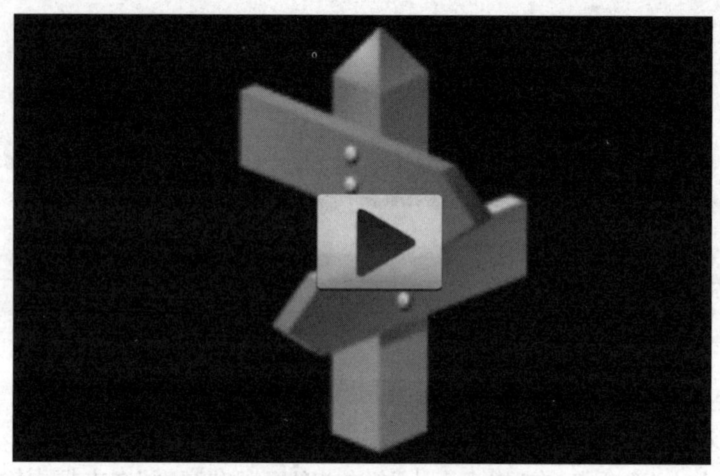

图 7.56 显示指定图像和“播放”按钮

(2) 打开“视频设置”选项卡，在“帧速率”列表中选择相应的选项设置视频的帧速率，如图 7.58 所示。

专家点拨：这里，如果选择“自动”选项，系统将在视频输出时自动确定视频的帧速率，用户也可以根据具体的情况在列表中选择相应的选项来指定帧速率。这里要注意的是，帧速率越大，视频文件也就越大，如果要减小视频的大小，应该使用较小的帧速率。如果视频是用于网络传播，应该根据网络带宽进行设置，较小的帧速率有利于视频在网络上的播放，但较小的帧速率会影响视频播放效果。

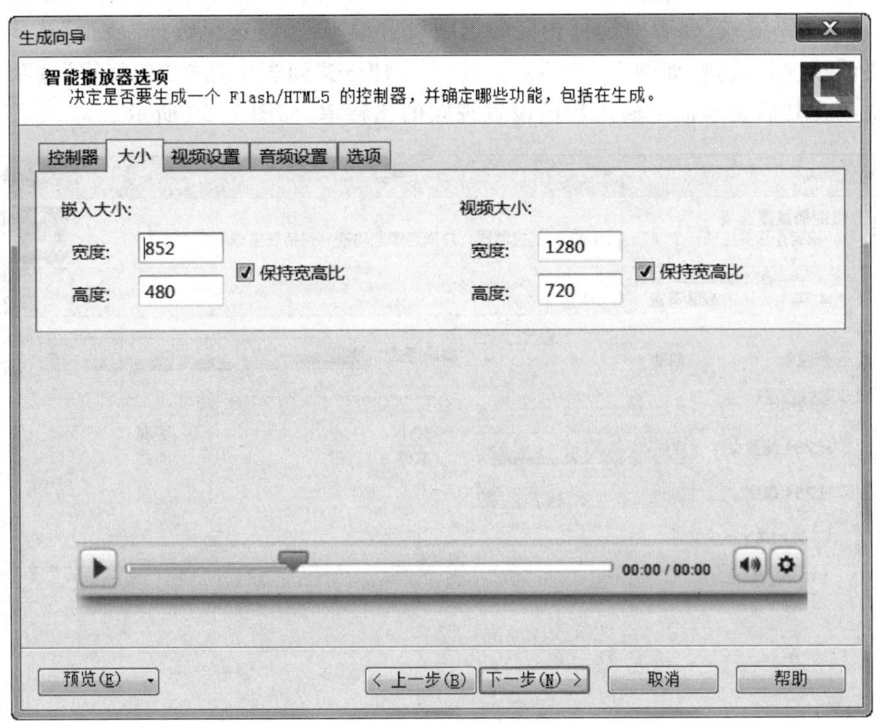

图 7.57　设置大小

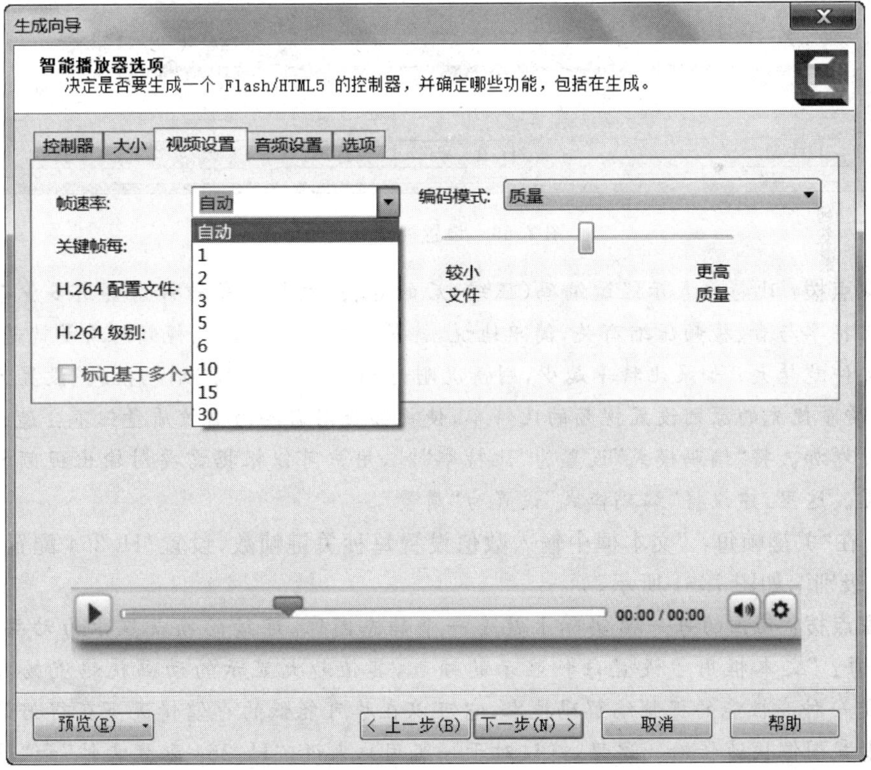

图 7.58　设置帧速率

(3) 在“编码模式”列表中选择相应的选项设置编码模式，这里选择“质量”选项，拖动其下的滑块调整视频质量，如图 7.59 所示。在“编码模式”列表中选择“比特率”选项，拖动其下的滑块或在其后文本框中输入数值设置视频的比特率，如图 7.60 所示。

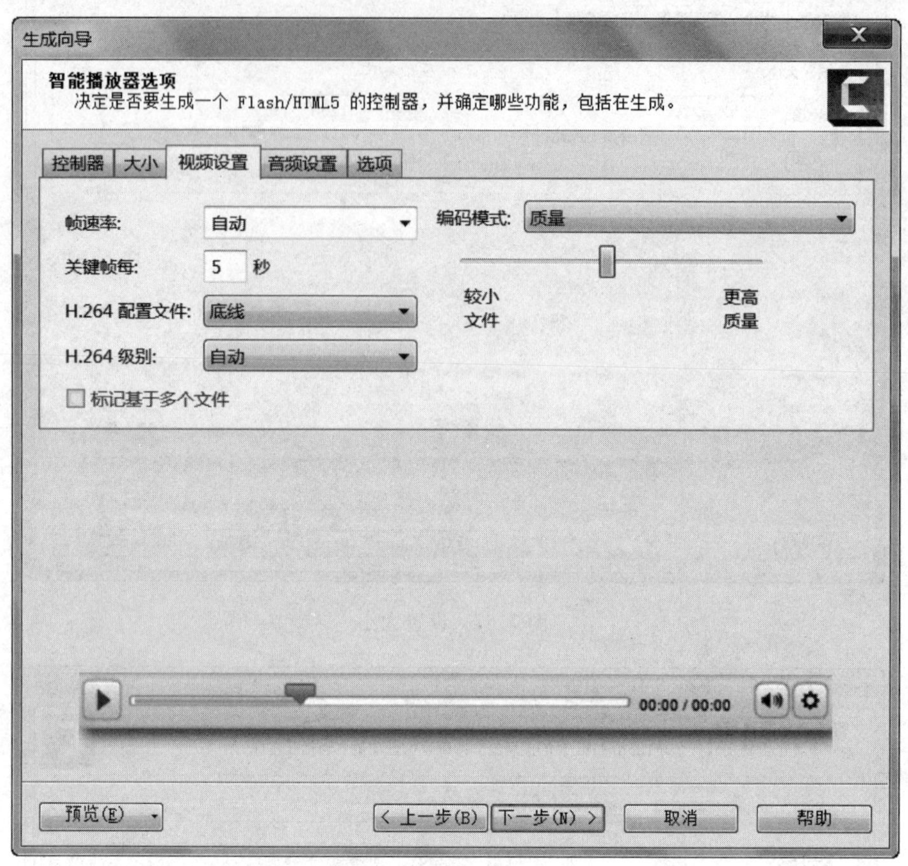

图 7.59　设置视频的质量

专家点拨：比特率表示经过编码(压缩)后的音、视频数据每秒钟需要用多少个比特来表示。比特率与音、视频压缩有关，简单地说，就是比特率越高，音、视频的质量就越好，但编码后的文件就越大；如果比特率越少，则情况刚好相反。这里，将“编码模式”设置为“质量”时，将以质量优先的原则设置视频的比特率，使视频获得需要的播放质量但不会造成文件尺寸的过度增加。将“编码模式”设置为“比特率”时，用户可以根据需要对输出视频的比特率进行设置。这里，建议将“编码模式”设置为“质量”。

(4) 在“关键帧每：”文本框中输入数值设置每秒关键帧数，设置“H. 264 配置文件”和“H. 264 级别”，如图 7.61 所示。

专家点拨：动画的每一帧实际上就是一个静态图像，连续的帧就显示为动画。这里，“关键帧每：”文本框用于设置每秒显示的帧数，其值越大显示的动画就越流畅，越真实。H. 264 是一种高性能的视频编解码技术，它可以在尽可能低的存储情况下获得好的图像质量和低带宽图像快速传输。这里，建议对于一般用户来说，“H. 264 配置文件”和“H. 264 级别”这两个设置项使用系统的默认值，不要对它们进行修改。

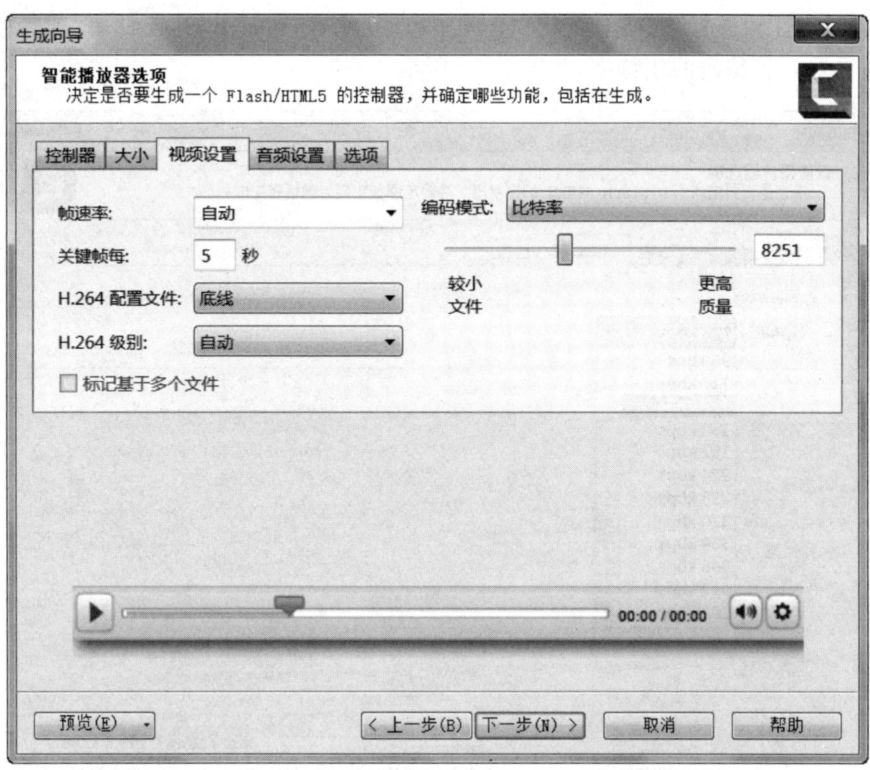

图 7.60　设置比特率

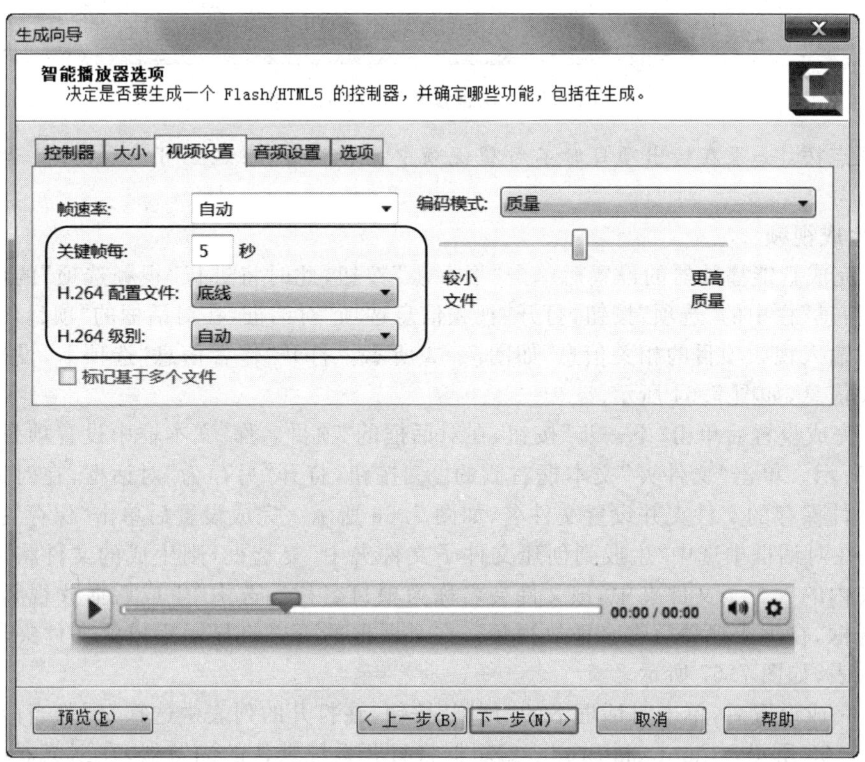

图 7.61　设置每秒关键帧和 H.264

(5) 打开“音频设置”选项卡，选中“音频解码”复选框，在其下的“比特率”列表中选择相应的选项设置音频编码的比特率，如图 7.62 所示。

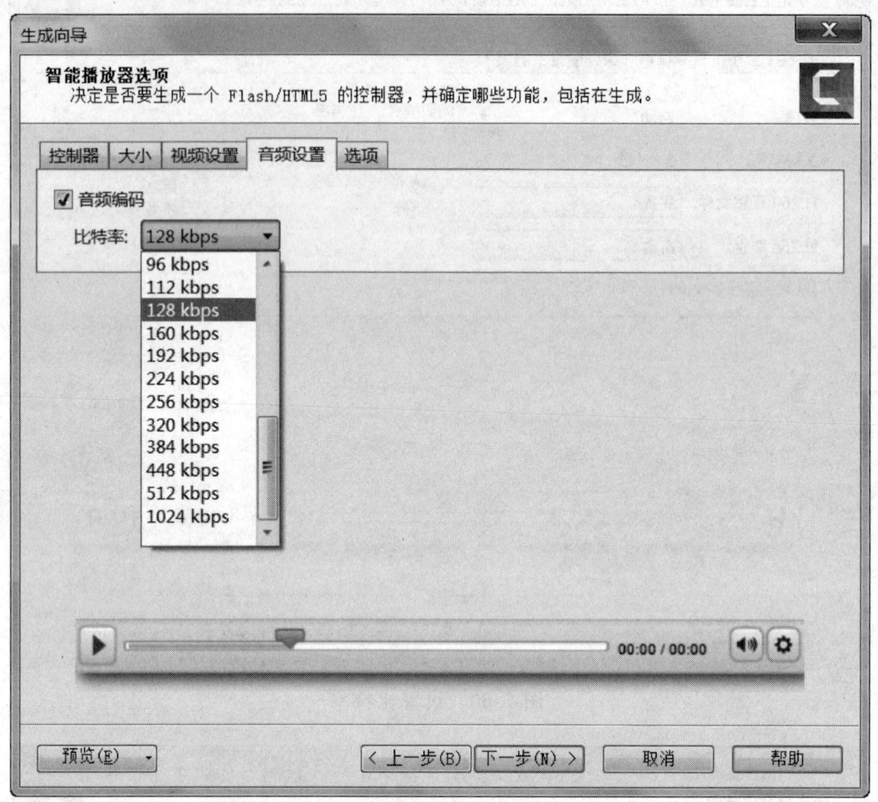

图 7.62 设置音频编码的比特率

专家点拨：如果在输出项目时不希望视频中包含声音，在这里可以取消对“音频解码”复选框的勾选。

4. 生成视频

(1) 完成智能播放器的设置后单击“下一步”按钮，此时将进行“视频选项”的设置。单击“视频信息”栏中的“选项”按钮，打开“视频信息选项”对话框，在对话框的“项目信息”选项卡中可以输入视频项目的相关信息，如图 7.63 所示。打开“作者信息”选项卡，设置视频作者的有关信息，如图 7.64 所示。

(2) 完成设置后单击“下一步”按钮，在对话框的“项目名称”文本框中设置项目名称，如图 7.65 所示。单击“文件夹”文本框右侧的 按钮，打开“另存为”对话框，在对话框中选择视频文件保存的文件夹并设置文件名，如图 7.66 所示。完成设置后单击“保存”按钮。

(3) 在对话框中选中“生成到创建文件子文件夹中”复选框，则生成的文件将放置到指定文件夹内的一个子文件夹中，该文件夹名称为项目名称。选中“生成后播放视频(之后上传)”复选框，在生成视频后将会播放视频。在对话框的下方将显示生成的文件夹以及生成的文件列表，如图 7.67 所示。

(4) 完成设置后，单击对话框下的“预览”按钮，在打开的列表中选择“预览当前设置”选项，如图 7.68 所示。Camtasia Studio 编辑器将打开系统默认的浏览器，在浏览器中将对视频进行播放，用户可以预览视频效果，如图 7.69 所示。

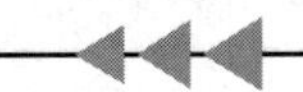

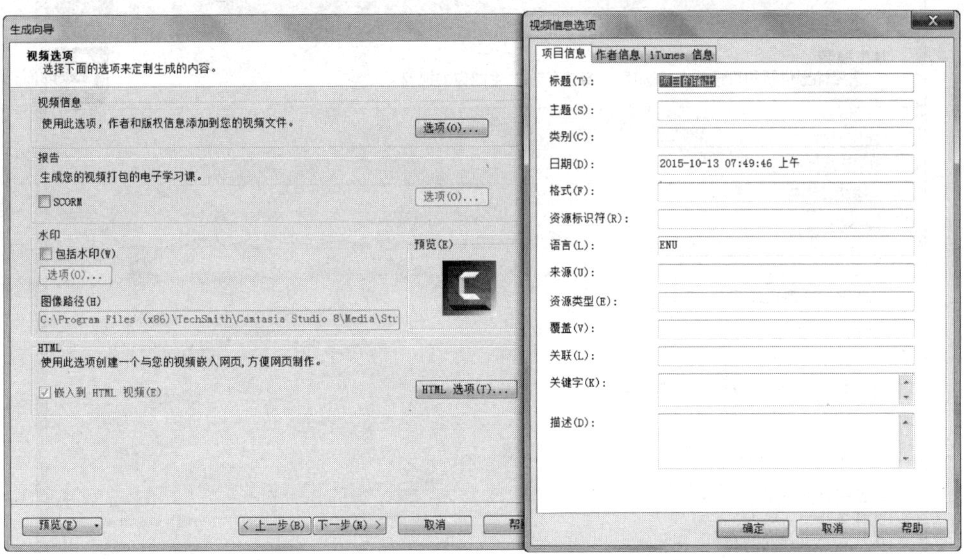

图 7.63　打开“视频信息选项”对话框设置项目信息

视频信息选项

项目信息　作者信息　iTunes 信息

创建者(C):

提供者(O):

发行人(P)

E-mail:

主页(H):

版权信息(R):

附加信息(A):

确定　取消　帮助

图 7.64　设置作者信息

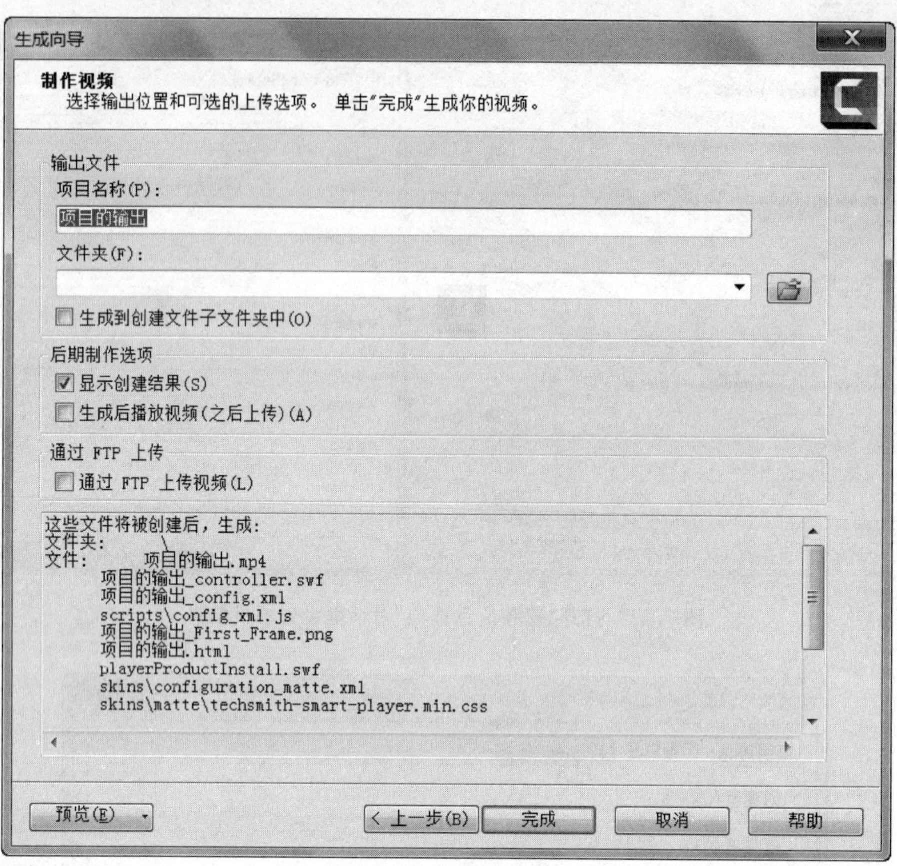

图 7.65　设置项目名称

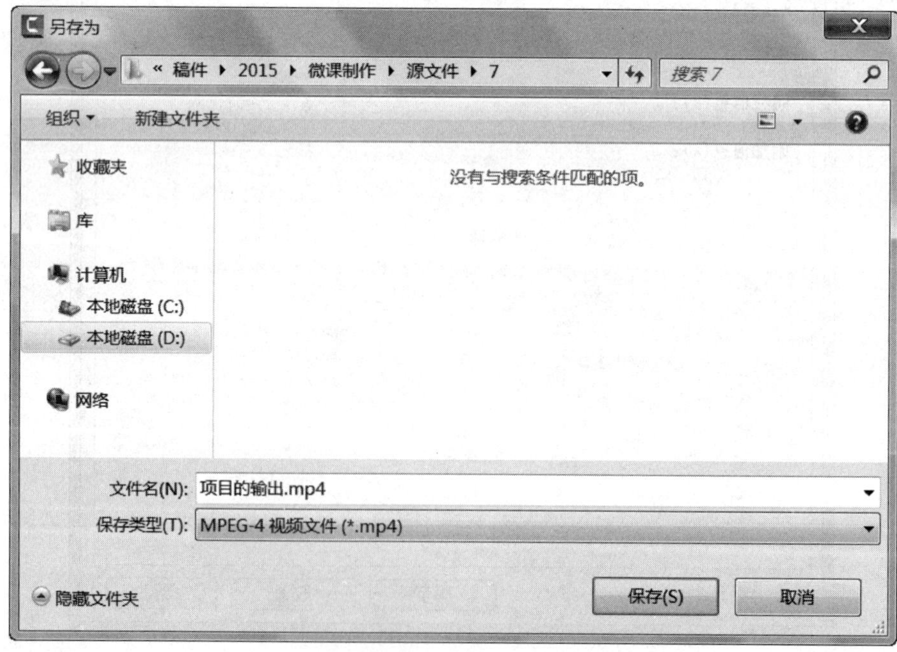

图 7.66　“另存为”对话框

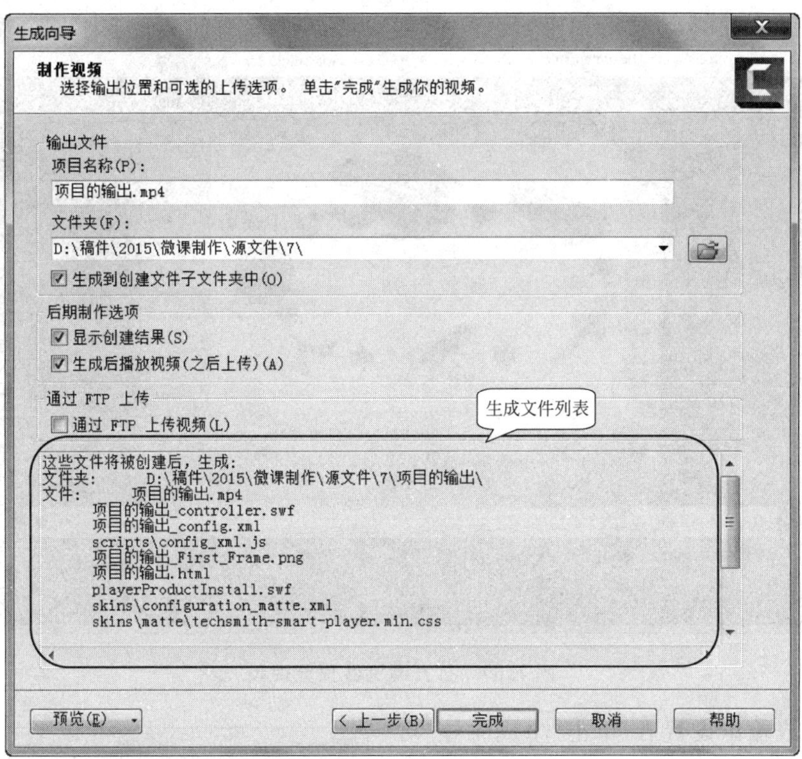

图 7.67　显示生成文件

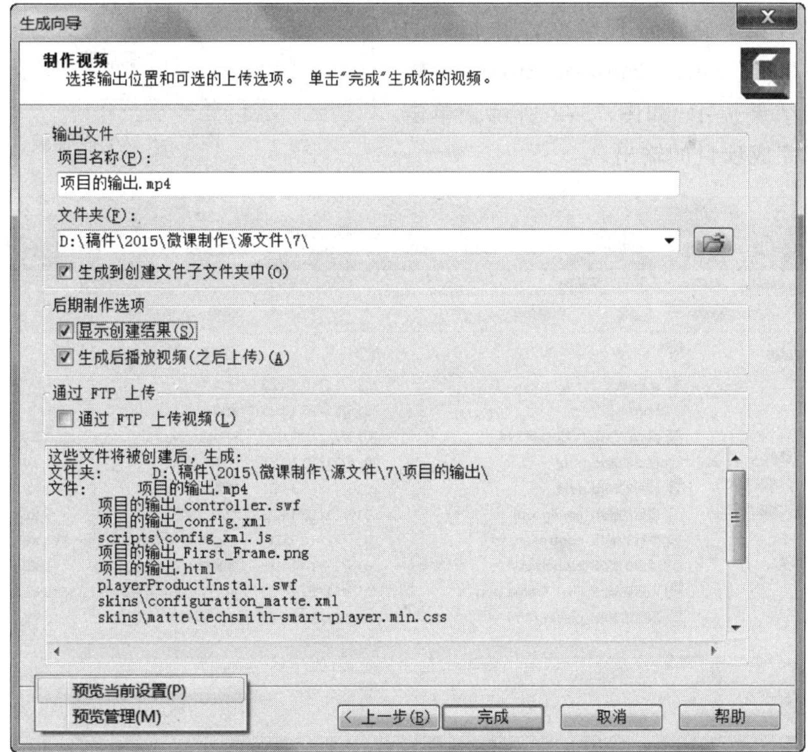

图 7.68　选择"预览当前设置"选项

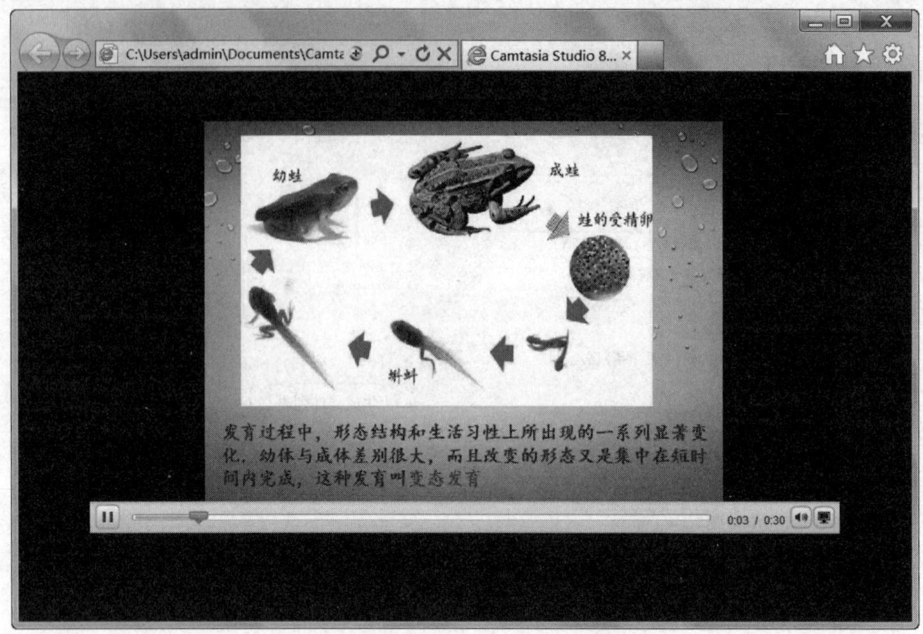

图 7.69　打开浏览器预览视频

(5) 完成输出设置后，单击“生成向导”对话框中的“完成”按钮，Camtasia Studio 编辑器将按照设置进行视频的生成，如图 7.70 所示。在设置的文件夹中将生成视频文件和相关的文件，如图 7.71 所示。Camtasia Studio 编辑器给出生成结果提示，如图 7.72 所示。单击“完成”按钮完成项目的输出。

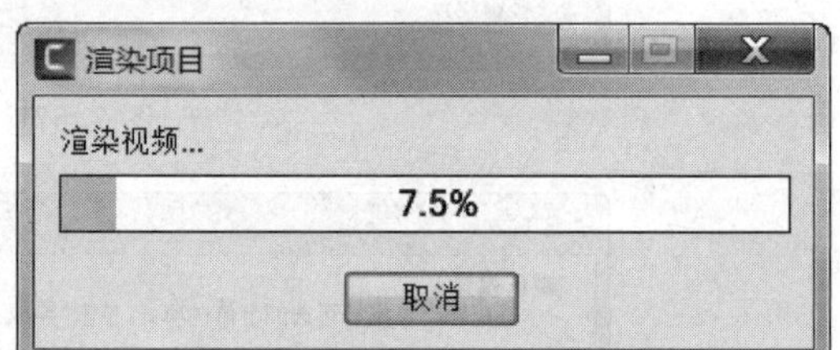

图 7.70　生成视频

图 7.71　在文件夹中生成的文件

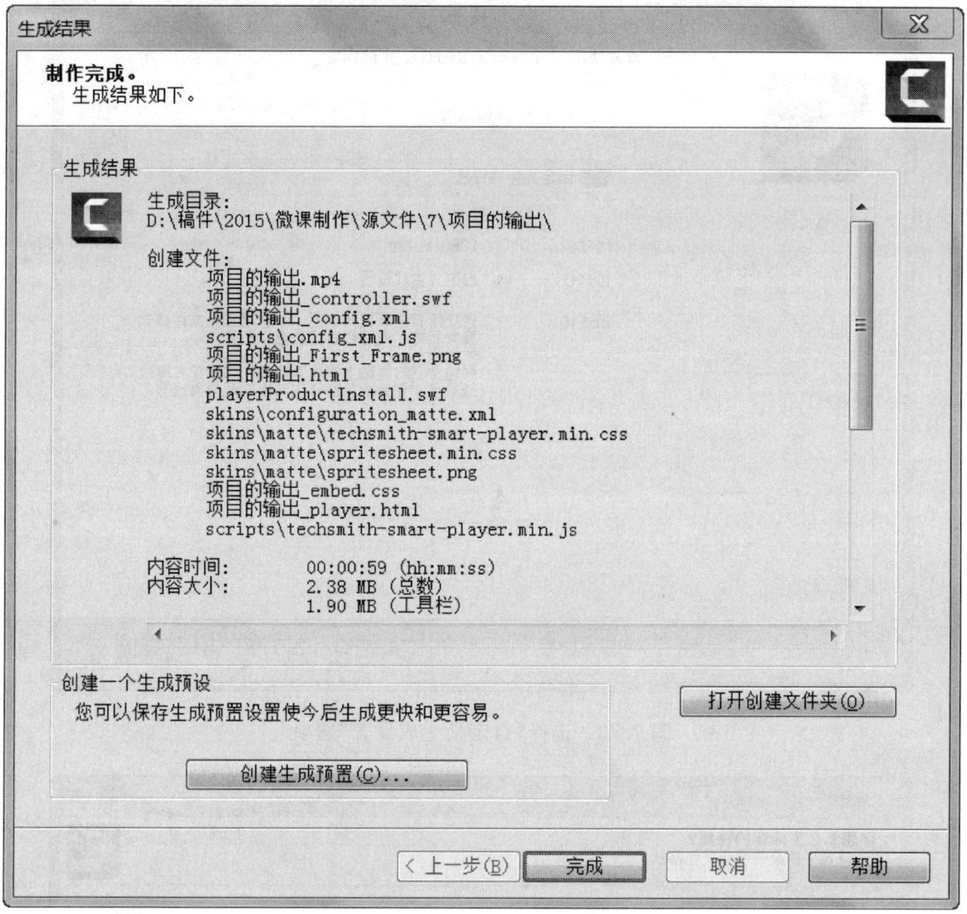

生成结果

制作完成。
生成结果如下。

生成结果

生成目录:
D:\稿件\2015\微课制作\源文件\7\项目的输出\

创建文件:
项目的输出.mp4
项目的输出_controller.swf
项目的输出_config.xml
scripts\config_xml.js
项目的输出_First_Frame.png
项目的输出.html
playerProductInstall.swf
skins\configuration_matte.xml
skins\matte\techsmith-smart-player.min.css
skins\matte\spritesheet.min.css
skins\matte\spritesheet.png
项目的输出_embed.css
项目的输出_player.html
scripts\techsmith-smart-player.min.js

内容时间:　00:00:59 (hh:mm:ss)
内容大小:　2.38 MB (总数)
1.90 MB (工具栏)

创建一个生成预设
您可以保存生成预置设置使今后生成更快和更容易。

创建生成预置(C)...　打开创建文件夹(O)

< 上一步(B)　完成　取消　帮助

图 7.72　项目生成结果

7.3.2　按需生成需要的文件

Camtasia Studio 编辑器能够将项目输出为当前主流的视频文件形式,如 WMV 文件和 AVI 文件等,用户可以根据视频传播的方式和播放的场合来选择合适的文件格式。下面介绍将项目输出为常用视频格式的设置方法。

1. 生成 WMV 文件

WMV(即 Windows Media Video)是微软推出的一种流媒体格式,该格式的视频文件可以实现边下载边播放,因此很适合在网上播放和传输。Camtasia Studio 编辑器中编辑完成的视频项目,可以导出生成 WMV 格式的视频文件。在生成文件时,用户也可以对视频进行必要的设置。

(1) 打开"生成向导"对话框,在对话框的列表中选择"自定义生成设置"选项,如图 7.73 所示。单击"下一步"按钮,选择对话框中的"WMV-Windows Media 视频"选项指定视频格式,如图 7.74 所示。完成选择后单击"下一步"按钮进入下一步的设置。

(2) 这里需要对 Windows Media 编码方式进行设置,在"配置文件"列表中选择相应的选项设置视频编码方式,如图 7.75 所示。这里的 3 个选项对应 3 个编码配置文件,一般情

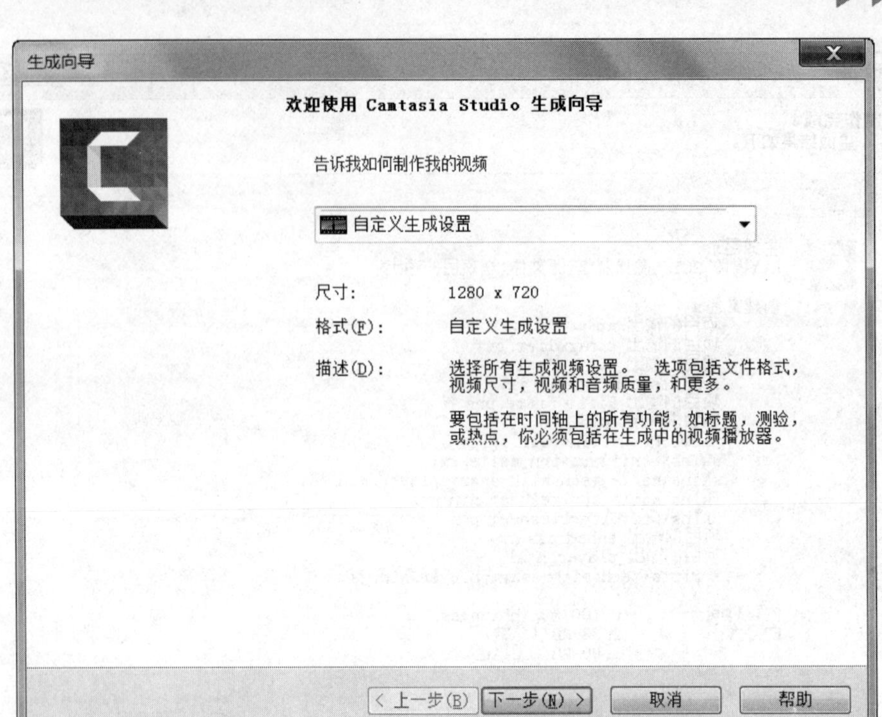

图 7.73　选择“自定义生成设置”选项

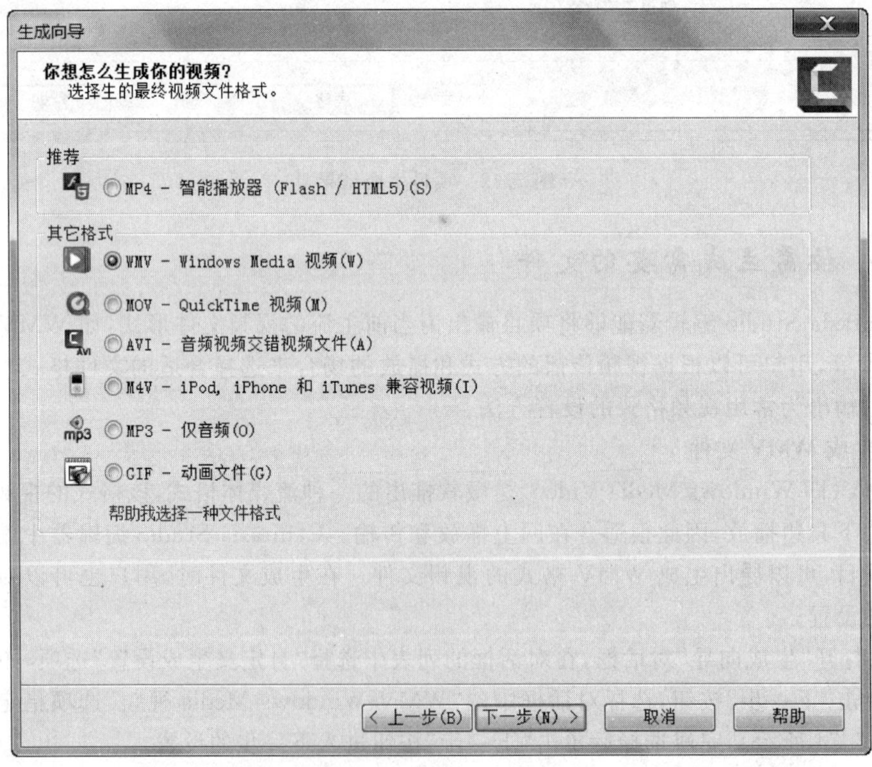

图 7.74　选择“WMV-Windows Media 视频”选项

况下选择 Camtasia Studio Best Quality And File Size (Recommended)选项，该配置文件能够保证输出的 WMV 视频文件具有最高的播放质量和最小的文件大小，以利网络传播。完成设置后单击“下一步”按钮进入下一步的设置。

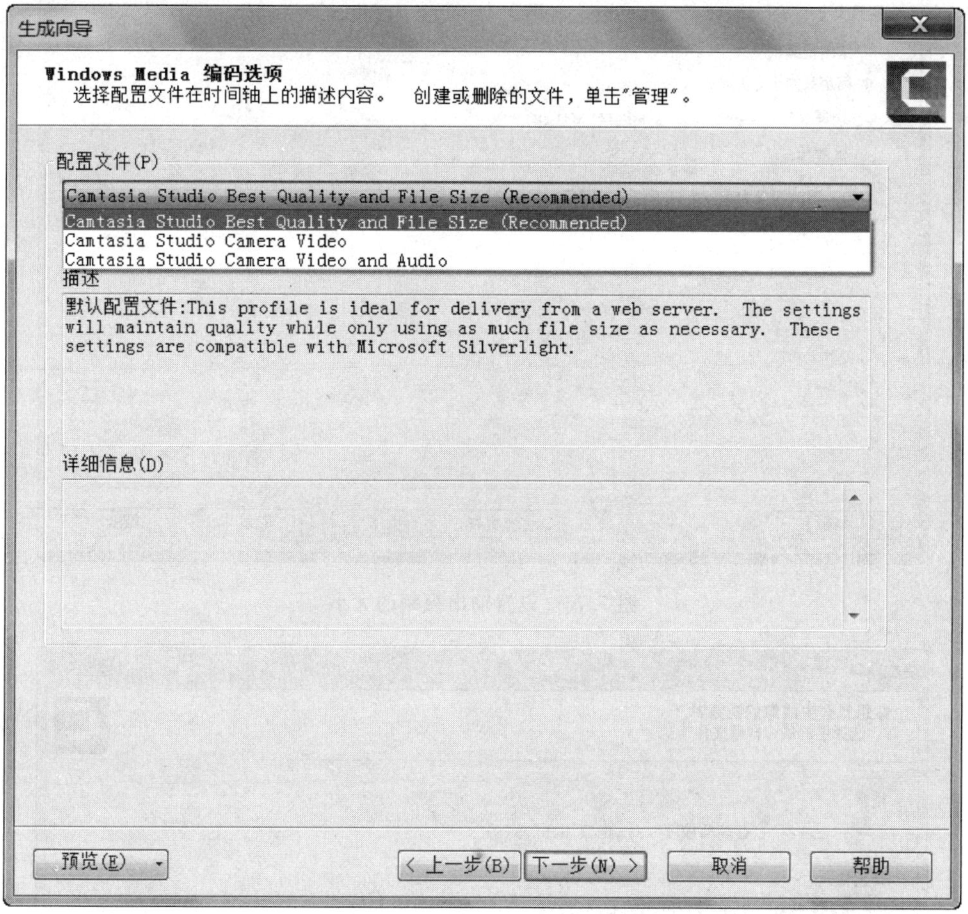

图 7.75　选择编码配置文件

(3) 对视频的大小进行设置。选择“自定义大小”选项，在“宽度”和“高度”文本框中输入数值设置输出视频的宽度和高度，如图 7.76 所示。如果选择“编辑尺寸大小”选项，则生成视频的宽度和高度将使用编辑器中视频的原始宽度和高度。完成设置后依次单击“下一步”按钮进行下面的设置，其后的设置与生成 MP4 文件时的设置相同。完成全部设置后，单击“完成”按钮。Camtasia Studio 将按照设置生成 WMV 文件。

2. 生成 AVI 文件

AVI 文件是 Microsoft 公司推出的一种视频文件格式，它的英文全称是 Audio Video Interleaved，即音频视频交错格式。该格式的文件可以将视频和音频交织在一起同步播放，其优点是可以跨多个平台使用，视频具有较高的质量，缺点是文件体积较大。Camtasia Studio 编辑器能够将视频项目输出为 AVI 格式的视频文件，下面介绍具体的设置方法。

(1) 打开“生成向导”对话框，在对话框中选择“AVI-音频视频交错视频文件”选项生成 AVI 文件，如图 7.77 所示。单击“下一步”按钮进入下一步设置。

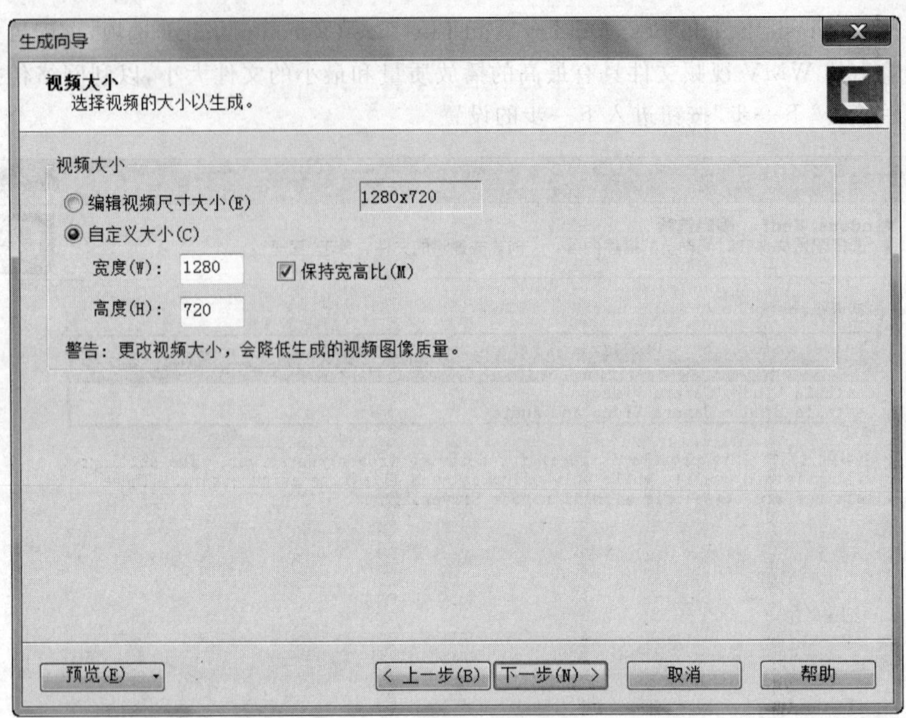

图 7.76 设置输出视频的大小

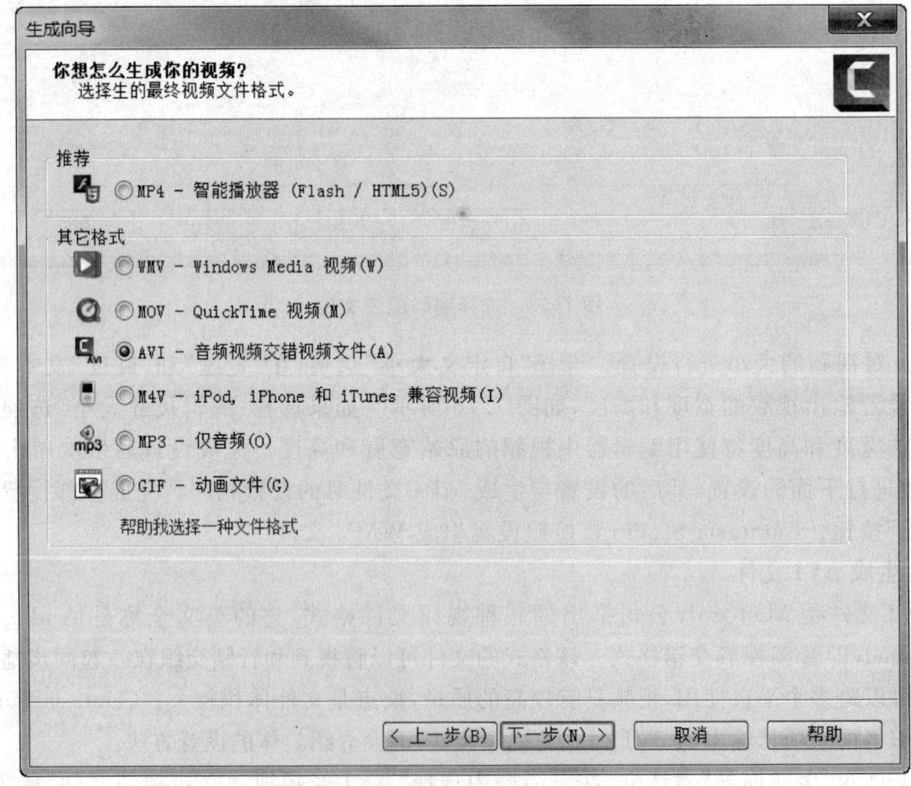

图 7.77 选择“AVI-音频视频交错视频文件”选项

(2) 对 AVI 视频的编码进行设置。在"颜色"列表中选择相应的选项设置视频的颜色位数,如图 7.78 所示。颜色位数设置越高,视频色彩效果越好,但是视频文件也就越大。一般情况下,选择"自动"选项即可。

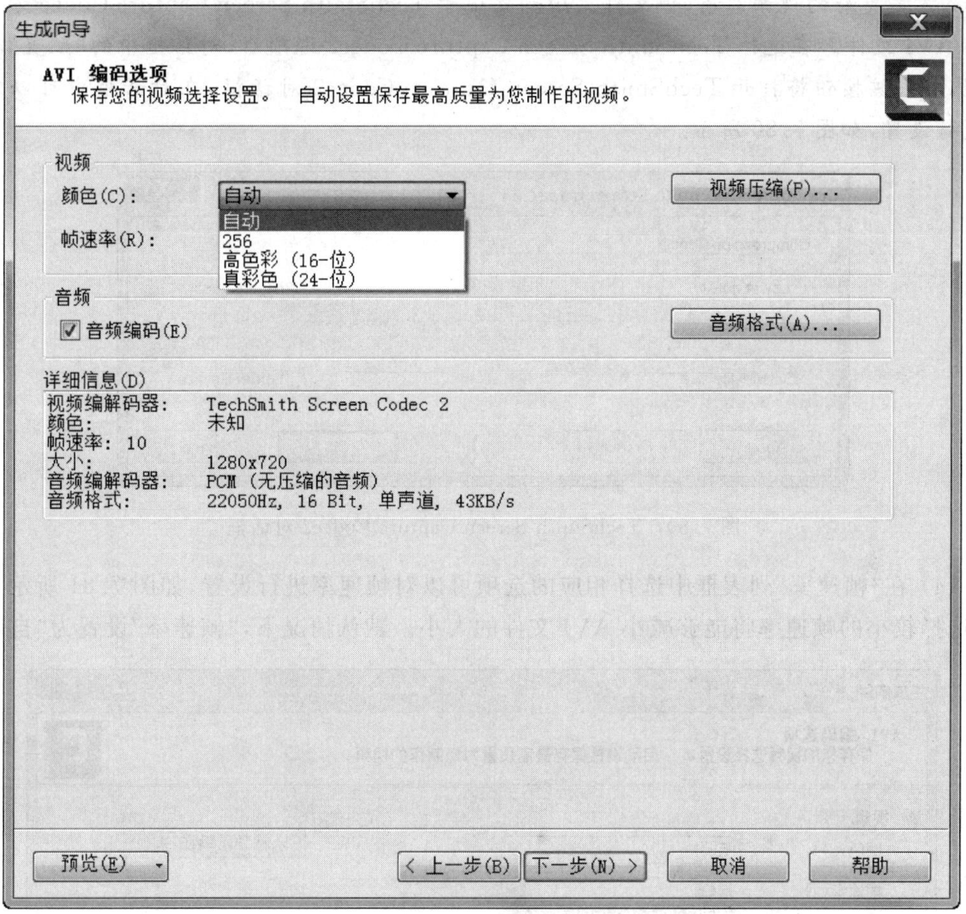

图 7.78　设置视频的颜色位数

(3) 单击"视频压缩"按钮打开"视频压缩选项"对话框,在对话框的"压缩"列表中选择相应的选项指定视频压缩方案,如图 7.79 所示。

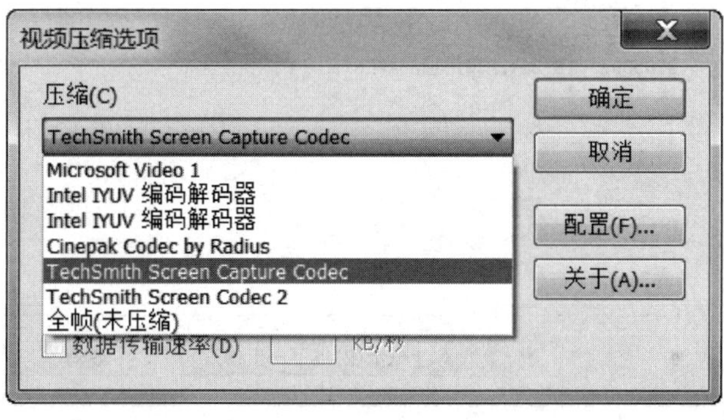

图 7.79　"视频压缩选项"对话框

专家点拨：TechSmith Screen Codec2 和 TechSmith Screen Capture Codec 是 TechSmith 提供的两种 AVI 视频编码方案。在默认情况下，“视频压缩选项”对话框中的“压缩”被设置为 TechSmith Screen Capture Codec2，使用该输出方案能够获得比 TechSmith Screen Capture Codec 方案更好的视频品质，但文件大小却要小于 TechSmith Screen Capture Codec 方案获得的 AVI 文件。在选择 TechSmith Screen Capture Codec2 选项后，对话框中的“配置”按钮可用，单击该按钮将打开 TechSmith Screen Capture Codec2 对话框，在对话框中可以对画质进行设置，如图 7.80 所示。

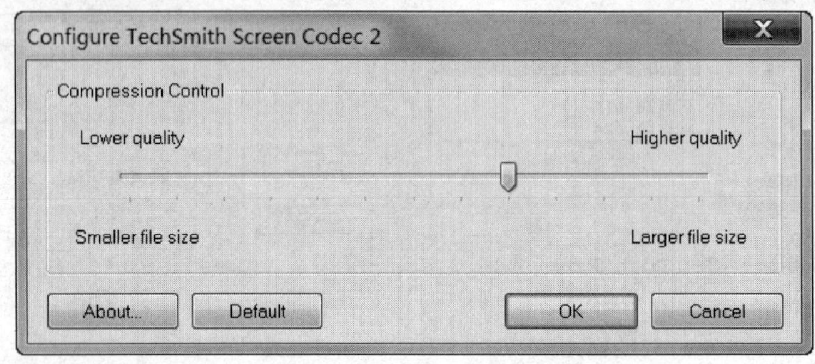

图 7.80 TechSmith Screen Capture Codec2 对话框

(4) 在“帧速率”列表框中选择相应的选项可以对帧速率进行设置，如图 7.81 所示。这里，选择较小的帧速率将能够减小 AVI 文件的大小。默认情况下，“帧速率”设置为“自动”。

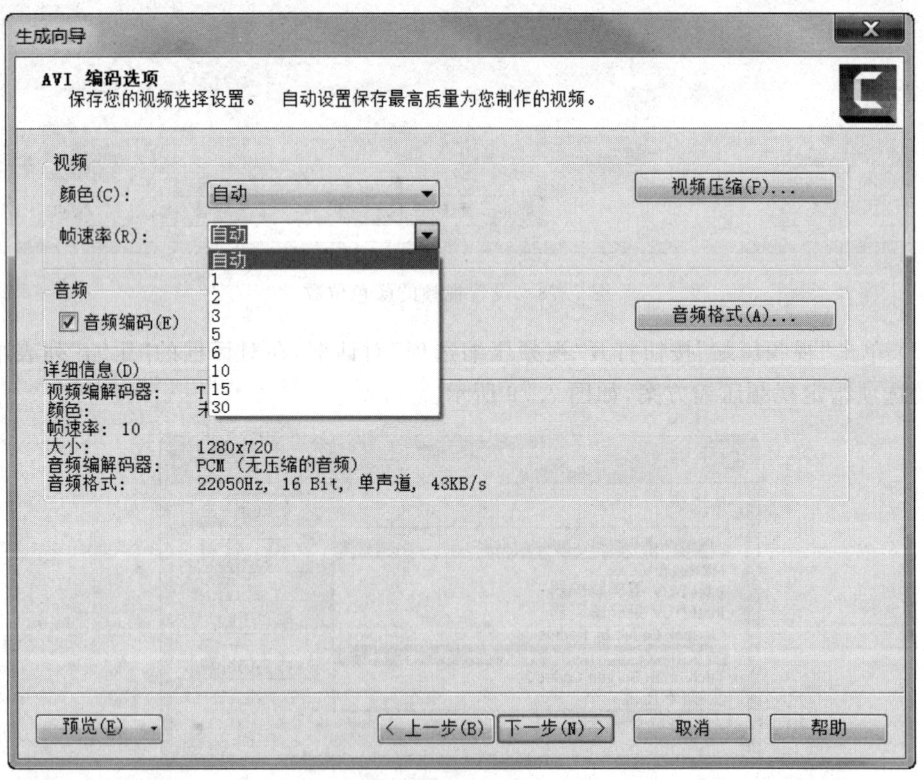

图 7.81 设置帧速率

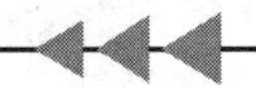

(5) 选中“音频编码”复选框，单击右侧的“音频格式”按钮打开“音频格式”对话框，使用该对话框可以对音频的格式进行设置，如图 7.82 所示。如果要去除获得 AVI 视频中的声音，取消选中“音频编码”复选框即可。完成设置后，单击“下一步”按钮，按照前面的介绍完成剩下的设置后即可将视频导出为 AVI 文件。

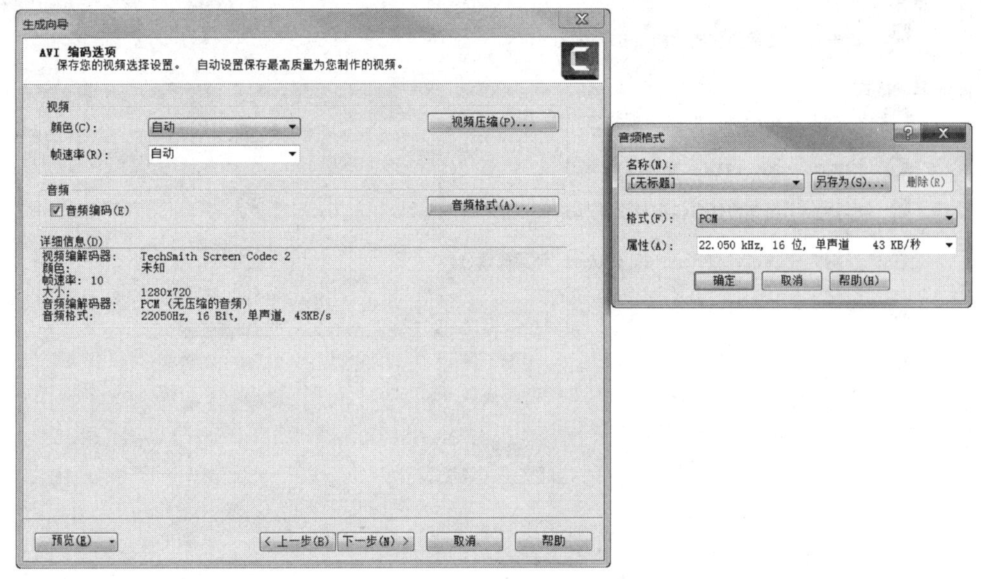

图 7.82　设置音频格式

3. 生成 MP3 文件

MP3 是一种音频压缩技术，其能够大幅度降低音频数据的数量，将音频压缩为容量较小的文件，但对于普通用户来说该文件格式的音频的音质与原始音频相比感受不到明显的下降。使用 MP3 技术压缩获得的音频文件的扩展名为.mp3，它是一种常见的声音文件格式，主流的播放器都能对其进行很好的支持。

在制作微课时，如果只需要获得项目中声音或者使用 Camtasia Studio 录音，就需要将项目导出为 MP3 声音文件。

(1) 打开 Camtasia Studio 编辑器“生成向导”对话框，在对话框中选择“MP3-仅音频”选项，如图 7.83 所示。单击“下一步”按钮进入下一步的设置。

(2) 单击“选项”按钮打开“视频信息选项”对话框，使用该对话框设置有关信息，如项目信息和作者信息，如图 7.84 所示。

(3) 根据需要在“比特率”列表中选择相应的选项设置音频的比特率，如图 7.85 所示。完成设置后，单击“下一步”按钮，按照前面的介绍完成剩下的设置后即可将视频导出为 MP3 文件。

专家点拨：Camtasia Studio 编辑器还允许将项目输出为 MOV 格式和 M4V 格式的视频文件，其中 MOV 格式的文件是 QuickTime 影片格式，这种影片格式是 Apple 公司开发的一种音频视频格式文件。M4V 格式也是由 Apple 公司开发的一种视频文件格式，这种格式的文件常常应用于网络上的视频网站和 iPod、iPhone、PlayStation Portable 等移动手持设备。项目要输出为以上两种视频格式，系统中必须安装 QucikTime 播放器。另外，

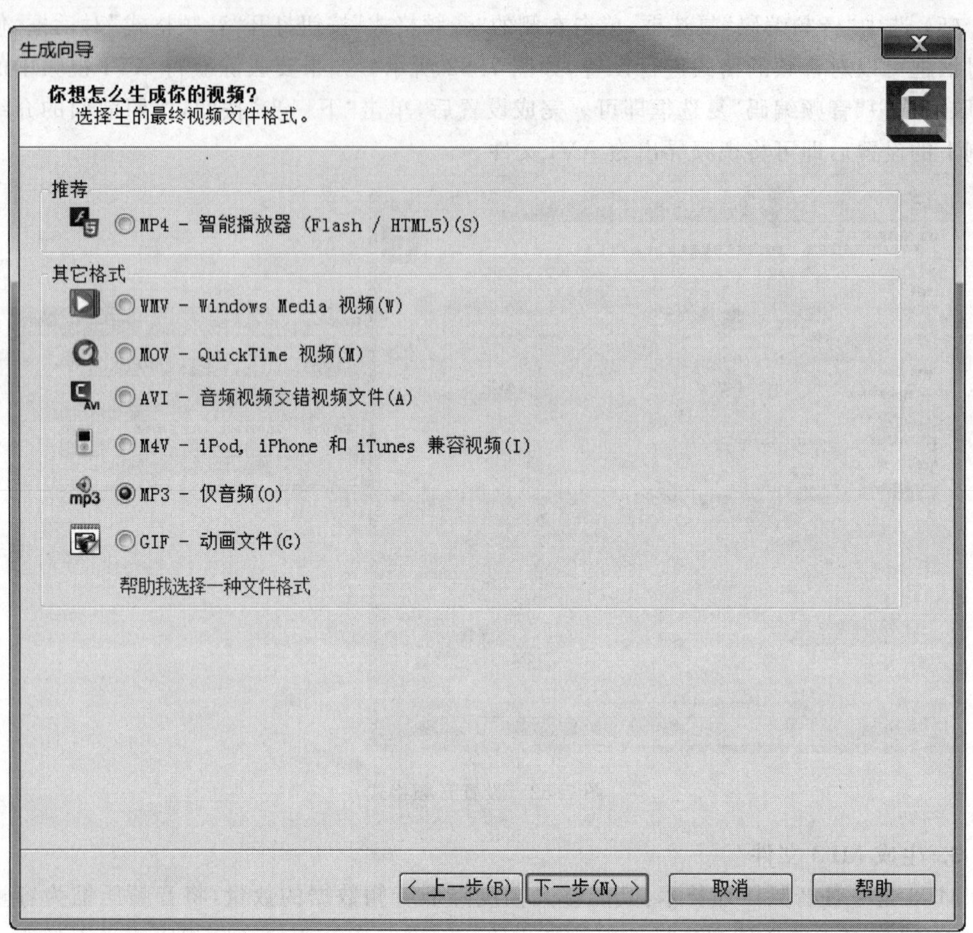

图 7.83 选择“MP3-仅音频”选项

图 7.84 设置项目信息

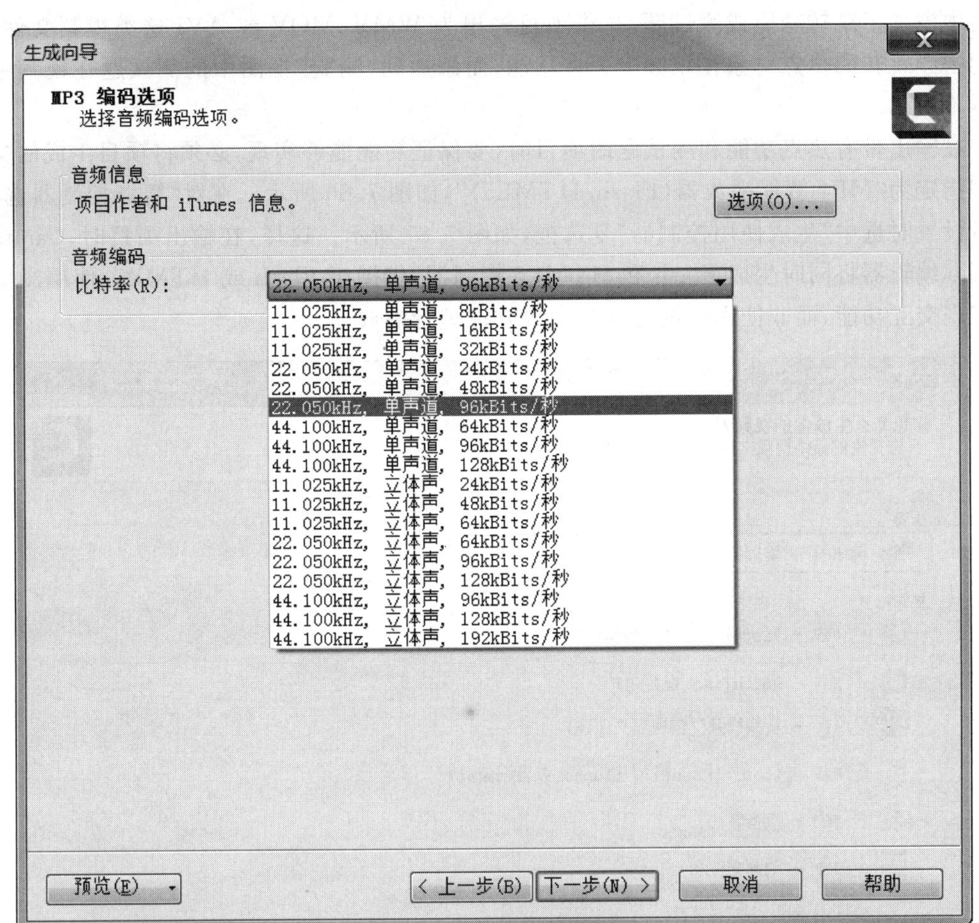

图 7.85　设置音频的比特率

Camtasia Studio 编辑器还可以将项目输出为 GIF 文件格式，这种格式的文件能够在一个文件中保存多幅图像，将这些图像读出并显示到屏幕上就可以获得动画效果。GIF 格式的文件采用的是一种有损压缩技术，因此其文件体积较小但是画质较差，该格式的动画文件还存在无法保存音频数据问题，因此其适合于网速较慢的互联网，不适合微课视频的输出。

7.3.3　项目输出时 4 个需要注意的问题

项目输出除了需要根据输出的不同视频格式进行设置之外，还需要考虑其他一些常规问题。如，对于包含有交互的项目如何不丢失交互功能、如何在视频中添加水印和如何对多个项目使用相同的输出设置以提高输出操作的效率等问题。本节对项目输出中常见的 4 个问题的解决进行介绍。

1. 如何保留项目中的交互能力

Camtasia Studio 编辑器可以通过热点功能实现对视频播放进度的简单控制，Camtasia Studio 编辑器也能够创建各种常见的测试题，允许用户通过文本框和单选按钮来输入学生对问题的解答。传统的视频文件只是一种包含了音频和视频信息的文件，只能利用播放器来实现对播放的控制，无法实现人机之间的交互。因此，如果在 Camtasia Studio 编辑器的

项目中添加了跳转功能或测试题，在将项目输出为 WMV、MOV 或 AVI 这类视频文件后，控制视频跳转的热点对象在视频中失去功能，而添加到“测验”视图中的测试题在视频中将根本不显示。

在输出带有热点功能和测试题的项目时，要保证功能能够实现，必须将项目生成的文件类型指定为“MP4-智能播放器(Flash/HTML5)”，如图 7.86 所示。在对“智能控制器选项”进行设置时选中“生成使用控制器”复选框，如图 7.87 所示。这样，在输出项目时，Camtasia Studio 编辑器将同时生成 Flash 和 HTML5 控制器，借助于 Flash 或 HTML5，使用浏览器来实现交互功能，而非使用传统的视频播放软件进行播放。

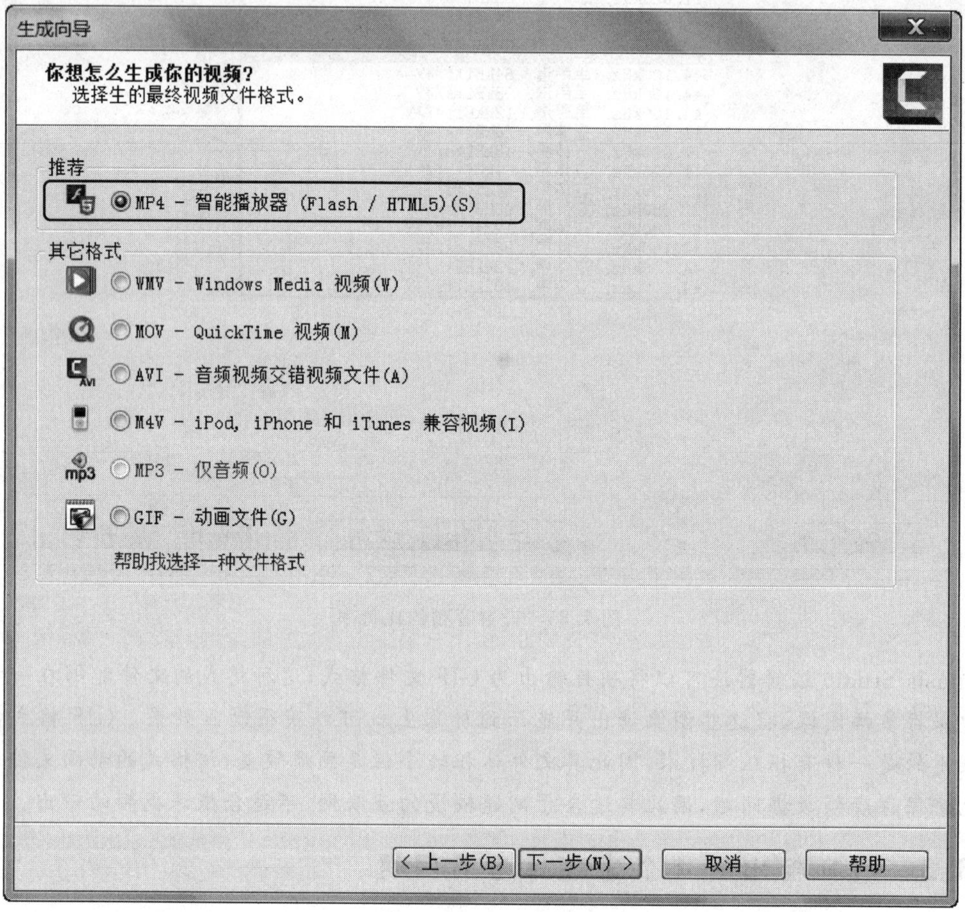

生成向导

你想怎么生成你的视频?
选择生的最终视频文件格式。

推荐

MP4 - 智能播放器 (Flash / HTML5)(S)

其它格式

WMV - Windows Media 视频(W)

MOV - QuickTime 视频(M)

AVI - 音频视频交错视频文件(A)

M4V - iPod, iPhone 和 iTunes 兼容视频(I)

MP3 - 仅音频(O)

GIF - 动画文件(G)

帮助我选择一种文件格式

< 上一步(B) 下一步(N) > 取消 帮助

图 7.86 将项目生成的文件类型指定为“MP4-智能播放器(Flash/HTML5)”

如，按照上面的设置输出一个带有测验题的项目后，在项目输出后生成的文件夹中，既包含 MP4 视频文件也包含一个 html 页面文件，如图 7.88 所示。如果需要使用项目中的测试题，则应该打开生成的 html 文件，浏览器将播放视频，当播放到有测试题的位置，浏览器给出提示列表，如图 7.89 所示。单击列表中的“采取测验”选项，即可开始测试。

专家点拨：如果只是希望生成单独的 MP4 格式的视频文件，可以在“生成向导”对话框中对“智能播放器选项”进行设置时取消选中“生成使用控制器”复选框。

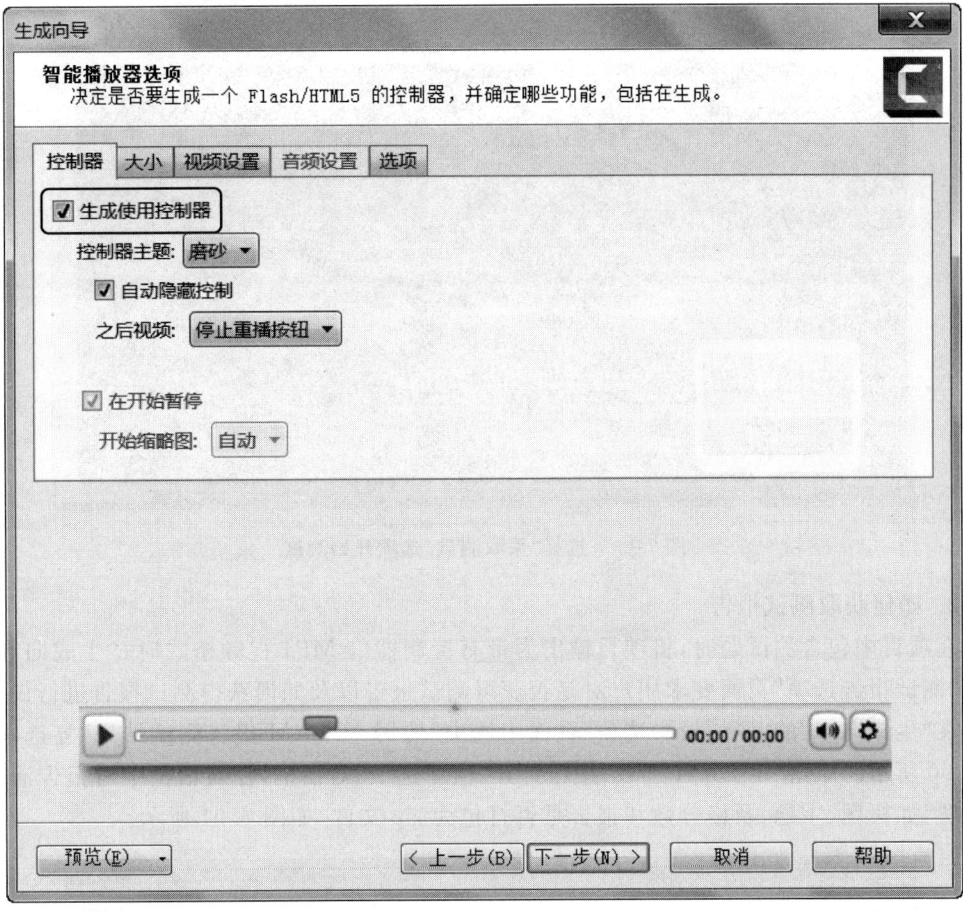

图 7.87　选中“生成使用控制器”复选框

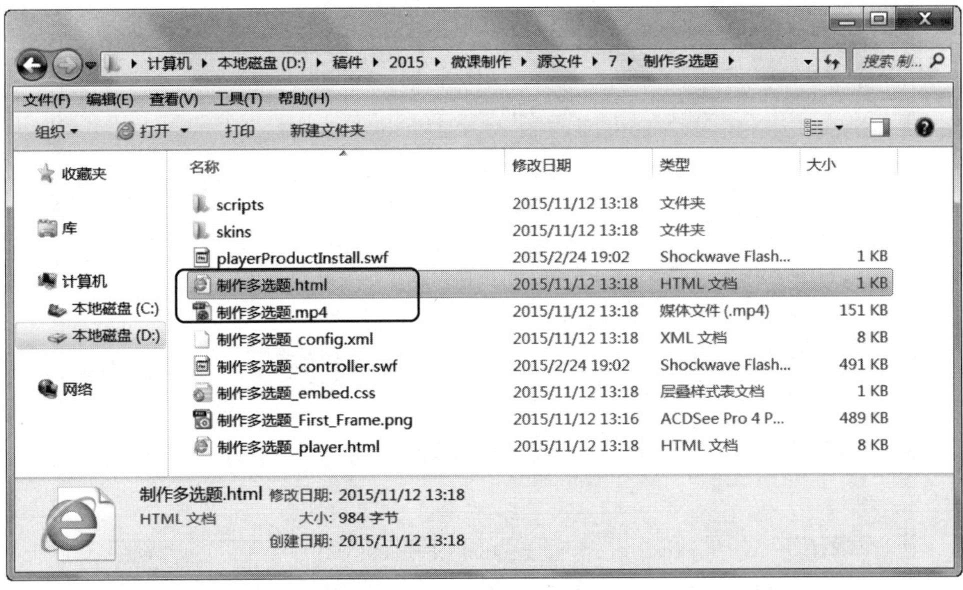

图 7.88　生成 MP4 文件和 html 文件

图 7.89 选择“采取测试”选项开始测试

2. 如何获取测试报告

在项目中包含测试题时，将项目输出为带有控制器的 MP4 视频格式时，“生成向导”会给出“测试报告选项”页面要求用户对是否获得测试报告以及如何获得测试报告进行设置。

在“生成向导”的“测试报告选项”页面中选中“使用 SCORM 报告测试结果”复选框，如图 7.90 所示。单击“SCORM 选项”按钮打开“清单选项”对话框，在对话框中对报告清单进行设置，如标题、主题、及格分数和报告是否打包为 zip 文件，如图 7.91 所示。

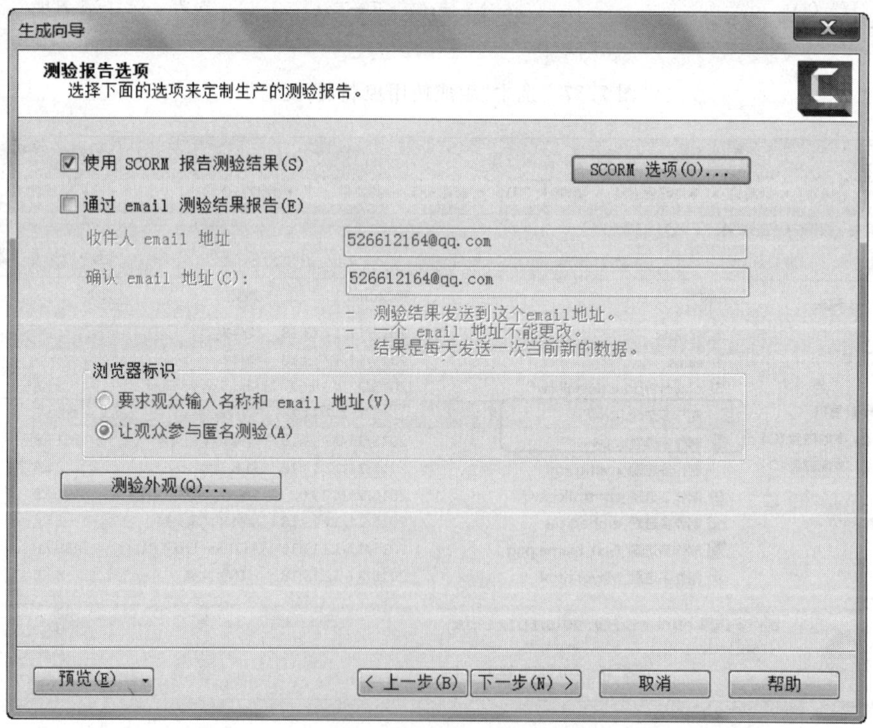

图 7.90 选中“使用 SCORM 报告测验结果”复选框

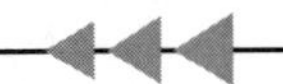

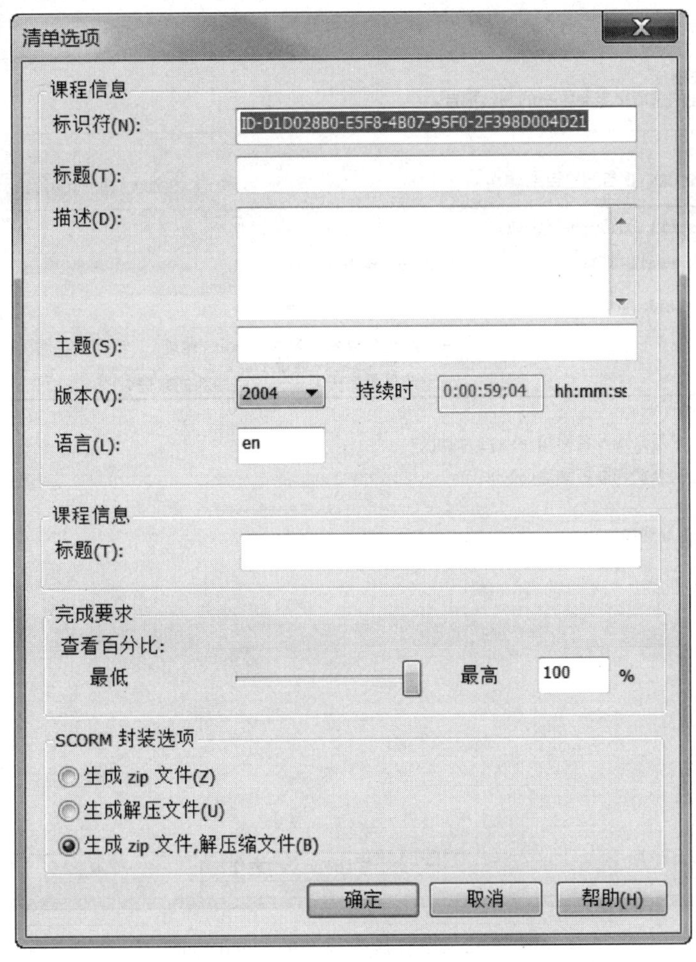

图 7.91 “清单选项”对话框

在“测验报告选项”窗格中,选中“通过 email 测试结果报告”复选框,在其下的“收件人 email 地址”和“确认 email 地址”文本框中输入 Email 地址,如图 7.92 所示。这样,在进行网上测试时,可以通过 Camtasia Studio 的 Camtasia Quiz Service 向设定的邮箱发送测试的结果,这个测试结果将每天发送一次,如果没有新数据,报告将不发送。这里要注意的是,要正常使用该功能必须要获得 Camtasia Quiz Service 支持,如果无法获得支持,则无须进行设置。

专家点拨: 在这里,还可以对测验题中的控制按钮进行个性化设置,这里的设置主要针对按钮上的文字。单击对话框中的“测验外观”按钮将打开“测验外观”对话框,使用该对话框可以设置各个控制按钮上显示的文字,如图 7.93 所示。

3. 如何在视频中添加水印

在制作微课时,用于网络传播的微课视频往往需要在视频中添加教师、学校或制作单位的信息,这些信息既要让观众看到,又不能遮盖视频内容、影响对视频的播放效果,此时使用水印就是一个很好的解决问题的方法。

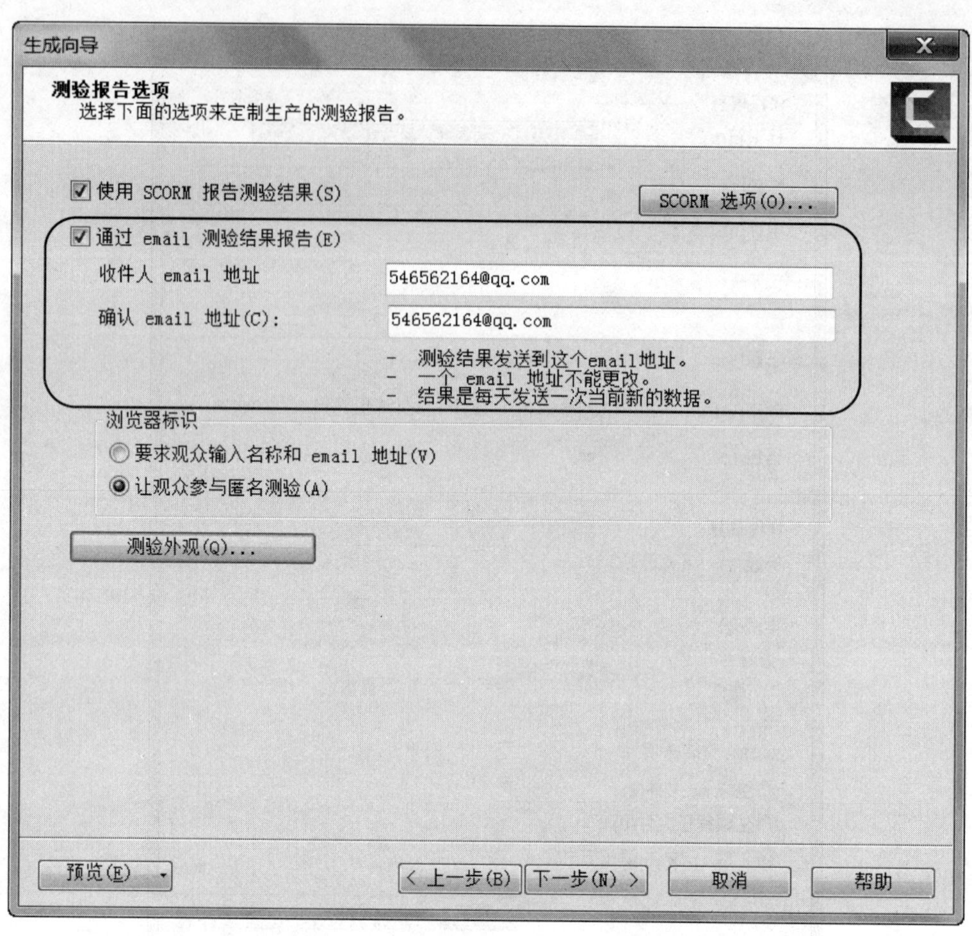

图 7.92 设置接受报告的 email 地址

图 7.93 “测验外观”对话框

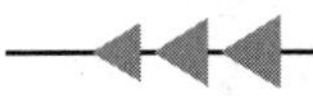

在视频中，水印是视频上出现的一种半透明的文字或图像。在 Camtasia Studio 编辑器中，可以通过在项目中添加图像对象或标注，然后调整它们的位置和透明度的方法来制作水印。实际上，在将项目导出为视频文件时，Camtasia Studio 允许用户向视频中添加图像水印，这种方法操作起来更加方便和快捷。下面介绍具体的操作方法。

（1）打开“生成向导”对话框，在对“视频选项”进行设置时，选中“包括水印”复选框，如图 7.94 所示。此时，生成的视频中包括水印，水印为默认的 Camtasia Studio 图标，该图标样式可以在对话框的“预览”框中看到。

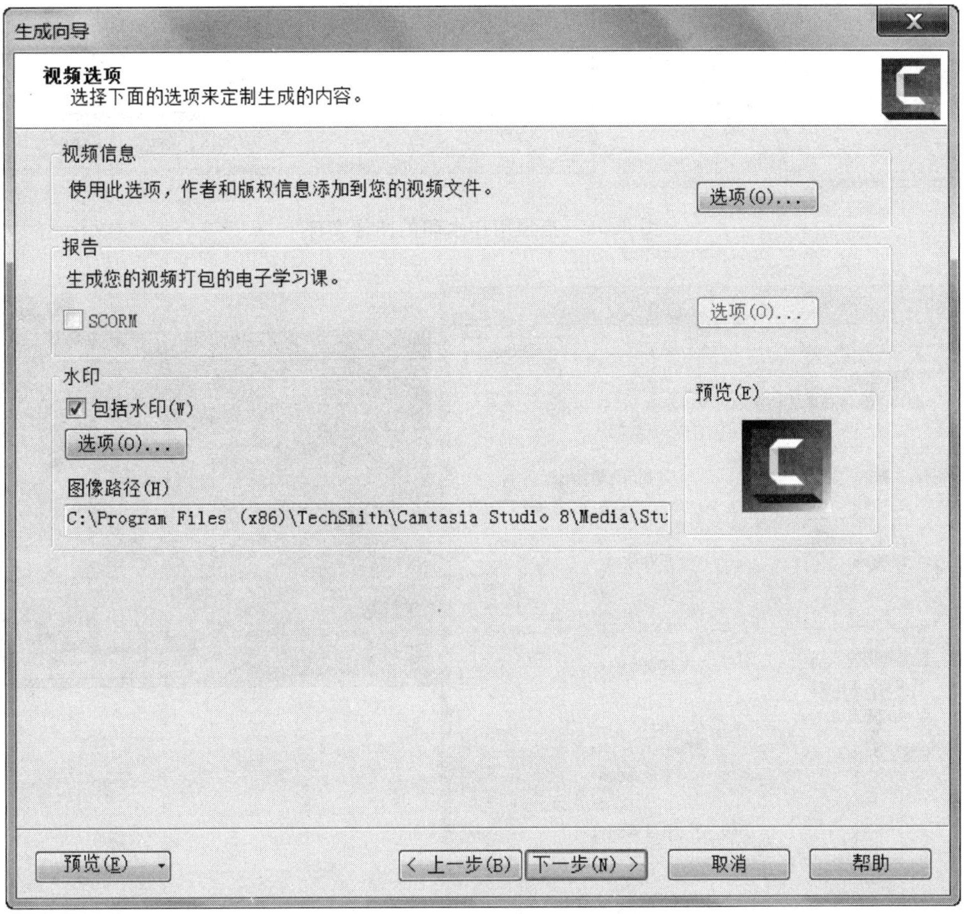

图 7.94 选中“包括水印”复选框

（2）在对话框中单击“选项”按钮打开“水印”对话框，使用该对话框可以对水印进行具体的设置。这里，单击“图像路径”文本框右侧的按钮，打开“选择水印”对话框，在对话框中选择用作水印的图像文件，如图 7.95 所示。单击“打开”按钮即可将水印更换为指定的图像。

（3）在对话框的“效果”设置栏中选中“浮雕”复选框对水印图像应用浮雕效果，在“方向”列表中选择相应的选项设置浮雕的方向，拖动“深度”滑块调整浮雕效果的深度，拖动“不透明”滑块调整水印在视频中的不透明度。在打开的“水印预览”窗口中能够预览水印的效果，如图 7.96 所示。

图 7.95 指定用作水印的图像文件

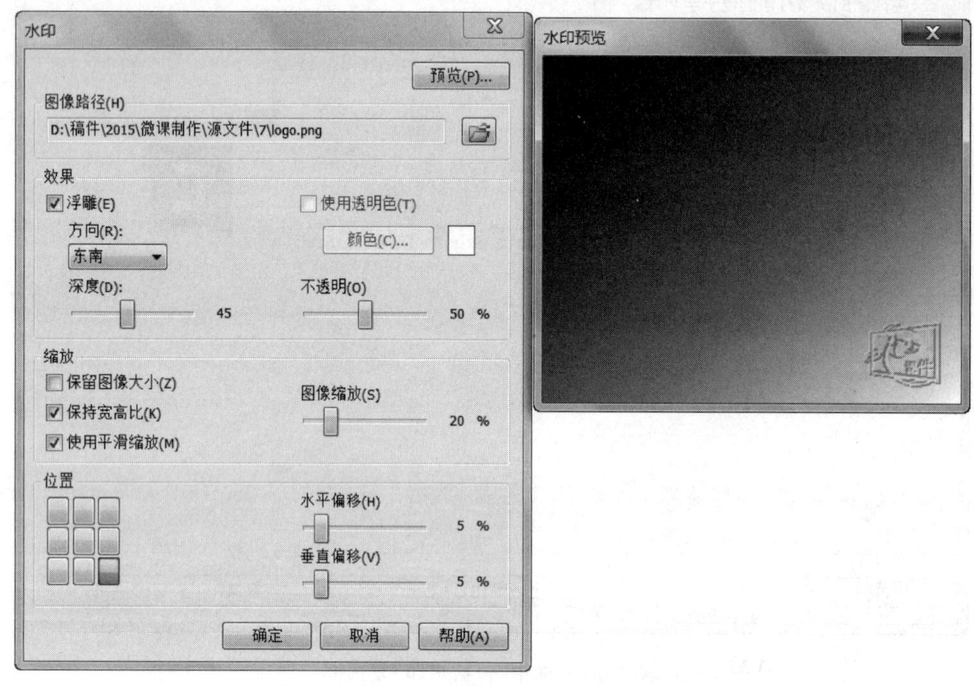

图 7.96 对水印应用浮雕效果

(4) 用作水印的图像如果背景颜色比较单纯,可以通过设置去除其背景颜色,获得背景透明的效果。在"水印"对话框中选中"使用透明色"复选框,如图 7.97 所示。单击"颜色"按钮打开"颜色"对话框,单击"规定自定义颜色"按钮将对话框展开。在该对话框中的颜色区域中单击指定颜色或者是"红"、"绿"和"蓝"文本框中输入颜色值来指定颜色,如图 7.98 所示。这里,用作水印图像的背景色为黑色,因此将"颜色"设置为黑色。单击"确定"按钮关闭"颜色"对话框,在"水印预览"窗口可以看到,水印图片的背景颜色被去除,水印背景透明显示,如图 7.99 所示。

图 7.97　选中"使用透明色"复选框

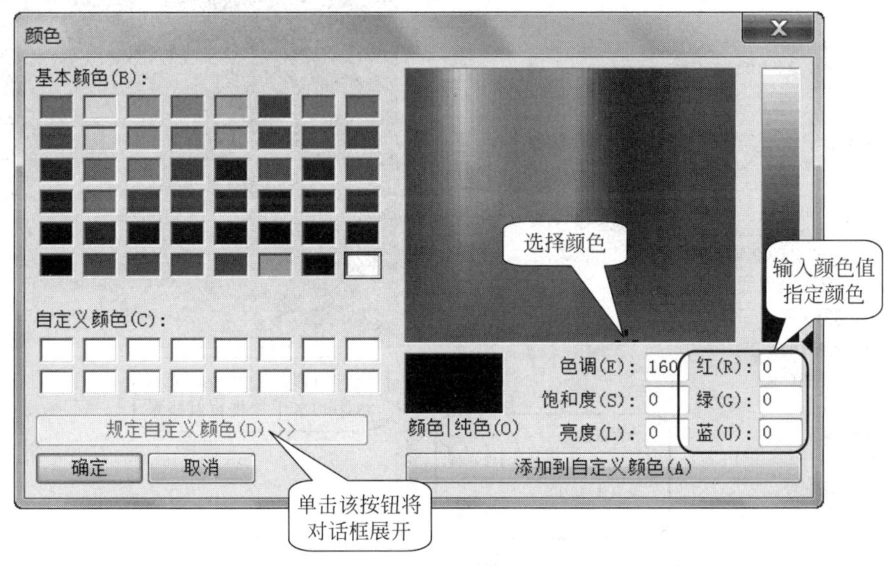

图 7.98　指定颜色

(5) 使用"水印"对话框可以调整水印图像在视频中放置的位置和大小，如图 7.100 所示。完成设置后单击"确定"按钮关闭"水印"对话框，将项目导出为视频，视频中将带有水印。

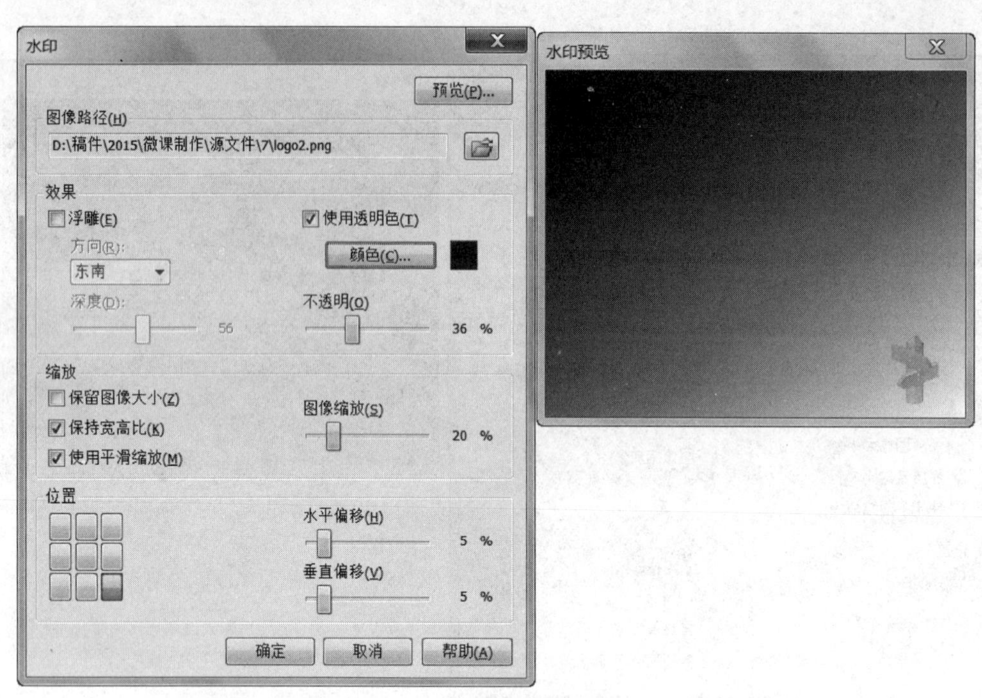

图 7.99 去除水印背景颜色

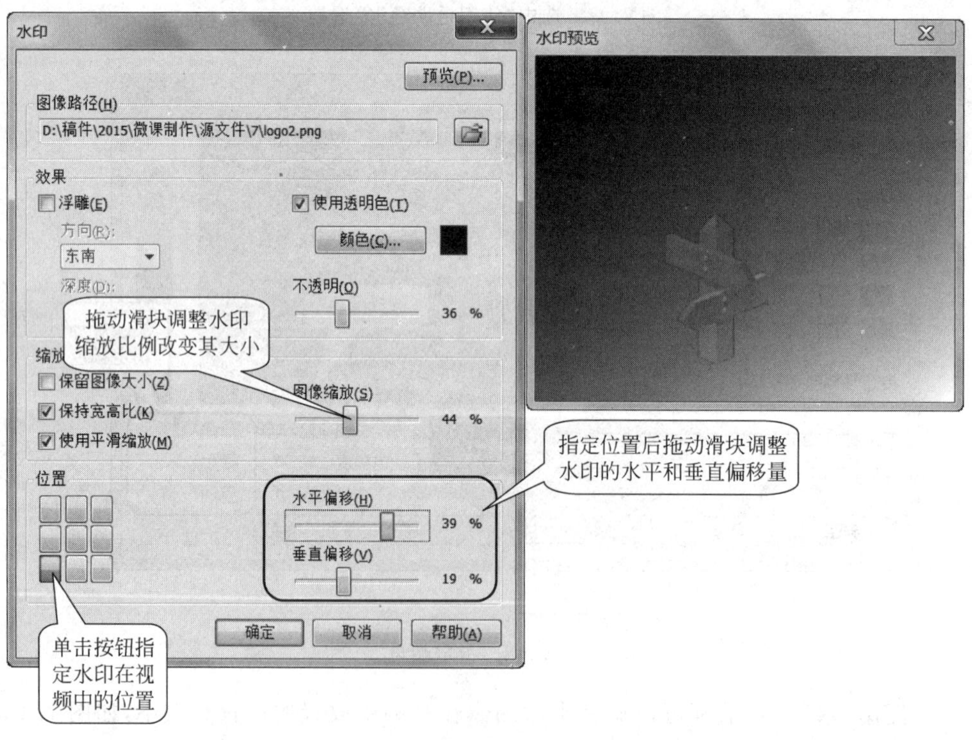

图 7.100 调整水印的位置和大小

4. 如何创建和使用预设输出方案

从上面的介绍可以看出，在将项目输出为视频文件时，需要经过多步的设置，在每个设置步骤中又需要对多个设置项进行设置。很多时候，相同用途不同内容的项目在输出时的要求实际上是一样的，如果每一次输出都要进行设置则影响制作效率，实际上也没有必要。在 Camtasia Studio 编辑器中，正确的做法应该创建预设设置，对于相同的输出需求直接使用预设方案输出就可以了。下面介绍创建和使用预设输出方案的具体操作方法。

(1) 打开“生成向导”对话框，在对话框的列表中选择“添加/编辑预设”选项，如图 7.101 所示。此时打开“管理创建预设”对话框，在对话框中单击“新建”按钮，如图 7.102 所示。

图 7.101　选择“添加/编辑预设”选项

(2) 打开“生成预置向导”对话框，在“预设名称”文本框中输入预设名称，在“文件格式”列表中选择输出文件的格式，如图 7.103 所示。

(3) 依次单击“下一步”按钮进行下面的设置，在输出为 MP4 文件时要进行两个步骤的设置，如图 7.104 所示。完成设置后单击“完成”按钮回到“管理创建预置”对话框，在对话框的“预设信息”框中将显示视频文件的设置信息，如图 7.105 所示。单击“关闭”按钮完成预设方案的创建。

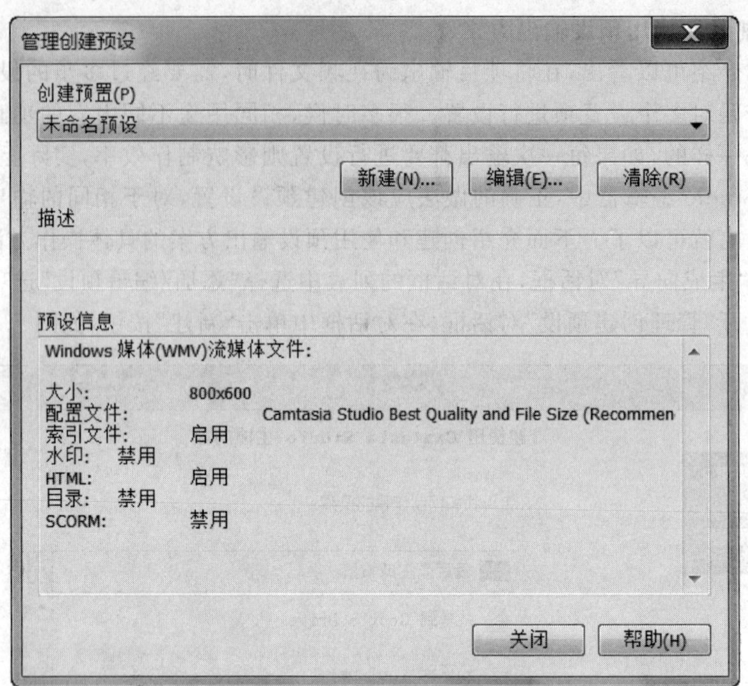

图 7.102 “管理创建预设”对话框

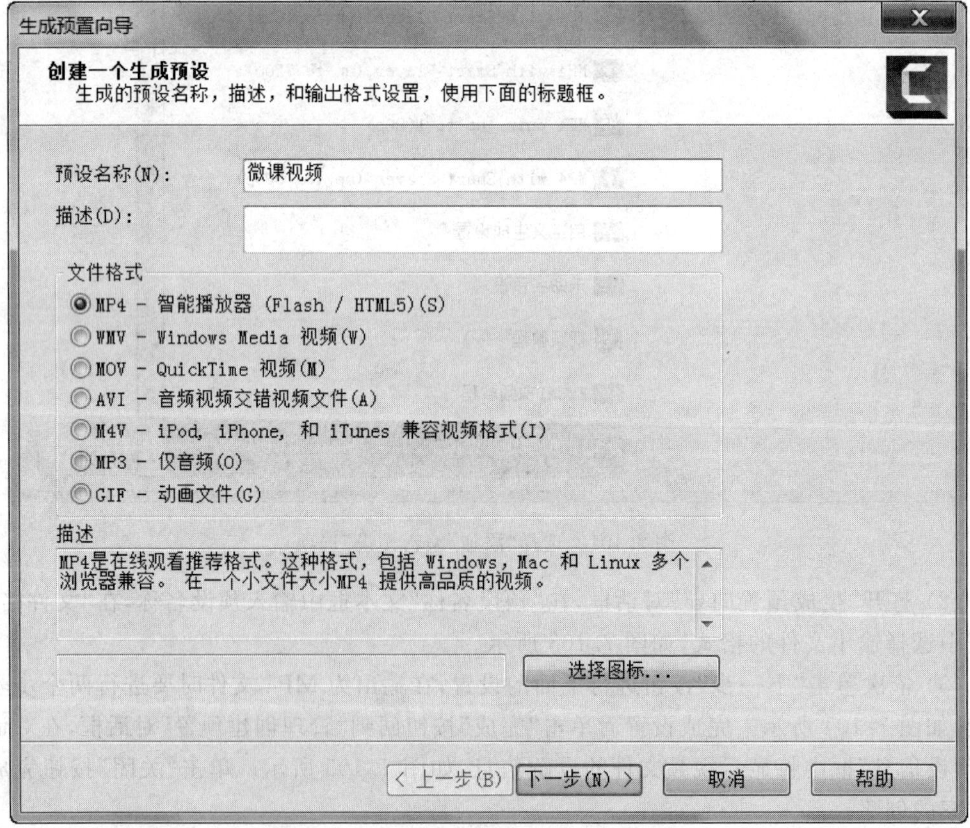

图 7.103 设置预设名称和文件格式

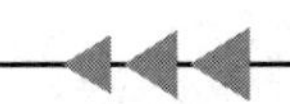

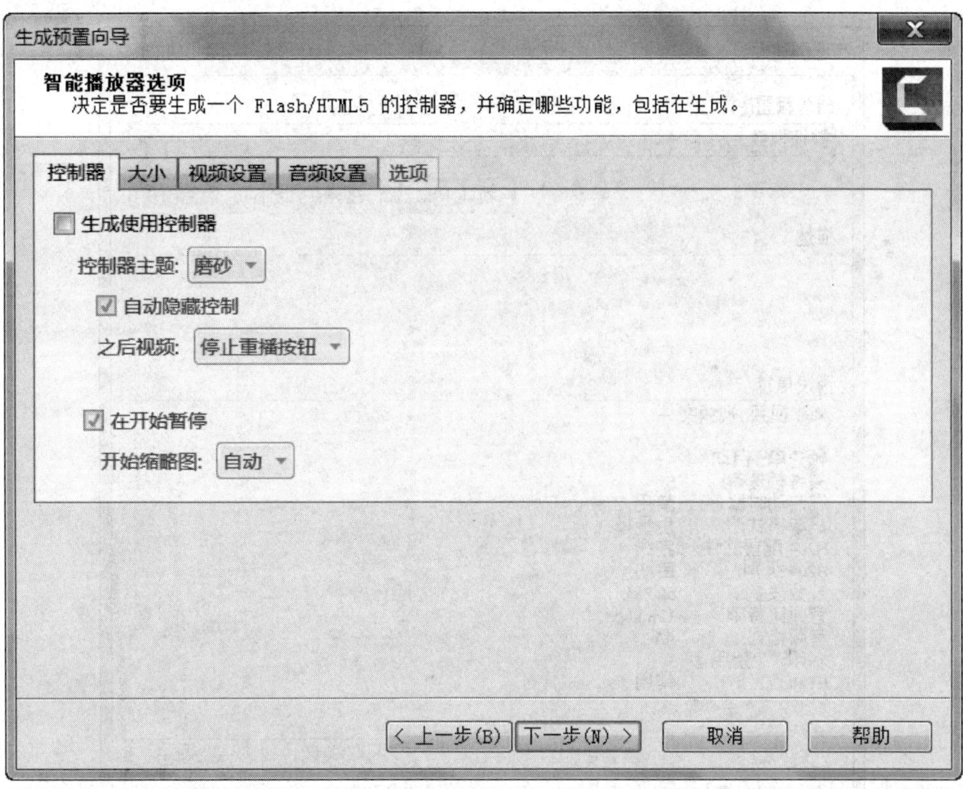

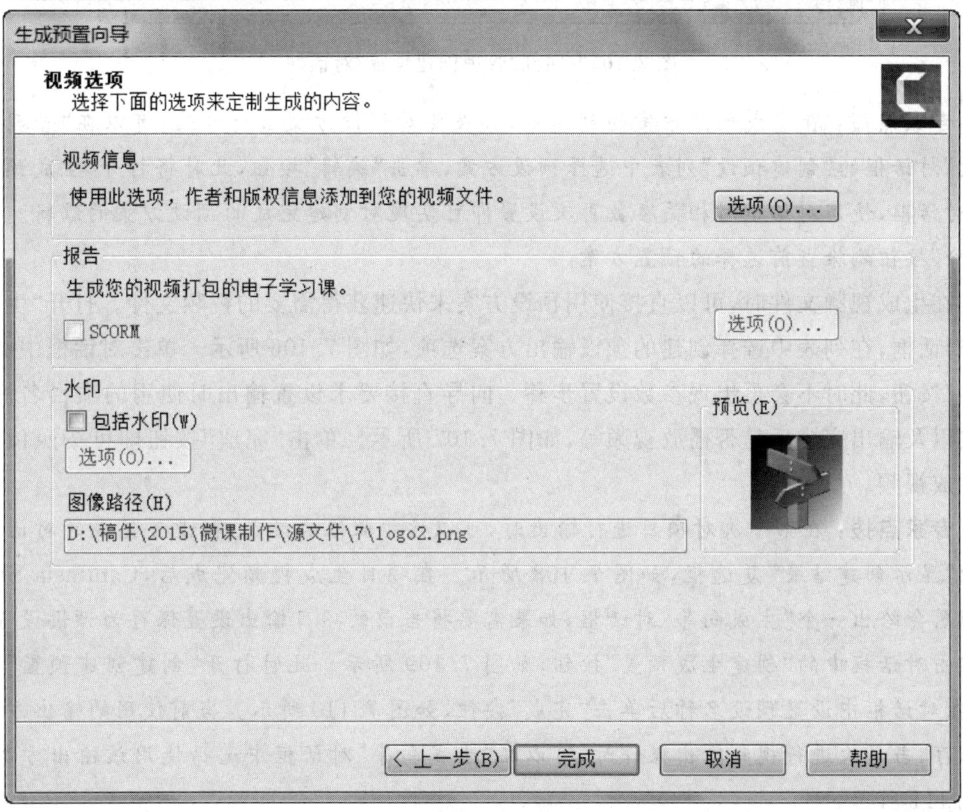

图 7.104　输出为 MP4 文件时的设置

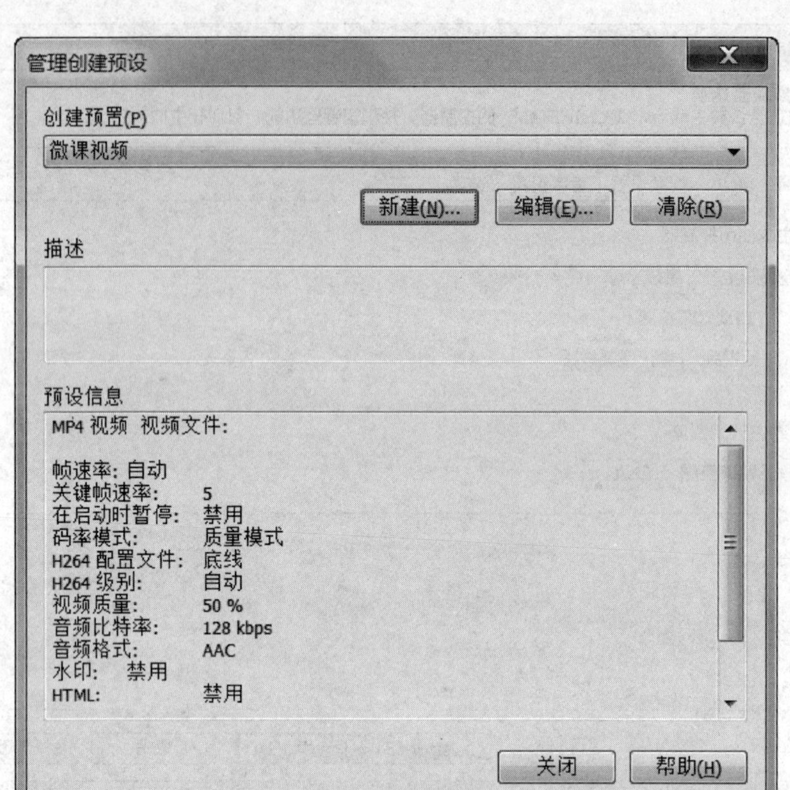

图 7.105 回到"管理创建预置"对话框

专家点拨：在完成预设方案的创建后，如果要对预设方案进行修改，可以在"管理创建预设"对话框的"创建预设"列表中选择预设方案，单击"编辑"按钮，此时将打开"生成预置向导"对话框，使用对话框对相关参数再次设置即可实现对创建完成的预设方案的编辑。单击"清除"按钮删除当前选择的预置方案。

在生成视频文件时，可以直接使用预设方案来快速获得需要的视频文件。打开"生成向导"对话框，在列表中选择创建的预设输出方案选项，如图 7.106 所示。单击对话框中的"下一步"按钮，此时不会再出现参数设置步骤。向导直接要求设置输出时使用的项目名称、文件夹以及输出完成后是否播放视频等，如图 7.107 所示。单击"完成"按钮即可按照预设方案生成视频。

专家点拨：在第一次对项目进行输出时，可以按步骤依次设置，在设置完成的对话框中选中"显示创建结果"复选框，如图 7.108 所示。在项目生成视频完成后，Camtasia Studio 编辑器会给出一个"生成向导"对话框，如果需要将当前的项目输出设置保存为预设设置，可以单击对话框中的"创建生成预置"按钮，如图 7.109 所示。此时打开"创建创建预置"对话框，在对话框中设置预设名称后单击"完成"按钮，如图 7.110 所示。当前使用的输出方案将被保存，当再次进行视频输出操作时，可以在"生成向导"对话框中选择使用该输出方案，如图 7.111 所示。

图 7.106　选择创建的预设方案

图 7.107　设置项目名称和文件夹等

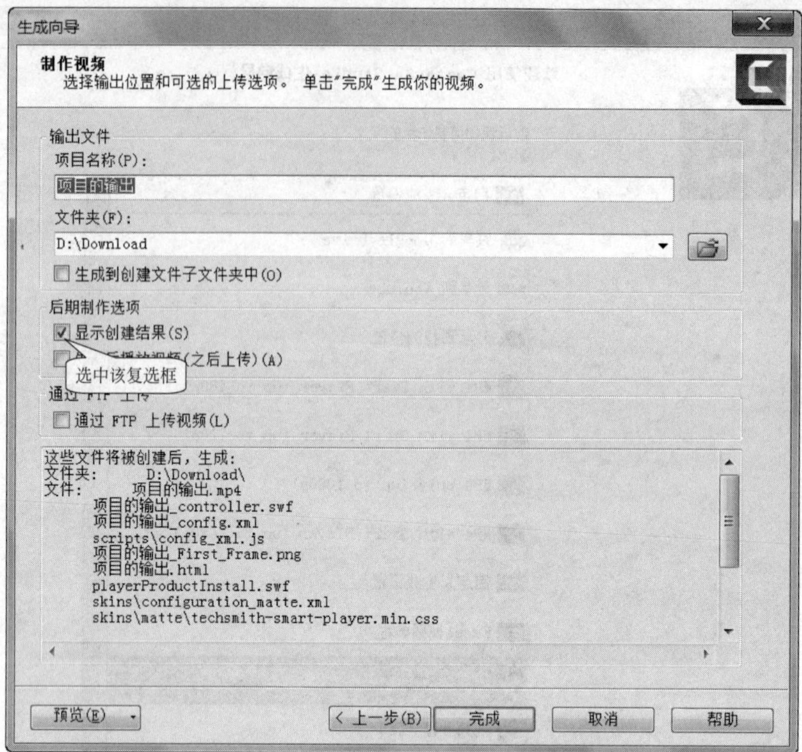

图 7.108 选中"显示创建结果"复选框

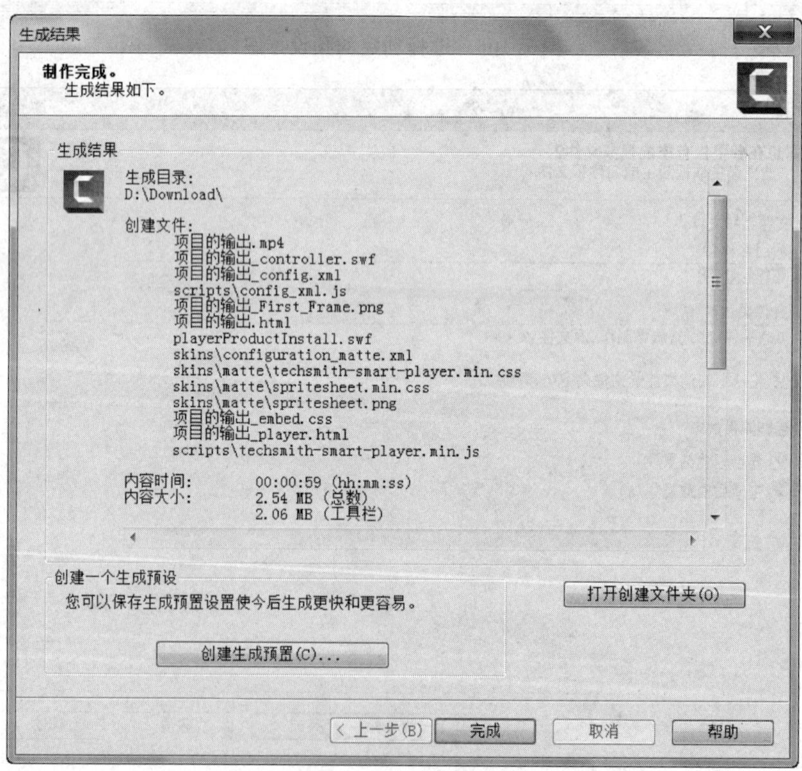

图 7.109 显示生成结果

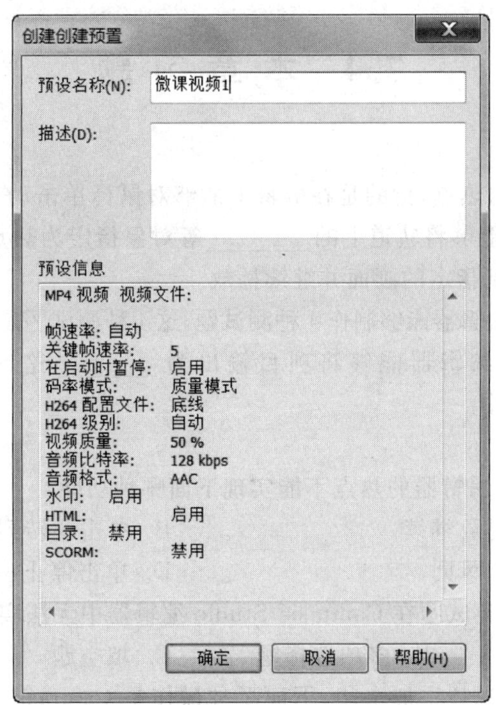

图 7.110　“创建创建预置”对话框

图 7.111　选择使用保存的输出方案

7.4 本章习题

一、填空题

1. 在交互中,所谓的热点,指的是在屏幕上能够对鼠标单击动作产生反应的________。Camtasia Studio 编辑器能够将轨道上的________等对象指定为热点,使观看者能够通过单击热点对象使视频跳转到指定的画面并继续播放。

2. Camtasia Studio 编辑器能够制作 4 种测试题,这 4 种测试题是教学中常见的________。

3. Camtasia Studio 编辑器能够将项目输出为________这 5 种格式的视频文件和________格式的声音文件。

二、选择题

1. Camtasia Studio 编辑器的热点不能实现下面哪种功能?________

A. 单击使视频播放继续　　B. 单击跳转到视频指定的时间点

C. 单击打开指定网页　　D. 单击停止视频播放

2. 传统教学中的哪类试题在 Camtasia Studio 编辑器中无法实现?________

A. 单项选择题　　B. 多项选择题　　C. 填空题　　D. 判断题

3. 在输出视频时为视频添加水印,下面哪种操作是 Camtasia Studio 编辑器无法实现的?________

A. 调整水印图像的大小　　B. 调整水印在视频中的位置

C. 更改水印图像的色彩　　D. 为水印添加浮雕效果

7.5 上机练习

练习 1　录制一段视频并尝试将其输出为不同格式的视频文件

主要操作步骤提示:

(1) 录制一段视频将其置入 Camtasia Studio 编辑器。

(2) 分别将项目导出为不同格式的视频,比较它们参数设置的不同以及视频大小的区别。

练习 2　制作网络测试卷

主要操作步骤提示:

(1) 在 Camtasia Studio 编辑器中添加试卷背景和标题。

(2) 依次添加单选题、判断题、填空题和简答题。其中,每个题型包含若干小题,分别对具体的题目进行设置。

(3) 将项目输出为带播放器的 MP4 文件格式。

附录A 习题参考答案

第 1 章

一、填空题

1. 课前的学习；课中学习的整体性设计；碎片化时间的利用

2. 时间较短；明确的教学目标；集中说明一个问题

3. 主题突出；内容高度聚焦；资源类型多种多样；应用场景真实

二、选择题

1. D；2. B；3. D

第 2 章

一、填空题

1. 传统的室内拍摄方式；屏幕录制

2. 基础性；典型性；针对性；系统性；交互性

3. 技术性；艺术性；教学性；创新型

二、选择题

1. A；2. D；3. C

第 3 章

一、填空题

1. 新建项目；录制屏幕

2. rec 按钮；F9

3. 预览；保存并编辑；删除

二、选择题

1. D；2. C；3. B；

第 4 章

一、填空题

1. 时间轴轨道；置于轨道上的对象

2. 播放头；指示当前视频的时间点；标示选择区域的开始位置；标示选择区域的结束位置

3. 音量由小逐渐变大直至正常的音量；声音由大逐渐变小直到消失

二、选择题

1. B；2. C；3. D；

第 5 章

一、填空题

1. 使文本在对象框中中心对齐放置；文本在对象框中右对齐放置；文本在对象框中顶端对齐放置；文本在对象框中在垂直方向中心对齐放置

2. 更多；语音旁白

3. 录制摄像头；属性；属性；亮度

二、选择题

1. D；2. B；3. B；

第 6 章

一、填空题

1. 绿色；蓝色；Delete；转场效果

2. 复制和粘贴；可视化属性

3. 水平；向右；垂直；向上；与屏幕垂直；指向屏幕外

二、选择题

1. A；2. D；3. C

第 7 章

一、填空题

1. 区域；图形、文字和图片

2. 单选题、判断题、填空题和简答题

3. MP4、WMV、MOV、AVI、M4V；MP3

二、选择题

1. D；2. B；3. C

教学资源支持

敬爱的教师：

感谢您一直以来对清华版计算机教材的支持和爱护。为了配合本课程的教学需要，本教材配有配套的电子教案（素材），有需求的教师请到清华大学出版社主页（http://www.tup.com.cn）上查询和下载，也可以拨打电话或发送电子邮件咨询。

如果您在使用本教材的过程中遇到了什么问题，或者有相关教材出版计划，也请您发邮件告诉我们，以便我们更好地为您服务。

我们的联系方式：

地　　址：北京海淀区双清路学研大厦A座707

邮　　编：100084

电　　话：010－62770175－4604

课件下载：http://www.tup.com.cn

电子邮件：weijj@tup.tsinghua.edu.cn

教师交流QQ群：136490705

教师服务微信：itbook8

教师服务QQ：883604

（申请加入时，请写明您的学校名称和姓名）

用微信扫一扫右边的二维码，即可关注计算机教材公众号。

扫一扫

课件下载、样书申请

教材推荐、技术交流